● 心輔叢書

心理諮詢技術

李祚山 主編

本書系統地論述了心裡諮詢的有關理論和各種技術，能幫助心裡諮詢工作者進快成長。

崧燁文化

心理諮詢技術

目錄

目錄

前 言

第一章 緒論

第一節 概 述 15
一、心理諮詢的含義 15
二、心理諮詢的類別 17

第二節 心理諮詢與心理治療的關係 24
一、心理治療的含義 24
二、心理諮詢與心理治療的關係 25

第三節 心理諮詢的發展簡史及流派劃分 29
一、國外心理諮詢發展簡史 29
二、中國心理諮詢發展簡史 31
三、心理諮詢的流派劃分 33

第二章 心理諮詢過程

第一節 概 述 45
一、心理諮詢過程的含義 45
二、心理諮詢過程階段的劃分 46

第二節 準備階段 48
一、建立咨訪關係 48
二、收集來訪者資料 58

第三節 實施階段 60
一、諮詢對象的選擇與轉介 60
二、問題的分析與診斷 62
三、確定諮詢目標 64
四、制定與實施心理諮詢方案 69

第四節 結束與評估階段 71

一、結束心理諮詢 71
　　二、評估諮詢效果 73

第三章 心理諮詢的一般技術

　第一節 參與性技術 81
　　一、傾聽技術 81
　　二、提問技術 84
　　三、鼓勵技術 84
　　四、重複技術 85
　　五、**內**容反應技術 86
　　六、情感反應技術 86
　　七、具體化技術 87
　　八、即時化技術 88

　第二節 影響性技術 90
　　一、面質技術 90
　　二、解釋技術 91
　　三、指導技術 93
　　四、情感表達技術 93
　　五、**內**容表達技術 94
　　六、自我開放技術 94
　　七、影響性概述技術 95

　第三節 其他技術 96
　　一、處理沉默 96
　　二、處理多話 97
　　三、制約技術 99
　　四、記錄與建立檔案技術 100

第四章 心理諮詢師的專業成長與倫理規範

　第一節 心理諮詢師的基本素質 107

  一、專業素質 107
  二、心理素質 109
 第二節 心理諮詢師的專業成長 113
  一、怎樣成為一名心理諮詢師 113
  二、心理諮詢師的發展水準 114
  三、心理諮詢師成長的主題 115
 第三節 心理諮詢師倫理規範 122
  一、保密 122
  二、知情同意 124
  三、雙重關係 126
  四、價值干預 127

第五章 精神分析取向的心理諮詢技術

 第一節 概 述 133
  一、理論背景 133
  二、代表人物及其主要思想 135
  三、特點 137
 第二節 基本理論與概念 138
  一、人性觀 138
  二、心理病理觀 139
  三、基本理論與概念 140
 第三節 諮詢與治療技術 144
  一、催眠、自由聯想與積極想像 145
  二、夢的分析 150
  三、移情與反移情 153
  四、阿德勒的個體心理諮詢技術 154
 第四節 諮詢與治療過程 156
  一、諮詢與治療的基本過程 156

二、評價 158

第六章 行為主義取向的諮詢技術

第一節 概　述 163
　　一、理論背景 163
　　二、代表人物及其主要思想 165
　　三、特徵 167

第二節 基本理論與概念 169
　　一、人性觀 169
　　二、心理病理觀 169
　　三、基本理論與概念 170

第三節 諮詢與治療技術 174
　　一、短期焦點解決療法的常用技術 174

第四節 諮詢與治療過程 192

第七章 以人為中心取向的諮詢技術

第一節 概　述 201
　　一、理論背景 201
　　二、代表人物及其主要思想 204
　　三、特徵 204

第二節 基本理論與概念 206
　　一、人性觀 206
　　二、心理病理觀 208
　　三、基本理論與概念 208

第三節 諮詢與治療技術 211
　　一、傾聽的技巧 212
　　二、建立良好的諮詢與治療關係 212

第四節 諮詢與治療過程 216
　　一、諮詢與治療的基本過程 216

二、諮詢後來訪者發生的變化 ⋯⋯⋯⋯⋯⋯⋯⋯⋯⋯⋯⋯⋯⋯ 219
　　三、評價 ⋯⋯⋯⋯⋯⋯⋯⋯⋯⋯⋯⋯⋯⋯⋯⋯⋯⋯⋯⋯⋯⋯ 220

第八章 認知取向的諮詢技術

　第一節 概 述 ⋯⋯⋯⋯⋯⋯⋯⋯⋯⋯⋯⋯⋯⋯⋯⋯⋯⋯⋯⋯ 225
　　一、理論背景 ⋯⋯⋯⋯⋯⋯⋯⋯⋯⋯⋯⋯⋯⋯⋯⋯⋯⋯⋯ 225
　　二、代表人物及其主要思想 ⋯⋯⋯⋯⋯⋯⋯⋯⋯⋯⋯⋯⋯⋯ 227
　　三、特點 ⋯⋯⋯⋯⋯⋯⋯⋯⋯⋯⋯⋯⋯⋯⋯⋯⋯⋯⋯⋯⋯ 228
　第二節 基本理論與概念 ⋯⋯⋯⋯⋯⋯⋯⋯⋯⋯⋯⋯⋯⋯⋯⋯ 229
　　一、人性觀 ⋯⋯⋯⋯⋯⋯⋯⋯⋯⋯⋯⋯⋯⋯⋯⋯⋯⋯⋯⋯ 229
　　二、心理病理觀 ⋯⋯⋯⋯⋯⋯⋯⋯⋯⋯⋯⋯⋯⋯⋯⋯⋯⋯ 230
　　三、基本理論與概念 ⋯⋯⋯⋯⋯⋯⋯⋯⋯⋯⋯⋯⋯⋯⋯⋯ 230
　第三節 諮詢與治療技術 ⋯⋯⋯⋯⋯⋯⋯⋯⋯⋯⋯⋯⋯⋯⋯⋯ 236
　　一、貝克認知療法的治療技術 ⋯⋯⋯⋯⋯⋯⋯⋯⋯⋯⋯⋯ 236
　　二、艾利斯合理情緒療法的治療技術 ⋯⋯⋯⋯⋯⋯⋯⋯⋯⋯ 239
　　三、梅肯鮑姆認知行為矯正的治療技術 ⋯⋯⋯⋯⋯⋯⋯⋯⋯ 243
　第四節 諮詢與治療過程 ⋯⋯⋯⋯⋯⋯⋯⋯⋯⋯⋯⋯⋯⋯⋯⋯ 246
　　一、艾利斯合理情緒療法 ⋯⋯⋯⋯⋯⋯⋯⋯⋯⋯⋯⋯⋯⋯ 246
　　二、貝克的認知療法 ⋯⋯⋯⋯⋯⋯⋯⋯⋯⋯⋯⋯⋯⋯⋯⋯ 248
　　三、梅肯鮑姆的認知行為矯正 ⋯⋯⋯⋯⋯⋯⋯⋯⋯⋯⋯⋯ 253
　　四、評價 ⋯⋯⋯⋯⋯⋯⋯⋯⋯⋯⋯⋯⋯⋯⋯⋯⋯⋯⋯⋯⋯ 254

第九章 交互分析療法

　第一節 概 述 ⋯⋯⋯⋯⋯⋯⋯⋯⋯⋯⋯⋯⋯⋯⋯⋯⋯⋯⋯⋯ 263
　　一、理論背景 ⋯⋯⋯⋯⋯⋯⋯⋯⋯⋯⋯⋯⋯⋯⋯⋯⋯⋯⋯ 263
　　二、代表人物及其主要思想 ⋯⋯⋯⋯⋯⋯⋯⋯⋯⋯⋯⋯⋯⋯ 265
　　三、交互分析發展的階段 ⋯⋯⋯⋯⋯⋯⋯⋯⋯⋯⋯⋯⋯⋯ 265
　　四、特點 ⋯⋯⋯⋯⋯⋯⋯⋯⋯⋯⋯⋯⋯⋯⋯⋯⋯⋯⋯⋯⋯ 268
　第二節 基本理論與概念 ⋯⋯⋯⋯⋯⋯⋯⋯⋯⋯⋯⋯⋯⋯⋯⋯ 269

一、人性觀...269
　　　二、心理病理觀..270
　　　三、基本理論與概念...................................272
　　第三節　諮詢與治療技術...............................274
　　　一、構造分析...274
　　　二、交流分析...276
　　　三、腳本分析...280
　　　四、其他技術...282
　　第四節　諮詢與治療過程...............................283
　　　一、諮詢目標...283
　　　二、諮詢關係...284
　　　三、諮詢過程...285
　　　四、評價..286

第十章　格式塔取向的心理諮詢技術

　　第一節　概　述..293
　　　一、理論背景...293
　　　二、代表人物及其主要思想........................295
　　　三、特徵..295
　　第二節　基本理論與概念...............................297
　　　一、人性觀...297
　　　二、心理病理觀..298
　　　三、基本理論與概念...................................298
　　第三節　諮詢與治療技術...............................301
　　　一、空椅子技術..301
　　　二、完形夢境治療......................................303
　　　三、倒轉技術...304
　　　四、誇張技術...304

五、感覺留置 305

　　六、繞圈子技術 305

　　七、預演 305

　第四節 諮詢與治療過程 306

　　一、諮詢關係的建立 306

　　二、評估與診斷 307

　　三、諮詢階段 308

　　四、結束諮詢 310

　　五、評價 310

第十一章 家庭治療

　第一節 概 述 319

　　一、理論背景 319

　　二、代表人物及其主要思想 322

　　三、特點 323

　第二節 基本理論與概念 325

　　一、人性觀 325

　　二、心理病理觀 326

　　三、基本理論與概念 326

　第三節 治療技術 333

　　一、薩提亞家庭治療技術 333

　　二、海靈格家庭系統排列技術 338

　　三、其他常用的家庭治療技 341

　第四節 治療過程 342

　　一、薩提亞家庭治療過程 343

　　二、海靈格家庭系統排序的治療過程 344

　　三、評價 345

第十二章 藝術療法

目錄

第一節 概 述 355
　　一、理論背景 355
　　二、代表人物及其主要思想 356
　　三、特徵 357
第二節 基本理論與概念 358
　　一、音樂療法 358
　　二、繪畫療法 359
　　三、遊戲療法 360
　　四、心理劇 361
第三節 治療技術 362
　　一、音樂療法 362
　　二、繪畫療法 364
　　三、遊戲療法 365
　　四、心理劇 366
第四節 治療過程 368
　　一、音樂療法 368
　　二、繪畫療法 370
　　三、遊戲治療 372
　　四、心理劇 374
　　五、評價 375

第十三章 東方心理療法

第一節 概 述 383
　　一、理論背景 383
　　二、代表人物及其主要思想 385
　　三、特徵 386
第二節 基本理論與概念 387
　　一、人性觀 387

二、心理病理觀 389
　　三、基本理論與概念 394
第三節 治療技術 399
　　一、認識領悟療法 399
　　二、道家認知療法 400
　　三、森田療法 402
　　四、內觀療法 404
　　五、正念療法 405
第四節 治療過程 406
　　一、認知領悟療法 406
　　二、道家認知療法 407
　　三、森田療法 410
　　四、內觀療法 412
　　五、正念療法 413
　　六、評價 415

第十四章 後現代主義取向的心理諮詢與治療

第一節 概述 423
　　一、理論背景 423
　　二、代表人物及其主要思想 425
　　三、特徵 425
第二節 基本理論與概念 426
　　一、人性觀 426
　　二、心理病理觀 428
　　三、基本理論與概念 428
第三節 諮詢與治療技術 435
　　一、短期焦點解決療法的常用技術 435
　　二、敘事療法的常用技術 443

第四節 諮詢與治療過程··447
　　一、短期焦點解決療法的基本流程································447
　　二、敘事療法基本流程··450

附錄 參考答案

前 言

　　隨著經濟的快速發展、生活節奏的加快，人們所承受的心理壓力也逐漸增加，越來越多的人產生了各種各樣的心理困擾和心理問題，對心理諮詢的接納程度和需要程度與日俱增。而心理諮詢是一門專業化的職業工作，心理諮詢師透過與來訪者建立良好的咨訪關係、採用合理的諮詢技巧，幫助來訪者發生一定的改變，使其更為適應、更為健康，達到潛能的極大發揮。因此，諮詢師的專業化成長便顯得極其重要，本書主要著眼於心理諮詢師的成長所需要的知識和技能進行編寫。本書分為三個重點，即概述、心理諮詢的一般技能以及心理諮詢的各個流派的具體技術。

　　本書有以下一些特色。第一，系統梳理經典理論。本書對心理諮詢和治療的傳統理論和流派進行了系統的梳理和詳細的闡釋，分章節介紹了精神分析、行為主義、認知以及以人為中心等主流取向心理諮詢與治療的理論與方法。每一章按照概述、基本理論與概念、基本技術、諮詢過程予以講解，結構清晰、循序漸進、由淺入深。第二，聚焦新的理論流派。諮詢心理學各流派以及技術、方法每年都在創新。這不僅是因為諮詢心理學的應用範圍在擴大，而且也源於諮詢心理學每個分支學科的研究在創新，於是新的文獻資料和思想理論源源不斷地湧進我們的視野。本書不僅僅關注經典的諮詢理論和流派，而且重點關注了基於中國傳統文化的心理諮詢與治療流派，例如道家認知療法、認知領悟療法，以及正念療法、森田療法、內觀療法等。第三，注重學理和實踐的結合。本書反映了作者們多年來從事心理諮詢和治療方面的成功經驗，本書編者是由長期從事心理諮詢的理論研究和臨床實踐、具有豐富教學經驗的教授和一線專家組成。本書不僅努力反映國內外心理諮詢理論與技術的新發展和新成果，而且在形式上儘量結合實踐和案例呈現教學內容，強調理論的實踐應用，實踐性強，案例豐富。第四，注重理論性與可讀性的結合。本書在編寫的過程中，不僅強調對那些基本理論、基本概念的闡釋準確無誤，而且強調用簡單、通俗的語言對其進行解釋，目的在於增強本書的可讀性。

前 言

　　本書的大綱由李祚山、于璐制定。參加該書編寫的主要作者都是在各自的專業領域,既有堅實的學術理論又具有豐富的心理諮詢實際工作經驗的專家;同時還有心理學專業學術型碩士研究生的參與。各章編寫人員如下:第一章于璐,第二章高俊杰,第三章、第四章陳曉科,第五章、第七章李佳泓,第六章余琳婧、李祚山,第八章、第九章牛驊,第十章、第十一章段文姬,第十二章、第十三章李慧,第十四章楊維宇。全書由李祚山、于璐進行統稿,李祚山最後定稿。

　　本書在編寫的過程中參閱了大量相關文獻資料,所以在此衷心感謝多年來在心理諮詢與治療領域付出辛勤努力並取得成就的專家、學者。

　　在全書的編寫過程中,我們力求精益求精,但是難免會有一些錯誤和不足,望讀者批評指正。

　　本書不僅可以作為高等院校心理學專業、醫學相關專業學生的學習和教學用書,而且可以作為心理諮詢工作者、社會工作者、心理健康輔導者、臨床醫學工作者、教育工作者以及社會各界愛好這個領域的人士的輔導和自學用書。

李祚山

第一章 緒論

在現代社會中，心理諮詢是一個很常見的概念。但心理諮詢究竟是什麼？心理諮詢就是談話治療嗎？心理諮詢與心理治療是一個意思嗎？心理諮詢是一種思想政治工作嗎？透過本章的學習，可以瞭解到心理諮詢的含義、心理諮詢與心理治療的關係，以及國外心理諮詢的發展簡史。透過對這些內容的學習，便可以知道心理諮詢究竟是一種什麼樣的工作。

第一節 概 述

一、心理諮詢的含義

心理諮詢（counseling）是一個含義非常寬泛的概念。它包括不同的理論流派，如精神分析治療、行為主義治療、以人為中心取向治療、認知治療等等。同時它又涉及不同的諮詢領域，如個人成長問題、人際關係問題、學生升學問題、職業選擇與指導問題、家庭關係問題、戀愛問題等等。心理諮詢工作者所依據的諮詢理論不同，主要涉及的諮詢領域不同，對心理諮詢所持的態度和理解也不盡相同。從心理諮詢產生初期到現在，有一百年左右的歷史，關於心理諮詢卻沒有一個統一的公認的定義，一直是眾說紛紜。

伯克斯（Burks）和斯蒂弗洛（Stefflre）認為：「心理諮詢指的是一個受過專業培訓的心理諮詢師和來訪者之間的職業關係。這種關係通常採用一對一的形式，儘管有時也可能多於兩個人。它的目的在於幫助來訪者能夠理解和分辨他們對生活的看法，並且透過為他們提供有意義的、成熟的選擇建議，或者透過幫助他們解決情感和人際關係問題，從而使他們學著實現自己設定的人生目標。」（約翰·麥克里奧德，2012）費爾斯姆（Feltham）和德萊頓（Dryden）認為咨訪關係「是一種原則性的相互關係，主要特徵在於它是對一種或多種心理學理論以及一系列交流技能的運用，這種關係依靠經驗、直覺以及其他的人際關係因素而得以改進；並且，這種關係會揭示來訪者隱秘的內心世界，以瞭解他們關心什麼、他們的問題是什麼以及他們的渴望是什麼。」

可見，心理諮詢的主要精神在於協助來訪者，使之自己解決問題，而不只是給出建議或強迫他們按指令去做。（約翰·麥克里奧德，2012）帕特森（Patterson）認為：「諮詢是一種人際關係，在這種關係中諮詢人員提供一定的心理氛圍和條件，使諮詢對象發生變化，做出選擇，解決自己的問題，並且形成一個有責任感的獨立的個體，從而成為一個更好的人和更好的社會成員。」（湯宜郎，許又新，1991)《中國大百科全書·心理學》（1991）對心理諮詢的定義如下：「一種以語言、文字或其他訊息為溝通形式，對求助者予以啟發、支持和再教育的心理治療方式，其對象不是典型的精神病來訪者，而是有教育、婚姻、職業等心理和行為問題的人。」

美國 1984 年版的《心理學百科全書》認為：「諮詢心理學始終遵循著教育的模式，而不是臨床的、治療的和醫學的模式。諮詢對象（而不是來訪者）被認為是在應付日常生活中的壓力和任務方面需要幫助的正常人。諮詢心理學家的任務就是教會他們模仿某些策略和新的行為，從而能夠最大限度地發揮其已經存在的能力，或者形成更為適應的應變能力。」（樂國安，2002）縱觀以上定義，不難發現，每個學者關於心理諮詢都存在自己的理解以及側重點。伯克斯和斯蒂弗洛關於心理諮詢的闡釋更重視諮詢的目標和目的，以及達到這種目標的途徑是職業化的咨訪關係。費爾斯姆和德萊頓則直接從咨訪關係角度對心理諮詢進行瞭解釋，他們更側重於關注建立良好咨訪關係的方法和意義。帕特森對心理諮詢的解釋同樣是強調咨訪關係的重要性，他認為咨訪關係是一種合作關係，在這個過程中，諮詢人員需要與來訪者相互配合，諮詢人員提供一定的幫助和條件，來訪者需要自己承擔責任、解決問題。《中國大百科全書·心理學》關於心理諮詢的定義的重點在於強調心理諮詢與醫學治療在對象上的差異，但沒有明確指出心理諮詢和心理治療的區別。而美國版的《心理學百科全書》關於心理諮詢的解釋和說明側重點恰好在於明確了心理諮詢與心理治療的不同，從改變、模仿適應行為角度出發，強調了心理諮詢的對象、任務的獨特性。

透過對以上定義的分析，我們認為，心理諮詢是一門專業化的職業工作，心理諮詢師透過與來訪者建立良好的咨訪關係、採用合理的諮詢技巧，幫助

來訪者發生一定的改變，使其更為適應、更為健康，達到潛能的極大發揮；而在這個過程中，發揮主導作用的是來訪者本人。

二、心理諮詢的類別

心理諮詢根據不同的標準可以分為不同的類型。

（一）根據諮詢所要解決的內容不同，分為障礙性心理諮詢和發展性心理諮詢，即補救性心理諮詢和預防性心理諮詢

1. 障礙性心理諮詢

障礙性心理諮詢即補救性心理諮詢。障礙性心理諮詢的對像是那些存在一定的心理障礙和心理問題的來訪者，這些障礙和問題已經嚴重影響了他們的社會生活，干擾了他們的日常生活狀態。障礙性心理諮詢的目的是使來訪者從心理不健康的狀態恢復為心理健康的狀態，從而更好地適應生活。這類諮詢一般含有以下一些內容：各種人格障礙的治療、心理生理障礙的干預、精神病來訪者的早期診斷、康復期精神病來訪者的心理復原等。如果從時間角度來說，即心理障礙和心理問題的診斷、治療、預防復發。障礙性心理諮詢一般是由隸屬醫院的心理門診、個體的心理諮詢機構、社區部門以及政府的相應保障性機構等來執行。諮詢工作者一般要求具備專業的醫學相關知識和專業的心理學相關知識背景，並且經過專業的訓練。

2. 發展性心理諮詢

發展性心理諮詢即預防性心理諮詢。隨著現代化的快速發展，人們的生活水準不斷提高，與此同時，人們生活節奏逐漸加快，絕大部分人承受著越來越大的生活壓力和工作壓力，身心處在一種亞健康狀態。人們為了更好地適應、更好地生活，越來越關注自身的心理健康狀態，發展性心理諮詢便由此應運而生。發展性心理諮詢的主要目的不是為瞭解決個體的心理障礙和心理問題，而是為了提高來訪者的心理健康水準，使其由心理亞健康狀態達到心理健康狀態；幫助來訪者更好地關注自身，更好地認知自我，更好地適應社會；根本目的是提高來訪者的生活質量，促進來訪者的全面發展，使來訪者達到潛能的最大程度發揮。發展性心理諮詢主要解決的問題包括：戀愛和

新婚適應，調和夫妻矛盾、親子溝通矛盾、婆媳矛盾、孕婦的心理保健、嬰幼兒的早教問題、提高學生的學習效率、青春期的衝動與性教育、升學壓力、就業與擇業問題、解決員工的職業倦怠、更年期綜合症、退休和老年情感干預以及自我實現等。這些問題綜合起來分為：家庭問題諮詢、兒童青少年教育諮詢、學生學習問題諮詢、職業問題諮詢以及個人適應問題的諮詢。發展性心理諮詢一般是由非醫學性機構來執行，如學校心理健康中心、個體的心理諮詢機構、社區部門以及政府的相應保障性機構。發展性心理諮詢能夠使人們在不斷提高物質生活水準的基礎上，不斷提高精神生活水準。

3. 障礙性心理諮詢和發展性心理諮詢的關係

關於障礙性心理諮詢和發展性心理諮詢需要明確以下四點關係：

第一，障礙性心理諮詢和發展性心理諮詢都屬於心理諮詢。兩者面對的對象和需要解決的問題，在性質上沒有本質的差異，只是嚴重程度上的差異而已。

第二，如果來訪者解決的是發展性心理諮詢的內容，並且取得了很好的諮詢效果，那麼就能夠較好地預防其進一步發展為更為嚴重的心理障礙和心理問題。

第三，如果來訪者解決的是障礙性心理諮詢的內容，那能為其進一步的發展性心理諮詢奠定前提和基礎，為發展性心理諮詢內容的解決提供了前提保障。

第四，這兩類諮詢類別只是在理論上做相應的區分，在實際的心理諮詢過程中，兩種諮詢通常是不加以區分的。也就是說，一般的心理門診和心理諮詢既解決發展性心理諮詢的內容，也同時解決障礙性心理諮詢的內容。

（二）根據諮詢所採取的方式的不同，分為門診心理諮詢、電話心理諮詢、信函心理諮詢、網路心理諮詢、專欄心理諮詢和現場心理諮詢

1. 門診心理諮詢

門診心理諮詢是指由心理諮詢師在私人的心理諮詢機構、綜合性醫院或者精神類醫院的心理門診從事的諮詢工作。心理諮詢師通常和來訪者採取面對面的溝通和交流，需要收集來訪者的資料，並對來訪者的心理問題進行診斷和鑒別，確定心理諮詢的目標，擬定心理諮詢的方案。並依此來幫助來訪者習得適應環境的行為方式和能力，改變他們不合理的認知以及最終達到人格的完善。門診心理諮詢由於採取面對面的方式，所以諮詢能夠較為深入，最終的效果評估通常較好。門診心理諮詢是最常見的心理諮詢方式，但是針對那些問題較為隱私、不希望暴露真實身份的來訪者以及由於工作原因和居住地理原因不能來諮詢室進行諮詢的來訪者，就不太適合。

　　2. 電話心理諮詢

　　電話心理諮詢是指採用電話溝通的方式進行的諮詢活動。電話心理諮詢主要有以下幾種功能：

　　第一，處理心理危機，進行心理危機干預。危機干預在國外較為普遍，已經從民間自發的組織行為發展為由政府管轄的專門工作。採用電話形式進行的危機干預作為專門的心理諮詢技術，主要處理突發性的、急性的情緒障礙，這些求助者極容易誘發自傷、自殺或者傷害他人的行為。他們主要是透過撥打專線電話，尋求鼓勵、安慰、保護，或者是發洩自己的憤怒、敵意等。針對這些求助者，危機干預工作者一方面要透過電話給予他們心理上的支持，穩定來訪者的情緒；另一方面需要獲得來訪者不自傷或者傷害他人的保證；最後獲得求助者的確切地址，並尋求有關部門的幫助和配合。電話心理諮詢的快捷性、方便性恰好滿足了心理危機干預需要快速解決來訪者問題的要求。

　　第二，針對那些涉及隱秘性問題、不願意透露姓名，或者是由於其他原因不方便到諮詢室進行門診諮詢的來訪者，可以採取電話形式進行心理諮詢。此時，心理諮詢師要本著負責任的態度，採用鼓勵、指導等諮詢技術幫助來訪者解決他們的心理困擾。電話心理諮詢的保密性強、隱蔽性高、不需要直接到訪諮詢室的特點恰好滿足了這類來訪者的需求。但是由於諮詢工作者和來訪者不能面對面地進行交流，獲得的資料有限，限制了諮詢工作者能力的發揮，對諮詢工作者的專業水準要求較高。

第三，針對那些不瞭解心理諮詢的來訪者。在亞洲，心理諮詢起步較晚，人們對採用心理諮詢解決心理問題的接納程度還不是很普遍。他們可能在決定採用門診心理諮詢之前，會透過撥打電話的方式詢問，什麼是心理諮詢以及心理諮詢的作用等等。此時，心理諮詢工作者需要認真、耐心地向其介紹心理諮詢的性質以及保密原則等，使其能夠坦然地走進心理諮詢中心接受專業的心理救助。

3. 信函心理諮詢

信函心理諮詢是指來訪者透過寫信的方式向心理諮詢工作者尋求幫助，心理諮詢工作者透過閱讀來訪者的信件內容對其問題提出建議和意見。信函心理諮詢比較適合於那些由於各種原因不能來到諮詢室的來訪者。這些來訪者或者是由於居住的地理原因，或者是由於工作的時間原因，或者是由於個人性格過於腼腆、不善表達，或者是由於涉及的問題較難於啟齒。但是信函心理諮詢也有一定的侷限性。來訪者可能文字表達能力不是很好，或者表達不準確，或者心理諮詢工作者在閱讀文字時出現再加工的偏差等，都會導致諮詢工作者接收到的訊息是不準確的，影響其對來訪者問題的診斷與評估。此外，諮詢工作者需要對來訪者所提出的問題透過信件的方式給予答覆，此時由於來訪者理解能力的差異以及諮詢師文字表達能力的差異等，出現來訪者對諮詢工作者提供的建議的錯誤加工，進而影響諮詢效果。因此，除非迫不得已，信函心理諮詢一般僅用於初步瞭解情況，即投石探路。而要想真正更好地解決問題，還需要採用門診心理諮詢的方式。

4. 網路心理諮詢

網路心理諮詢就是以互聯網為媒介進行的心理諮詢形式。網路心理諮詢面向的來訪者和存在的問題與信函心理諮詢類似，都是面對由於各種原因不能來到諮詢室的來訪者，而由於不能面對面地進行交流，同時又沒有語言上的溝通，所以咨訪雙方很容易因為訊息交流上的障礙導致出現各種偏差，進而影響諮詢的效果。但是網路心理諮詢又具有它自己獨有的時代性。隨著互聯網的普及，具有隱蔽性強、保密性高、方便快捷特點的網路心理諮詢走進了人們的生活，並逐漸被人們認可。

5. 專欄心理諮詢

專欄心理諮詢是針對公眾共同關心的一系列心理問題，透過宣傳板、報紙、雜誌、廣播電臺、電視臺、網路等媒介進行專題的討論和答疑。這種心理諮詢形式，重點並不是解決某個人的獨特的心理問題，而是具有心理健康知識普及的性質，針對大家共同關心的問題進行專題講解。專欄心理諮詢的優點是能夠使人們瞭解心理衛生的相關知識，受益群眾廣；它的缺點是，專欄心理諮詢往往是泛泛而談，針對性不強。

6. 現場心理諮詢

現場心理諮詢指的是心理諮詢師親自深入到企事業單位等進行現場心理諮詢活動，如學校、社區、企業、政府部門、部隊、監獄、醫院病房，甚至是來訪者的家庭等。現場心理諮詢同電話心理諮詢、信函心理諮詢、網路心理諮詢一樣，對於那些由於各類原因不能前來諮詢室做門診心理諮詢的來訪者而言，有很大的幫助作用，為他們提供了便利。同時，現場心理諮詢又彌補了以上三類諮詢形式的不足，它能夠保證心理諮詢工作者和來訪者面對面地交流，便於心理諮詢工作者為來訪者提供更多、更全面、更便捷的服務。

(三) 根據諮詢所需要時間長短的不同，分為長期心理諮詢、短期心理諮詢和限期心理諮詢

1. 長期心理諮詢

長期心理諮詢的時間較為長久，諮詢的時間跨度一般多於兩三個月，有些可能會達到數年，甚至持續終生。長期心理諮詢的間隔時間不固定，間隔時間短的可以達到每天一次，間隔時間一般的為每週一至二次，間隔時間較長的為每月一次，間隔時間更長的為每年一次等。採用長期心理諮詢的諮詢工作者一般將諮詢的關注點放在改變來訪者深層次的人格和性格問題上，而不僅僅是症狀的減退和問題的短期解決。諮詢的目的是來訪者整個人的發展和完善等。

2. 短期心理諮詢

短期心理諮詢的時間較為合適，諮詢的時間跨度一般少於兩三個月。但具體是多少時間又不固定，有時候需要一至二次諮詢就可以結束，有時又需要十幾次的諮詢才能達到預期的效果，主要是根據來訪者心理問題的性質和強弱而定。短期心理諮詢恰好與長期心理諮詢不同，它的關注點正是來訪者問題的解決和症狀的減退，而不涉及來訪者深層次的人格的改變等問題。諮詢的目的是來訪者情緒的改變、生活更為適應等。

3. 限期心理諮詢

限期心理諮詢的時間不同於長期心理諮詢和短期心理諮詢。在心理諮詢師和來訪者進行正式諮詢之前，咨訪雙方需要透過協商達成關於諮詢時間的共同認識。咨訪雙方需要先共同探討來訪者所要解決的問題的性質，以及擬定解決問題的大致計劃，並根據問題的性質和解決計劃限定心理諮詢的時間，最終在有限的時間內，努力解決來訪者的心理困擾。這種限制諮詢時間的做法，可以讓咨訪雙方形成一種意識，諮詢時間有限，必須努力盡快更好地解決問題，使得諮詢工作朝向諮詢目標前進。

就目前來說，心理諮詢一般採用短期心理諮詢和限期心理諮詢，因為需要考慮到來訪者時間的限制、精力的限制、財力的限制等等各種因素。長期心理諮詢除非個別情況的來訪者主動要求，或者透過諮詢師的瞭解發現來訪者確實需要達到人格的重建，一般來說不太採用。

（四）根據諮詢面向對象的多少，分為個別心理諮詢和團體心理諮詢

1. 個別心理諮詢

個別心理諮詢是指心理諮詢師和來訪者採取一對一的方式進行的諮詢活動。個別心理諮詢有很多的優點。首先，保密性強。一對一的方式能夠給來訪者提供一個安全隱秘的環境，最大限度地保護了來訪者的隱私。在這樣一種氛圍下，來訪者能夠更為開放地表達自我，突破自我防禦機制的限制，袒露自己的心聲，傾訴自己的苦惱，披露自己的問題，以及發洩自己的壓抑等。其次，針對性強。一方面，一對一的方式能夠讓來訪者有足夠的時間，詳細地分析自己的問題，傾訴自己的煩惱，表達自己的焦慮、緊張等各種情緒。

另一方面，一對一的方式也能夠讓心理諮詢師將全部精力集中在來訪者一人身上，詳細、縝密地分析來訪者的問題和困擾，透過和來訪者的共同努力達到幫助來訪者的目的。再次，諮詢效果明顯。一對一的方式能夠使咨訪雙方建立較為和諧的咨訪關係，由於雙方溝通交流的增多和深入，通常進行一段時間的諮詢之後能夠取得較為顯著的諮詢效果。個別心理諮詢是心理諮詢較為常用的方式，在專科醫院的心理門診、個人心理門診等機構較為常用。同時，它也有一些缺點，比如諮詢成本較高，需要咨訪雙方付出更多的時間和精力。

2. 團體心理諮詢

團體心理諮詢是指心理諮詢師同時面向多個來訪者時採用的諮詢方式，它主要是透過團體成員之間的人際互動達到解決來訪者的心理困擾、使來訪者更為適應的目的。團體成員的數量少則三至五個，多則幾十個不等。成員性質可以分為同質性團體和異質性團體。團體心理諮詢同個體心理諮詢相比較具有以下一些特點。首先，諮詢成本低。團體諮詢由於是同時解決多個來訪者的困擾，所以諮詢面廣泛，諮詢收效較高。其次，諮詢效果遷移水準高。一方面，團體小組本身就構成了一個社會群體，個體透過團體成員的人際互動能夠掌握一些人際交往的技能和技巧，並將這些技能、技巧更好地應用到日常生活中。另一方面，團體小組組成的社會群體造成一個見證的作用，能夠鼓勵來訪者更清楚地看到自己的發展變化，增強對自己成長的信心和勇氣。團體心理諮詢應用也較為廣泛，在學校、社區、企業、部隊中經常使用。但是團體心理諮詢同時也有一定的缺陷。首先，團體心理諮詢需要同時面向多個求助者，所以無法兼顧每個求助者的個人獨特性。其次，團體心理諮詢的保密性不高，可能會影響來訪者的自我表達，使得來訪者有顧慮，一般適合解決表層的心理問題。

由於個別心理諮詢和團體心理諮詢各自有著自己的優點和缺點，而它們的根本目的又是一樣的，幫助來訪者更加適應、自我成長，所以在現實生活中往往是結合使用。

複習鞏固

1. 簡述電話心理諮詢的功能。
2. 簡述團體心理諮詢的優點和缺點。

第二節 心理諮詢與心理治療的關係

一、心理治療的含義

如果想要深入理解心理諮詢的含義,必須瞭解與之密切相關的心理治療的含義。關於心理治療的定義,同心理諮詢一樣,面臨著尷尬的境地。心理學家們或者說心理諮詢師對心理治療的定義沒有統一的共識。

美國的精神科醫師沃爾培格(Wolberger,1988)認為,心理治療的功能主要是用來解決來訪者的情緒困擾。治療者必須透過與來訪者建立一種良好的治療關係,目的是幫助來訪者改變他們不良的行為方式,形成正常的、良好的行為方式;幫助來訪者緩解或者糾正、進而徹底消除來訪者的所有不適應的症狀;並最終達到來訪者人格的完善和成熟。

英國的心理學家、心理治療家弗蘭克(Frank,1990)認為,心理治療不同於一般的社會性幫助。心理治療是由經過專業訓練、取得認可的治療者依據一定的理論對心理疾患的原因進行解釋,並採取一定的措施為患有心理疾患的人提供專業的幫助,使其發生相應的改變。

錢銘怡(1994)對心理治療的闡釋與弗蘭克類似,她認為:「心理治療是在良好的治療關係基礎上,由經過專業訓練的治療者運用心理治療的有關理論和技術,對來訪者進行幫助的過程,以消除或緩解來訪者的問題或障礙,促進其人格向健康、協調的方向發展。」

《美國精神病學詞彙表》將心理治療定義為:「在這一過程中,一個人希望消除症狀,或解決生活中出現的問題,或因尋求個人發展而進入一種含蓄的或明確的契約關係,以一種規定的方式與心理治療家相互作用。」(樂國安,2002)

柯西尼（Corsini）和韋丁（Wedding）給出了一個比較詳盡的定義。他們認為：「心理治療是雙方互動的一個正式的過程，每一方通常由一個人構成，但有可能由兩個或更多的人組成。其目的是經由精通人格起源、發展、維持與改變之理論的治療者，在專業與法律認可下，使用邏輯上與該理論有關的治療方法，來改善另一方在下列任一或所有領域的無能或功能不良帶來的苦惱：認知功能（思維異常）、情感功能（痛苦或情緒不適）或行為功能（行為的不恰當）。」（鄭日昌等，2006）美籍華人學者曾文星、徐靜（2000）認為，心理治療是借助應用心理學的理論和方法，透過建立治療者與來訪者之間的良好的治療關係，使來訪者的心理、情緒、人格、行為、認知等發生改變的過程。他們強調心理治療不同於藥物治療、醫學治療和物理療法等，它主要是依靠心理學的理論和方法使來訪者變得和諧。

沃爾培格認為心理治療主要功能是解決來訪者的情緒困擾，進而最終達到使來訪者的人格趨於完善。弗蘭克和錢銘怡關於心理治療的定義著重強調了心理治療活動不同於一般性的社會活動的專業性，它必須由經過專門訓練並達到合格標準的治療工作者承擔。與此對應，《美國精神病學詞彙表》中心理治療的定義，主要是指出了在整個治療過程中來訪者不是被動的接受者，認為在治療過程中來訪者發揮著積極的作用。柯西尼和韋丁關於心理治療的解釋不僅強調了治療者和求助者雙方關係的專業性，同時指出了心理治療的不同方式以及心理治療的領域。曾文星、徐靜關於心理諮詢的闡釋則主要是強調了心理治療與醫學治療的區別，心理治療不依賴於藥物，而是依賴於應用心理學的相關知識。

透過以上分析，我們認為，心理治療是治療者依據一定的心理學理論、透過一定的心理治療方法，幫助主動來訪的求助者，解決急需解決的心理問題或者心理障礙，使求助者的心理發生改變、行為變得適應、情緒更加和諧、人格更加完滿等。

二、心理諮詢與心理治療的關係

關於心理諮詢與心理治療的關係，一直是一個值得探究的問題。有的研究者主張這二者之間並沒有什麼本質性的區別，因為它們所依據的心理學原

理，所遵循的工作原則幾乎都是一樣的，因此沒有必要區分出諮詢心理學與心理治療學這樣兩個學科；有的研究者卻主張這二者之間有著本質性的區別，完全是兩回事，其依據在於心理諮詢和心理治療所針對的對象和要解決的問題是完全不同的，心理諮詢主要針對的是健康的人群，解決的是發展性心理問題，而心理治療主要針對的是有疾病的來訪者，解決的是適應性心理問題。儘管這兩種觀點都有一定的道理，但是大多數的研究者還是主張心理諮詢與心理治療之間既有相同或者相似的地方，也有相異或者不同的地方，這二者之間是一種相互聯繫又相互區別的關係。關於這一點，哈恩（M.E.Hahn）的觀點被大多數研究者所認同。哈恩寫到，就我所知：「極少有諮詢工作者和心理治療家對於已有的在諮詢與心理治療之間的明確的區分感到滿意的……意見最一致的幾點可能是：（1）心理諮詢與心理治療是不能完全區別開來的；（2）來訪者的實踐在心理治療家看來是心理治療；（3）心理治療家的實踐又被來訪者看作是諮詢；（4）儘管如此，心理諮詢和心理治療還是不同。」（錢銘怡，1994）我們認為，心理諮詢與心理治療的相同或相似之處有以下幾點：第一，從工作對象看，兩者都是針對那些在心理或者社會適應方面有一定障礙的來訪者，這些來訪者可能都會面臨一些相同的問題。例如情緒情感問題、人際關係問題等。

　　第二，從工作目來看，兩者的最終目的都是為了讓來訪者恢復健康，促使其在人格、情緒等方面實現改變與成長，提高生活的質量。

　　第三，從指導理論看，兩者都主要依據於基本的心理學理論與心理學方法。例如精神分析學派的理論與方法、行為主義的理論與方法、人本主義心理學的理論與方法、認知心理學的理論與方法等，都是它們所共同的理論基礎與方法基礎。

　　第四，從工作方式看，兩者都非常注重建立幫助者與來訪者之間的良好的關係，認為這種良好的人際關係或者互動氛圍是影響最終效果的必要條件。

　　同時，心理諮詢與心理治療之間也存在著一定的區別，這些不同或區別表現在以下幾個方面：

第一，從工作對象看，心理諮詢所針對的主要是正常人，或者那些正在恢復或者已經復原的病人；而心理治療的對象所針對的主要是那些有各種心理障礙的人。

第二，從要解決的問題看，心理諮詢所要解決的主要是正常人所遇到的一些發展性問題，例如人際關係問題、戀愛婚姻問題、子女教育問題、職業選擇問題等；而心理治療所要解決的問題主要是一些較嚴重的心理疾病，如某些神經症、行為障礙、人格障礙、性變態、心身疾病、康復期的精神分裂症等。

第三，從工作方法看，心理諮詢主要是以輔導和支持為主，所涉及的意識深度較淺，焦點在於促使來訪者獲得內在的發展；而心理治療主要是以挖掘和改變為主，所涉及的意識深度較深，焦點在於挖掘病人的致病原因，改變病人的發病症狀，並最終改變病人的人格。

第四，從工作時間看，心理諮詢所需要的時間一般比較短，一般為一次或者數次；而心理治療則通常需要較長的時間，一般來說都需要數十次，有的甚至需要數年的時間。

第五，從工作場所看，心理諮詢的工作場所非常廣泛，比如學校、企業、醫院、社區、診所等都可以；而心理治療的工作場所通常較規範，大多是在醫院或者專業的私人診所。

第六，從工作人員來看，心理諮詢的工作人員和心理治療的工作人員分屬於兩個不同的組織，而且兩者所接受的培訓內容和培訓時間也都不一樣。心理諮詢的工作人員所接受的培訓時間一般較短，所接受的培訓內容也都較簡單，主要是心理諮詢的一些基礎理論與基本方法；而心理治療的工作人員所接受的培訓時間一般較長，所接受的培訓內容也較複雜，不僅包括心理學的一些知識與方法，還包括臨床醫學的一些知識與方法。因此，對心理治療師的要求要比對心理諮詢師的要求高。

心理諮詢與思想政治工作的區別

心理諮詢技術

第一章 緒論

　　在亞洲，因為心理諮詢的專業化、系統化、標準化程度並不是很高，而且許多從事心理諮詢工作的人，以前都是在學校、企業或者事業單位從事思想政治工作。所以，很多人經常容易混淆心理諮詢和思想政治工作之間的區別和界限。認為心理諮詢，無非就是說服教育，無非就是做思想工作，無非就是安慰勸服。但事實上，心理諮詢遠不是這樣，心理諮詢是一種專業化、科學化程度很高的職業，絕不能將其與思想政治工作混為一談。那這兩者之間究竟有什麼樣的區別呢？詳細情況見表1.1

表1.1 心理諮詢與思想政治工作的區別

	心理諮詢	思想政治工作
理論基礎	各種心理諮詢與心理治療理論以及人格心理學、社會心理學、變態心理學和心身醫學等	辨證唯物主義和歷史唯物主義
目的	幫助來訪者擺脫消極情緒、確認內在價值、了解自身需求、洞悉自我心理特點、提高適應能力、達到個性的全面和諧與發展	塑造人們的世界觀、人生觀和道德觀問題，為實現黨和國家的中心任務服務
從業人員資格	受過心理諮詢專門訓練的專業人員	除了專職幹部外，各級領導幹部以及黨團員，先進模範人物，班組長和工會，婦女工作積極分子
內容	日常生活中各種心理問題的調適、專業與職業的選擇、人際關係的調整、婚姻質量的改善、學習和工作效率的提高	基本路線教育，愛國主義、集體主義、革命傳統、理想道德和紀律、民主法制和國防教育等，形勢政策教育，熱愛本職工作教育，基本行為訓練
方法與途徑	1.個別諮詢與團體諮詢 2.價值中立，不指定任何既定的價值觀，不將自己的價值觀強加給對方	1.個別談話、座談討論、大會報告、參觀訪問 2.以一套既定的、統一的世界觀(其核心是價值觀)塑造人的心靈
效果評價標準	提高來訪者的心理健康水平	促進社會主義物質文明和精神文明建設

(引自樂國安.諮詢心理學.天津：南開大學出版社，2002：12.)

複習鞏固

　　1. 簡述心理諮詢和心理治療之間的相同點。

2. 簡述心理諮詢和心理治療之間的不同點。

第三節 心理諮詢的發展簡史及流派劃分

一、國外心理諮詢發展簡史

當代心理諮詢的發展起源於美國，同時美國也是現在心理諮詢行業最為發達的國家之一。瞭解國外心理諮詢的發展簡史，能夠使我們在立足本土文化的基礎上，更好地借鑑他人的成果，最終促進心理諮詢的進一步發展。

國外心理諮詢的發展起源於 20 世紀初，美國職業指導運動以及心理衛生運動的興起被認為是影響心理諮詢發展的兩大源頭（鄭日昌，江光榮，伍新春，2006)。

美國的職業指導運動開始於 19 世紀末，是由帕森斯（Parsons）首先發起的，他在波士頓成立了第一家就業指導中心。個體在選擇職業的時候必然會涉及三個方面：首先是做選擇的主體，也就是人本身；其次是被選擇的客體、對象，也就是工作本身；再次是主體和客體的匹配，即人和工作的匹配。因此帕森斯認為職業指導包括以下幾個方面：第一，促進來訪者更好地自我覺知，更清楚地瞭解自己的興趣、愛好、優點和缺點等；第二，幫助來訪者更好地覺知工作，包括工作的性質、工作的要求、工作的優勢和不足、工作的發展前景以及工作的穩定性等等；第三，是幫助來訪者考察他與工作之間的匹配度如何，在充分的自我覺知和工作覺知的基礎上，做出合理的、理性的職業選擇 (Gibson ，Mithell ，1999)。

1909 年，帕森斯出版了《職業選擇》一書，將就業指導的理論彙集成冊。帕森斯也被稱為「美國職業指導之父」（湯宜朗，許又新，1991）。這之後很長的時間內，美國學校的心理輔導一直被稱為「指導」，並且從事就業指導的老師慢慢地也開始關注學生的其他心理問題和心理困擾，如學習問題、交往問題等等。由此可見，美國的職業指導運動促進了心理諮詢的產生、形成和發展。

心理諮詢技術

第一章 緒論

美國的心理衛生運動的發起幾乎也是在19世紀末20世紀初，它的發起人是美國耶魯大學商學院的一名學生比爾斯（Beers），他本身是一名精神病來訪者。比爾斯有一個患有癲癇病的兄弟，比爾斯非常擔心自己也會有這種疾病，於是整天焦慮、緊張、精神狀態不好，這樣比爾斯真的患上了精神類疾病，並因此住進了州立精神病醫院。在患病以及住院期間，比爾斯深刻體會到了社會以及大眾對待精神病來訪者的不公正態度，同時也深刻體驗到了精神病院對精神類疾病治療手段的不合理性以及非人性化的待遇。於是，在出院後，比爾斯以自己的親身經歷為基礎到處奔走、宣傳，要求改善和改變人們對精神病來訪者的偏見，以及改進對精神病來訪者的治療手段。他以自己的經歷為基礎寫成了一本書《自覺之心》。這本書得到了廣大群眾和心理學家的認可，在美國掀起了心理衛生運動的狂潮。這場運動促進了美國心理諮詢的產生和發展。

除了美國的職業指導運動以及心理衛生運動對心理諮詢的產生和發展產生了重大的影響，第一次世界大戰和第二次世界大戰，同樣給美國心理諮詢的發展帶來了機遇。

第一次世界大戰間接地促進了心理諮詢的發展。由於戰爭的需要，美國招募了大量的士兵來補充。首先，要對這些士兵進行一定的篩選和排查，排除那些智力缺陷的士兵。其次，並不是所有的士兵都適合任何職位。也就是說，士兵之間是存在著個體差異的，在士兵和兵種之間存在著匹配度的問題。那麼就需要心理學家測量出哪些士兵適合哪類工作，並指導於實踐。這兩個方面大大促進了美國心理測量和諮詢行業的發展。

第二次世界大戰對美國的心理諮詢行業的影響也是巨大的。第二次世界大戰結束後，大批的退伍軍人回到祖國。由於他們剛剛從戰火硝煙瀰漫的戰場回歸到社會，一方面存在著日常生活適應上的問題，另一方面，由於他們除了打仗幾乎沒有其他的工作經驗，所以也同時面臨著工作上的適應和壓力問題。由此，美國的退伍軍人管理局請來了大批的心理諮詢專家和心理諮詢工作者，對這些退伍軍人進行職業指導和心理諮詢雙方面的救助。這對美國心理諮詢行業的發展和專業化意義不可小覷。

二、中國心理諮詢發展簡史

中國心理諮詢的發展簡史可以追溯到中華人民共和國成立之前。在美國轟轟烈烈地開展就業指導運動的同時，中國學者受其影響也紛紛展開了有關就業指導方面的實踐活動，如在蘇州成立的「中華職業教育社」等組織（陳仲庚，1989）。在這一時期，中國的心理測量工作也逐步開始展開，中國的學者不僅修訂了國外的專業量表，同時編制了適合中國人群的專業量表，並用這些量表進行了實際施測，還出版了相關的書籍，為中國心理測量和心理諮詢工作的開展奠定了堅實的基礎（彭凱平，1989）。但是真正意義上的心理諮詢工作的開展稍微要少一些，只有心理學家丁瓚在隸屬某工廠的醫務室接待過來訪者，但卻沒有留下豐富的文字記載（鐘友斌，1991）。

中華人民共和國成立之後，中國心理諮詢的發展可以分為幾個階段。關於該階段的劃分，不同學者提出了自己的觀點。

鐘友斌教授認為，中國心理諮詢的起源雖然較早，但是發展卻較為緩慢，相比較於國外心理諮詢的發展至少要晚了整整 50 年左右。鐘友斌教授透過分析每年中國心理學工作者在公開刊物上發表的相關論文的數量，將中國心理諮詢的發展分為三個階段：空白階段、準備階段和初步發展階段。這些公開刊物指的是 1955 年創刊的《中華神經精神科雜誌》、1975 年創刊的《中國神經精神疾病雜誌》、1987 年創刊的《中國心理衛生雜誌》、《心理學報》、《心理科學通訊》以及其他相關刊物。透過分析發現，從 1949 年中華人民共和國成立之後，中國的心理諮詢是穩步、平緩、有序地向前發展的。詳細情況見表 1.2。

表1.2 各歷史階段公開發表過的論文數

年度	1949以前	1949－1978	1979	1980	1981	1982	1983	1984	1985	1986	1987	1988	1989	1990（10月）
論文篇數	無資料可查	8	1	1	2	1	4	2	2	7	10	17	18	20
發展階段	空白階段	準備階段								初步發展階段				

（引自錢銘怡.心理諮詢與心理治療.北京：北京大學出版社，1994：8~9.）

心理諮詢技術

第一章 緒論

　　錢銘怡（1994）教授在鐘友斌教授關於中國心理諮詢發展的階段劃分的基礎上，提出了自己的劃分階段。他認為，中國心理諮詢的發展可以分為四個階段。

　　第一階段，啟動階段，時間跨度從1949年到1965年。這一階段的代表性事件有兩個，一個是心理學家黃嘉音的工作，另一個是「快速綜合治療」的發展。在20世紀40年代末50年代初，心理學家黃嘉音對患有精神類疾病或者心理障礙的兒童以及青少年來訪者嘗試性地進行了心理諮詢和心理干預。他運用心理學的知識對來訪者的致病原因進行分析，並使用心理諮詢的「支持」「鼓勵」「溫暖」等技術對來訪者進行治療，同時對來訪者的家人提出了配合治療的要求，收效很大。這項工作主要是在醫院的精神科進行的。黃嘉音的工作儘管不是很系統，但畢竟是中國心理諮詢工作的第一步，因此對中國心理諮詢的發展來說，意義重大。「快速綜合治療」最初是用來治療神經衰弱來訪者的，這種方法主要是將醫學和體育鍛鍊結合起來，並透過小組討論和專題講座等形式對來訪者進行治療。主要代表人物是李心天、王景和、李崇培等。後來李心天在該療法的基礎上提出了「悟漸療法」。

　　第二階段，空白階段，時間跨度從1966年到1977年。這一階段由於受到「文化大革命」的影響，心理學的整體發展處於停滯不前的狀態，甚至被稱為「偽科學」，被人嗤之以鼻。在這樣一種狀態下，心理諮詢和心理治療的實踐發展必然也遭受了一定的打擊。但是由於前一階段的工作，心理諮詢工作者已經發現了心理諮詢和心理治療的重要性，於是以鐘友斌為首的心理學家轉而在地下秘密地開展這一工作。這也為心理諮詢後期的進一步發展打下了堅實的基礎。

　　第三階段，準備階段，時間跨度從1978年到1986年。這一階段心理諮詢的發展變化表現在兩個方面。一方面，體現在學術理論上，首先是發表論文的數量和內容。這一時期，已經可以在正式刊物上看到與心理諮詢和治療相關的論文，同時有關諮詢和治療的書籍也被介紹到中國，儘管數量很少，但這畢竟是個進步。其次是有關心理諮詢和治療會議的召開。1979年中國心理學會成立了「醫學心理專業委員會」，專業委員會每逢組織年會的時候，

都會有「關於心理諮詢和治療」的專業研討。這兩方面為中國心理諮詢的發展提供了理論上的支持和保障。另一方面，體現在實踐操作上，首先，全國召開了不同規模的有關心理諮詢和治療技術的講習班。此時的講習班主要是以基本的理論和簡單的技能學習為主，時間通常較短，主要是以心理分析學派和行為主義治療為主。其次，全中國也陸陸續續地展開了心理諮詢和治療的實踐活動。鐘友斌、魯龍光、趙耕源在醫院的心理中心接待來訪者，而張伯源也在學校從事心理諮詢相關活動。學者們不僅僅是借鑑、學習西方的心理諮詢技術和方法，同時開始探索適合於本土文化的心理諮詢理論。

第四階段，初步發展階段，時間跨度從 1987 年到現在。樂國安（2002）指出，中國心理諮詢和治療在這一階段的發展主要表現在以下幾個方面：第一，公開發表的有關心理諮詢和治療的論著在數量上和質量上較之以前都有了較大幅度的提高。第二，專業培訓和管理逐步規範。第三，相繼成立了若干全國性的學術組織。第四，心理諮詢和心理治療機構大量出現。第五，心理諮詢和心理治療專業期刊相繼問世。第六，中國專業工作者在心理諮詢和心理治療與中國國情相結合方面進行了可貴的努力。

三、心理諮詢的流派劃分

隨著心理諮詢和治療的發展，各種新的諮詢理論不斷地湧現出來。到底存在多少種心理諮詢和治療的理論，目前很難確切地統計。但是絕大多數理論都淹沒在歷史的長河中，不再引起人們的關注，只有那些有著堅實的理論根基、具備紮實的理論深度的體系才能流傳至今。據加菲爾德和貝京統計，心理諮詢的理論體系，從 20 世紀 60 年代到 90 年代中期，已經從 60 個左右發展到了 400 個左右。(CorsiniR.J.& WeddingD. ，2000）那麼到底應該如何從這些眾多的理論體系中區分出哪些值得發揚，作為心理諮詢理論的中流砥柱傳承下去？諮詢心理學家和心理諮詢工作者做了大量的研究。

1982 年，史密斯（Smith）研究了臨床心理學工作者以及心理諮詢工作者在諮詢和治療過程中的理論取向問題。這項研究在一定程度上反映了美國心理諮詢界在 20 世紀 80 年代的基本情況。詳細情況見表 1.3。

表1.3 臨床心理學工作者和心理諮詢工作者的理論取向

理論取向	人數	百分比(%)
折衷主義理論	171	41.20
精神分析理論	45	10.84
認知行為理論	43	10.36
以人為中心理論	36	8.67
行為理論	28	6.75
阿德勒理論	12	2.89
家庭理論	11	2.65
存在主義理論	9	2.17
格式塔理論	7	1.69
理性情緒理論	7	1.69
現實理論	4	0.96
交互分析理論	4	0.96
其他	38	9.16
總計	415	99.99

(引自鄭日昌，江光榮，伍新春，當代心理諮詢與治療體系.北京：高等教育出版社，2006：9-10.)

1996年到1997年，吉布森（Gibson）和米切爾（Mitchell）以美國諮詢協會的會員為調查對象，將他們分為隸屬於學校和非隸屬於學校的心理諮詢工作者，調查他們在諮詢過程中的理論取向。共發放問卷420份，有效問卷286份。詳細情況見表1.4。

表1.4 美國諮詢協會會員的理論取向

理論	隸屬於學校的心理諮詢工作者 選擇的百分比	排序	非隸屬於學校的心理諮詢工作者 選擇的百分比	排序
折衷主義	7	6	16	1
羅杰斯的以人為中心療法	22	1	14	2.5
家庭系統	1	11.5	12	2.5
理性情緒	12	4	12	4
阿德勒的個體心理學	14	2	10	5.5
指導	13	3	10	5.5
行為	3	9	6	8
交互分析(TA)	0	13.5	6	8
現實	10	5	5	10.5
佛洛依德的精神分析	0	13.5	5	10.5
問題解決(solution-based)	4	7.5	2	12
存在主義	2	10	2	12
格式塔療法	1	11.5	2	12
其他	4	7.5	6	8
總計	N=170		N=116	

(引自鄭日昌，江光榮，伍新春，當代心理諮詢與治療體系.北京：高等教育出版社，2006：10.)

　　2007年，普羅察斯卡（Prochaska）和諾克羅斯（Norcross）以1500名左右的諮詢心理學家、諮詢心理學工作者、臨床心理學家、精神病醫師以及社會工作者為調查對象，考查了他們的理論取向。詳細情況見表1.5。

表1.5 美國諮詢和治療人員的理論取向

取向	臨床心理學家(%)	諮詢心理學家(%)	精神病醫師(%)	社會工作者(%)	諮詢師(%)
阿德勒學派	0	1	1	1	2
行為主義	10	4	1	4	6
認知	28	26	1	4	10
建構主義	2	1	0	2	1
折衷/整合	29	29	53	34	37
存在/人本主義	1	6	1	3	13
格式塔	1	1	1	1	2
人際	4	7	3	1	1
精神分析	3	2	16	11	3
心理動力	12	13	19	22	8
羅杰斯/個人中心	1	4	0	2	8
系統	3	4	1	13	7
其他	5	3	3	2	2

資源來源:Bechtoldt et al.2001;Norcross,Karpiak & Santoro,2005;Norcross,Stausser & Missar,1988.

以上三個表格可以得出這樣幾個結論：首先，從時間上看，將 20 世紀 80 年代與 90 年代的調查結果相比較，選擇精神分析療法作為理論取向的心理諮詢和治療工作者所占的人數比例逐漸降低。其次，從不同職業角度分析，不同職業的工作人員所依據的諮詢和治療理論存在著較大的差異。比如分別有 28% 的臨床心理學家和 26% 的諮詢心理學家選擇了認知取向的療法，而選擇該取向療法的精神病醫師、社會工作者、諮詢師卻很少。再次，從總體上看，無論是哪個時間段、無論是哪個行業的工作者，都有絕大多數的人會選擇折衷主義或者整合療法。最後，從整體上看，儘管調查所列出來的諮詢和治療的理論可能不同，但是從 400 多個理論中被諮詢工作者選中並作為臨床指導的這些理論卻是基本一致的，大約有 10 個左右的理論是人們普遍認可的諮詢和治療理論體系。

我們將參考上述三個表格的統計數據，同時結合自己的心理諮詢和治療實踐，歸納、總結出一些重要的諮詢和治療理論，作為後續章節的詳細知識點進行介紹。在這裡我們對這些理論做一個簡單的歸納總結。

1. 精神分析取向的心理諮詢技術

古典精神分析的理論基礎是弗洛伊德（Freud）的潛意識理論、人格結構理論以及人性本能理論，弗洛伊德強調早期童年經歷對一個人人格形成以及心理健康的影響。在治療實踐中，弗洛伊德重視夢的解析、催眠治療以及自由聯想等。新精神分析在古典精神分析理論的基礎上進行了相應的修正和調整，較為突出的是榮格（Jung）的分析心理學以及阿德勒（Adler）的個體心理治療。

2. 行為主義取向的心理諮詢技術

行為主義取向的心理諮詢技術以巴甫洛夫（Pavlov）的經典條件反射、斯金納（Skinner）的操作性條件反射和班杜拉（Bandura）的模仿學習為自己的理論基礎。行為主義者認為，一個人的行為是在環境中塑造和形成的。良好的行為是在良好的環境中透過學習習得的，不良的行為是在不良的環境中透過不適當的學習習得的。那麼如果想要改變不良的行為模式，只需要改變不利的環境，透過正確的引導和強化的方法，使得來訪者習得新的適應性的行為模式，以替代原有的不適應的行為模式，最終達到治療的目的。

3. 以人為中心取向的心理諮詢技術

以人為中心取向的心理諮詢技術的代表人物是卡爾·羅杰斯(Carl Ransom Rogers)，這種療法強調非指導性的諮詢和治療技術。諮詢師相信來訪者能夠自我成長、並最終達到自我實現。諮詢師採用尊重、理解、共同情感、積極關注、真誠等技術手段，為來訪者創造一個安全的、可信任的環境氛圍，使得來訪者能夠更好地整合自我概念和經驗之間的不一致性，並最終實現自我成長的目的。以人為中心療法強調來訪者對自己的責任，並相信來訪者具備自我成長的能力，所以諮詢師不需要對來訪者過多地加以指導、限制和要求。

4. 認知取向的心理諮詢技術

認知取向的心理諮詢技術主要包括艾裡斯的理性情緒療法、貝克的認知療法以及梅肯鮑姆（Meichenbaum）的認知行為矯正技術。理性情緒療法認為，事件本身並不能夠對一個人產生直接的影響，影響情緒和行為的是主

體對該事件的看法和評價。不良的情緒體驗和行為模式是由不合理的信念帶來的，這些不合理的信念包括絕對化、過分概括化和糟糕至極。艾力斯(Ellis)強調透過與不合理的信念進行辯論的技術，使來訪者看到自己的不合理信念，從而改變不合理信念，進而產生良好的情緒體驗和行為模式。貝克的認知療法認為個體的思維決定了其行為模式，貝克（Back）的認知模式圖包括核心信念、中間信念以及自動化思維等部分。貝克認為諮詢師需要採用結構式的諮詢技術和手段，使來訪者認識到自己的認知是如何影響到他的行為模式的，進而改變認知系統。梅肯鮑姆不僅強調需要改變來訪者的認知，同時需要教給來訪者一些必要的社會技能，也就是社會技能的訓練，梅肯鮑姆提出了壓力接種訓練的方法。無論是貝克、艾力斯以及梅肯鮑姆，都強調在諮詢過程中改變來訪者認知、思維的重要性。

5. 格式塔取向的心理諮詢技術

格式塔療法的代表人物是皮爾斯夫婦（Fritz Perls，Laura Posner Perls）。該療法受到了存在主義哲學、現象學和場論的影響，強調來訪者自我覺知的重要性，鼓勵來訪者自我成長和自我負責。格式塔療法聚焦於此時此地的感受，所以它是一種體驗式的療法。它關注來訪者的整體性，強調對未完成事件的處理，進而達到人格、經驗、體驗的完整性。

6. 家庭療法

家庭療法的代表人物很多，該療法認為心理問題的形成絕不僅僅是個人單方面的原因，家庭系統、結構對其人格和個性的發展具有重要的意義。採用家庭療法的心理諮詢工作者不僅僅需要對來訪者個體進行干預，同時需要對其整個家庭系統進行干預。治療的目的不僅是來訪者個體的改變，而且是整個家庭系統的進步和完善。他們強調家庭整體及成員的共同努力。

7. 藝術療法

大多數的諮詢理論是以語言為中介，藝術療法將諮詢理論與藝術實踐相結合，創設出一系列成系統的療法。藝術療法主要包括繪畫療法、音樂治療、遊戲療法以及心理劇等。這種療法是以藝術為中介對來訪者進行干預。例如

繪畫療法和音樂治療，就是透過繪畫和音樂來發現來訪者的心理困擾，進而加以解決。

8. 東方心理諮詢與治療技術

東方心理諮詢與治療在當前也是一種比較常用的心理諮詢與治療方法。之所以稱之為東方心理療法，是因為這些治療方法所基於的理論基礎或者說思想來源都是來自於東方傳統文化，尤其是中國傳統文化。常見的東方心理療法包括森田療法、內觀療法，以及以正念為基礎的心理療法（如正念減壓療程、正念認知療法、辯證行為療法等）。這些方法主要是透過一些類似於靜修的方法（例如打坐）使來訪者關注當下，關注自我，最終實現心靈的成長。主張不要去強迫改變某種所謂的「症狀」，而是要學會接納一切，包容一切，帶著「病症」生存，順其自然，為所當為。

9. 後現代主義取向的諮詢技術

後現代主義認為，不存在絕對的真理。現實是社會建構的，並且是透過語言建構的，因此，語言限制了人的思維，並影響了人們的情緒和行為。後現代主義療法主要包括敘事療法和焦點解決短期療法。敘事療法的代表人物是麥克·懷特和大衛·艾普斯頓，他們強調透過外化、解構、重寫等技術將人和問題區分開來，並找到主線故事之外的支線故事，即特殊意義事件，透過豐富特殊意義事件來增加來訪者的勇氣和力量。相比較於敘事療法，焦點解決短期療法的代表人物史蒂夫·德·夏德和茵素·金·伯格將注意力主要集中在尋找來訪者的例外事件。

10. 折衷或者整合的趨勢

當代的心理諮詢工作者不只是重視單獨的某一種療法，而是更傾向於採用多種諮詢和治療方法的整合。當面對來訪者的問題時，不再是侷限於使用某一種療法的理論分析來訪者的問題，而是綜合考察，採用各種技術手段，結合起來解決來訪者的困擾。

心理諮詢技術

第一章 緒論

擴展閱讀讀

　　約翰·麥克里奧德在《心理諮詢導論》一書中列舉了一些心理諮詢工作者們所認可的或明確或隱含的心理諮詢目的。

　　(1) 洞察力：瞭解情緒問題的根源及其惡化的原因，進而增強對情緒和行為的理性控制能力。(弗洛伊德：「本我決定著自我」)

　　(2) 與他人相連：能夠較好地建立和維持與他人之間更為有意義的、令人滿意的人際關係，例如，家庭和工作單位中的人際關係。

　　(3) 自覺性：更進一步瞭解自我封閉的或被抑制了的思想和情緒，或者更準確地認識自我是如何被他人感知的。

　　(4) 自我接納：培養看待自我的積極態度，其最顯著的一點就在於深入瞭解那些自我批評和拒絕的經驗領域的能力。

　　(5) 自我實現或個性化：把自我先前相互衝突的各個方面向著合適的方向調試，使之成為一個有活力的、不斷完成中的綜合整體。

　　(6) 啟迪：幫助來訪者達到更高的精神覺醒狀態。

　　(7) 問題解決：幫助來訪者尋找那些他們自己解決不了的特殊問題的解決方案。

　　(8) 心理教育：幫助來訪者掌握理解和控制行為的思想和方法。

　　(9) 獲得社會技能：學習並掌握社會及人際關係技能，例如保持目光接觸，談話中的話題轉移，以及對武斷和易怒的控制等等。

　　(10) 認知變化：修正和改變那些非理性的信念以及不合於社會的思想方式，而這些信念及思想方式通常又是與自我傷害行為聯繫在一起的。

　　(11) 行為變化：修正和改變那些不合於社會的及自我破壞性的行為方式。

　　(12) 系統的變化：把變化引入到社會組織系統(比如家庭)的運作之中。

　　(13) 授權：透過對來訪者在技能、意識和知識等方面的訓練，從而使之能夠學會掌握自己的生活。

(14) 彌補：透過來訪者為先前的破壞性行為做出補償。

(15) 普及化及社會行動：鼓勵來訪者關心別人的行為和能力，並且透過行政方面的能力和社區工作以促進集體利益。

——引自約翰·麥克里奧德著，潘潔等譯的《心理諮詢導論》

複習鞏固

1. 簡述第一次世界大戰和第二次世界大戰對美國心理諮詢發展的影響。

2. 簡述中國心理諮詢發展的四個階段。

小結

1. 心理諮詢是一門專業化的職業工作。

2. 心理諮詢分為不同的類別。根據諮詢所要解決的內容不同，分為障礙性心理諮詢和發展性心理諮詢。根據諮詢所採取的方式的不同，分為門診心理諮詢、電話心理諮詢、信函心理諮詢、網路心理諮詢、專欄心理諮詢和現場心理諮詢。根據諮詢所需要時間長短的不同，分為長期心理諮詢、短期心理諮詢和限期心理諮詢。根據諮詢面向對象的多少，分為個別心理諮詢和團體心理諮詢。

3. 心理治療是治療者依據一定的心理學理論、透過一定的心理治療方法，幫助主動來訪的求助者，解決求助者急需解決的心理問題或者心理障礙，使求助者的心理發生改變、行為變得適應、情緒更加和諧、人格更加完滿等。

4. 國外心理諮詢的發展起源於 20 世紀初，美國職業指導運動以及心理衛生運動的興起被認為是影響心理諮詢發展的兩大源頭。第一次世界大戰和第二次世界大戰，同樣給美國心理諮詢的發展帶來了機遇。

5. 中國心理諮詢的發展可以分為四個階段：啟動階段、空白階段、準備階段、初步發展階段。

心理諮詢技術

第一章 緒論

關鍵術語表

　　心理諮詢 障礙性心理諮詢 發展性心理諮詢 門診心理諮詢 電話心理諮詢 信函心理諮詢 網路心理諮詢 專欄心理諮詢 現場心理諮詢 長期心理諮詢 短期心理諮詢 限期心理諮詢 個別心理諮詢 團體心理諮詢 心理治療

選擇題

　　1. 主要目的不是為瞭解決個體的心理障礙和心理問題，而是為了提高來訪者的心理健康水準，這種心理諮詢屬於（　）

　　A. 障礙性心理諮詢 B. 補救性心理諮詢

　　C. 發展性心理諮詢 D. 長期性心理諮詢

　　2. 針對那些存在一定的心理障礙和心理問題的來訪者的心理諮詢屬於（　）

　　A. 障礙性心理諮詢 B. 預防性心理諮詢

　　C. 發展性心理諮詢 D. 長期性心理諮詢

　　3. 適合用來作快速的危機干預的心理諮詢方式是（　）

　　A. 門診心理諮詢 B. 電話心理諮詢

　　C. 專欄心理諮詢 D. 現場心理諮詢

　　4. 心理諮詢工作者親身深入到企事業單位等現場進行心理諮詢活動指的是（　）

　　A. 專欄心理諮詢 B. 現場心理諮詢

　　C. 長期心理諮詢 D. 團體心理諮詢

　　5. 諮詢的目的是使來訪者的人格全面發展和完善，需要採用的心理諮詢方式是（　）

　　A. 限期心理諮詢 B. 短期心理諮詢

　　C. 長期心理諮詢 D. 現場心理諮詢

6. 19 世紀末，在波士頓成立了第一家就業指導中心的心理學家是（ ）

A. 詹姆斯 B. 羅杰斯

C. 馬斯洛 D. 帕森斯

7. 美國的心理衛生運動的發起人是（ ）

A. 比爾斯 B. 羅杰斯

C. 馬斯洛 D. 帕森斯

8.「中華職業教育社」成立的地點是（ ）

A. 北京 B. 上海

C. 蘇州 D. 西安

第二章 心理諮詢過程

第二章 心理諮詢過程

可能有很多人認為，心理諮詢就是和別人聊天、安慰他人，但真的是這樣嗎？心理諮詢並不是隨意而無規則的，無論是一次還是多次諮詢都需要經過一系列的階段和若干環節與步驟。透過本章內容的學習，可以明白：什麼是心理諮詢過程，心理諮詢過程包括哪些階段，每一個階段都有什麼樣的任務。

第一節 概 述

一、心理諮詢過程的含義

心理諮詢過程是一個涉及幫助、教育和成長等的複雜反應過程，從不同的角度出發，對其含義的具體理解就有所不同。心理諮詢過程一般從心理諮詢過程處理的傾向與態度和研究心理諮詢過程的目的兩個角度進行界定。

根據處理諮詢過程的傾向和態度，布拉梅爾（Brammer）和麥克唐納(Mac Donald)提出心理諮詢過程包含自然主義的過程和技術主義的過程。自然主義的過程認為心理諮詢是一個自然的進程，諮詢師有如處理日常生活中自然發生的關係一般來處理咨訪關係，並隨著諮詢的發展，憑著雙方的直覺來引導諮詢的方向，做當下該做的事情，談當下該談的話題，解決當下可以解決的問題，而不涉及過多的人為干預與控制。以人為中心的療法和心理動力學技術在某種意義上是這一傾向的代表，兩者均不嚴守和強調固定的計劃與步驟，技術主義的過程則強調計劃性，如同電腦的程式設計般，將心理諮詢過程中的各個環節都設定了一個具體的規程，按部就班地進行諮詢。行為主義學派所採用的大部分方法、技術均是符合技術主義的心理諮詢處理傾向的。

從研究心理諮詢過程的目的角度劃分，諮詢過程主要包括四個角度，即觀察的角度、時間次序或因果次序的角度、觀察事件單位的角度和治療與改變過程的角度（江光榮，2005）。

(1) 觀察者的角度。諮詢過程中的觀察者既包括參與諮詢的咨訪雙方，也包括旁觀者。這一角度的理解主要運用於對來訪者資料的收集和諮詢效果的評估。

(2) 時間次序或因果次序的角度。該角度主要區分是以時間的變化進程為依據，還是以事件發展、變化的因果關係為依據來定義和劃分心理諮詢過程的。

(3) 觀察事件單位的角度。心理諮詢過程中事件的基本觀察單位是詞、句子、互動和階段，選擇不同的觀察單位，所理解的諮詢過程也不同。

(4) 治療與改變過程的角度。是理解心理諮詢過程最為複雜和主要的角度，將過程定義為諮詢中發生的任何事件，包括來訪者的改變、諮詢師的工作和咨訪雙方的互動。

透過分析以上兩大角度的定義，我們認為，心理諮詢過程是諮詢師根據實際的需要，運用單一或整合的處理傾向與態度，給來訪者以指導、幫助、教育和啟發，使其發生改變的相互互動和作用的過程。這一過程包括了一系列的階段和若干環節。

二、心理諮詢過程階段的劃分

心理諮詢過程是由一系列有序的階段構成的，每一階段都有其特定的內容，只不過側重點有所差異，無論諮詢師是有意識或無意識，這些階段均或多或少、或隱或現地存在著。從諮詢開始到逐漸進入正題、高潮直至結束，整個過程有始有終，有詳有略。然而就心理諮詢過程具體應劃分為哪幾個階段，不同心理學家的看法各異。

錢銘怡（1994）提出心理諮詢必須經過心理診斷階段、幫助與改變階段和結束階段。其中心理診斷階段又細分為訊息的收集、心理診斷、訊息反饋和諮詢目標的確立等幾個階段；幫助和改變階段又分為領悟和修通兩個階段。

曾文星、徐靜（2000）將心理諮詢過程分為初期階段、中期階段和後期階段。初期階段包括建立關係、認清主要問題、收集基本的背景資料、決定

諮詢的適合性以及說明諮詢的方針與條件等；中期階段是諮詢的主要階段；而後期階段主要是用於做結論性解釋、鞏固療效和準備結尾。

湯宜朗、許又新（1999）把心理諮詢分為：訊息收集、評估、訊息反饋、諮詢協議、行動改變和終止諮詢等 6 個步驟。前 3 個步驟的重點在於收集整理對雙方都很重要的訊息，而這一過程本身就具有一定的治療作用；後 3 個步驟的重點在於幫助來訪者分析和解決問題，改變不適應的認知、情緒或行為，使其恢復具有創造性的生活。

國外學者也從不同角度對心理諮詢過程的階段進行了探討。如霍堪森（S.Ho-kanson）描述心理諮詢的基本實施階段包括最初的接觸，評估與確定諮詢目標，實施諮詢目標，心理諮詢的結束、評估和隨訪（崔光成，邱鴻鐘，2003）。伊根（G.Egan）將心理諮詢分為確認與分析問題、設立目標和行動 3 個階段，卡瓦納（M.E. Cavanagh）則認為諮詢過程包括訊息的收集、評價、反饋、諮詢協議、行為改變和結束等 6 個階段。布洛切（Blocher）提出心理諮詢應經過發展關係、問題確認、確定目標、認知與行為改變、遷移與鞏固以及結束與評估幾個階段（江光榮，2005)。

縱觀以上不同心理學家的觀點，可以發現，雖然他們的說法有異，但實際上卻是大同小異。即使諮詢時間的長短、諮詢師採用的諮詢理論與方法以及來訪者的問題等存在差異，一個完整、有效的諮詢過程卻是大致相同的，都必然包含一些基本的、必須經過的階段性任務。我們認為可將心理諮詢過程劃分為 3 個主要階段：準備階段、實施階段、結束與評估階段。在這 3 個階段中，準備階段又具體分為建立咨訪關係和收集來訪者資料兩個階段性任務；實施階段的任務包括諮詢對象的選擇與轉介、問題的分析與診斷、確定諮詢目標以及制訂與實施諮詢方案；結束與評估階段則細分為結束心理諮詢和評估諮詢效果兩方面的任務。

複習鞏固

1. 闡述心理諮詢過程的四個角度。

2. 簡述心理諮詢過程的階段。

第二節 準備階段

一、建立咨訪關係

（一）咨訪關係的含義

咨訪關係又可稱為「諮詢關係」或「治療關係」，是指心理諮詢師與求助者之間的互動關係。與一般的社會關係不同，咨訪關係是一種特殊的人際關係，諮詢師透過幫助來訪者分析其內心的矛盾衝突，探討造成情緒與行為困擾的原因並予以相應的指導，使來訪者重新認識自己、克服障礙，達到自我改變和發展，這種關係隨著諮詢的結束而結束。

（二）建立咨訪關係的意義

首先，良好的咨訪關係是心理諮詢順利開展的前提條件。心理諮詢類似於一種直接與人的心靈進行接觸的訊息交流過程，而諮詢師與來訪者是不同的個體，擁有不同的人生價值觀念、思考模式、生活態度和行事風格。因此，雙方是否能夠建立互相接納、溫暖、坦誠、理解與信任的關係，是順利進行心理諮詢的有力保障。

其次，良好的咨訪關係是心理諮詢取得理想諮詢效果的先決條件。大量的、從不同角度進行的研究發現，良好的咨訪關係是不同的流派在諮詢中能夠取得成功的共同因素之一。咨訪關係本身就具有一定的治療作用，諮詢師對來訪者的寬容、接納、理解和非評價性的態度以及鼓勵與信任，一方面為來訪者營造了寬鬆、自由與安全的氛圍，讓來訪者產生積極的情緒體驗，提高其自尊心和自我效能，能夠主動與諮詢師配合，最大限度地接受諮詢師的影響，從而達到助人的效果；另一方面可以為來訪者提供人際交往的榜樣示範，透過將在諮詢過程中對為人處世方法與原則的領悟，運用到現實生活中，達到心理康復的目的。

（三）咨訪關係的特徵

咨訪關係的特徵可分為外部和內部兩個方面。外部特徵是咨訪關係建立之初就一定存在的，內部特徵則是在諮詢過程中逐漸發展出來的，外部特徵能夠為內部特徵的發展準備一些條件，但並不足以保證內部特徵一定出現。

1. 咨訪關係的外部特徵

(1) 目的性

諮詢雙方對於結成這種咨訪關係的原因及目的必須是明確的。雙方都要認識到咨訪關係是由於來訪者遇到了他無法獨立解決或無法透過其他途徑加以解決的難題，需要諮詢師的指導與幫助而形成的，目的是運用這種關係幫助來訪者解決問題。除此之外，不存在其他任何關係和目的。

(2) 特殊性

咨訪關係是一種特殊的人際關係，不同於親子關係、朋友關係、同事關係、師生關係、戰友關係、戀人關係等一般的社會關係。如帕特森（Patterson）指出：咨訪關係完全是一種在特定的時間期限內，隱蔽的、具有保密性的特殊關係（錢銘怡，1994），這種關係只能在諮詢情境中存在，隨著諮詢的開始而開始，諮詢的結束而結束。咨訪關係的特殊性表現在三個方面：新的人際關係、親密的人際關係、建設性的人際關係（許又新，1999）。

(3) 非強制性

咨訪關係的建立、維持和發展均以雙方具有共同意願為前提。一方面既不能強迫人接受幫助和指導，也不能迫使人主動幫助人；另一方面諮詢雙方在任何時候都有完全的自由和權利中斷或結束這種關係。

(4) 主觀與客觀的統一性

主觀性與客觀性在咨訪關係的相互作用中體現出來，二者的統一更有利於諮詢過程的深入發展。咨訪關係的主觀性體現在諮詢師需以共同情感、尊重、真誠的態度對待來訪者，使之感受到溫暖。而客觀性指要求諮詢師在諮

詢全過程中保持客觀、中立的立場，這樣才能對來訪者情況有正確的瞭解、客觀的分析，並儘可能提出適宜的處理方法。

(5) 限制性

咨訪關係會受到多種專業上的限制，常見的限制有：特殊性的限制、職責的限制、時間的限制和個人要求的限制。特殊性的限制是指咨訪關係是來訪者覺察到自己需要特別的幫助和支持時產生發展起來的。職責的限制是指以幫助來訪者成長為目標的諮詢目的所要求的，諮詢師要弄清楚什麼是諮詢師的責任，什麼是來訪者的責任，絕不能越俎代庖，代替來訪者解決其具體的日常問題。時間的限制是指諮詢成效的有效制約因素，通常一次諮詢或治療的會談時間為 1 小時左右。咨訪關係中還包括來訪者對諮詢師提出個人要求的限制。

(6) 動態性

咨訪關係是一個動態的、發展的過程，不同的諮詢階段其核心內容存在差異，並不是一成不變的。諮詢初期，諮詢師與來訪者之間還未建立信任的關係，咨訪關係的核心內容是聆聽與接納；諮詢中期，諮詢師透過運用各種技術幫助來訪者處理心理問題，咨訪關係的核心內容是引導和參與；諮詢後期，諮詢師協助來訪者發掘自身的積極面，增進社會適應的能力，咨訪關係的核心內容是支持與領悟（石向實，2010）。

2. 咨訪關係的內部特徵

良好的咨訪關係應具有三種基本的內部特徵：

(1) 信任與理解

信任與理解是良好咨訪關係的最突出、最重要的特徵。信任更多地涉及的是來訪者對諮詢師的態度，而理解則更多涉及諮詢師對來訪者的態度。信任與理解可以相互促進，在這樣的氛圍下，咨訪雙方能夠做到坦誠相待，降低來訪者的抵抗性，增進其自我探索。

(2) 情感聯繫

心理諮詢的情感聯繫包括情感成分和情感交流兩部分。情感成分中經常被提及的是喜愛和溫情，其中喜愛主要指來訪者對諮詢師的情感，而溫情則主要是諮詢師對來訪者的一種感受。另外在諮詢中，諮詢師總是需要設法創造一種能夠自由表達情感的氣氛，促使來訪者充分表達情感，同時自己也用一顆「感受情感的心」去體驗對方的感受。

(3) 承諾感

　　諮詢雙方彼此都願意對咨訪關係做出承諾是良好咨訪關係的一個重要特徵。這意味著雙方對於諮詢目標與要完成的任務取得一致的認可，並願意互相協作、共同為之付出心血和努力（江光榮，2005）。

(四) 咨訪關係建立的技術

　　咨訪關係的建立、維護和發展既受到心理諮詢師的諮詢理念、人格特徵和諮詢態度等的影響，同時又受到來訪者自身的求助動機、期望程度、合作態度、自我覺察水準、悟性水準、行為方式和對心理諮詢師的反應等的影響。建立咨訪關係的技術如下：

1. 共同情感

　　共同情感是影響咨訪關係最核心的因素，又稱為「同感」「神入」「感情移入」「投情」「同理心」等，其含義是指體驗他人的精神世界就像體驗自己的精神世界一樣的能力，即諮詢師能夠設身處地、將心比心地理解與分擔來訪者內心世界各種負荷的能力，而不是進行判斷和評價來訪者的能力，其核心是能理解對方的心理感受。

　　共同情感在心理諮詢中具有非常重要的意義，表現在：

　　第一，諮詢師透過共同情感，能夠設身處地地、準確理解來訪者，把握來訪者的內心世界；

　　第二，共同情感能使來訪者感受到自己被理解、接納，產生信任和積極的情緒體驗，從而促進良好咨訪關係的建立；

第三，諮詢師的共同情感能夠鼓勵並促進來訪者的自我探索和自我表達，使其更深入、全面、準確地認識自己，也促進了諮詢雙方更深入地理解與交流；第四，共同情感對於那些迫切需要理解、關懷和情感傾訴的來訪者，可以直接造成明顯的助人效果。

心理諮詢師對來訪者的共同情感反應有各種不同的水準，在心理諮詢訓練及對訓練的評估中，運用比較廣泛的是卡可夫（R.Carkhuff）和皮爾斯（Pierce）對共同情感水準的劃分與評定。他們將共同情感反應水準分為5個等級，其中水準3是可以接受的最低反應水準，類似於伊根的初級共同情感，水準4是高級準確的共同情感反應，而水準5則是具有可以促進來訪者行為的共同情感反應（樂國安，2002）。結合例1具體分析如下：

例1：

來訪者：我們交往半年了，關係一直都很好，只是偶爾鬧鬧小彆扭，他非常關心我，但我總覺得不踏實，他那麼優秀，我既不聰明也不漂亮，就怕自己哪點沒做好，就失去他了……

水準一：沒有理解和指導——諮詢師對來訪者表達的感受和體驗沒有做出反應，僅是提出一個問題、安慰或建議。

諮詢師：你男朋友不在乎，對你好就行啦，不用想太多。

水準二：沒有理解，有些指導——諮詢師對來訪者的感受有所反應，但忽視了值得重視的情感。

諮詢師：現在你們的關係很好，可是你覺得不踏實。

水準三：存在理解，沒有指導——諮詢師的反應僅基於對來訪者表達的感受和情感的表層理解。

諮詢師：你對你們的交往感到不踏實，害怕對方覺得你有做得不好的地方和你分手。

水準四：既有理解，又有指導——諮詢師的反應傳遞出了他對來訪者表達的深一層的理解，並指出對方忽視或迴避的問題。

諮詢師：你似乎缺乏自信和安全感，覺得自己不如他優秀，害怕配不上他而失去他，感到不踏實。

水準五：理解、指導和行動都有——諮詢師做出對來訪者更深入的理解和表達理解的反應，並提供行動措施。

諮詢師：你似乎缺乏自信和安全感，覺得自己不如他優秀，害怕配不上他而失去他，感到不踏實。你可以嘗試運用這樣的一些方式，向你的男朋友表達你的這種感受並從中看到自己的優點。

心理諮詢師在諮詢過程中正確理解和使用共同情感，應注意掌握以下幾點：

第一，諮詢師要站在來訪者的角度，而不是自己的標準去看待來訪者及存在的問題。

第二，共同情感的基礎不是擁有相似經歷和感受，而是將心比心地體驗對方的內心世界。

第三，諮詢師需要不斷驗證自己是否做到了共同情感。

第四，共同情感的表達要因時、因人、因事而異，把握恰當時機，適度共同情感。

第五，表達共同情感要善於把握角色的轉換。

第六，表達共同情感應善於使用面部、姿勢、聲音等軀體語言。

第七，共同情感的表達要注意考慮來訪者的特點和文化背景。

2. 積極關注

積極關注的概念源自於羅杰斯（Carl Ranson Rogers），他提出的以人為中心療法被稱為「無條件積極關注」。積極關注是一種共同情感的態度，指諮詢師以積極的而非評價的態度看待來訪者，不以來訪者行為的好壞選擇對待方式，而是選擇性的關注和突出來訪者言語與行為中的長處、積極和光明面，利用其自身的積極因素促使來訪者發生變化。需要指出的是，這裡的

非評價並不是完全避免評價,而只是避免對人的評價。積極的關注既可以從來訪者描述的事實中發現積極面,同時也可以透過注意他對事件本身的描述是否清晰、明確、形象等去尋找來訪者積極的方面。

在心理諮詢中,積極關注具有重要的意義。積極關注不僅有助於建立良好的諮詢關係,促進來訪者的自我探索,加強諮詢雙方的溝通和情感聯繫,而且本身就具有諮詢效果。尤其是對那些自卑感強或因挫折而失望的來訪者,諮詢師積極的關注能幫助他們深化對自己和所處環境的客觀認識,看到自己的長處和對未來的希望,從而激發潛能,樹立信心,克服困難。也正因如此,幾乎所有有效的心理諮詢理論都包含這樣的信念,如家庭治療者相信人是可以改變的,甚至能在那種似乎是可悲的、無望的交往中成長起來。

如何恰當運用積極關注?首先,要求諮詢師對來訪者進行積極關注需以諮詢師必須相信來訪者有長處、優點和光明的積極面,且透過自身的努力、他人的幫助是能夠發生改變的這一前提為出發點;同時諮詢師應允許來訪者有自己的思想、情緒、感受和行為,而不是將自己的標準、理解強加給來訪者。其次,進行積極關注必須注意要立足實事求是、避免盲目樂觀、反對過分消極悲觀,不僅諮詢師自身能看到來訪者的灰暗與光明兩面,也要幫助來訪者辯證、客觀地看待自己,挖掘內在的潛能和資源。

擴展閱讀

皮格馬利翁效應

皮格馬利翁效應(Pygmalion Effect):也有譯成「畢馬龍效應」「比馬龍效應」的,由美國著名心理學家羅森塔爾和雅各布森提出。他們在原神話的基礎上,進行了一項有趣的研究。他們先找到一所學校,然後從校方手中得到了一份全體學生的名單。在經過抽樣後,他們向學校提供了一些學生名單,並告訴校方,他們透過一項測試發現,這些學生有很高的天賦,只不過尚未在學習中表現出來。其實,這是從學生的名單中隨意抽取出來的幾個人。有趣的是,在學年末的測試中,這些學生的學習成績的確比其他學生高出很多。研究者認為,這就是由於教師期望和積極關注的影響。教師認為這

個學生是天才,在日常的各方面便給予學生更多的關注,而且總是從積極、光明的一面引導學生,發現他們的優點和長處,在上課時給予他們更多的關注,透過各種方式向他們傳達「你很優秀」的訊息,學生由於感受到教師的關注,產生一種激勵作用,學習時加倍努力,因而取得了好成績。這種現象說明教師的積極期待和關注,對學生的成長與發展具有重要的影響作用。借用希臘神話中出現的主人翁的名字,羅森塔爾把它命名為皮格馬利翁效應,亦稱「羅森塔爾效應」或「期待效應」。

生活中這樣的例子也是存在的,比如,一個因看不慣室友某些作風和行為的同學,和室友關係十分僵硬,總是鬧得不愉快,為一點小事就爭吵,為此心煩不已。聽從諮詢師的建議,他嘗試著去發現室友的好處、優點,給予室友積極的關注,最後兩人之間的矛盾緩解,能夠在寢室和平共處。因此,給自己和別人以期待,積極關注,發現長處和優點,你將擁有一個不一樣的人生。

3. 尊重

尊重是指諮詢師把來訪者作為有思想感情、內心體驗、生活追求、獨立性和自主性的人去對待,能夠接受和悅納來訪者不同於自己的人生觀、價值觀、世界觀、人格特徵、行為方式、生活態度和思維模式等。它既是建立良好咨訪關係的基礎,也是建立良好咨訪關係的重要內容,以來訪者為中心的心理諮詢理論將其視為使來訪者產生建設性改變的關鍵條件之一。

在咨訪關係中,尊重的意義在於能夠增強共同情感和積極關注的效果,進而更好地作用於心理諮詢過程。尊重來訪者可以讓對方感受和體驗到自己處在一個充滿溫暖與安全的氛圍中,使來訪者能夠減少心理防備,敞開心扉,最大程度地表達自己的內心感受。尊重來訪者可以使對方獲得被理解、被接納的感覺,從而達到提高來訪者自我價值感、激發來訪者自信心和自尊心、開發其潛能的目的。尊重來訪者還有利於對方產生對諮詢師的信任,增強來訪者的求助動機,在諮詢中更加自覺主動地配合諮詢師。

諮詢師要能正確地理解和掌握尊重,並且恰當地對來訪者表達尊重,就必須做到以下幾點:一是尊重要完整地接納來訪者,尤其要悅納對方與自己

不同的方面；二是尊重要平等，對不同身份、地位、職業、金錢和民族等來訪者做到一視同仁；三是尊重要有禮貌，禮貌要求不冷漠無情、歧視嘲笑地對待來訪者，這有利於平等、信任關係的建立；四是尊重要保護隱私，諮詢師對來訪者某些方面的秘密或隱私要給予保護，不洩露，不隨意傳播；五是尊重要以真誠為基礎，尊重並不是對來訪者一味地遷就，若來訪者的某些言行不利於其成長和發展，諮詢師就要以不傷害對方的方式表明自己的意見和看法。如這樣的表達方法：來訪者：我不認為這樣的生活有什麼不好啊，人生就應該及時行樂嘛，為什麼一定要汲汲於存錢⋯⋯在家裡總是為了這件事情吵架。

諮詢師：我也許不能同意你的這種說法，但我能明白為什麼你會有這樣的想法。

4. 溫暖

溫暖也可叫做溫情、熱情，與尊重的含義相似，但比尊重更能拉近諮詢師與來訪者之間的距離。溫暖是諮詢師主觀態度的一種體現，它不僅需要語言的表達，而且還需要心理諮詢師充分運用各種人際溝通的方式，尤其是非語言的溝通形式來表現。溫暖也是一種真實感情的自然流露，它不是一種能力，無法借助於實踐、練習去培養和發展，只有諮詢師是真正關心來訪者、真正充滿愛心、真正做到與來訪者的共同情感，溫暖才會從他的言談、姿勢、動作、眼神和面部表情等方面最大限度地流露出來。因此，溫暖需要心理諮詢師自己從內心深處去開發。

溫暖對心理諮詢的重要之處在於它可以創造出一種有利於來訪者發生變化的諮詢氣氛，如溫暖可以減少諮詢過程中的非人性化性質，以免使咨訪關係變得公事公辦；也可以消除來訪者的敵意、不安和緊張，建立良好的咨訪關係，從而推動諮詢向前發展，實現幫助來訪者解決心理問題的目的。

心理諮詢師對來訪者表達溫暖時應注意將溫暖貫穿於諮詢過程的始終，做好傾聽，耐心、細緻地循循善誘，不對來訪者表達的內容進行批評指責，尤其當諮詢遇到阻礙或者來訪者出現反覆時，更應該不急不躁、不厭其煩，認真、熱情地幫助來訪者。

5. 真誠

真誠也是羅傑斯所提倡的，指諮詢過程中，諮詢師對來訪者的態度真誠，諮詢師不隱藏在專業角色之後，不帶假面具，不隱瞞偽裝和迴避自己的想法、優缺點，以真實的我出現，不刻意取悅對方，表裡如一，真實可信地投入咨訪關係中。總體來說，這裡的真誠包括了諮詢師真誠地對待自己和真誠地對待來訪者兩個方面。

真誠對咨訪關係的作用和意義主要體現在：

第一，真誠能夠營造安全、自由的氛圍，鼓勵來訪者開放、坦率地表達自己的問題，甚至無顧忌地表露自己的缺點、過錯、軟弱和隱私等，促進諮詢雙方的交流。

第二，真誠可以為來訪者提供良好的榜樣，導致信任與喜愛，諮詢師的真誠會使來訪者覺得對方可以信任和親近，願意接受諮詢師的影響，從而造成積極改變的效果。

諮詢中，對於如何表達真誠，伊根曾總結前人的意見，綜合提出 5 種表達方式：一是走出角色，諮詢師很容易利用其專業角色來避免個體捲入，這其實是一種防衛反應，會造成過大而不必要的情感距離，甚至使來訪者感到害怕或不滿。二是多一點自主性，少一點瞻前顧後，即在沒有刻意行為或者沒有仔細思考怎麼做或說的情況下自然表現出來。三是不設防，避免防禦反應。四是表裡一致，要求諮詢師的言、行和情感要協調一致。五是分享自我，願意自我揭示 (Egan，1990)。比如這樣一段對話：

來訪者：我剛才沒有對您說實話，您會責怪我嗎？

諮詢師：我當然希望你能夠對我實話實說，你沒有說實話我是有些失望，但我並沒有責怪你。

來訪者：那……(停頓) 你會因為我這樣不配合你，不再盡力幫助我嗎？

諮詢師：(微笑) 我沒有這樣想過，我想你剛剛選擇不對我說實話應該有你自己的原因，我仍會盡力幫助你的。現在，你願意告訴我了嗎？

在諮詢中不可避免地有時會出現這種特殊情況，即來訪者直接或間接地表達對諮詢師的不滿、不贊成或者懷疑，此時諮詢師應如何表達真誠呢？依據前面提到的 5 種方式，在此諮詢師就應該避免自己防禦反應的出現，而將注意力集中於來訪者的問題上。請看這樣一個例子：

來訪者：我接受您的幫助已經一個多月了，可是到現在我覺得自己一點進步都沒有，是不是用的方法不對呀？

諮詢師 A：你不要心急，諮詢所用的方法肯定是正確的，你之所以覺得沒有進步，是因為你現在對方法的掌握和運用還不成熟。（不真誠的反應、迴避、防禦）

諮詢師 B：你覺得前一段諮詢中所運用的方法對你沒有什麼幫助，為此感到焦急，有些疑惑。對此你願意和我進行更具體的交流和探討嗎？（對應諮詢，這是哪種表現）

二、收集來訪者資料

諮詢師可以透過會談、觀察、傾聽和心理測驗等方法，圍繞六個「W」和一個「H」盡量全面地收集來訪者的有關資料。

（一）瞭解來訪者的基本資料

開展心理諮詢，首先必須瞭解來訪者個人的基本訊息 (who)，具體包括：第一，來訪者的人口學資料。第二，個人成長史資料。第三，個人和家族健康史。第四，對家庭及成員的看法。第五，目前的婚姻、生活、學習和工作狀況。第六，個人生活方式和受教育情況。第七，社會工作和社會交往狀況。第八，自我描述和心理評估。第九，求助的原因與期望。第十，生活中的重大轉折、選擇和遭遇。第十一，來訪者的言行舉止、穿著打扮。第十二，個體精神狀態，如感知、情緒、思維、人格等。第十三，自身心理問題對工作、生活的影響。第十四，與心理問題相應的測量、實驗及臨床檢驗結果。

（二）掌握來訪者心理問題的相關資料

瞭解心理問題的相關資料要比基本資料複雜得多，因為來訪者一般都會有所顧忌，不願明確、如實地暴露自己的心理問題，或者他們自己都弄不清楚問題的實質。諮詢師對來訪者心理問題的相關訊息主要可以從以下六個方面進行掌握：

(1)「what」，問題是什麼，發生了什麼事？瞭解來訪者身上或身邊具體發生了哪些事情和心理問題及相關的具體細節。

(2)「when」，什麼時候發生的？瞭解問題發生的具體時間是過去還是現在，以及發生的次數和情況。

(3)「where」，在哪裡發生的？瞭解具體是在什麼樣的環境或情況下，在什麼樣的地點發生的。

(4)「why」，事情發生的原因有哪些？瞭解事件有怎樣的直接原因和間接原因，發生的表層原因和深層原因各是什麼？

(5)「which」，問題與哪些人有關？瞭解除來訪者本身外，還有哪些人與問題的發生存在關係。

(6)「how」，事情是怎樣演變的，有了怎樣的變化？事情發生後，來訪者是如何認識的，他的情緒、反應行為如何？有無得到外界支持和幫助？

(三) 整理資料

收集的各種臨床資料，必須有條理地加以整理之後才能進行邏輯性的分析。由於來訪者的各類資料並不一定是完全獨立的，存在相互交錯或者混亂的部分，因此，僅僅按照收集訊息時的提綱對資料進行簡單的歸納處理是不夠的。諮詢師要更清晰地把握來訪者資料的各種關係，就必須依照資料的性質和時間序列再加以整理，同時參照可能的因果關係，將那些明顯與問題無關的資料剔除。

為方便工作，諮詢師可以參照表 2.1 的表格幫助整理與分析資料。

第二章 心理諮詢過程

表2.1 臨床資料整理表

時間順序	資料性質											
	背景		認知		情感		行為		生活事件		軀體	
	事件	原因	事件	原因	事件	原因	事件	原因	事件	原因	事件	原因
年 月 日												

複習鞏固

    1. 簡述咨訪關係的特徵。

    2. 簡述建立良好咨訪關係的技術。

▍第三節 實施階段

一、諮詢對象的選擇與轉介

（一）適宜諮詢對象的選擇

正式諮詢開始之前，諮詢師要選擇適宜的諮詢對象，即要清楚什麼樣的來訪者和心理問題適合心理諮詢以及適合自己諮詢，否則可能事倍功半甚至無效。

適宜的諮詢對象應具備以下特點：

1. 問題屬於心理學性質

並非所有與心理有關的問題都適合心理諮詢，具體哪些問題適合諮詢，哪些問題不適合諮詢，將在後面的鑒別診斷部分做具體的介紹。

2. 正確、強烈的求助動機

來訪者有無正確、強烈的求助動機直接影響到諮詢的效果。求助動機的方向越正確、程度越強烈，咨訪雙方的配合就越緊密，就越能取得好的諮詢成效。那些無求助動機，或經過諮詢師反覆做工作仍缺乏動機的來訪者，以

及不是為瞭解決心理問題、消除不良情緒,而是為了別的目的前來諮詢的來訪者,如只是為了證明自己已經無法改變、單純地想感受什麼是心理諮詢等,一般不適合心理諮詢。

3. 行動自覺

心理諮詢是一個雙方共同投入的過程。除了諮詢動機,還要求來訪者能夠自覺行動,主動、真誠地與諮詢師配合,在諮詢中發揮主觀能動性,對諮詢師的指導、建議和要求採取切實的行動,這樣才能取得良好的諮詢效果。

4. 匹配性好

匹配性好是針對諮詢師與來訪者相互接受的程度而言的,包括兩個方面:一是心理的相容,雙方能夠相互接受、相互吸引、相互容納。二是來訪者自身的特徵與諮詢師的條件與能力相符合,如有感情困擾的來訪者與擅長處理婚戀問題的諮詢師就具有較好的匹配性。

(二) 諮詢對象的轉介

轉介是心理諮詢過程中常見的一種現象,指由於各種原因使得諮詢師必須將前來求助的來訪者轉介給更適合於對方的其他諮詢師或者專業機構。一般需要轉介的情況有兩種:

1. 來訪者的心理問題超出了心理諮詢的工作範圍

如有器質性病變、精神疾病及嚴重人格障礙等異常心理的來訪者,應將其轉介到精神科醫生或者相關專業的醫療機構。

2. 來訪者與諮詢師關係不匹配

並非所有適合諮詢的來訪者都適合於某位特定的諮詢師,諮詢師與來訪者的匹配關係有三種情況:一是非常適宜,二是一般適宜,三是完全不適宜。咨訪關係完全不匹配,則應直接轉介;若是第二種情況,一般雙方會先嘗試不斷地加深瞭解,相互磨合,增加適宜性,如果雙方仍然無法達到較好的匹配狀態,才選擇中止諮詢或轉介。諮詢師與來訪者關係匹配不理想有以下幾種表現:個性不匹配、條件不匹配、能力和內容不匹配。

需要指出的是,無論因為什麼原因需要轉介,事先都必須告知來訪者,並用委婉的言辭說明這樣做的理由,特別要強調此舉是為了使來訪者能夠得到更好的幫助,在徵得來訪者同意後,方可轉介。另外,原諮詢師需要對要接手的諮詢師詳細介紹來訪者的相關情況,但不能輕易透露來訪者因為信任原諮詢師而提供的一些隱私性強的材料。

二、問題的分析與診斷

(一) 探索來訪者的問題及關鍵點

探尋來訪者的問題和關鍵點,其實質就是對問題進行界定和理解。探索或界定問題的目的是為了發現來訪者可能存在的各種問題,並圍繞這些問題進行相關資料的收集與分析。這一過程中諮詢師要特別注意判斷所諮詢的問題究竟是誰的問題,有些來訪者前來尋求諮詢的問題,並不是來訪者自己的問題,而是別人的問題。諮詢中,心理諮詢師可以依照以下 3 個參照點來對來訪者的問題進行探索(石向實,2010):

(1) 來訪者主動提及的求助內容。如「我覺得自己有廣場恐懼症,不敢待在人多的地方」「馬上就要高考了,可是我很害怕考試怎麼辦」等等,諮詢師可以圍繞這些問題收集相關資料。

(2) 心理諮詢師在接待中觀察到的疑點。主要是諮詢師對來訪者言語和非言語訊息的觀察,如來訪者談到某個問題的時候總是含糊其辭、目光漂移或表現出明顯的情緒低落,此時諮詢師應覺察到來訪者可能存在某種深層次的心理問題,在諮詢中要加以重視。

(3) 諮詢師可以依據心理測評結果的初步分析發現問題。如若某來訪者 MMPI 測驗結果中偏執因子的得分很高,這時諮詢師就要去瞭解引發來訪者出現偏執的原因及其相關的各類問題。

透過探索發現了來訪者可能存在的各種問題之後,還必須對這些問題進行分析、理解,找到來訪者心理的主要問題,即來訪者最關心、最重要、最痛苦、最困擾和最急需解決的問題。需要注意的是,來訪者在首次會談時向諮詢師提出的問題,往往並非是來訪者真正困擾的問題,需要經過多次會談,

深入探討、摸索，才能真正瞭解來訪者的主要問題。因為，最初來訪者可能出於對諮詢師的戒備、不信任或者羞於直接向諮詢師說明，也可能來訪者都不清楚自己的真正問題，如某位最初因「自己與女朋友關係糟糕而困擾」前來諮詢的來訪者，其真正的問題是有性心理障礙。

(二) 問題性質的鑒別診斷

對問題的性質進行鑒別診斷，即是確定來訪者的心理問題是否屬於心理諮詢的工作範圍。一般來說，心理諮詢主要是針對正常群體中各種不健康的心理問題，包括一般心理問題、嚴重心理問題和神經症性心理問題。若來訪者問題的性質屬於器質性病變、精神疾病及嚴重人格障礙等異常心理，則必須將其轉介到精神科進行診治。對異常心理的鑒別診斷主要是依據心理學三原則 (主觀世界與客觀世界相統一原則、心理活動內在協調一致原則、人格相對穩定原則) 和典型心理症狀來判斷的，具體的鑒別診斷知識、步驟和方法等在變態心理學和診斷心理學中有專門的論述，在此不做詳細的介紹。

此外，鑒別診斷還涉及一個區分心理諮詢對象與心理治療對象的問題。心理諮詢著重解決正常人遇到的各種諸如人際關係問題、學習發展問題、家庭婚姻問題、生涯規劃問題等；而某些介於不健康與異常心理之間的嚴重問題，如神經症、心身疾病、某些性心理障礙等是屬於心理治療的範疇。嚴格來說，有這部分心理問題的人也應該作為鑒別診斷的對象，不能對其開展心理諮詢工作。

(三) 問題的診斷與確定

1. 分析心理問題的類型和程度

明確來訪者的問題後，諮詢師必須對問題的類型和程度進行分析，以便準確確定來訪者的具體問題。首先，諮詢師應依據問題衝突的性質、反應速度、持續時間、泛化程度和社會功能等，確定來訪者是屬於一般心理問題、嚴重心理問題還是神經症性心理問題。其次，根據問題的主要症狀和具體表現，確定來訪者是屬於適應性問題還是發展性問題；並進一步劃分是屬於學習問題、職業生涯問題、人際問題、婚姻問題，還是其他問題。

2. 分析心理問題產生的原因

造成來訪者心理問題的原因往往不止一個，而是多方面共同作用的結果，由此，要求諮詢師對來訪者的問題有整體性的認識，在此基礎上進行分析。具體可從三方面著手：

第一，分析心理問題的生物學因素。

第二，分析心理問題的社會學因素。

第三，分析心理問題的心理學因素。

三、確定諮詢目標

(一) 制定諮詢目標的意義

在諮詢開始之前，制定諮詢目標對於做好諮詢工作，取得良好的諮詢效果具有非常重要的意義。

1. 為心理諮詢的順利開展提供了明確的方向

如同夜間的帆船需要燈塔的指引，心理諮詢也需要諮詢目標的引導。來訪者的問題往往是複雜的，只有制定明確的目標，咨訪雙方才知道在諮詢中應該選擇怎樣的方案、方法，進行哪些諮詢工作。

2. 有助於促進諮詢雙方的積極投入和合作

諮詢目標是諮詢師與來訪者雙方共同協商制定的，這本身就鼓勵了來訪者的參與。而且來訪者對目標的瞭解，會讓他看到希望、增強信心，從而能夠積極地配合諮詢師，主動投入到諮詢中。

3. 對心理諮詢的評估具有重要作用

在諮詢中，諮詢師需要不斷地對諮詢效果、進展進行考察和評估，以決定諮詢的繼續、調整或者中止。而諮詢目標是諮詢評估的唯一參照體系，沒有目標就無法確定方案的適應性和結果的滿意度，也無法決定什麼時候可以結束諮詢。

(二) 諮詢目標的類型

1. 內部目標和外部目標內

部目標是指來訪者對自己所提出的目標，常常與其無法解決、需要諮詢師幫助的問題相聯繫。而外部目標則是由其他人對來訪者提出的，比如諮詢師、父母、領導等；通常不同心理學派所提出的諮詢目標，多為外部的目標。有時，諮詢師和來訪者設想的目標可能不相投，但只要諮詢能夠繼續，雙方總可以在某種程度上達成一致的諮詢目標。

2. 一般目標和個別目標

一般目標具有普遍性，指對不同來訪者通常具有相似性的目標，即適合於所有來訪者的目標，如透過諮詢幫助來訪者成長，達到人格的完善。而個體的目標相對比較具體，是針對某位特定的來訪者所制定的目標，是一般目標的具體化。一般目標比較概括、抽象，不能對來訪者的特殊問題給予具體的指示，因此在諮詢中，諮詢師應注意一般目標與個別目標的結合。

3. 最終目標和階段性目標

最終目標又稱為終極目標，指解決來訪者的心理問題，減少焦慮，提高來訪者的心理健康水準、生理機能和社會適應能力，挖掘來訪者積極的心理潛能，促進其人格的完善，其實質是心理諮詢的根本目標，類似於之前提到的一般目標。階段性目標是對最終目標的具體化，可以看作是邁進最終目標的步驟，但具體要達到什麼程度為止，則與諮詢師及其使用的心理諮詢理論有關。實際的諮詢中，能夠達到最終目標的很少，往往都是以達到階段性目標為目的。例如，諮詢師幫助來訪者減少或者消除了他的強迫症狀，這就是一種階段目標的實現。

4. 矯正、發展和預防目標

矯正、發展和預防的目標是著眼於對來訪者的意義劃分的。矯正目標是幫助來訪者減少或消除消極的、負面的或者不適應的行為；同時也是指導來訪者在所處的社會背景和環境中與周圍的人以相同的方式處事。發展目標又稱為增長目標，重在幫助來訪者開發潛能，學習新的經驗和能力等，馬斯洛

提出的人的自我實現的需要即是發展的目標。預防目標主要是幫助來訪者減少產生心理問題的潛在和現實的可能性，提高其心理健康水準，如考試前的心理輔導、比賽前的放鬆訓練。

（三）諮詢目標的基本特徵

1. 具體性

具體性是指目標具有可操作性、可測量性，目標不具體，就難以進行操作和判斷。有時候來訪者提出的目標可能是抽象、模糊的，僅僅提出了方向，如希望自己變得更加自信。此時，諮詢師就應該和來訪者共同討論，更加自信的程度是什麼，現在存在哪些不足等，使目標變得清晰、具體。諮詢目標越具體，就越容易執行和見到諮詢效果，比如針對愛哭泣的行為，諮詢目標是由每天哭泣 12 次，減少到每天二三次。

2. 可行性

諮詢目標應該是切實可行的，即不能超出來訪者自身可能的水準，如一個有視覺殘疾的人，想成為頂級的攝影師；同時也必須滿足於諮詢師現有的能力和條件，否則目標就難以實現。不具有可行性的目標，諮詢師應做出調整；對超出諮詢師本身可能的問題，應向來訪者說明緣由，或中止諮詢，或將其轉介給實力更強、更適合的諮詢師或者專業機構。

3. 積極性

有效的諮詢目標應該是積極、有助於來訪者的長遠發展和提高其心理健康水準的，而不僅僅只是能夠解決來訪者的問題，因為有些目標雖能解決問題，但卻是消極的。另外，目標積極不只是就其性質而言，還應包括積極、正面的描述目標，以引導來訪者將注意力集中於能夠做到的事情，向著積極面發展。

4. 可接受性

心理諮詢的成效需要諮詢師與來訪者共同的努力，只有制訂雙方均能接受、認可的目標，才有利於目標的達成。若雙方目標存在差異，應透過交流

討論進行修正；若難以協調，則應以來訪者的目標為準；諮詢師如果實在不能接受來訪者的目標，也可以中止諮詢或者進行轉介。

5. 可評估性

諮詢目標如果無法評估，也不能稱其為目標。諮詢中雙方對目標的實現情況及時進行評估，這有助於看到諮詢效果、鼓舞雙方信心，也可以發現問題和不足，及時地調整方案和措施。諮詢目標的實現程度，有些可以透過對外在行為直接進行觀察，有些如情緒的改善、觀念的轉變等則需要借助心理測驗等手段間接進行評估。

6. 心理學性質

心理諮詢的範疇主要涉及適應性問題、發展性問題和障礙性問題，因此，要求諮詢的目標也必須屬於心理學性質。對此，主要需注意兩點：其一，生活問題，心理諮詢應針對解決來訪者的心理困擾，而不是直接干預其具體生活問題。其二，軀體疾病，雖然心理諮詢有時也需要藥物或醫學治療的輔助，但諮詢目標的本質不是解決軀體疾病，而是引起軀體疾病的心理因素或軀體疾病導致的心理不適。

7. 多層次性

諮詢目標往往不止一個，而是多層次的，如既有一般目標又有個體目標，既有最終目標又有階段目標，有時還可能既有矯正目標又有發展目標等等。有效的目標應是多層次目標的協調統一，這不僅需要分析目標的輕重緩急，一個一個地解決，而且也需要將目標納入到變化、發展的系統之中，便於及時地調整和修正，才能使來訪者發生全面、深刻和持久的改變。

(四) 諮詢目標的制定

心理諮詢目標不是隨意制定的，科學的目標必須達到具體化、可測量及有明確的結構等要求，是需要對目標進行整合的一個系統化過程。如何建立系統的諮詢目標，持不同理論和觀點的諮詢師方法有所不同，基於學習的角度，在此簡單介紹行為主義取向的一種做法：採取「兩頭開始，中間合攏」

的策略，即先確定最終目標和現狀，然後努力向中間階段的目標合攏（江光榮，2005)。

1. 確定最終目標

諮詢師與來訪者首先透過相互協商確定諮詢最終要達到的目標，及商定來訪者可能達到的最理想狀態。如果最終目標不止一個，應根據問題的輕重緩急確定一個優先順序。

2. 進行現狀評估

現狀評估即是對來訪者在正式開始諮詢前的心理狀況進行的定性和定量評估，行為主義工作者通常叫做「基線評估」。

3. 設立階段目標

明確了最終目標和現狀後，就需要對來訪者的狀況設立階段目標。布洛切 (Blocher) 提出來一種可用於設立階段目標的「需要 - 差距」線，即完全達到目標狀態與現實狀態之間的差距，如圖 2-1。對不同來訪者或者不同的諮詢目標而言，需要 - 差距線的長短不一，如果差距過長，就需要在這條差距線上設立一個或幾個階段目標。

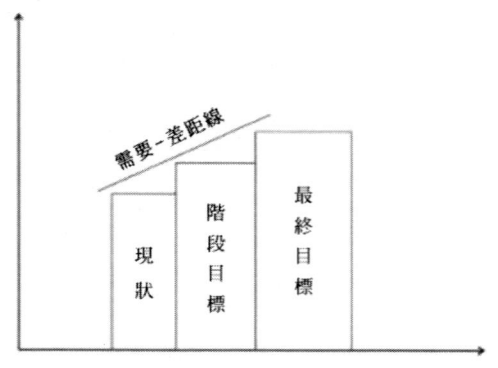

圖2-1 需要-差距線

設立階段目標時需要注意兩個要求：一是該階段目標要處在需要差距線上，也就是說該階段目標是從現狀出發向最終目標前進的途中必須經過的中

間目標，也不能偏離最終目標的方向。二是階段目標的難度要適合，階段目標或者階段目標之間都要符合「跳一跳，夠得著」的原則。

4. 確定目標的成功指標

成功指標是一種將目標操作化的技術，以此把一個概念性的目標與特定的時間、地點、情景和行為聯繫起來，通俗地說，就是指定一個可觀察、可測量的行為作為該目標的標誌。比如設立「愛哭泣」的目標，就必須確定在什麼情景、什麼時間、什麼地方的哪種哭泣行為稱為愛哭泣。在心理問題和諮詢目標定義明確且階段目標較少的情況下，如果雙方都有把握，可以直接以成功指標代替階段目標。

5. 記錄目標結構

所有工作結束之後，還需要使用文字或者圖表，以書面或計算機數據的形式把目標結構記錄下來。

四、制定與實施心理諮詢方案

諮詢方案是心理諮詢實施的完整計劃，是心理諮詢進入實施階段的必要準備。咨詢方案的制定能使咨訪雙方明確行動方向和目標，便於操作、檢查和總結經驗教訓。

心理諮詢師在瞭解了求助者心理問題的情況，確定了諮詢目標後，就要制定解決問題的方案。諮詢方案的制訂應以諮詢師為主導，來訪者積極配合諮詢師工作，在相互尊重、平等的氛圍中共同商議，制訂清晰、具體的，雙方都能接受和滿意的方案。通常，除了前面提到的來訪者的基本資料、心理問題及制定的諮詢目標以外，心理諮詢方案還應包括以下內容：

第一，心理諮詢的具體方法技術。諮詢師需根據來訪者心理問題的性質、程度及確定的諮詢目標，選擇最有利於問題解決的方法技術。方案中對確定的方法及其原理、過程都要加以說明。

第二，心理諮詢的時間和次數安排。包括是否劃分諮詢階段，需要劃分的階段次數、每次需要的時間、諮詢的間隔時間等。一般心理諮詢師是每週

一至二次，每次 60 分鐘左右。具體次數和時間安排應視來訪者的情況和採用的治療方法而定。

第三，諮詢的預期效果及效果的評價。方案中對透過諮詢所要達到的效果需做明確的規劃，包括總的效果和階段性效果，以便於檢驗諮詢的成效。因此，相應地也需要選擇和確定評價效果的方式、方法。

第四，應變措施，即如果出現心理諮詢過程不順利或者不能獲得預期的諮詢效果時，可以採取的補救或者其他措施。

第五，心理諮詢的費用及收費依據。嚴格按照國家規定的收費標準執行，諮詢師不僅要說明收取費用的金額，還應詳細解釋收取費用的依據。

第六，諮詢雙方各自的責任、權利和義務。對雙方責任、權利與義務的明確說明，有助於減少諮詢中某些不必要的摩擦和衝突，保證心理諮詢的順利進行。

諮詢師與求助者透過協商，制定出雙方均予以接受的諮詢方案後，則需要按照方案的相關規定與要求，諮詢師採用所選擇的方法、技巧，對來訪者進行指導與幫助，解決其存在的心理問題。實施這一過程，不同的諮詢方法、技術有不同的要求和做法，常見的如參與性技術、影響性技術、心理分析法、行為矯正法、合理情緒療法等等，這裡不做具體的闡述，後邊的相關章節將有專門的討論。

應注意的是，諮詢方案具有互動性，並不是永遠不變的，需根據咨訪雙方互動中，來訪者表現出來的具體狀況進行調整。心理諮詢方案的制定、實施、調整和修改都需要來訪者的參與和同意。

複習鞏固

1. 簡述適宜的諮詢對象應具備的特點，並簡單說明。

2. 簡述心理諮詢目標的基本特徵。

第四節 結束與評估階段

一、結束心理諮詢

結束心理諮詢是諮詢過程的一個重要環節，結束階段的工作對心理諮詢效果也有很大的影響，因此不容忽視。

(一) 結束諮詢的兩種情況

諮詢結束的發生通常有兩種情況，即如期結束和提前結束。

1. 如期結束

如期結束指諮詢的發展正常進入結束階段，雙方均認為諮詢目標已經達到，取得了較好、明顯的諮詢效果，進而結束諮詢。什麼時候可以結束諮詢，這要求諮詢師依據目標註重對來訪者在諮詢中的表現和進步做評估，以確定結束諮詢的時機。比如來訪者的症狀減輕或者消除；社會交往、生活得到改善，有融洽的人際關係；工作效能提高；自己能夠較好地面對和處理挫折、失落等等。需要注意的是，諮詢師與來訪者對於可以結束的標準和看法，可能存在不一致的情況，這要求雙方經常不斷地交流以達成共識。

2. 提前結束

心理諮詢是諮詢師與來訪者共同參與、投入的互動過程。因此，諮詢中雙方都有可能因為某種原因而要求提前結束諮詢 (張松，2011)。

來訪者提前終止諮詢。相對來說，來訪者提前要求結束諮詢的情況更常發生，分析其原因，常見的有：一是外部原因，如來訪者搬家、在其他地方找到新的工作、家人的干預或阻撓、出現經濟困難等，因而結束諮詢。二是內部原因，主要是由於來訪者覺察到諮詢中存在某種威脅或因需要做出改變而焦慮、害怕，來訪者覺得諮詢沒有達到他所預期的效果，以及來訪者不知道如何表達自己對諮詢師的負面情緒和想法等原因，因而逃避或中斷諮詢。

來訪者無論以何種形式提出中止諮詢，諮詢師都應該尊重來訪者並以支持的態度接受對方的決定，如有可能，可以設法挽救，但不能勉強或者強迫

來訪者繼續接受諮詢。如果來訪者有需要或者主動提出，諮詢師應鼓勵來訪者繼續接受諮詢或者提供轉介的協助。

諮詢師提前終止諮詢。諮詢師提前結束諮詢的原因常見的有：諮詢師由於重病決定停止執業或者人事的變動離開現在的工作場所；諮詢師由於無法承受來自於來訪者的情緒壓力，或者認為自己的能力已無法為來訪者提供專業、有效的幫助，或者認為來訪者已經取得足夠的進步等，出於職業道德而提出結束諮詢。

諮詢師主動要求提前結束諮詢時，應該優先考慮到來訪者的利益，若不是突發原因都應該在前面的諮詢中事先告知來訪者，預留一些時間與來訪者進行溝通，告訴來訪者需要提前結束諮詢的原因；並在徵求來訪者意見的情況下，將來訪者轉介給更適合他的諮詢師。

(二) 結束諮詢的基本工作

諮詢師在結束諮詢階段的基本工作主要體現在兩個方面：一是結束咨訪關係；二是諮詢的回憶、總結與引導。

1. 結束咨訪關係

結束諮詢關係即是處理來訪者與諮詢師的分手。如同建立咨訪關係一樣，結束雙方的關係也是心理諮詢的關鍵環節之一。諮詢即將結束時，咨訪雙方尤其是來訪者會產生一種分離焦慮。有的來訪者是因為不希望失去一位值得信賴的亦師亦友或者美好的關係，而感到失落；有的來訪者則是為了即將獨自面對生活，而產生焦慮。如果咨訪關係的結束處理不當，諮詢效果不僅會大打折扣，甚至來訪者的問題還可能出現反覆。因此，諮詢師在諮詢真正結束之前需要安排會談與來訪者進行溝通交流，幫助來訪者樹立獨自解決問題的自信，適應和接受即將到來的分離。

2. 諮詢的回憶、總結與引導

結束階段，諮詢師首先應該明確告訴來訪者已經取得的進步和效果，並幫助來訪者或者引導來訪者自己對整個諮詢進行回顧與總結，強調諮詢的重點，共同檢查和評估諮詢目標的實現情況，以便進一步鞏固諮詢效果，增強

來訪者的自信。其次,諮詢師還應該委婉地向來訪者指出還存在著哪些應該注意的問題,使來訪者自己能夠加以注意和改善。最後,如果可能,諮詢師還可以引導來訪者做到舉一反三,真正學會將在諮詢中獲得的新知識和技能,運用到現實情境中,並能夠獨自應對周圍環境。

(三) 結束諮詢的基本方式

心理諮詢的結束應該是一個循序漸進的過程。因此,一般諮詢師會選擇採取逐漸結束諮詢,具體包括兩種形式:其一,逐漸拉長兩次諮詢的間隔時間,如最開始是一週進行一次諮詢,可逐漸變成兩週一次再到一個月一次。其二,逐漸減少每次諮詢的時間,如從每次諮詢兩個小時減為一個小時,再減少為半個小時。

需要注意的是,每個來訪者的諮詢時間有長有短,因而諮詢師就必須要根據來訪者的情況正確地選擇結束諮詢的時間。一般來說,如果只有一次諮詢,最後十分鐘就要著手結束工作;若是持續十次左右的諮詢,則最後兩到三次的會談就應該逐漸將重點轉移到結束諮詢;假如諮詢時間更長,如半年、一年,那麼在最後一兩個月左右就應該準備結束工作。

二、評估諮詢效果

完整的心理諮詢過程是由若干次諮詢和一系列步驟組成的,每一次諮詢都是一個相對獨立和完整的過程,並為下一次的諮詢做準備。因此,要保持每次諮詢既有獨立性又有連續性,達到循序漸進、步步提升的效果,就必須對心理諮詢的效果進行及時有效的評估。

(一) 評估效果的時間

心理諮詢效果的評估貫穿整個諮詢過程,可以在諮詢的任何時間內進行。按照諮詢過程大的時間方向,可以將諮詢效果的評估分為三個評估點:

其一,諮詢中評估,即是在諮詢過程中對每一次諮詢的效果進行評估,以便及時地對諮詢目標或者方案進行調整,這是一個相對較長的過程。

其二，諮詢結束時的評估，即是對整個諮詢過程效果的全面評價，決定著是否可以結束心理諮詢。

其三，追蹤評估，即是在諮詢結束一段時間後對諮詢效果的評估，主要是為了考察諮詢效果的持久性和穩定性，瞭解來訪者是否能夠運用獲得的經驗適應環境。

(二) 評估效果的內容

心理諮詢是為了幫助來訪者解決其心理問題，只有目標內容得到改善，才是心理諮詢的直接成效。由此，心理諮詢效果的評價應是圍繞諮詢目標為主而展開，具體評估內容包括：

(1) 對諮詢目標、諮詢方法技術的正確性和適宜性的評估，以及對咨訪關係的評估，這是諮詢能否取得成效的必要保證。

(2) 對來訪者症狀的改善與進步情況的評估，即是對諮詢療效的評估，這也是諮詢效果評估中最重要的部分。

(3) 評估諮詢中是否出現諮詢意外，即來訪者的症狀是否惡化或出現了新的問題。

(4) 評估心理諮詢的效益，即對心理諮詢的投入，如人力、物力、時間和金錢，與諮詢效果大小的價值比例進行評估，價值越大，效果越好。

諮詢師對諮詢效果進行評估時，需要注意辨別來訪者取得的進步或諮詢中出現的不良結果中哪些與心理諮詢有直接的關係，哪些是由其他因素造成。比如來訪者人格的成熟或潛在的適應能力與成長，便會影響諮詢的效果。

(三) 評估效果的方式

1. 來訪者對諮詢效果的自我評估

來訪者透過自身體驗對諮詢效果進行評估是最直接、最有效的評估手段之一。來訪者由於出現無法解決的問題，為尋求幫助前來諮詢，因此經過一段時間的諮詢，來訪者能夠感受到自己的問題、症狀是否得到了改善，如有考試恐懼的來訪者，現在想到考試的具體情境不再感到害怕了。需要注意的

是，來訪者的自我評估雖然是一種重要的評估方式，但評估具有很強的主觀性，會受到多種因素的影響，如來訪者的自我覺察能力、自我意識等；諮詢中常見的「您好－再見」效應，即來訪者為了結束諮詢，而故意報告自己的症狀得到了緩解。

2. 諮詢師對諮詢效果的評估

諮詢師透過觀察來訪者在認知、情緒和行為方面的變化，以及來訪者的自我評價是否積極、能否敢於面對困難與挫折、社會功能是否得到提高等，對諮詢效果進行評估。雖然諮詢師的評估仍然帶有自己的主觀色彩，但相對來訪者而言較為客觀。諮詢師由於受過專業的訓練，能夠運用多種客觀有效的工具對來訪者是否取得進步進行評價，而且諮詢師對來訪者的資料、問題等可能比來訪者自己擁有更清晰、全面的瞭解，因此，能做出相對客觀的評價。

3. 其他人對諮詢效果的評估

要準確客觀地評估諮詢效果，還需要作為旁觀者的其他人的觀察與評價。其他人既可以是熟悉來訪者的家人、親戚、朋友、鄰居街坊、同事、同學以及領導等，也可是受過訓練或專業的觀察者或者督導。他們能夠站在旁觀者的角度客觀地評價諮詢效果，尤其是後者能以中立的角色非常客觀地觀察諮詢過程，評估來訪者的變化。

4. 運用心理測驗對諮詢效果的評估

心理測驗是諮詢效果最為客觀、有效的評估方式，透過對測驗結果的分析、解釋或者對比來評估諮詢效果。目前運用於心理諮詢的測驗主要有人格測驗、智力測驗和症狀評定量表，如艾森克人格問卷、卡特爾 16 種人格因素問卷、明尼蘇達多項人格調查表、韋氏智力量表、中國比內量表、抑鬱自評量表、焦慮自評量表、精神病評定量表、躁狂狀態評定量表等等。諮詢師運用測驗進行評估時一定要根據來訪者的情況選擇適當的測驗工具，科學地使用和解釋分數；另外，若諮詢前已經使用測驗瞭解來訪者的情況，評估效果時一定要保證前後測驗工具的一致性。

5. 隨訪調查評估

隨訪調查是追蹤評估常用的方式，主要是用於評估心理諮詢的長期效果，不僅要觀察來訪者的問題、症狀的消失程度，同時還要評價其社會功能的恢復程度。隨訪調查一般在諮詢結束後的數月至一年內進行，具體的時間需根據諮詢的目標、方法以及來訪者的具體問題而定。隨訪調查一般可以採用訪問相關的他人，預邀來訪者面談，書信、電話或郵寄問卷、調查表、反饋表等方式進行。透過書信、問卷、調查表和反饋表等方式進行隨訪時，注意要附上次附的郵票、寫好地址的信封。

複習鞏固

1. 簡述提前結束心理諮詢的常見原因。
2. 簡述心理諮詢效果的評估方式。

擴展閱讀讀

正確使用心理測驗

心理諮詢與治療中，正確使用心理測驗主要包括測驗的選擇運用和對測驗結果的解釋兩個方面。

1. 測驗的選擇與運用

在心理諮詢中，諮詢師要正確選擇和運用各種心理測驗，張人俊 (1987) 等提出三點注意事項：

(1) 要正確選用心理測驗。

一是所選的測驗必須符合心理測量學的要求；

二是所選測驗必須符合諮詢目標。

(2) 不能濫用心理測驗。心理測驗是為了幫助診斷和分析心理問題的。

(3) 測驗結果要可靠。主要涉及對諮詢師測驗知識、能力和操作過程科學性、標準性的要求。

2. 測驗結果的解釋

科學、正確地解釋心理測驗的結果，有助於心理諮詢目標的實現。

(1) 解釋分數必須結合結果以外的其他相關資料綜合考慮。

(2) 重在告訴來訪者測驗結果的意義，而不是簡單地報告測驗分數。

(3) 要用來訪者能夠聽得懂的語言和表述方式，通俗淺顯地解釋分數，避免滿口專業名詞。

(4) 要讓來訪者積極參與分數的解釋，明確自己在與什麼團體對象進行比較，並引導來訪者能夠正確地運用其測驗分數。

(5) 解釋應該是常識性的，留有餘地的，能夠考慮到測驗分數會給來訪者造成什麼樣的影響。

(6) 要以積極、發展的眼光看待測驗結果。

(7) 依據測驗的目的和具體情況，對來訪者的測驗結果進行保密。

小結

1. 心理諮詢過程是一個複雜的反應過程，從不同的角度出發，對其含義的具體理解有所不同。

2. 心理諮詢過程分為 3 個主要階段：準備階段、實施階段、結束與評估階段。

3. 咨訪關係又可稱為「諮詢關係」或「治療關係」，是指心理諮詢師與求助者之間的互動關係，是一種特殊的人際關係。

4. 適宜的諮詢對象應具備：問題屬於心理學性質，正確、強烈的求助動機，行動自覺和匹配性好等特點。

5. 諮詢目標的類型有：內部目標和外部目標，一般目標和個別目標，最終目標和階段性目標，矯正、發展和預防目標。

第二章 心理諮詢過程

關鍵術語表

諮詢過程 咨訪關係 共同情感 積極關注 尊重 溫暖 真誠 轉介 諮詢方案

本章複習題

1. 咨訪關係的建立受到的雙重影響是（ ）

A. 諮詢師與求助者 B. 諮詢動機與期望程度

C. 自我覺察水準與行為方式 D. 合作態度與諮詢方法

2. 咨訪關係的內部特徵不包括（ ）

A. 信任與理解 B. 情感聯繫

C. 非強制性 D. 承諾感

3. 影響諮詢關係的核心因素是（ ）

A. 積極關注 B. 共同情感

C. 尊重 D. 真誠

4. 「完整地接納」求助者，並不意味著（ ）

A. 接納求助者全部的優點和缺點 B. 對求助者的惡習無動於衷

C. 充分尊重求助者的價值觀 D. 接受求助者的光明面和消極面

5. 收集求助者的資料時，圍繞的七個問題中最重要的是（ ）

A.who B.what

C.why D. how

6. 以下不適宜作為諮詢對象的特徵是（ ）

A. 人格正常 B. 年齡不限

C. 動機正確 D. 行動自覺

7. 諮詢轉介的不正確做法是（ ）

A. 徵求並尊重求助者的意見

B. 對諮詢師提供個人分析的意見

C. 對新諮詢師提供包括求助者隱私在內的全部情況

D. 完全不干預新諮詢師的諮詢活動

8. 求助者的主要問題不一定是（　）

A. 最關心的問題　B. 最先提出的問題

C. 最困擾自己的問題　D. 最需要解決的問題

第三章 心理諮詢的一般技術

第三章 心理諮詢的一般技術

　　要成為一名合格的心理諮詢師，必須要掌握豐富的心理諮詢技術。在心理諮詢中，有哪些有效的技術？應該如何使用這些技術？透過這一章內容的學習，需要掌握心理諮詢中的一些一般技術，包括參與性技術、影響性技術、制約技術、記錄和建立檔案技術以及如何在會談中處理沉默、多話的技術等。

　　心理諮詢是諮詢師與來訪者之間的會談，這裡所說的會談要比日常生活中的會談複雜得多。諮詢師必須在不太長的時間內透過與來訪者之間的言語和非言語互動，借助一定的諮詢技術，去發現錯綜複雜的心理問題背後的根源所在，並最終幫助來訪者解決心理問題，增進身心健康，提高社會適應能力，促進個體的全面發展。在諮詢性會談中，能否有效地使用參與性技術、影響性技術及其他有助於實現諮詢目標的諮詢技術，直接關係到諮詢效果的好壞。

第一節　參與性技術

　　參與性技術，主要是從來訪者的角度或參照框架出發，對來訪者發出的訊息做出反應。在心理諮詢的過程中，不僅僅是與來訪者談話，還要借助談話進行言語的引導，真正「談到」、「談出」來訪者所講述的問題、所體驗的情感、所持有的觀念等，進而澄清問題，啟發、引導來訪者進行自我探索和實踐，最終實現諮詢目標，幫助來訪者成長與發展，這就是所謂的參與性技術。參與性技術主要包括傾聽、提問、鼓勵、重複、內容反應、情感反應、具體化、即時化等。

一、傾聽技術

　　傾聽技術是在接納的基礎上，積極、認真地傾聽，並在傾聽的過程中積極地參與。傾聽不僅可以表達對來訪者的尊重，同時也能促進來訪者的表達，使來訪者在比較輕鬆和信任的氛圍中訴說自己遇到的問題或者困擾，然後積極探索解決問題的方法，最終實現自我發展與自我成長。

第三章 心理諮詢的一般技術

(一) 如何正確傾聽

傾聽是一種積極的聽。透過傾聽，諮詢師可以逐漸瞭解、掌握來訪者的認知模式、行為模式及其當前面臨的困擾。與此同時，諮詢師也要發現來訪者積極向上、充滿陽光的一面。

傾聽是一種認真的聽。諮詢時，來訪者講述的不一定是諮詢師認可、感興趣的內容，有些甚至感到不可思議，但無論如何，諮詢師都應非常認真地去聽。透過傾聽，把握來訪者的問題、性格、生活環境、問題的起因、嚴重程度等，搞清楚事情的前因後果、內在聯繫。

傾聽要用心聽。諮詢師在傾聽時並不是一聲不吭、面無表情、毫無反應的聽，而是要用心聽。要向來訪者表明，自己對他所講的是理解的、接納的。

(二) 傾聽時容易出現的錯誤

1. 打斷來訪者，做價值判斷

諮詢師如果不能把握傾聽的正確含義，就不可能接納來訪者，表現為打斷來訪者，同時做價值判斷。打斷來訪者，自然影響來訪者的表述。一方面來訪者覺得諮詢師不接納自己，本來就羞於提起，現在更感內疚自責。於是，不再敞開心扉，進一步影響了諮詢關係。另一方面，諮詢師也無法瞭解來訪者的思想動態，致使對來訪者的瞭解不全面、不深刻、不準確，進而影響諮詢效果。

2. 急於下結論

諮詢師在來訪者還沒有完全講述清楚一件事情的時候，便急於下結論，提供解決辦法。這樣會讓來訪者感到諮詢師沒有耐心聽自己述說，於是沒有再說下去的勇氣，進而影響諮詢關係的建立；諮詢師對來訪者的問題的把握會因此不夠全面、準確，而來訪者會對諮詢師的判斷和意見持懷疑態度，不利於諮詢工作的進行。

3. 干擾、轉移來訪者的話題

有時，來訪者講述的內容讓諮詢師覺得枯燥乏味，或者有悖於諮詢師的價值觀，這時如果諮詢師打斷來訪者的講述而轉換話題，會使來訪者感到無所適從，無法清楚、準確地表達自己的心聲。

4. 輕視來訪者的問題

有些諮詢師認為來訪者的問題是小題大做、無事生非、杞人憂天、自尋煩惱，因而流露出輕視、不耐煩的態度。

生活中的心理學

良好的溝通從學會傾聽開始

美國著名的電視節目主持人林克萊特，在一檔訪談節目中問現場的一位小朋友：「你長大後想當什麼呀？」

小朋友天真地回答：「我要當飛機駕駛員！」

林克萊特接著問：「如果有一天，你的飛機飛到太平洋上空後，所有的引擎都熄火了，你會怎麼辦？」

小朋友想了想回答：「我會先告訴飛機上的人綁好安全帶，然後我繫上降落傘跳出去。」

當現場的觀眾都笑得東倒西歪的時候，林克萊特繼續注視著這孩子，想從他的眼神中看到他內心的真實想法。

這時，兩行委屈的熱淚從小朋友的眼裡奪眶而出，讓林克萊特覺得這個小朋友的悲憫之情遠非筆墨所能形容。

於是林克萊特問他：「為什麼要這麼做？」

「我要去拿燃料，我還要回來！我還要回來！」孩子的回答透露出了一個天真而真摯的想法。

林克萊特的可貴之處，在於他能夠讓孩子把話說完，並在現場觀眾都笑得東倒西歪的時候，仍然能夠保持一份傾聽者應有的親切和耐心，讓我們最終聽到了這位小朋友最善良、最純真、最清澈的心語。

第三章 心理諮詢的一般技術

——引自網址 http：// www.wise99.com/ shtml / 1 / 2009 / 200901 /10602. shtml

二、提問技術

(一) 開放式提問

開放式提問技術就是諮詢師提出的問題沒有預設的答案，來訪者也不能簡單地用一兩個字或者用一句話來回答，從而儘可能多地收集來訪者的相關訊息。一般在會談開始或者轉換話題時採用。通常以「什麼」、「如何」、「為什麼」、「能不能」、「可不可以」、「行不行」開始，這樣能促使來訪者把注意力集中於挖掘過去的經驗來解釋自己的行為。在這個挖掘並陳述的過程中，必然包含有來訪者的實際情況、內心想法、情緒情感等訊息。同時這種技術也有助於來訪者主動敞開心扉，更加自如、真實地講出更多的有關情況。

使用開放式提問的時候，應建立在良好的諮詢關係的基礎上，如若失去這個基礎，就可能使來訪者產生一種被詢問、被窺探、被剖析的感覺，從而產生抵抗和逆反情緒。

(二) 封閉式提問

封閉式提問技術是指諮詢師提出的問題帶有預設的答案，往往以助動詞和情態動詞開始，來訪者的回答不需要展開，以「是」、「不是」、「對」、「不對」或者一個短句作為回答，從而使諮詢師可以明確某些問題。如果諮詢師需要得到某一具體訊息，封閉式提問是非常有用的。

封閉式提問一般不能頻繁使用，使用過多可能使來訪者陷入被動的回答之中，這就降低了來訪者的自我探索和自我剖析，產生壓抑感和被質問感，阻礙諮詢的順利進行。

三、鼓勵技術

鼓勵技術就是諮詢師透過語言等對來訪者進行鼓勵，或者直接重複來訪者的話，尤其是來訪者回答中的最後一句，鼓勵其進行自我探索和改變。

鼓勵技術具體可以表現為諮詢師直接地重複來訪者的話或者僅以某些詞語如「好」、「以後呢？」、「接下來呢？」、「講下去」等來強化來訪者敘述的內容並鼓勵其進一步表達、探索。

透過鼓勵技術可以促進會談，促進來訪者的表達與探索。鼓勵技術的另一個作用是透過對來訪者所述內容的某一點、某一方面做選擇性關注，引導來訪者向著某一方面進行深入的探索和剖析。比如一位來訪者說自己不敢參加任何集體活動，和同事交流困難，影響了工作；領導總是批評自己，獎金也沒了，這個時候女朋友又提出分手，覺得自己什麼都不行，天天失眠，很痛苦，有輕生的念頭。此例有多個主題，諮詢師可以選擇任何一個給予關注，比如「你為什麼不敢參加集體活動？」、「你覺得自己什麼都不行？」、「你失眠了？」等等鼓勵來訪者表達不同的主題就可以引導來訪者朝著不同的方向探索，達到不同的深度。因此，諮詢師應把握來訪者所談的內容，根據諮詢目標的需要及經驗等有選擇性地給予鼓勵。一般來說，在來訪者的漫長敘述中，最後一個話題往往比較重要，可能是來訪者前來諮詢的主要誘因（樂國安，2002）。

四、重複技術

重複技術就是諮詢師直接重複來訪者剛剛所陳述的某句話，引起來訪者對自己那句話的重視或者注意，以明確要表達的內容。來訪者由於心理困擾前來求助，其表達的大部分訊息均出自其自身的認知模式，因而這些內容可能是模糊的、偏激的、不正常的，對此，諮詢師可以應用重複技術進行澄清。

比如一位來訪者說：「有時候，我真的很恨我自己，尤其是對我妹妹的那件事，還有我媽媽。」此時，諮詢師可使用重複技術，直接重複來訪者的這句話「對你妹妹的那件事？」，引起來訪者的注意，強調剛說的內容。由於諮詢師的重複，來訪者要進行解釋，諮詢師可以明確來訪者真正想要表達的內容。來訪者回答「因為沒有幫助妹妹複習，導致考試失敗，沒能上大學，現在生活很艱苦，自己覺得很內疚自責」。值得注意的是，諮詢師在重複來訪者的話時，最好是關鍵性的值得探討的部分，另外，重複的內容應該是來訪者的話，而不是用諮詢師自己的語言來表述。

五、內容反應技術

　　內容反應技術，也叫釋義或說明，是指諮詢師用自己的話，提綱挈領、簡明扼要地將來訪者所表達的內容回應給來訪者，以達到加強理解促進溝通的目的。諮詢師所簡述的語義，不能擴大或縮小來訪者所敘述的語義。

　　當來訪者的敘述冗長、內容繁多時，諮詢師必須確定他對來訪者的理解是否就是來訪者想要表達的內容。此時可使用內容反應技術，將諮詢師所瞭解的重點傳遞給來訪者，以確定兩人的互動是在一條線上，是有共鳴的。其次，在諮詢過程中，諮詢師為了確定自己的理解是否是來訪者所關注的，諮詢師也可以利用內容反應技術進行檢驗，以免南轅北轍。另外，有的來訪者講述的內容五花八門、紛繁複雜，利用內容反應技術可以幫助諮詢師將來訪者的敘述分門別類的歸納、整理，從中發現重要的內容和正確的方向。

　　例如，一個四十多歲還沒有結婚的來訪者，諮詢師提問：「請你談談你的戀愛情況吧。」來訪者從初中怎麼暗戀自己的班長，高中怎麼喜歡自己的同班同學，再後來又經人介紹，中間又有變故，結婚又離婚等等，講了大半個小時，諮詢師是否瞭解了來訪者想要表達的困惑？是否清楚其中的邏輯關係？利用內容反應技術，諮詢師說：「你談了23次戀愛，幾乎沒有戀愛成功的，最終都失敗了，是這樣嗎？」若與實際情況不符，來訪者會更正「不是23次，是25次，有4次戀愛是成功的，但是婚姻是失敗的」。透過來訪者的修正，可使諮詢師達到深入、準確地理解來訪者的目的。

　　在使用內容反應技術時要注意諮詢師所反映的內容不得超越來訪者敘述的內涵，避免摻雜個人的主觀看法，也不得遺漏來訪者重要的想法和感覺。與重複技術不同，這裡需要諮詢師儘量使用自己的語言，全面客觀地講述，不要重複來訪者的話。

六、情感反應技術

　　情感反應技術是指諮詢師把來訪者所陳述的有關情緒、情感的主要內容經過概括、綜合與整理，用自己的話反饋給來訪者，以達到加強對來訪者情緒、情感的理解，促進溝通，收集資料。情感反應與內容反應相近似，但是

仍有區別。內容反應是對來訪者語言內容的反饋，即重認知訊息，而情感反應是對其情緒情感內容進行再編後反饋給來訪者，即重情感訊息。在使用的時候，內容反應和情感反應經常同時使用。

情感反應可以使來訪者覺察自己的情感。在來訪者語言和非語言行為的指導下，諮詢師進入來訪者的情感世界，體驗來訪者對過去經驗的主觀感受，達到感同身受。然後諮詢師要跳出來訪者的情感圈，用自己的語言，將自己的體會傳達給來訪者。

情感反應技術可以協助來訪者重新擁有自己的感覺，帶領來訪者面對自己的情感，覺察自己的情感，進而接納自己的情感，讓被否認的情感成為生命的潛力和動力。

情感反應技術不僅可以讓諮詢師瞭解來訪者，也可以幫助來訪者自己瞭解自己。當諮詢師反應來訪者的情感時，提醒來訪者鼓起勇氣、面對自己的過去，繼而整合、改變自己的認知和情感。這個過程，使來訪者有機會進一步探索自己、瞭解自己、表達自己。

情感反應技術還可以幫助諮詢師和來訪者建立良好的咨訪關係。來訪者來找諮詢師求助時，已經受到問題的影響，內心焦慮、煩躁。諮詢師對來訪者的情感反應，除了協助來訪者覺察自己的感覺，更清楚自己的狀態外，還可以傳達出諮詢師對來訪者的關心和用心。

七、具體化技術

具體化技術是指諮詢師協助來訪者清楚、準確地表達他們自己的觀點、所體驗到的情感以及所經歷的事件。在諮詢過程中，我們常常會遇到一些來訪者，他們所敘述的思想、情感、事件是模糊、混亂、矛盾甚至不合理的，這也是困擾來訪者的原因。這就需要諮詢師使用具體化技術，澄清來訪者所表達的那些模糊不清的觀念及問題，瞭解真實情況。比如可以使用「何人、何時、何地、發生何事、有何感覺、有何行為」等問題，協助來訪者清楚描述自己的問題，同時也幫助諮詢師理清思路，對症下藥。來訪者對問題的表達缺乏具體性的表現主要有三種情況：問題模糊、概括化和概念不清。

來訪者常常會用一些模糊、混亂、矛盾的詞語來表述自己的問題和感受，尤其是在諮詢會談的初期更明顯。這種情況，諮詢師的任務就是要使用具體化技術設法弄清楚來訪者所表達的真實意圖和問題，更多地將注意力集中於來訪者情緒和感受背後的具體時間與細節，如有些來訪者受教育程度、邏輯分析能力的影響，對自己的問題缺乏準確認識和判斷；也有些來訪者，言語比較誇張，通常會將自己的問題擴大化、嚴重化。此時，諮詢師得到的訊息往往是片面的、籠統的、含糊不清的。比如來訪者說「我很煩」、「我很自卑」等，由於受到這種言語暗示，往往就會被這種情緒所籠罩。諮詢師可以透過將問題具體化，如「可不可以告訴我是什麼事讓你很煩？」、「你因為什麼而自卑呢？」來分解、分析問題，就可以清楚是怎麼回事，進一步把問題縮小。

需要指出的是，具體化並不是對來訪者表達的每個事實和感受的細枝末節都討論到，而是要在把握整體、全面衡量的基礎上，針對性地對重要問題具體化。同時，諮詢師還必須注意，對那些情緒體驗強烈、心理創傷嚴重的來訪者的模糊問題的具體化應謹慎，不要急於與對方討論具體的事件或者經歷。

八、即時化技術

即時化技術又稱即時性，包含兩方面的內容。

一是指諮詢師幫助來訪者關注「此時此刻」的狀況；

二是指諮詢師對咨訪關係要敏感，對來訪者指向自身的言語、行為、情感應給與必要的反應。

具體來說，在以下幾種情況或時機下，需要諮詢師做出即時化反應（江光榮，2005）：

第一，來訪者表達內心非常重要的感受或者情緒。即時化反應：「此刻你似乎非常強烈地體會到……」

第二，說話或行為出現猶豫或者小心翼翼。即時化反應：「我感到你（自己）在前一段談話中有點猶豫不決，不知道是否要說出心中的想法。」

　　第三，諮詢師感到信任出現了危機。即時化反應：「你現在似乎在疑惑我是否有能力幫助你解決問題。」

　　第四，咨訪關係出現生氣、苦惱、憤怒、敵對等現象。即時化反應：「我感到你很生氣，我剛剛的話冒犯你了嗎？」

　　第五，來訪者在會談中多次出現迴避、抗拒。即時化反應：「我發現，每次當我提起……，你似乎都要迴避這個話題。」

　　第六，諮詢師與來訪者的談話缺乏焦點或方向。即時化反應：「你有沒有感覺到，我們好像還沒有找到正確的出路。」

　　第七，來訪者在諮詢中變得被動，諮詢師推一步動一步。即時化反應：「在今天的談話中我覺得很費勁，覺得要不斷地推動你。」

　　第八，諮詢師與來訪者間存在單方面或雙方面的吸引。即時化反應：「我們相處得很融洽，一起分享彼此的經歷而不是探討你的問題，多麼放鬆。」

　　做出即時化反應時要注意以下要點：首先，良好咨訪關係的建立是即時化反應的前提。其次，把握好即時化反應的時機，不僅要在事情發生的當時做出反應，而且還要考慮反應時機是否合適、恰當。再次，反應中要避免使用帶有評價性、批判性的陳述，儘可能用客觀的、中性的描述方式。最後，為了能使諮詢雙方清楚地瞭解是誰的感受、意見，即時化反應要準確地運用人稱代詞。

複習鞏固

　　1. 簡述傾聽中容易犯的錯誤。
　　2. 簡述情感反應技術的作用。

第三章 心理諮詢的一般技術

第二節 影響性技術

在諮詢進行過程中，諮詢師總要在某個時刻超越來訪者的參照框架，從諮詢師自己的角度出發，依據所接受的諮詢專業訓練，所具有的洞察力、感受力和人生經驗，主動影響來訪者，以使來訪者的成長更快一些。我們將來訪者的這種反應稱之為影響技術或者干預技術。

心理諮詢僅僅靠良好的咨訪關係及運用參與性技術也可以使來訪者從中受益，幫助其達到自我成長的目的，但這個過程是非常困難且緩慢的。而影響性技巧是建立在來訪者以積極主動的態度參與會談的基礎上，諮詢師透過自己的專業理論知識與方法技術、個人的人生經驗和對來訪者的理解進行影響，進而使來訪者從中受益。因此和參與性技巧相比，影響性技巧對來訪者的影響更為直接，它促使來訪者意識到自己需要改變，而且需要一個更為客觀的參照框架來指導自己行為的改變，這樣一來，來訪者的進步就會明顯加快。

影響性技巧包括：面質、解釋、指導、情感表達、內容表達、自我開放、影響性概述技術等。

一、面質技術

面質技術是指諮詢師指出來訪者在諮詢過程中存在的矛盾。使用面質技術在於協助來訪者深入瞭解自己的感受、信念、行為和所處境況，然後鼓勵其放下防衛心理，面對自己、面對現實，之後協助其發覺被自己掩蓋的能力和優勢，最終實現來訪者的言語和行為的統一、理想自我和現實自我的統一、前後言語的統一。

使用面質技術時，以事實根據為前提，良好的咨訪關係為基礎。使用此技術，一是為了瞭解事實的真相，二是發現有矛盾或者不合理的問題存在。因此，在事實不充分、矛盾不顯著時，一般不宜採用。面質所涉及的問題對來訪者來說，可能具有刺激性，所以諮詢師的熱情、尊重、真誠等是非常重要的，因為良好的諮詢關係會給來訪者心理支持，而充滿熱情和真誠的面質會減小面質過程中的危險成分。

使用面質技術，要避免個人發洩和無情攻擊。面質的目的是促進來訪者自我統一，幫助其成長，故應以來訪者的利益為重，不可將面質變成諮詢師發洩情緒乃至攻擊對方的理由。例如，「你一會兒說平時上課忙，所以用週末來做作業，一會兒又說週末要睡覺，一會兒又說週末要放鬆，去逛街，你到底想怎麼樣？像你這樣我怎麼幫你？」；「你剛剛才說你爸爸不喜歡你現在的女朋友，怎麼這會兒變成了你媽媽不喜歡，是他們都不喜歡還是你在騙我？你的思路怎麼這麼不清晰？」等，這些都不是正確的面質，應該儘量避免。另外，在教育教學中，也可以使用面質技術來對學生進行管理與教育。比如當老師發現學生在言語和非言語行為上的矛盾後，教師通常會及時指出或者糾正學生的「錯誤」，甚至否定、貶低和教訓學生，師生之間的「衝突」便由此產生，不利於進一步深入交談，也達不到期望的教育效果（武永江，2010）。此時，可運用面質技術，啟發學生、激勵學生，使學生學會辯證地看待當前所面臨的狀況。

在諮詢過程中，也可用嘗試性面質。一般來說，在良好的咨訪關係沒有建立之前，應儘量避免面質。若非用不可，應使用嘗試性面質，如：「我不知道我是否誤會了你的意思，你上次似乎說是你爸爸不喜歡你現在的女朋友，可剛才說是你媽媽不喜歡，不知道到底是誰不喜歡呢？」在此運用了「似乎」這一不肯定的用詞，而開始時諮詢師又先說明自己可能誤會了對方的意思，最後又用問題結束，這樣的面質就是為了給來訪者留有餘地。若來訪者不願面對面質中所提到的問題，也有機會避開；若來訪者有意避開，而諮詢師又認為這個問題重要，可透過其他技術稍後再做嘗試，避免讓來訪者感到難堪和恐慌。

二、解釋技術

解釋技術就是諮詢師對來訪者思想、情感、行為和事件之間的聯繫或者其中的因果關係的闡述。應用解釋技術使來訪者從一個全新的、更全面的角度來重新面對困擾和周圍的環境，並借助新的觀念和思想加深瞭解自身的行為、思想和情感，產生領悟，提高認識，改變自己；還可以使來訪者的世界觀產生認知性的改變（錢銘怡，2009）。在心理諮詢中，解釋的運用是必不

可少的，解釋也是多種多樣的。但最常見的有兩大類：一種是來自各種不同的心理諮詢與治療的理論，另一種則是根據心理諮詢師個人的知識、經驗、實踐、觀察、領悟得出的（錢銘怡，2009）。

解釋是最複雜的影響性技術之一。陳曉荊（2011）也提出解釋是複雜的，也是有風險的，諮詢師要注意解釋的合理性、劑量性、暗示性、靈活性、探索性五個方面。解釋應該主要依據各種有效的心理諮詢技術，靈活運用，不能生搬硬套，要富有創造性。針對來訪者的不同問題，並根據諮詢師個人的理解、領悟與實踐經驗，透過不斷的修正，最終給予真正符合來訪者情況的合理解釋。所以，進行解釋時，應準確把握訊息，明確自己想解釋的內容，同時還要區別對待不同的來訪者，在合適的時間運用合適的理論進行解釋。如若不然，諮詢師只憑感覺和經驗進行解釋，則難以從理論的高度給予系統的分析解釋，缺乏說服力。

一般來說，解釋技術應注意下列事項（樂國安，2002）：

第一，充分收集資料。解釋應在充分收集來訪者的相關背景資料之後進行，並且要確定來訪者有意願傾聽和接受諮詢師對自己的問題進行解釋。所以，解釋通常是在一次會談的後期或幾次會談之後才會進行。布拉默等（2003）也提出在進行解釋之前要找出來訪者的基本訊息。

第二，建立良好的咨訪關係。解釋是基於與來訪者不同的參考框架，因此可能導致來訪者的阻抗。而良好的咨訪關係，有助於提高來訪者對解釋內容的接受與認可程度。反過來，解釋技巧的成功使用又會提升諮詢師在來訪者心中的地位和可信度，從而鞏固咨訪關係的建立。

第三，解釋與內容反應、情感反應的差別。解釋不同於內容反應、情感反應等技術。首先，解釋是從諮詢師自己的參考體系出發，運用心理學的理論和人生經驗來為來訪者提供一種認識自身問題的新思維、新理論，而不是從來訪者的參考體系出發的。其次，解釋針對的主要是來訪者隱含的那部分訊息，即來訪者沒有直接講出或者沒有意識到的那部分內容。諮詢師要將來訪者有意無意隱藏的訊息用諮詢師的言語表達出來，而參與性技術則僅僅針對來訪者已經表達出來的內容。

三、指導技術

指導技術是指諮詢師直接告訴來訪者做某件事及如何做、說某些話或以某種方式行動。指導有很多種，概括起來分為兩種。一種是根據各種不同的心理理論，如精神分析取向要求來訪者進行自由聯想；行為主義取向要求來訪者做各種訓練，如放鬆訓練、系統脫敏訓練等。另一種則是諮詢師根據個人的諮詢經驗做出的。但有些諮詢師並不贊同用指導技術，他們認為指導是操控和支配來訪者，多用參與性技術，如鼓勵、內容反應、情感反應等，在任何時候都不會幫來訪者做決定，而是讓來訪者自己確定要討論的問題。總之，他們認為指導技術是諮詢師把自己的意志強加在來訪者身上，不利於來訪者的成長。

在使用指導技術時，諮詢師可根據各種諮詢理論的指導模型和個人的諮詢經驗靈活處理，使指導技術真正發揮其作用，幫助來訪者成長。也就是說，敘述應清楚、明白、準確，讓來訪者真正理解指導的內容，即在使用指導技術時，諮詢師應明白自己對來訪者指導些什麼，指導過後會有什麼樣的效果和影響。同時，指導也要建立在良好諮詢關係上。而且諮詢師不能以權威的身份出現，強迫來訪者執行其指導內容，因為來訪者如若不能理解、接受諮詢師的指導，那麼不僅效果差，甚至會無效，如敏感、自尊心強的來訪者，可能會激發其反感情緒，進而結束諮詢。需要提醒的是，指導時的言語和非言語行為都會對來訪者產生影響。

四、情感表達技術

情感表達技術就是根據來訪者的問題，諮詢師將自己的情緒、情感及對來訪者的情緒、情感等告訴來訪者，以影響來訪者，助其成長。情感表達是為來訪者服務的，表達內容和方式應有利於諮詢的進行，而不是為反應而反應，更不是為了自己的表達和發洩。例如，「看到你這次的考試成績，我為你的變化感到高興，在以後的考試中，應該可以克服焦慮了」，「面對公司的裁員，我也感到很惋惜，難過」。此時，諮詢師透過情感表達，理解來訪者，達到共同情感。然而情感表達和情感反應也完全不同，情感表達是諮詢師表

達自己的情感或喜怒哀樂，而情感反應則是諮詢師將來訪者的情緒、情感進行整理、反饋。比如前面提到一位來訪者的講述「我的室友對我一點都不好，一點都不關心我，我很傷心，並且她跟別人講話時輕聲細語的，很溫柔，對我則是愛理不理的，讓我很難過，覺得不公平」。諮詢師：「你感到很傷心，難過？」這屬於情感反應；「對此我也感到十分難過」則是情感表達。情感表達比情感反應影響力更公開、更主動、更直接，作用更大。

五、內容表達技術

內容表達技術是指諮詢師傳遞訊息、提出建議、提供忠告、給予保證、進行褒貶和反饋等，以影響來訪者，促進來訪者實現諮詢目標，如諮詢師為來訪者介紹什麼是心理諮詢、諮詢中的保密原則是什麼等都是內容表達。

內容表達技術不同於內容反應技術，前者是諮詢師表達自己的意見，而內容反應是諮詢師反映來訪者的敘述。雖然內容反應中也含有諮詢師所施加的影響，但比起內容表達來，則要顯得隱蔽和間接。同樣，內容表達技術與解釋技術也不相同，解釋側重於對某一問題做理論分析，而內容表達則是諮詢師提供訊息、建議和反饋。

表3.1 使用反應技術和表達技術的訊息表

影響因素	常用技術	
	反應技術	表達技術
諮詢的影響階段	多使用於諮詢的最初階段	多使用於諮詢的最後階段
諮詢的理論流派	以人為中心	行為療法
來訪者個人因素	希望被理解，有傾訴欲的來訪者	有依賴性的來訪者，需諮詢師多表達
諮詢師個人因素		諮詢師主動性較強

六、自我開放技術

自我開放技術，亦稱自我暴露，自我表露，指諮詢師提出自己的情感、思想、經驗與來訪者共同分享。它是情感表達與內容表達的一種特殊組合。在諮詢過程中，諮詢師的自我開放和來訪者的自我開放都有重要意義，它能促進良好咨訪關係的建立，使來訪者感受到自己的困擾被人分擔，並借助諮

詢師的自我開放達到其自身更多的自我開放，並且不會再有諮詢師權威化、神化的誤解。

自我開放有兩種形式，一種是諮詢師把自己對來訪者的體驗感受告訴來訪者；另外一種是諮詢師暴露與來訪者所談內容有關的個人經驗。總的來看，上述兩種形式的自我開放都有利於治療關係的建立與鞏固。一般來說，諮詢師的自我開放越多，來訪者的相應行為也就越多，他越願意談他自己的所思所想。但也有人認為這二者的關係並不是線性的，認為諮詢師的開放應有一定的限度，低於或超過這個限度的自我開放對諮詢不但不能造成良好的作用，反而會對對方的情感和咨訪關係具有破壞性作用。比如諮詢師自我開放過多，則導致來訪者在諮詢過程中可利用的時間減少，而且這樣可能會讓來訪者感到諮詢師也不是一個心理健康的人，失去繼續諮詢的信心，甚至導致咨訪關係的破壞。

七、影響性概述技術

影響性概述技術是指諮詢師將自己所敘述的主題、意見等經過組織整理後，以簡明扼要的形式表達出來（郭念鋒，2005）。

影響性概述可使來訪者有機會重溫諮詢師所說的話，加深印象，亦可使諮詢師有機會回顧會談的內容，加入新的資料，強調某些特殊內容，提出重點，為後續的會談奠定基礎。影響性概述既可在諮詢中間使用，也可在結束時使用。比如，當一次會談結束時，諮詢師可總結來訪者的主要問題、原因及接下來的作業等，然後概述自己的主要觀點。這樣會使整個諮詢過程思路清晰，也有利於來訪者進行整體把握，加深印象。

複習鞏固

1. 什麼是影響性技術？
2. 自我開放有幾種形式，分別是什麼？

第三節 其他技術

在會談中,除參與性技術與影響性技術之外,還有一些其他常用技術。比如處理沉默現象的技術、處理多話現象的技術、制約技術以及建立和保存檔案技術。

一、處理沉默

沉默是指當需要來訪者進行自我探索而回答問題時,來訪者出現了停止回答與探索的現象,阻礙了諮詢的順利進行。

(一) 沉默的類型及原因

沉默的原因是多種多樣的,所傳遞出的訊息也各不相同,一般可分為如下幾種類型:

表3.2 沉默的類型及原因匯總表

類型	原因
思考型	來訪者正在思考某一問題而出現沉默,如來訪者反覆體會諮詢師所說的話,或瞇著眼睛自言自語。
反抗型	來訪者本人不願意接受諮詢,沒有諮詢動機,使用沉默這種不合作的方式來進行無聲的抗議,甚至表現出一種不耐煩和敵意。
情緒型	來訪者受到某種情緒困擾,或者是讓其感到羞愧的事情而出現的沉默,如有些問題自己難以啟齒,而處於猶豫狀態中;談到使自己產生內疚、後悔等情緒體驗的事情,來訪者不好面對,只有選擇沉默。行為表現上,不敢與諮詢師目光接觸,低著頭,手腳不停地亂動。
懷疑型	來訪者不信任諮詢師,因而不願把某些訊息說出來,往往會有懷疑的眼神,感覺侷促不安。
茫然型	來訪者不知道該對諮詢師提出的問題做何種反應時出現的沉默,如有時候想說的東西很多,但是又不知道從何說起。表現為來訪者目光游離不定,帶有詢問的意味。

如果諮詢師讓來訪者長期處於沉默狀態,來訪者會越來越緊張,越來越不能集中精神思考其他問題,致使形成惡性循環,結果只能結束諮詢。為避免這種情況出現,提出如下處理辦法。

(二) 對沉默的處理

如果來訪者是由於思考問題所引起的思考型沉默，諮詢師可以等待，同時以微笑、目光接觸、點頭等表示自己的關注、理解和鼓勵（方競紅，2007）。一般來說，不宜打斷來訪者的思考。如果思考時間過長，諮詢師可進行有技巧的詢問，話語中要透露出關心和協助的意味。

若是來訪者本人不願參與諮詢而造成的反抗型沉默，首先我們要明確這種反抗是針對諮詢本身還是反抗強迫其參加諮詢這件事。若對諮詢本身不存在偏見，那就需要諮詢師以豐富的工作經驗和誠懇耐心的態度，慢慢地打破這種沉默。若對諮詢本身就存在偏見，那就需要向來訪者聲明，心理諮詢師向其提供幫助，建立在彼此自願的基礎之上，如若其強烈反對，諮詢師可以選擇結束諮詢。

如果是情緒型沉默，諮詢師應多使用情感反應和影響性技術，當來訪者以沉默表示氣憤、對抗時，諮詢師要及時發現，主動尋找原因，採取措施。若是諮詢師自己失誤導致，可以主動道歉；若是言語上的誤會，則進行解釋，予以澄清。

如果是懷疑型沉默，諮詢師應重視建立良好的諮詢關係，獲得來訪者的信任，同時注意提高會談的技巧。

針對茫然型沉默，諮詢師應進行很好的傾聽，透過內容反應和表達技術，促進來訪者的充分探索和表達，幫助其準確認識自己，明確自己的問題和原因。

二、處理多話

與沉默現象相反，多話是指在諮詢中來訪者大量敘述與諮詢無關的內容，從而影響諮詢效果，阻礙諮詢進行的現象。但對於多話的判斷，主要根據諮詢師的個人經驗，並無明確標準（湯宜朗，許又新，1999）。然而除了來訪者，諮詢師也可能導致諮詢過程中的多話現象。比如諮詢師有感而發的宣洩；諮詢師對一些不符合社會道德風尚的事情進行評價；諮詢師邏輯思維能力較弱，解釋過多等。與來訪者有關的多話，大致分為宣洩型、傾吐型、尋求注意型、表現型、表白型、掩飾型、外向型等七種。

第一，宣洩型和傾吐型多話及處理。來訪者的這類多話是由於內心有劇烈的情緒需要宣洩，有強烈的情感需要傾吐。對此，諮詢師應充分尊重他們的需要，耐心地傾聽，給他們以安全感、理解和支持，在必要的時候還要及時給予指導。避免粗暴的打斷，或者不耐煩的表情。一般來說，當來訪者在得到盡情的宣洩之後，大都會變得心平氣和。此時，諮詢師再繼續進行會談。

第二，尋求注意型和表現型多話及處理。這類來訪者的言談舉止富有戲劇性，且表情非常豐富，所講述的內容有誇大和渲染的成分，而且他對自己所說的內容並沒有感到太過苦惱和困擾。他們多話是為了引起諮詢師的注意，另外他們的敘述內容很少涉及自己，即使談到自己也大多是誇獎自己。對此，諮詢師應表現出足夠的耐心和理解。值得注意的是，尋求注意型多話的來訪者，可能有癔症性人格（又稱歇斯底里人格），諮詢師需要注意鑒別診斷。

第三，表白型多話及處理。此類來訪者並沒有意識到自己的問題，他們往往缺乏自知。對此諮詢師一方面要認真地傾聽，另一方面要幫助他們認識到自己的錯誤，要善於運用他們自己的話和思維方式，幫助其發現矛盾的地方，從不同的角度分析，從而促進其進行自我探索，助其成長。

第四，掩飾型多話及處理。這類來訪者一般不會出現在開始階段，而是在將要或正在涉及某一敏感話題時出現。他們懼怕被諮詢師真正瞭解，擔心諮詢師發問，害怕沉默給自己帶來的壓力而有意無意地用別的話題轉移注意力。對這種情況，諮詢師應考慮為來訪者創造一個寬鬆、安全的氛圍，可以請來訪者慢慢講，或直接請來訪者回答敏感、想要掩飾的問題，當然，前提是擁有良好的諮詢關係。

第五，外向型多話及處理。這類多話是來訪者外向、健談等人格特點的表現。與此類來訪者會談，比較容易形成良好氣氛，但若不善於引導，諮詢則可能變成聊天。尤其當他們遇到一位自己喜歡，能耐心聽他們敘述的諮詢師時，則更是一發而不可收（方競紅，2007）。對此，諮詢師應根據諮詢目標和諮詢計劃，適時進行提醒，將話題轉入正題，確保諮詢的順利進行。

三、制約技術

　　制約技術是指在諮詢會談中，諮詢師為了確保諮詢目標的實現而對諮詢過程進行必要的規範。如果缺乏相應有效的制約，往往會導致諮詢活動出現混亂，使諮詢雙方感覺無所適從，從而產生焦慮、不滿，甚至中斷諮詢。需要注意的是制約要選擇恰當的時機，要具體、明確，具有可操作性，因為制約並不是懲罰來訪者，而是要避免威脅到他們的基本價值觀和生活方式，同時充分考慮其社會文化背景。

　　制約技術的主要方式是咨訪雙方制定協議，這個協議可以是口頭的，也可以是書面的。協議的內容要經過雙方共同商定，建立在雙方都清楚、瞭解每一項條款的基礎之上。關於諮詢師的制約內容詳見諮詢師的職業守則和職業道德，有關來訪者的制約內容如下：

　　第一，使來訪者充分認識到自己在會談中的重要作用。要讓來訪者知道，自己的問題和困擾是有原因的，而且這些原因是可以被瞭解、被克服的。同時要讓他們明白，指責自己是沒有用處的，真正有用的是不斷地進行自我探索、自我發現，要有勇氣面對自己目前所面臨的問題，能夠大膽、真實地表達自己的情感，尤其是對於一些平時較少被提及或不敢言及的問題，也儘可能清楚、準確地表達出來。因為只有找出問題的根源，才能找到解決問題的辦法，進而促進自己成長。

　　第二，時間限制。時間的限定也很重要，諮詢師應該在諮詢開始階段就將諮詢的時間限制明確告訴來訪者，包括一次會談的限定時間以及整個諮詢的時間安排。在這種情況下，多數來訪者，尤其是求助願望強烈的來訪者，往往在得知諮詢時間限制後有可能加快自我暴露的速度，從而加快了諮詢進程。

　　第三，行動限制。在會談中，諮詢師基本上無法限制來訪者的言語，無論其言語有多麼荒謬、雜亂無章。但是，諮詢師可以對來訪者的行動或情緒的表達給予一些制約，比如，來訪者不得隨意毀壞諮詢室的設施，不得謾罵、威脅或在肉體上傷害諮詢師；來訪者要按時完成來訪者需要的作業，特別是

第三章 心理諮詢的一般技術

當使用理性情緒療法或者森田療法時，此項尤為重要；來訪者應該遵守事先約定的會談時間；在非義務性諮詢中，來訪者有足額繳納諮詢費的義務等等。

四、記錄與建立檔案技術

記錄與建立檔案技術，其目的除了滿足臨床諮詢需要之外，還可用於學術研究和交流、接受司法和業務管理部門查詢等。通常從第一次會談起，就要透過及時記錄為來訪者建立一份比較完整的檔案材料。

(一) 記錄

1. 記錄內容

在諮詢過程中，無論現場筆錄或者會談後追記、補記，其內容都至少應包括：

(1) 來訪者的基本情況：姓名、性別、年齡、職業、婚姻狀況、種族、通信地址、聯繫方式等。

(2) 來訪日期、諮詢個案編號、諮詢師姓名。

(3) 受教育情況和工作經歷。

(4) 來訪者或者親友敘述內容。

(5) 確認來訪者的主要問題：診斷意見、心理測驗結果、諮詢目標、諮詢方案等。

(6) 諮詢意見以及方式：包括諮詢方法、諮詢效果以及評估、來訪者會談後要完成的諮詢作業、下次諮詢要點等。

2. 記錄方式

(1) 錄音或錄像

錄音既有語言表達，又有聲音的某些特徵，也容易根據錄音整理成文字。但有些來訪者不同意錄音，或者即使同意，在會談時也會感到壓力，產生防

禦心理，影響自我暴露。為此，在錄音前應徵得來訪者的同意，並做好解釋、保證工作，消除其顧慮。

錄像是國外比較常用的一種記錄方式。其優點是可以完整地再現諮詢過程中的聲音、畫面，可以觀察諮詢雙方的表情和動作。但錄像方式的成本較高，而且也需要事先徵得來訪者的同意，採取措施消除其顧慮。

(2) 筆錄

按照筆錄的發生時間，可將筆錄劃分為現場筆錄和會談後追記或者補記。

① 現場筆錄

這是目前心理諮詢中常用的記錄方法之一。與錄音、錄像方式一樣，也需事先徵得來訪者的同意。做現場筆錄時，諮詢師必須保持傾聽的姿態，一邊記錄，一邊做出相應的反應，比如以點頭或用「嗯」聲來表示自己在認真傾聽，同時要不時地進行目光注視，鼓勵對方繼續講話。如果來訪者一時不願意，則不要勉強。有時筆錄可在諮詢進行一段時間後再進行，這樣也許要容易些。

有時記錄的速度趕不上來訪者敘述的速度，對此，可以採取幾個辦法：

第一，先用簡短的語句記錄剛才的內容，事後再補齊內容；

第二，可用詢問的口氣讓來訪者對剛才的內容進行複述或核實，借此記錄一些重要內容，但此法不宜過多使用，以免打斷來訪者的講話思路；

第三，以和緩的口吻要求來訪者略微減慢敘述的速度（樂國安，2011）。

② 會談後追記或補記這是筆錄的另一種方法，它是指諮詢師在會談結束後憑藉記憶整理出會談的文字材料。這種筆錄方式適用於不同意現場筆錄或錄音、錄像的來訪者，以及不贊成或不擅長當場筆錄的諮詢師。另外，對於來訪者講述的一些敏感性問題，諮詢師可不當場記錄，免得對方難堪，事後再進行追記或補記。其好處在於時間比較充裕、重點突出，同時可進行分析、總結。但不足之處在於缺乏現場記錄的細節和生動感、花費時間較多、經常會遺漏一些細節。

第三章 心理諮詢的一般技術

(二) 建立檔案

記錄來訪者相關資料，可以促進諮詢師對來訪者的瞭解，以便有針對性地開展諮詢工作。而建立檔案，不僅可以避免記錄的掉落與失散，以保護來訪者的隱私，另外也方便工作調閱，以增進諮詢的效率，同時也是一份避免各種糾紛的法律文件。因此，建議心理諮詢工作者要養成建立檔案的習慣。

1. 檔案的保存

首先是保存的時間。諮詢記錄的保存時間一般為 10 年。

其次是保存的地點。任何工作人員或者諮詢師本人不可以把與諮詢相關的訊息記錄帶出諮詢機構。

最後是保存方式。為了保護來訪者的隱私，需要將來訪者的訊息以及來訪記錄存放在有鎖的文件櫃裡。

2. 檔案的管理

在諮詢檔案的管理方面，林家興，王麗文 (2009) 等人建議：

(1) 機構應有專人負責諮詢檔案的管理，通常由督導或組長擔任。

(2) 工作人員要養成當天的記錄當天撰寫完畢並歸檔的習慣。

(3) 工作人員要儘量避免在來訪者出入的場所撰寫諮詢記錄。

(4) 對於任意放置諮詢記錄的工作人員，督導或者組長應加以提醒與協助。

(5) 除非獲得督導或組長的同意，實習生等其他人員不應該接觸或者閱讀諮詢記錄。

(6) 除非獲得來訪者及其監護人的書面同意，工作人員不可以將來訪者的資料告訴別人。

擴展閱讀讀

會面診斷心理檢查表

意識：清醒、模糊、朦朧、譫妄、昏迷

儀表：整潔、蓬頭垢面、奇裝打扮

接觸力：主動、被動

感知覺：錯覺、幻視、幻聽、幻嗅、幻觸、幻味、感知綜合障礙

思維：聯想障礙、邏輯障礙、妄想

情感：自然、興奮、呆板、淡漠、哭笑無常、自笑、倒錯、矛盾、幼稚、衰敗

動作：正常、增加、減少、緩慢、蠟樣姿勢、戲謔動作、刻板動作、奇特動作、消極反抗、積極反抗、破壞行為

言語對答：切題、答非所問、不連貫、緩慢、不答、發音不清、虛構

言語表現：正常、散漫、增多、多辯、隨境轉移、音連意連、自語、唇語

定向力：正常、減退、喪失

自知力：正常、減退、喪失

記憶力：遠期記憶：正常、減退

近期記憶：正常、減退

計算力：正常、減退

注意力：集中、渙散

智力：正常、減退、痴呆狀

抑鬱：心境惡劣、自我感覺不良、缺乏活力、興趣喪失、自信水準下降、自責自罪、消極等死（觀念、行為）

恐怖：動物、廣場、幽室、高空、赤面、不潔、出血、疾病、社交

強迫症狀：觀念、情緒、意向、動作

第三章 心理諮詢的一般技術

焦慮：不明原因的緊張、煩躁、易激惹、預感不幸事件的發生、突然驚慌、恐懼瀕死感、窒息感、失去自我控制感

疑病：總疑心有病醫生診斷不出來，對身體的某一部分的功能過分關注、醫生對疾病的解釋或客觀檢查常不足以消除來訪者的固有成見

自主神經功能：面部潮紅、四肢冰涼、發冷、自汗、盜汗、無汗、麻木感、癱瘓、癢、蟻爬感

性功能：尿頻、陽痿、早泄、性慾減退、性慾增強、月經不調、痛經、不育、不孕

其他：口吃、手顫、頭部抖動、肢體不自主彈跳、肌肉緊張、抽搐發作、附體感、神遊、夢遊、功能性感覺障礙、功能性運動障礙

複習鞏固

1. 簡述沉默的類型。

2. 簡述多話的類型。

小結

1. 參與性技術對諮詢師來說不僅僅是一個被動的記錄事實與聽取對方談話的過程，也是一個主動引導、積極思考的過程。各種參與性技術運用得當，都會對諮詢造成積極的作用。

2. 所謂傾聽，不僅要聽對方的談話，諮詢師還要借助言語的引導，真正聽出對方所講的事實、所體驗到的情感、所持有的觀念等。

3. 提問技術包括開放式提問和封閉式提問兩種。

4. 鼓勵技術是指對來訪者所說的話進行簡短的重複或僅以某些詞來鼓勵對方進一步講下去或強調對方所講的某部分內容。

5. 具體化技術是指諮詢師協助來訪者清楚、準確表達他們自己的觀點、所體驗到的情感以及所經歷的事件。

6. 情感反應技術是指諮詢師把來訪者所陳述的有關情緒、情感的主要內容經過概括、綜合與整理，用自己的話反饋給來訪者，以達到加強對來訪者情緒、情感的理解，促進溝通，收集資料。

7. 影響性技術是指當諮詢師以積極主動的態度參與到會談之中時，這種影響是諮詢師透過自己的專業理論知識與方法技術、個人的人生經驗對來訪者所持有的理解進行影響，進而使來訪者從中受益的過程。

8. 當來訪者出現言行不一致、理想與現實不一致、前言後語不一致、咨訪意見不一致時可以使用面質技術。

9. 制約技術是在諮詢會談中諮詢師為了確保諮詢目標的實現而對諮詢過程進行必要的規範，其主要方式是諮詢雙方共同協商制定。

關鍵術語表

參與性技術 傾聽技術 開放式提問 封閉式提問 重複技術 內容反應 情感反應 具體化 即時化 影響性技術 面質技術 解釋 指導 情感表達 內容表達 自我開放 影響性概述 沉默 多話 制約技術

本章複習題

1. 下列選項中，不屬於參與性技術的是（ ）

A. 傾聽 B. 內容反應

C. 面質 D. 情感反應

2. 關於傾聽技術，不正確的是（ ）

A. 設身處地地聽 B. 適當地表示理解

C. 適當地給予價值評價 D. 透過言語或非言語做出反應

3. 開放式詢問常用的是（ ）

A. 是不是 B. 為什麼

C. 對不對 D. 要不要

第三章 心理諮詢的一般技術

4. 鼓勵技術的功能在於（ ）

A. 促進會談 B. 是諮詢師可以少說多聽

C. 檢驗諮詢關係 D. 促進諮詢師自我探索

5. 內容反應技術又可以稱為（ ）

A. 內容表達 B. 釋義技術

C. 反饋 D. 回覆

6. 情感反應與內容反應的區別在於（ ）

A. 前者針對的是來訪者的情緒反應 B. 後者針對的是來訪者的內心感受

C. 前者關心的是來訪者的認知活動 D. 後者關心的是來訪者的談話過程

7. 具體化技術是指諮詢師幫助來訪者（ ）

A. 清楚地說明所經歷的事情 B. 將思想與情感分開

C. 將理想與現實分開 D. 將所思所想加以簡要地概括

8. 影響性技術不包括（ ）

A. 指導 B. 傾聽

C. 面質 D. 自我開放

第四章 心理諮詢師的專業成長與倫理規範

要成為一個優秀的心理諮詢師，僅具備專業知識和技能是遠遠不夠的，還需要一些特殊的個性品質及其他素質。而這些品質和素質，都不是在一朝一夕之間就形成的，而是在長期的經驗積累中逐漸培養起來的。心理諮詢師究竟需要哪些素質？這些素質又如何培養呢？透過本章內容的學習，你將瞭解到心理諮詢師的基本素質、專業成長的過程，以及應當遵守的倫理規範。

無論何種職業，都有其特殊的專業屬性，對從業者都有明確的資格要求。與其他職業相比，心理諮詢是一種較為特殊的職業，是一項艱辛複雜、充滿挑戰而又非常有意義的一項助人工作。這種工作對從業者的基本素質和能力有很高的要求。若要成為一名優秀的心理諮詢師，不僅要接受嚴格的專業教育，還要經過職業培訓，掌握相關專業技能，而且應具備職業所必需的個性品質、社會規範和倫理道德以及其他方面的要求。可以說，心理諮詢工作是心理諮詢師專業素質、心理素質、職業道德、倫理規範等諸多方面的展示，並且在很大程度上決定著心理諮詢的效果。

▍第一節 心理諮詢師的基本素質

任何一門職業都需要從業者具備一定的條件，而心理諮詢是一門特殊的助人職業。諮詢師不僅要利用自己的知識和技術為來訪者服務，還要瞭解來訪者的內心世界，幫助來訪者認知自己、探索自己，促進其成長。因此，心理諮詢師必須具備一些特殊的條件。

一、專業素質

（一）理論知識

要想成為一名合格的心理諮詢師，紮實的理論知識和必要的實踐經驗是必不可少的，如在美國，心理諮詢與心理治療的專業工作者必須具有哲學或

者教育學博士學位；在荷蘭，心理諮詢工作者要有碩士學位（崔光成，邱鴻鐘，2003），除此之外，他們在從事具體工作之前要有 1 年的臨床實習期，之後得到有關機構的認證方可執業。心理諮詢和心理治療，並不是僅僅依靠美好的願望、熱情的態度和一些常識來安慰、勸說那些處於困境的來訪者，而是要用科學的助人知識來幫助來訪者，使他們認識到自己存在的問題，找到困擾他們的根本原因，進而改正或放棄不良行為和認知，幫助他們成長成熟。心理諮詢師必須要有發展心理學、社會心理學、心理診斷及技能等方面的知識，才能理解來訪者的困難是怎麼樣形成的、矛盾和衝突的根源在什麼地方、他們的心理症狀的真正問題是什麼、哪些原因使來訪者不自覺地抵制諮詢師對他的幫助等等。

(二) 諮詢技巧

心理諮詢師要有熟練的諮詢技巧，其中包括怎麼樣能在最短時間內收集來訪者的有關情況，如讓來訪者困擾的處境或者事件、症狀出現的時間及發展變化等；怎樣適時地、機敏地提出問題；怎麼樣發現來訪者不自覺想要掩飾的問題和阻抗；怎麼樣引導他們逐步認識內心深處的問題根源；怎麼樣設計一些合適的方法來矯正其不良行為。

(三) 語言技巧

語言技巧是諮詢過程中進行思想溝通、交流的主要方式。諮詢過程是在相互尊重、相互平等的基礎上運用語言的交流活動。諮詢工作者是傾訴的對象，需要耐心地傾聽來訪者的談話，注意聽說結合，把握談話問題的實質，選擇好切入點，運用嫻熟、清楚、簡練、生動、通俗的語言技巧表達自己的思想情感。心理諮詢工作者的語言有三點要求：

第一，準確通俗；

第二，邏輯性強；

第三，以口頭語言為主，配以手勢語和肢體語言（魏書堂，彭虎軍，2007)。

良好的語言技巧不僅可以活躍諮詢氣氛，減輕來訪者的心理壓力，還有助於消除防禦心理，使來訪者在心理上有安全感，引導來訪者接受心理上的幫助，交流心理上存在的問題，以達到助人成長的目的。

(四) 良好的交流、溝通能力

交流、溝通是心理諮詢師基本能力的體現，包括傾聽、關注、理解、接受和建議等多種綜合能力，也包括能透過自己的行為向來訪者表現出這種關注和理解，並表明已準確地接收到了他們所提供的一切訊息。溝通、交流也是一種需要不斷實踐的技能，優秀的心理諮詢工作者都具有良好的溝通技能。有助於溝通的因素包括鼓勵、真誠、尊重、熱情、無條件的接納等。

二、心理素質

(一) 完善的人格

優秀的心理諮詢師應有良好的自我意識，瞭解自己的長處、不足，分清自己的職責範圍（王香玲，高文斌，2007），因此擁有完善的人格是作為心理諮詢師的首要條件。心理諮詢師的人格是心理諮詢工作的支柱，是諮詢關係中最關鍵的因素。如果一個諮詢師不具備助人的人格條件，他的知識和技術就不會有效發揮作用。有研究顯示，心理諮詢師的人格特點在總體上表現為高外傾性、低精神質（王香玲，高文斌，2007）。

一個人格完善的心理諮詢師，首先其心理是相對健康的，且健康水準比較高。因為諮詢過程中，諮詢師會接收到各種來訪者的負面情緒和消極態度，久而久之，難免會對諮詢師造成一定的心理壓力。為了避免壓力的積累，諮詢師就需要透過諮詢以外的環境來解決他的心理矛盾和衝突，進而穩定自己的情緒，達到自我平衡狀態。其次，一個人格完善的心理諮詢師應該具有樂於助人的品質。只有樂於助人的人才能在諮詢關係中，給予來訪者以熱情和溫暖，進一步創造一個自由、安全的氛圍，以便形成良好的咨訪關係。再次，一個人格完善的心理諮詢師應該是一個道德高尚、認真負責的人。

具有過於自戀、情緒掌控不成熟、自我依賴過重等人格特徵的人不適合擔任心理諮詢工作（張松，2011）。首先如果一個人過於自戀，那麼對他人

的情緒情感缺乏敏銳的察覺，且過於以自我為中心，這就可能阻礙良好諮詢關係的建立；其次作為一名諮詢師不能熟練控制自己的情緒，將直接影響來訪者的心情，不利於來訪者挖掘自己，對咨訪關係和諮詢效果都可能產生不良影響；另外如果自我依賴過重，不太可能與來訪者建立有意義的平等互動關係；最後如果諮詢師本身就具有心理健康障礙，是不能為來訪者提供安全可靠的幫助的。因此，心理諮詢工作不僅是一門技術，也是一種理論；不僅是一門科學，也是一門藝術；心理諮詢工作者不僅要有優良的個人品質和豐富的學識經驗，也要有完善健康的精神面貌和人格魅力（馬彥周，任利民，2000)。

擴展閱讀讀

人格與職業

並非學習了心理學理論知識，掌握了心理諮詢基本技能之後就能夠從事心理諮詢工作。研究發現，從事心理諮詢與心理健康教育的人，只有具備與心理諮詢職業相匹配的人格特點才能持久地把工作進行下去，那麼這裡的人格特點究竟包含哪些內容呢？熟悉生涯輔導的學者知道，人們選擇職業不是沒有規律可循的。關於人格與職業匹配方面，「職業輔導之父」帕森斯(Parsons)的特質-因素理論和霍蘭德(Holland)的類型理論最有說服力。

帕森斯認為人們在選擇職業時，首先要對自己的態度、能力、興趣等有一個清楚的瞭解，其次要瞭解各行各業達到成功的需要和條件、優缺點、酬勞、機會以及未來展望等，最後要以個人和職業的互相配合作為職業選擇與發展的目標。他認為，只有這樣，人才能適應工作，並且在工作中實現個人價值與社會價值的最大化。

霍蘭德的類型理論源於榮格的個性心理學，認為生涯的抉擇與生涯的調整是個人在對特定職業類型進行認同後，個人人格在工作世界中的表露或延伸。按照霍蘭德的說法，社會型的人最適合當一名心理諮詢師。社會型的人富於同情心、領悟力、親和力、影響力，熱情、耐心、真誠、認真，把他人的痛苦視為自己的痛苦，不願幹表面上譁眾取寵的事，把默默地幫助不幸的

人視為無比快樂的事，喜歡願意與人交往，交往中不注重追求功利而很看重價值感。因此，很難想像沒有耐心、愛心的人能夠做好心理諮詢。每個人的人格發展、個性形成都與其過去的生活經驗有關。

　　心理諮詢師越瞭解自己的過去，就越能自我成長；自己能不斷地成長，也就越能幫助來訪者看到自己的問題所在，從而幫助他們成長。諮詢師需要真實體驗自己的人格傾向，例如比較喜歡哪一類型的人，在哪種情形下自己內在的容忍力特別小，在哪種工作環境下自己特別順心，有什麼優缺點，可能的知識技能盲點等等。諮詢師對自己的認知（反省認知）越清楚就越有可能幫助心理上有問題的人。

　　（二）自我意識

　　為了促進自己的專業成長、更加開放地面對變化、採取恰當的諮詢行為，諮詢師應該不斷地加強在價值觀和情感世界方面的自我意識。顯然，不斷強化自我意識的諮詢師，更容易成為優秀的諮詢師，而有較強自我意識的諮詢師應對自己的價值觀、道德準則和理論假設有明確的意識。具體表現為：首先要認同自己，知道自己要成為什麼樣的人；其次能從容面對現實，願意承認失敗，但不會有太多的自責；再次有較豐富的生活經歷以及對自己內心探索的經歷，相信自己的能力能夠追求自我成長與助人成長；另外能適時調整好自己的心理平衡，保持自己生活的平靜，並協助來訪者去處理類似的心理問題；最後他們對自己的專業能力有正確的評價。

　　諮詢這個專業服務範圍非常廣，諮詢工作者無法克服個人專業知識的侷限性，不能對本專業範圍內的所有問題都能勝任，這就要求諮詢師對自己的能力有清醒的認識。可見，有較強自我意識的諮詢師能更加客觀地分析自己在諮詢過程中所扮演的角色，能夠更好地從來訪者的立場或角度對各種需要、認知和情感進行鑒別、區分。較強的自我意識可使諮詢師獨立地、真實地體驗人的發展過程，體驗社會、文化、家庭對人的行為所產生的影響，從而提高諮詢的有效性。

　　（三）自省意識

第四章 心理諮詢師的專業成長與倫理規範

心理諮詢工作者不可能把所有的優秀素質集於一身，他會有自身的困擾和問題。怎樣使諮詢師保持清醒的頭腦，保證心理諮詢工作的質量及其嚴肅性是一個值得思考的問題。自省，即自我反省、自我檢查，是認識自己的開端。孟子說過：「權，然後知輕重；度，然後知長短。物皆然，心為甚。」意思是說，物體經過稱量才能知道它的份量和長度，世間萬物皆如此。人的心理，也要經過不停地衡量、反省，才能不斷地從認識自己中改善自己，達到生命之極致。心理諮詢工作者更是如此，對自己的動機、價值取向、個人需要、生活態度、人格特徵與經歷等方面的不斷反省和評估，可以使諮詢師在保持敏銳的觀察力和知覺的同時，保證自己的工作效率（王小衛，王曉麗，2006）。

（四）其他心理素質

合格與成功的諮詢師需具備良好的觀察能力、理解能力、學習能力、思維判斷能力、表達能力以及自我控制能力、自我心理平衡能力和交往控制能力，還需要有探索社會、人生的濃厚興趣。這些心理品質主要表現在對自己的個性心理品質、需要和興趣、知識結構、專業技能、人生經驗、人性觀、價值觀、職業道德水準、心理健康等狀況等方面，這些品質對心理諮詢工作可能產生影響，尤其是消極的影響等方面。因為即便將來從事心理諮詢工作會有比較豐厚的物質回報，但它並不能充分地補償從業者多年來艱苦的專業訓練、面臨的各種複雜困境及其必須忍受的爭鬥，適當的補償只有來自於職業本身內在的報償。因此，具備這些素質不僅有助於從業者成為一個優秀的心理諮詢工作者，而且還將為他們從事這項工作提供持久的動力。

複習鞏固

1. 心理諮詢師的專業素質包括哪些方面？
2. 心理諮詢師的心理素質包括哪些方面？

第二節 心理諮詢師的專業成長

優秀心理諮詢師的成長需要時間和經驗的積累，但優秀心理諮詢師與一般心理諮詢師的差異主要體現在他們的知識、諮詢能力、諮詢效能和部分人格特徵上。知識、技能和諮詢效能都是可以透過學習和訓練不斷地提高的，而人格特徵也是具有可塑性的。因此，透過學習、訓練和實踐可以幫助新手成為優秀的諮詢工作者，縮小一般諮詢工作者與優秀諮詢師的差距。

一、怎樣成為一名心理諮詢師

一般來說，一個人要成為專業的心理諮詢師需要經歷一定階段，體現在如下六個方面：

第一，先做當事人。擔當諮詢師之前，先當來訪者，體會一下來訪者的需求與滋味，以便更能勝任諮詢師的工作。先做一名來訪者有如下作用：首先，要成為一名諮詢師，自己先要相信諮詢行業有其市場需求，而自己也能接受並且相信「求助」、「助人」的這種行為。其次，可以讓自己更明白諮詢的需要與功能。諮詢能處理我們日常生活中的一些困擾和衝突，幫助我們明白問題根源所在、釐清自身的矛盾與困惑、從不同的角度看問題等，不僅可以看到諮詢專業的必要性，也對自己即將從事的行業充滿信心。再次，諮詢師也是人，在自己的生活領域中也有問題或者困惑，自己也需要諮詢師，這樣也減少了許多工作上的倦怠或壓力過大的可能性，至少在心理上感覺不是一個人在孤軍奮戰，有一個相對穩定的行業支持系統。

第二，積極學習各種理論與技術。在美國，諮詢師一般要有哲學或教育學博士學位，並具備專業基礎。因此，更要認真學習相應的理論與技術。對於諮詢界的諸多理論和流派，要多參看其著作，尤其是自己比較推崇和信任的學派，可以去閱讀原創人物或者代表人物的代表作，發掘其奧妙，從而得到第一手資料，進而融會貫通，學以致用。

第三，接觸各種類型的人。諮詢師開放自我去接觸不同的人，不僅可以拓展自己的眼界，擴大自己的人際交往範圍，還可以增加對人的認識，學會接納與尊重。認識的人越多，越覺得人的可愛可敬，發現人的美好，而

這些人也能教會自己許多東西，能從他們身上學到許多寶貴的知識（張松，2011）。

第四，參加相關學術會議或者加入相應學會組織。如果有條件，可參加國際國內相關學術會議，以獲得最新諮詢領域訊息，並且可以同大師進行交流、學習。加入相應的學會組織，同樣可以得到最新相關訊息，也是同行之間進行交流合作的平臺。

第五，不斷拓展知識面，提高專業能力。心理諮詢是一項專業性很強的工作，這要求心理諮詢師不斷促進個人的專業成長，保持較高水準。一個人在社會、經濟、文化和心理學等領域所擁有的知識越多，就越有助於提高諮詢服務的質量。

第六，民族文化和性別意識的完善。優秀的心理諮詢師能敏感地意識到文化和性別因素對自己的認知、價值、態度和信念所產生的影響，因此他們會採取比其他人更加客觀的、開放的態度來看待這些因素。例如，他們可以對女性、非主流文化、種族、同性戀等族群採取接納的態度，而對主流文化控制下的心理諮詢工作者來說，形成這種體驗的時間會比較漫長。文化上保持敏感的心理諮詢師更容易理解由於性別、種族和道德價值觀等所導致的差異，進而尊重而不是設法去詆毀、排斥這些差異。因此，能夠意識到民族、文化、信仰與性別上的巨大差異，不斷地修正和調整對人性的發展和價值觀的看法，並採取相應的交流溝通策略，是每個心理諮詢師所不容忽視的。

二、心理諮詢師的發展水準

國外對諮詢師的發展相當感興趣，由斯托爾滕貝格 (Stoltenberg)、麥克尼爾 (Mc-neill) 和德爾沃斯（Delwarth）（1998）提出的整合發展模型是獲得廣泛認可和應用的督導模型，它描述了諮詢師發展的若干不同水準，在這裡我們採用萊恩斯佩裡 (Lensperry)（2012）對斯托爾滕貝格等人的理論總結進而提出的四個水準來簡單描述諮詢師的發展水準。

水準一是指剛開始學習的學生，正在完成課程，並參與實踐培訓。這類人群動機很高，但缺乏專業諮詢經驗；他們傾向於高度的自我關注，但缺乏

自我覺察。在此階段，他們往往會模仿有經驗的諮詢師，來提升自己專業所需的技能和信心，同時作為一種快速成長的手段，借此來抵消內心的焦慮。

水準二是指更高年級的學生，通常參與更為高級的諮詢實踐和實習培訓。如果把水準一的諮詢師比喻成初生的嬰兒，那麼此階段就如同是青少年期想要建立自我同一性，而諮詢師卻是想要建立專業同一性。在這個階段，諮詢師的自主與依賴會出現明顯的衝突。因為水準二的諮詢師在經過水準一的模仿、探索之後，想要開始獨立進行工作。

水準三主要是指那些已經完成培訓，成為專業諮詢師的人群。此階段的人群，專業同一性已經初步形成，能夠準確認識自己的優缺點，且能夠比較靈活地處理來訪者與諮詢師之間的關係，促進諮詢過程的順利進行。

水準四是指諮詢師能夠將水準三中所掌握的諮詢技能進行綜合運用，並能更好地整合理論與實踐。此階段的諮詢師表現出高度的自我覺察，能夠獨立地與各種情況的來訪者展開諮詢工作。

中國勞動和社會保障部委託中國心理衛生協會組織有關專家制定的《心理諮詢師國家職業標準》，將心理諮詢這門職業分為心理諮詢員（國家職業資格三級）、心理諮詢師（國家職業資格二級）、高級心理諮詢師（國家職業資格一級）三個等級。

三、心理諮詢師成長的主題

意識到心理諮詢師個人成長與發展的重要性，這只是解決了諮詢師個人成長的觀念問題。在心理諮詢師專業發展中，其成長面臨著許多重大的主題任務。結合心理咨詢專業實踐與國內心理諮詢專業的狀況，我們認為，心理諮詢師個人成長中需要完成的重大主題性任務有以下一些內容。

(一)心理諮詢師的個人成長

心理諮詢是一種高度個體化的專業行為，通常是採用一對一和面對面的工作方式為來訪者提供服務。由於心理諮詢具有尊重來訪者隱私、對諮詢過程中所涉及的各種訊息予以保密等職業要求，使得諮詢師的工作大都藏匿於

第四章 心理諮詢師的專業成長與倫理規範

神秘環境之中,而很少為他人所直接觀察和瞭解到。心理諮詢這種特殊的職業特點可能會導致兩種後果:

一是限制了他人透過對諮詢師工作行為的直接觀察向其提供建設性建議的可能性。在大多數情況下,諮詢師只能透過自己對諮詢過程的描述來尋求有關專家或同行的建議,這將導致那些重要的但不為諮詢師本人所關注的諮詢行為或態度被省略或忽視,使有關的討論或研究在一種「較為理想的狀態」中進行,而無法發現或揭示問題的本質。

二是對心理諮詢師所應具備的專業素質、諮詢技能和職業道德提出了極高的要求。因此,心理諮詢的這種為他人所看不到的工作特點,決定了諮詢師要不斷地自我成長。

幾乎初學心理諮詢的人,都認為學習中最重要的是掌握某些特別的新技術或更高明的方法,這是許多心理諮詢師培訓的常見模式。實際上,這種認識以及基於這種認識的培訓,恰恰忽視了諮詢師個人自身的成長。如果諮詢師欠缺個人成長的體驗,就難以擁有工作中所必需的個人安全感、自信心與活力;專業技能和知識的發揮也會受到限制,也無法為來訪者提供有效的心理諮詢。只有自己是一個體驗著成長並具有成長功能的人,才可能接受別人的成長,才可能體會到人在成長過程中的內在需求,也才能真正地促進來訪者的成長。

1. 提升專業倫理水準和價值觀

諮詢師的專業倫理是諮詢師個人發展和諮詢工作中經常遇到的難題。提升專業倫理水準,是心理諮詢師個人成長的基礎。個人的價值觀直接影響著個體對各種觀念、事物、行為的判斷,使個體發現事物對自己的意義,並按照自己認為有價值的目標去做。因此,諮詢師本人具有的價值觀,會影響諮詢師職業目標的實現。

2. 澄清個人的人生哲學

諮詢師的人生哲學是指諮詢師個人對人性、現實世界、生活的價值、個人生活態度等問題的一些基本假設和看法。每種諮詢理論都建立在其對人性

的假設上,每個人也都有個人的人性假設。只有個人的人性假設與諮詢理論的人性假設相一致,諮詢師才能真正有效地使用這種理論來幫助來訪者。個人的人性論、價值觀、生活哲學、基本生活態度與自己所持有的諮詢理論取向保持一致,是諮詢師專業成長發展的必要條件,如果不一致就會產生不和諧,並導致多種潛在的矛盾和衝突,影響諮詢效果。

3. 個人對重大生活問題的態度

心理諮詢師對人生中的重大問題,如愛情、友情、親情、死亡、金錢和地位等要有明確的認識和積極探索的態度,由這些重大問題取得的個人經驗及諮詢師豐富的閱歷是成長為一名諮詢師的有利條件。但是,這些經驗的取得,並不是全部借助於心理科學的理論和實證研究結果,更重要的是學會利用生活經驗感悟和品味生命的意義,進而領會助人的價值。

4. 完善自我概念

心理諮詢從根本上來說,就是為了促進個體自我概念的完善,提升來訪者的自我效能感。要保持工作的效能,諮詢師必須對個人的需求、優缺點、內心衝突、常用的防衛機制、各種人格特質、情緒狀態等各個方面經常保持清楚、高效的自我覺察,如果對這些事項的覺察薄弱,將會對其工作、生活、人際關係及當事人產生不良影響,隨時都有可能因為自己的年齡、學歷、經驗等因素而產生不恰當的評價,影響諮詢工作的有效進行。

(二) 專業勝任力

在諮詢領域,專業勝任力是指勝任一個諮詢師應具備的能力和表現。吳垠、桑志芹 (2010) 透過定性研究發現,心理諮詢師勝任特徵模型包括「基準性勝任特徵」和「鑑別性勝任特徵」兩個部分。其中鑑別性勝任特徵包括心理諮詢師在建立關係的基本態度、人際理解和洞察、彈性、影響力、自我覺察、自我控制力、人格健全與完善、閱歷與經驗、專業知識與技能等 9 個因子;利他性、建立關係的基本態度、人際理解和洞察、尊重、培養他人、自我覺察、自我控制力、開放性、語言表達能力、人格健全與完善、專業知識和技能等 11 個因子為基準性勝任特徵。因此專業勝任力不僅僅是簡單的掌

握專業知識或技能。就像棋盤上的棋子一樣，棋子和規則是一樣的，但是區別在於專家會將棋子放到他們的經驗、知識和智慧的背景下去看，這樣，專家就會比新手看得更深、更快、更遠、更好。因此，專業的勝任力是一個持續的、發展的過程，從最低水準開始，隨著新的發展和要求出現，以及專業領域的成長和變化，諮詢師首先獲得基本的勝任力，接著保持、更新並逐漸增強自己的勝任力。

從國外諮詢師的專業勝任力發展來看，大體上有五個階段。首先是初階受訓者。在這個階段，新手們不關心他人的主觀需求或問題發生的情境而是固守常規，如一個學習心理諮詢的學生可能會堅持選擇某一種方法，而不考慮來訪者的需求和期望。根據資格委員會的要求，這種情況的受訓者不具備諮詢師勝任力，因為其缺乏知識、經驗和技能。其次是高階受訓者。受訓者表現出有限的能力，考慮主客觀因素，在一定程度上可以整合相關理論，但在一定的諮詢技巧和策略上還存在不足。再次是入門階專業人員。該階段的諮詢師有最基本的勝任力，可以進行獨立的諮詢，他們可以更好更完善地整合知識和經驗，在深思熟慮之後，確定比較穩妥的諮詢方案，並且在整個過程中可以靈活處理突發狀況。第四個階段表現為熟練的專業人員。在入門專業人員的基礎上對來訪者的處理更加熟練，做出決定會更快、更容易，熟能生巧就是這個階段的最佳描述。第五階段是資深專業人員。在這裡，諮詢師工作起來比較輕鬆，他們不僅不再依賴於課本知識，還能根據多年的經驗加入自己的理解，在使用某種諮詢技術時能做到更加適合不同的來訪者。

在許多方面，所有的專業實踐和倫理標準都是圍繞勝任力展開的。由於資深諮詢師有較高水準的勝任力，他們可能很少遇到保密、知情同意、價值觀等方面的問題。因為他們的專業水準反映了他們在諮詢實踐的專業、文化、關係和倫理方面都具有敏感性和豐富的實踐經驗，在專業和倫理兩難問題面前，他們也可以妥善處理。這也給沒入門以及剛入門的諮詢師們提了個醒，即要增強倫理、文化、專業的敏感性和反應力，以保證其專業勝任力。

（三）正確對待職業枯竭現象

第二節 心理諮詢師的專業成長

　　職業枯竭 (professional burnout) 是指在工作中，個體面對長期的情緒和人際關係緊張而產生的一種反應，也叫職業倦怠（蔣獎，李強，楊眉，2004）。具體表現為對諮詢工作熱情下降，敷衍了事，心情感到抑鬱、煩躁，身心伴有疲勞和耗盡的感覺。如果不及時處理，諮詢師會產生心理問題，甚至自我封閉，影響正常工作。

　　心理諮詢具有特殊的工作性質，導致其是一個比較易產生枯竭的行業，如前些年某電臺心理諮詢熱線主持人自殺，正是由於其心理成長不足而導致職業枯竭（趙霞，施春華，2008)。造成這一現象的原因有很多，比如缺少督導和同行交流，遇到難以解決的家庭問題或其他社會問題，缺乏對諮詢工作評估，遭遇社會評價的不公，生活、工作無成就感。另外，諮詢管理與實踐中缺少繼續受教育的機會；在工作當中，接觸到的大部分人是自己的「病人」，缺少與「正常人」的合作交流；缺少肯定的結果；個人付出較多，缺乏成就感；承受強大的心理、工作壓力；個人的生活、心理健康等問題容易受到影響等等。同時，學者蔣獎等人 (2004) 認為枯竭源自諮詢師自身資源的喪失，在每個人的工作生活中，都有屬於自己的資源，這些資源包括主觀(知識、時間、技能、健康等)和客觀(家庭、親人、朋友等)資源，可以為自己提供所需要的社會支持，因此資源就是個體努力獲取並保存的有價值的東西，一旦資源喪失，枯竭便隨之產生。

　　如何解決職業枯竭，以下一些措施可供參考和借鑑。

　　1. 豐富自己的生活內容和方式

　　研究表明，豐富的生活內容對形成一種積極的工作態度是十分重要的，要豐富自己的生活內容和生活方式 (黃錦玲，2006)，不僅要留出足夠的時間，還要在這些時間內從事有意義的活動，包括培養和發展人際關係、培養自己的興趣愛好、參加休閒娛樂活動等，並在這些活動中學會享受生活 (胡月香，2011)。只有在自己的生活和工作兩個方面都得到豐富和發展，才有助於形成積極的工作態度，避免枯竭的發生。此外，心理諮詢工作者還應該經常地進行放鬆學習，注意適當的鍛鍊、營養，減少咖啡、香煙、酒精、藥物的使用量，制定定期休假制度，得到身體和心理上的休息和恢復。

2. 理性認識諮詢目標

對於諮詢目標，諮詢師應有清醒的認識。要看到，絕大多數人都是有自我調節能力和自癒力的，要幫助來訪者學會依靠自己。這個世界不存在什麼救星，真正能救一個人的只有他自己。所以，諮詢中要把重點放在調動來訪者對自己負責任的意識上；放在使他擺脫依賴，學會對自己負責上；放在教會來訪者發掘自身資源，並以建設性方式幫助自己上。就諮詢師而言，這不僅是我們能給予來訪者的最大的幫助，而且諮詢也會成為一種富有創造性的智力活動，成為一種享受的過程（黃錦玲，2006）。

3. 增強自我保護意識

心理諮詢師應該明確認識到心理諮詢工作的性質，要清楚明白心理諮詢師的工作是幫助來訪者成長，並非要代替來訪者解決所有的問題。另外自省是衡量一個心理諮詢師職業是否成熟的重要標準，因此，心理諮詢師要時常反省自己的職業理想以及職業目標，並且要努力地突破自我，完善自我，關鍵還要克服「完美主義」的傾向（高冬至，李曉玉，2005）。透過增強心理諮詢師的自我保護的意識，從而降低心理諮詢師自身產生心理問題的可能性。

4. 完善社會支持系統

大量關於社會支持與枯竭關係的研究指出，如果持續的情感投入（尚秀華，2012）、社會期望增加帶來的無窮壓力（鞠鑫，趙崇蓮，2009）及社會支持系統缺乏（張爽，2007)，會導致諮詢師出現職業倦怠。心理諮詢師作為知識型人才，高度關注非物質激勵措施，因此相關單位要加強運用情感激勵的手段，增進心理諮詢師和單位之間的理解與信任。比如，學校主管心理諮詢工作的領導可透過讓心理諮詢師增加工作自主權、承擔更大職責、分配富有挑戰性的任務等來滿足諮詢師的心理需求。這些措施不僅可以激勵心理諮詢師爭取更好的績效，也有助於緩解諮詢師的職業倦怠。

諮詢師需要的不僅是來自同事、督導和機構的支持，家庭的支持作用也不容忽視。在工作之外，諮詢師透過與伴侶的交談、與孩子的嬉戲，充分享受家庭帶來的歡樂，也能有效地緩解工作帶來的壓力。另外，當心理諮詢工

作者認知上、情緒上出現無法解決的問題時，同樣需要尋求必要的心理諮詢幫助。增加來自社會、單位、家庭的支持資源，得到朋友、同事和家人的關心和鼓勵，並且擁有廣泛而有效的社會支持系統，心理諮詢工作者才能身心健康，不易倦怠。

5. 與時俱進，不斷充實自己的專業知識和技術

心理諮詢師的職業枯竭有時是由於技術資源缺乏導致的。隨著時代的不斷發展，心理諮詢的相關理論及技術也日新月異，充實了心理諮詢師的專業知識和技術。心理諮詢的必要知識與技能技巧不完備，諮詢案例成功率低，由此滋生的職業倦怠感，完全可以透過增加個人的專業技術資源或者透過學習、實踐、補充知識來緩解。心理諮詢師要不斷充實自己的庫存能量，充分發揮職業特長，緩解工作要求與能力差距之間造成的壓力，並有效地促進個人的成長。

生活中的心理學

教師職業倦怠之體會篇——把教書育人當成最幸福的事

我在一所百年名校裡工作，很自豪很驕傲，但同樣工作壓力也很大。社會的高期望值、家長熱切的目光都會聚焦在我們身上，活動、比賽一定要名列前茅才是正常的、天經地義的。雖然我是一名音樂教師，但我們的業外活動很多，文藝比賽每次都要新穎有創新，每天除了上三四節課，還有排練。同事們都說我是一個很陽光的人，因為每天看見我都是笑呵呵的，朝氣蓬勃，好像從不疲倦。其實我就是注意調整好自己的心態，從心裡把教書育人當作最幸福的事。我很喜歡一個經典的故事：

有這樣一個老太太，她有兩個兒子，大兒子是染布的，二兒子是賣傘的，她整天為兩個兒子發愁。天一下雨，她就會為大兒子發愁，因為不能曬布了；天一放晴，她就會為二兒子發愁，因為二兒子的傘賣不出去了。老太太總是愁眉緊鎖，沒有一天開心的日子，弄得疾病纏身，骨瘦如柴。一位哲學家告訴她，為什麼不反過來想呢？ 天一下雨，你就為二兒子高興，因為他可以

賣傘了；天一放晴，你就為大兒子高興，因為他可以曬布了。在哲學家的開導下，老太太以後天天都是樂呵呵的，身體自然健康起來了。

可見，積極的心態創造人生，消極的心態消耗人生。十年樹木，百年樹人。教育是一個很漫長的不能馬上見成果的事業，需要我們耐住寂寞，需要有積極向上的心態。能擁有過程的美麗，能想像桃李滿天下的美好，教師的心裡就會充盈著幸福，洋溢著自豪。

我經常告訴自己，只要有一雙慧眼、一顆感恩的心，我就能從日常平凡瑣碎的生活工作中尋找和發現快樂。其實，幸福不在於擁有什麼，而在於怎麼看待自己的擁有。把教書育人當成是世界上最幸福的事，用這樣積極的心態來沖淡心靈上倦怠的塵土，累並快樂著！

複習鞏固

1. 心理諮詢師的發展水準有哪些？
2. 心理諮詢師的成長主題有哪些？

第三節 心理諮詢師倫理規範

心理諮詢師這一社會角色具有其特殊性，不僅要掌握豐富的專業知識、接受專業教育和訓練，還應具備職業行為所必需的個性品質及其他方面的特殊要求。本節主要介紹心理諮詢工作者在諮詢工作中應遵守的倫理規範。

一、保密

從根本上說，保密是確保，對來訪者來說，諮詢過程是安全的。如果來訪者在諮詢關係中沒有在保密方面受到專業規定和法律規定的保護，那麼很難想像還會有誰願意前去諮詢。來訪者相信他們對其個人世界和情感世界所進行的表露受到諮詢師的保護，不會透露給任何其他人。來訪者為瞭解決自己的問題，在與諮詢師建立良好咨訪關係的基礎上，進行自我探索和自我暴露，因此，這個過程中諮詢師會掌握來訪者大量的個人訊息。諮詢師對此進

行保密,這不僅是出於諮詢師本身的職業道德,同時也是對來訪者的尊重與保護。

只有在以下一些特殊的情況,來訪者的有關訊息才能被告知相關方面,但仍然要設法保護來訪者的隱私。

第一,用於教學科學研究。諮詢師向第三方公開來訪者訊息的時候,是為了教學或者諮詢領域的學科發展。在這樣做時,最好事先徵求來訪者的同意,同時應注意確認這種情況是發生在純專業背景下,並且適當隱去那些可能會辨別出來訪者的有關訊息。

通常的做法是隱去來訪者的真實姓名、家庭住址和工作單位。

第二,為了來訪者的利益最大化。有時候為了來訪者的利益,需要向其他資深諮詢師商討,或者同父母、配偶交換意見,其中會涉及來訪者的個人訊息。例如,一個父母離異的孩子在諮詢過程中,需要父母進行配合,或者老師對其進行單獨輔導等。這樣做的前提是確實為了來訪者的最大利益,並向來訪者說明理由,一定要得到來訪者的同意和信任。

第三,諮詢師或來訪者的生命安全受到威脅。首先是諮詢師在諮詢過程中意識到來訪者本人的生命安全受到威脅。例如其打算自殺。諮詢師要特別留意相關危險信號,如曾經嘗試過自殺……來訪者具有嚴重抑鬱傾向;有具體的自殺計劃;突然立遺囑等等。當諮詢師意識到來訪者確實有自殺的傾向時,應盡一切努力阻止來訪者自殺。

諮詢師應鼓勵來訪者抵制自殺的誘惑,同時為來訪者提供最大限度的心理和社會支持。若沒有十足把握,應通知其父母、配偶或有關機構,同時做好記錄。其次是諮詢師的生命安全受到威脅。比如來訪者有暴力傾向、衝動、偏執、殺人傾向。此時,諮詢師必須打破保密原則,及時向有關部門反映,同時向來訪者預警,以保護自己的生命安全。

第四,來訪者受到虐待或者虐待他人。如果來訪者是兒童,在諮詢過程中透露遭到虐待、遺棄,或來訪者是成年人,在此過程中透露有虐待子女的行為,根據《兒童及少年福利與權益保障法》規定:「父母或監護人對兒童

及少年應負保護、教養之責任。……」若上述訊息屬實,則應向有關部門報告。然而,在亞洲,孩子被看成是父母的私有財產,在採取報告之前,最好與同行進行協商,同時向法律專家進行諮詢,以保證孩子的權益。

第五,來訪者患有傳染、致死等疾病。若來訪者患有傳染、致死等疾病且極有可能傳染給其他人時,如來訪者患有愛滋病,諮詢師不僅要考慮來訪者的權益,還要秉持為社會負責的精神,以合乎道德的方式進行處理。

二、知情同意

知情同意是指在與來訪者確立諮詢關係之前,諮詢師有責任向當事人說明自己的專業資格、理論取向、工作經驗、諮詢或治療過程、治療的潛在風險、目標及技術的運用以及保密原則與諮詢收費等,以利於來訪者自由決定是否願意接受諮詢。通常情況下,諮詢師會讓來訪者簽下書面知情同意書。知情同意書中至少要包括如下關鍵因素:

第一,知情同意書應讓來訪者明白心理諮詢所提供的治療性質,即對所提供的諮詢服務有清楚的描述和足夠的訊息,能夠讓一個智力正常的人所理解。諮詢師有義務說明自己的理論框架及治療取向。在諮詢領域中,治療取向或治療形式包括個體諮詢、夫妻諮詢、婚姻治療、家庭治療以及團體治療等等。根據諮詢師的理論模型,來訪者會經歷不同的諮詢環境,比如關注童年創傷(心理動力學)、識別過去忽視的生活、發展更多的個人故事(敘事取向)。諮詢師也應該告訴來訪者,在適當的時候,諮詢師可能會與老師、家長、配偶等取得聯繫,甚至進行轉介。為了使知情同意有效,諮詢師必須提供足夠的訊息,讓來訪者可以對自己的心理健康諮詢做出決定。

第二,要清楚明白地提供諮詢師本身的訊息。在來訪者詢問諮詢師的資格問題時,諮詢師不應感到厭煩,而應該坦誠相告,全面、準確地向來訪者說明自己的資格證明、從業執照、受訓及擅長的領域、提供的服務類型,有時還可以介紹諮詢師的從業經驗等。但是對來訪者提出的與諮詢無關卻涉及諮詢師私人的問題,諮詢師可以拒絕回答。

第三，諮詢師和來訪者之間保密關係的性質，以及用於教學科學研究、為了來訪者的利益最大化、諮詢師或來訪者的生命安全受到威脅、來訪者受到虐待或者虐待他人、來訪者患有傳染、致死等疾病等保密例外的幾種情況。

第四，要讓來訪者明白諮詢過程中可能的風險和益處。知情同意書也應列出治療中的風險和益處。其難點在於除了諮詢師所說的以外，來訪者無法預期何種風險和益處可能增加。因此，諮詢師要全面總結諮詢和治療過程中潛在的風險和益處，以便讓來訪者深入瞭解即將進行的諮詢。遵守基本的倫理原則可以幫助諮詢師操控未知的領域。比如誠實的倫理準則——相信自己的專業知識；遵守對來訪者的承諾——可以幫助諮詢師公平地說明諮詢的利弊。知情同意書不是招攬來訪者的手段，而是幫助來訪者對自身心理健康問題做出決定的機制 (LenSperry，2012)。因此，無論誇大諮詢的好處還是隱瞞諮詢的風險都是不符合倫理原則的，因為這違反了真誠原則和助人原則。我們的倫理和知識相伴而行，知情同意書中陳述的風險與益處應該忠實於我們的專業知識，而這些知識又源於我們對治療如何影響人們生活的實證研究。

第五，來訪者要有做出知情同意的能力，不受脅迫。做出知情同意的個體必須有能力且不受脅迫。例如，一個吸毒的人就很難做出治療的決定。類似的，一個婚姻破裂的家庭，孩子勉強接受諮詢是因為他的媽媽要求他這麼做，不然就不再見他。這種情況下，就不是自由決定而是在脅迫的情況下勉強做出的決定。

第六，來訪者有拒絕、中止治療而不受懲罰的權利。張松認為心理諮詢是一門自由職業，一方傾訴，一方傾聽；一方付費，一方收費，兩相情願（張松，2011）。知情同意書就為這個「兩相情願」提供了保障，因此，知情同意書必須清楚說明個體在任何時候都有權利拒絕或中止治療而不受懲罰。

第七，辦公時間、聯繫方式、緊急事件的處理方式。知情同意的這個部分包括諮詢師或諮詢機構的辦公時間、因緊急需要在辦公時間以外聯繫諮詢師的程序、危機事件的處理方式（包括緊急轉介電話、危機干預機構地址、自殺干預熱線）等等。

心理諮詢技術
第四章 心理諮詢師的專業成長與倫理規範

第八，收費情況及支付情況。首先，需要清楚說明諮詢師或諮詢機構的收費情況、支付方式等。心理諮詢工作是一種專業技術性高、性質特殊的工作，在此過程中需要花費大量的時間和精力，收取費用是來訪者尊重自己、尊重諮詢師勞動的體現。其次，採取收費也是保證咨訪關係的建立和維持，不僅顯示了來訪者對諮詢師的信任，也使諮詢師產生一種責任感和使命感。另外，收費本身就是一種心理治療，以矯正不良人格。

第九，會談內容的記錄。諮詢師在記錄諮詢內容時，應向來訪者解釋記錄的目的是確保諮詢師能準確記住來訪者的困惑及相關資料，以確保諮詢的順利進行和諮詢目標的實現。為了不引起來訪者的誤解和對來訪者不必要的傷害，記錄描述一定要客觀準確，並且只記錄與諮詢相關的事情和問題。記錄一旦生成，來訪者有權知道此記錄是否得到妥善保管，是否會被諮詢往來人員隨意翻看。如果涉及教學、科學研究等問題，需要調閱使用檔案記錄，需提前徵求來訪者的意見，同時簽寫書面同意書，並且使用時需隱去來訪者相關身份訊息。

知情同意過程保障了來訪者和諮詢師的利益。雖然知情同意對諮詢師也有保護作用，但主要是為了促進來訪者的福祉。理想地說，知情同意是一個進行中的關係過程，在這個過程中，諮詢師和來訪者互相合作，權力共享，對彼此的信任增強。知情同意給予關懷來訪者的倫理規範，諮詢師細心地向來訪者說明做決定所需要的所有訊息，讓來訪者自己決定所提供的治療是否最適合他自己；諮詢師尊重來訪者的自我能動性和自我決定的權力，提供準確、全面的知情同意程序。

三、雙重關係

雙重（多重）關係是指諮詢師與來訪者之間既是咨訪關係，同時又存在著另一種（或幾種）關係，諸如上下級、師生、社會、生意或者性關係等等。在諮詢過程中，處理雙重或多重關係是最複雜的諮詢道德問題。一般來說，雙重關係有互補和衝突兩種。互補的關係是指來訪者能從雙重關係中獲益。相反，衝突的雙重關係會導致諮詢時有失客觀，或者對來訪者造成傷害 (Ahia，2003)。

具體來說，雙重關係雖然並不是全部有害，但大部分是有害的。首先是角色衝突。因為每一種社會角色意味著相應的角色期待和角色義務。如果在諮詢過程中，諮詢師不能準確定位自己的角色，會讓來訪者感到迷茫。其次，多種角色人物有時是互不相容的，可能會導致問題混淆，有失客觀。另外，由於在通常情況下，諮詢師與來訪者的權力是不對等的，來訪者往往處於劣勢，這就有可能出現諮詢師利用或剝削來訪者的情形，如性侵犯。

鑒於上述解釋，諮詢道德要求諮詢師在諮詢過程中，與來訪者保持適當的距離和界限，讓咨訪雙方都擁有一種安全感。但是，有時候雙重關係是不可避免的，如許多大學、城市、社區會遇到這樣的問題：諮詢師與來訪者已經認識，但是由於經濟條件或者人力有限，雖有發生雙重關係的風險，還是會接受來訪者。調查結果顯示，超過 40% 的大學心理諮詢教師曾經為親戚朋友、同事和授課學生提供過心理諮詢服務（劉慧，高旭，2013）。這可能與中國特色傳統文化中的人情與面子有關。社交文化屬於人情社會，人與人的社會關係是在循環往復的人情中延續和強化的，人們仍然習慣於透過熟人之間的人情交換來獲得利益或滿足情感需求。許多來訪者更願意向熟悉的心理諮詢師而不是陌生人尋求專業幫助，而心理諮詢師為了面子和人情也常常為熟人提供諮詢服務。而西方國家則多為契約社會，人與人的社會關係是在契約履行的過程中建構並延續，陌生人透過契約交換自己所需要的資源。因此來訪者願意向陌生人尋求心理諮詢服務，而心理諮詢師要遵守避免熟人關係的倫理守則也不難。

在華人社會特有的文化背景中，諮詢師要時刻保持清醒的頭腦，同時將這個問題與來訪者進行坦誠商討，要讓來訪者明白這樣做的利弊。如果來訪者知情同意，那麼在建立咨訪關係後，諮詢師仍要經常檢視自己的行為，看是否超越了專業的界限。一旦發現可能或即將對來訪者造成傷害，應馬上告知來訪者，商討轉介或結束諮詢。

四、價值干預

在講述價值干預之前，有必要先瞭解價值中立。價值中立也稱為非批判態度、中立態度，源自於羅杰斯於 20 世紀 40 年代創立的「以人為中心療

法」。他認為來訪者不僅能瞭解自己而且可以學會解決自身的問題，因此他堅持對來訪者採取「不判斷、不指導、不主動」的態度，也就是「價值中立」的原則，即始終保持一種客觀中立的態度，不對來訪者個人及其思想行為做出是非好壞的價值判斷，不把外在的價值觀和價值標準強加給對方，由來訪者自己做出價值判斷和價值選擇，最終自己解決問題。而王貴林、馬林 (2006) 認為價值中立是指在心理諮詢過程中，為了實現諮詢目標，諮詢師對來訪者的價值觀進行程度不同的價值參與的過程。因為隨著諮詢關係的深入，很多諮詢師發現保持絕對的價值中立是很困難的（張聰聰，2011)。何光耀 (2007) 也認為價值中立原則不適應中華傳統文化特質，由於傳統文化的原因，價值中立原則不僅沒有造成促進作用，反而阻礙諮詢關係的建立。那麼心理諮詢師應不應該進行價值干預？在實際諮詢過程中，有沒有價值干預，或者是否有可能避免價值影響呢？針對上述問題，歸結為如下三個基本問題：價值干預的合法性，價值干預的必要性，價值干預的必然性（江光榮，2007)。首先，合法性是指我們對來訪者價值的干預在倫理上是否有悖於道德？ 心理諮詢師要「與來訪者建立平等友好的諮詢關係」，「心理諮詢師不得因來訪者的性別、年齡、職業、民族、國籍、宗教信仰、價值觀等任何方面的因素歧視來訪者」。從以上規定可以看出，心理諮詢界同樣也主張尊重來訪者，強調諮詢師與來訪者人格的平等性，要求諮詢師與來訪者形成良好的諮詢關係（郭念鋒，2011)。其次是干預的必要性，如果來訪者是學生，他們的人格還沒有完全定型，人生觀、價值觀雖然比較明確，但是由於社會經驗不足，出現心理問題後，自我覺察以及自我調適能力比較低，容易陷入價值的困惑中而迷失自我（張聰聰，2011 ，張冬梅，2010)。因此，需要諮詢師對其進行必要的價值干預，引導他們向有益於身心健康發展的方向前行。如果來訪者是成年人，在其社會化過程中可能苛刻、僵化地用未經消化吸收的價值觀和評價標準來評價自己，要求自己。對於這種不合理的信念，我們有必要對其進行干預。最後是必然性，江光榮 (2007) 認為沒有完全排除了價值干預的心理諮詢，在會談過程中諮詢師總是會有意無意地表達自己的價值傾向，如表述某些觀點時的神情、姿勢、聲調等。

如何進行價值干預才能促進來訪者的成長？考慮到國情和傳統文化的影響，我們透過以下幾個方面來考慮：

第一，諮詢師在進行價值干預時要適時適度。心理諮詢工作者應有自己的價值體系，並對自己的價值觀高度警覺，這就要求有一個和諧、統一的價值體系。同時應提高諮詢師的專業技能和綜合素質，具有必要的專業培訓和實踐經驗，確保價值干預的可能。同時，在諮詢過程中，要對價值問題有高度的敏感性，知道自己對一些問題的基本價值傾向，並能迅速意識到來訪者對此問題的價值衝突，給予適當干預。

第二，確立良好的咨訪關係。良好的咨訪關係是進行價值干預的前提條件，是心理諮詢順利進行的基礎保障。良好的咨訪關係也是引發和處理來訪者的重大情感和想法的主要媒介，並以此來改變求助者的行為。有研究表明，咨訪關係的質量對於人際溝通、來訪者的開放性、可說服性以及其最終的積極改變，均可產生積極而有力的影響(SherryCormier，張立新，2004)，沒有良好的咨訪關係，來訪者就不可能發生預期的改變，從而影響價值干預的成功。因此，要想減少在價值干預過程中來訪者的阻抗，心理諮詢工作者必須從咨訪關係著手，不斷將之調整和優化。

第三，做好事後告知工作。所謂事後告知，是指當來訪者做出明顯與社會主流價值觀相背離，嚴重損害社會、他人或其本身利益的價值選擇，如偷竊、攻擊他人或自殺等時，經諮詢工作者多次努力無效，諮詢工作者有責任透過適當的方式將情況告知相關人員(張聰聰，2011)。例如，學生的監護人、配偶等，讓他們配合諮詢工作者對來訪者進行積極的教育，把不好結果的發生率降到最低點。

在實踐中，我們應根據實際情況，採用靈活的態度，決定採用價值中立還是價值干預。

複習鞏固

1. 簡述保密例外的情況。

2. 針對國情，應如何應對價值干預。

第四章 心理諮詢師的專業成長與倫理規範

小結

1. 心理諮詢工作者是運用心理學及相關學科的專業知識，遵循心理學原則，透過心理諮詢的技術與方法，幫助來訪者解除心理困惑的專業人員。

2. 諮詢師的成長包括諮詢師的個人成長和正確對待職業枯竭兩大主題。

3. 保密是指未經來訪者同意，諮詢師不能以任何方式向任何人或機構透露來訪者的一切諮詢訊息。

4. 價值中立是指在諮詢過程中，諮詢師要尊重來訪者的價值觀，不要以自己的價值觀為標準，對來訪者進行任意的價值判斷。

5. 專業的勝任力是一個持續的、發展的過程，從最低水準開始，隨著新的發展和要求的出現，以及專業領域的成長和變化，諮詢師首先獲得基本的勝任力，接著保持、更新並逐漸增強自己的勝任力。

關鍵術語表

知情同意 雙重關係 價值中立 專業勝任力

本章複習題

1. 心理諮詢中，對於保密原則的把握正確的是（ ）

A. 心理諮詢師時刻保守來訪者的秘密

B. 來訪者對於泄密有訴諸法律的權利

C. 不必反覆地向來訪者說明保密原則

D. 來訪者的所有情況均在保密之列

2. 以下不屬於保密例外的是（ ）

A. 來訪者同意能夠透露給他人的訊息

B. 來訪者與諮詢師無關的個人隱私內容

C. 來訪者可能對自身造成傷害的情況

D. 出現針對諮詢師的倫理或法律訴諸

3.「價值中立」這個說法來源於（　）

A. 羅杰斯 B. 華生

C. 弗洛伊德 D. 斯金納

4. 關於雙重關係，下列說法正確的是（　）

A. 全部有害 B. 全部無害

C. 部分有害 D. 均不正確

5. 為了預防職業枯竭現象，我們可以（　）

A. 豐富自己的生活內容和方式 B. 理性認識諮詢目標

C. 增強自我保護意識 D. 完善社會支持系統

E. 充實自己的專業知識和技術

6. 國外將專業勝任力分為五個階段，其中包含（　）

A. 初階受訓者 B. 熟練的專業人員

C. 資深專業人員 D. 高階受訓者

E. 入門階專業人員

第五章 精神分析取向的心理諮詢技術

第五章 精神分析取向的心理諮詢技術

　　很多心理疾病都是由一個人的早期經歷或者童年遭遇而導致的；同時，很多心理疾病的根源都不是人們所能夠意識到的，而是被壓抑在無意識當中的。這些都是精神分析學派對於心理疾病的看法。那麼精神分析取向的諮詢是透過什麼樣的方法來解決這些心理問題的呢？本章的內容主要包括精神分析取向的心理諮詢技術的產生背景與代表人物，精神分析的基本理論與核心概念，以及精神分析的治療技術與治療過程。

第一節 概　述

　　精神分析 (Psychoanalysis) 是西方現代心理學的一個重要流派，作為形成得最早的現代心理治療流派，它對現代心理治療影響深遠。它於 19 世紀末，由奧地利醫生、精神病學家弗洛伊德 (Sigmund Freud，1856-1939) 開創，後由榮格 (Carl Gustav Jung，1875-1961)、阿德勒 (Alfred Adler，1870-1937)、艾瑞克森 (Erik H Erikson，1902-1994) 等人發展成為了一個體系龐大的心理學流派。1880 年，約瑟夫·布勞伊爾開始用滌清法治療來訪者安娜歐的歇斯底里症，弗洛伊德將這一年視為精神分析學的創立之年。1895 年，弗洛伊德《歇斯底里研究》一書的出版，成為精神分析學派誕生的標誌。精神分析創始之初，主要是關於探討神經症的病因和治療的一種方法和理論，到 20 世紀 20 年代，它就逐漸擴展到了哲學、社會科學等各個領域，並由一種潛意識的心理學體系發展到一種人生哲學。

一、理論背景

　　精神分析學派的創立，與早期關於潛意識現象的哲學理論、精神病理學的發展，及當時的享樂主義動機說、機械決定論思想、達爾文生物進化論等有著不同程度的文化淵源。

（一）社會背景

第五章 精神分析取向的心理諮詢技術

在經濟上，十九世紀末二十世紀初，奧地利（特別是維也納）由資本主義自由競爭發展到壟斷階段，致使大資產階級生活更為富裕，過著驕奢淫逸的生活，但大量工人因為中小企業紛紛倒閉而失業，過著特別悲慘的生活；在政治上，奧匈帝國民族壓迫與社會矛盾相互交織，使廣大勞動人民活在三重壓迫下，即封建的、資本的和民族的壓迫。在這種民族矛盾與社會鬥爭尖銳、國家常年動亂的狀況下，人們精神沮喪，惶惶不可終日，使得精神病及神經症來訪者日益增多。精神分析作為治療神經症的一種理論和方法，正是在適應這種社會需求的背景下而產生的。因此，精神分析是弗洛伊德試圖解決資本主義社會病態現象的產物（車文博，2010）。

（二）科學背景

精神分析理論充分利用和吸收了生物學、物理學和醫學的理論觀點，來構建和完善自己的理論，如在生物學領域，吸收了達爾文(Charles Darwin，1809-1882)的進化論中固著與退化的概念、發展的思想及變化的過程等。弗洛伊德認為，人既然屬於自然界的一部分、屬於動物的一種，那麼其心理和行為必然要受其生物的性本能所制約。達爾文認為，自然選擇和性選擇在人類起源中起了主導作用。在此基礎上，弗洛伊德進一步發揮，認為性本能的壓抑是產生神經症的重要原因，而性本能是形成人格、創造社會文化和藝術的重要動力。

物理學方面借鑑了德國著名物理學家赫爾姆霍茨(Hermann von Helmholtz，1821-1894)的能量守恆定律，認為能實際上是一個量，它可以轉換形式，但量不變，也就是說能不會被消滅。弗洛伊德接受這一觀點，認為生命有機體是一個動力系統，同樣服從化學和物理學的規律，並將之運用於本能、力比多學說及人格動力學說中。

醫學方面，心理精神病因學的探索，也對精神分析的形成與發展產生了深遠的影響。法國精神病學界普遍認為，神經症是一種功能性疾病，由神經創傷所引起，並開始重視疾病的心理因素及其心理治療的價值。隨著精神病治療方法的發展，一些科學家相信，在引發精神病方面，情緒因素與腦損傷和其他生理原因相比，具有更為重要的作用。

精神分析發展後期，精神分析學與社會學之間產生了相互作用，與人類學在許多方面也有密切的聯繫。所以在一定程度上來說，新精神分析是當時許多學科共同作用的產物。

(三) 心理學背景

在心理學背景方面，一是萊布尼茨 (Gottfrired Wilhelm Leibniz，1646-1716) 的微覺學說；二是赫爾巴特 (Johann Friedrich Herbart，1776-1841) 的意識閾觀念，促進了精神分析理論的發展和完善。萊布尼茨肯定無意識心理現象的存在，他認為微覺就是未被意識到的無意識，是積極主動的東西。在赫爾巴特看來，意識閾是可以轉化的，不是固定不變的。意識閾限上新發生了與意識閾限下的某些觀念可以相和諧的觀念，這些觀念就可以退居於意識閾限下或進入無意識狀態；被抑制的觀念在意識閾限下繼續活動，遇到意識中的觀念與它和諧時，又會被吸收進入意識閾限之中 (車文博，1998)。赫爾巴特對弗洛伊德形成影響的觀念還包括關於意識與無意識的等差觀念、心理活動的衝突、排斥以及復合。

二、代表人物及其主要思想

精神分析由弗洛伊德締造，他的一些弟子、精神病學家以及心理治療家對這門科學逐漸進行了發展和完善，因此，不同學者都有著各自的理論觀點。

(一) 西格蒙德·弗洛伊德

奧地利醫生，精神病學家，精神分析學的創始人。1873 年考入維也納大學醫學院，1876 年到 1881 年在著名生理學家艾內斯特·布呂克的指導下進行研究工作。他早年從事神經學的研究，隨後在 J.M. 夏爾科、A.A. 利博爾特和 J. 布勞伊爾的影響下，應用催眠治療精神疾病。1895 年與布勞伊爾合作發表《癔病的研究》，提出了一個假設，認為病人把曾經有的情緒經驗排除到意識之外，由此阻礙了許多心理能力；透過催眠回憶後，情緒發洩了，病就痊癒了，由此逐漸發展了精神分析技術。他一生中對心理學的最重大貢獻是對人類潛意識過程的揭示，提出了人格結構理論、心理結構說及心理動力說。

弗洛伊德的精神分析學說由三大部分組成,分別是心理結構說、人格結構說以及心理動力說。他對病人及對自己的夢進行觀察和分析,發現和確認了潛意識心理現象,提出夢是願望的滿足,從而形成了夢的分析技術,於1900年出版《夢的解析》一書。他用前所未有的思路,開創了一種研究心靈和精神病理現象的新領域。1905年,他出版《性學三論》一書,並針對這一問題做了種系發生的和個體發展的觀察與概括。1914年,他發現自戀的心理現象,並以先天的內部驅力,即愛力,來解釋人的行為,認為生命由此得以支持。這一稱為生本能 (life instinct) 的能量,投注於外即為愛情的對象,投注於內即為自我愛戀。1920年,他提出死本能 (death instinct),修正了關於本能驅力的理論。1923年,在發表的《自我與本我》一書中,他詳細闡述了其人格結構理論,認為人格結構包括本我 (id)、自我 (ego) 和超我 (superego) 3個部分。1927年,他發表的《幻想的未來》,對宗教做了精神分析的評述。1930年,他剖析了現代文明,並在生命的最後寫了《摩西與一神教》的批判性著作。

(二) 榮格

瑞士心理學家,精神科醫生,精神分析學界泰之一,也是分析心理學 (analytical psychology) 的創始人。1895年,榮格考入巴塞爾大學醫學院學習精神病學。他早期的心理學事業與弗洛伊德有著密切聯繫,曾被弗洛伊德視為最得意的弟子。在弗洛伊德的支持下,他擔任了國際精神分析學會的第一任主席,但由於觀點上的分歧,最終與弗洛伊德分道揚鑣。他們的主要分歧在於榮格不贊成弗洛伊德的泛性論 (pan-sexualism),在與之爭論的前提下,榮格發展了自己的人格理論,包括意識 (conscious)、個體潛意識 (individual unconscious)、集體潛意識 (collective unconscious) 三個層次。這一理論不僅是心理學的重要概念,也對哲學和文學研究產生了深刻的影響。由此他創立了分析心理學。分析心理學可以說是對古典精神分析的選擇性發展,它突出了心理結構的整體論的方法論,擴大了潛意識的內涵和功能,溝通了個體與種族歷史經驗的文化聯繫,開創了心理類型學和字詞聯想測驗,這些對心理學都具有深遠的意義 (車文博,2010)。

(三) 阿爾弗雷德·阿德勒

奧地利心理學家，精神病學家，個體心理學的創始人。阿德勒 1895 年獲得維也納大學醫學學位，成為眼科和內科醫生。他在讀弗洛伊德的《夢的解析》後，對心理學產生了濃厚的興趣。 1902 年被弗洛伊德邀請參加維也納精神分析學會舉辦的週三晚間討論會，後成為該會主席。後來兩人因為學術上的分歧（尤其是潛意識的作用、心理結構說，心理動力說），阿德勒離開了弗洛伊德陣營。此後，他發展和完善了以超越自卑為中心思想的「個體心理學」(individual psychology)。個體心理學以追求卓越為核心，以自卑與補償為基本動力。它不僅是精神分析學派內部第一個反對弗洛伊德的心理學理論體系的理論，也是從本我心理學向自我心理學轉向的理論，更是古典精神分析轉向新精神分析的中介。阿德勒的主觀目的論、社會文化定向以及心理整體論，對西方心理學的發展具有重要意義。他的個體心理學不僅奠定了精神分析社會文化學派產生的思想基礎，也提供了人本主義心理學發展的前提條件。

三、特點

第一，在產生條件上，精神分析是在神經症治療實踐中產生的。它的代表人物多是精神病學家，這一派的諮詢師也是在精神分析實踐中培養出來的。

第二，在研究對象上，因為精神分析更多是治療情緒失常的人，主要是神經症，而不是研究正常人。所以，它所研究的是變態行為和人格失常等問題。弗洛伊德視變態心理為正常心理的對立，因此，透過對反常心理的研究，既可以為這些疾病提供治療的理論和方法，也可以為尋找正常人身上無法發現的心理活動提供線索，然後以這些線索去發現那些被正常人的正常意識所封閉或有意掩蓋的心理本質。弗洛伊德就是這樣透過對神經症患者反常心理的瞭解，去揭示正常人心理活動的奧秘。

第三，在研究內容上，精神分析更側重對意識、動機、情慾、人格等更深一層內容進行探討，而不是像傳統心理學那樣對注意、思維等顯意識心理

進行探討。弗洛伊德強調性慾和潛意識的動機是人生命中最強有力的推動力，他同樣認為與意識生活相比較，潛意識心理生活更為重要。

第四，在研究方法上，精神分析學更多運用臨床觀察法，而不用實驗室實驗法。精神分析常常以問題為中心，旨在幫助治療神經症來訪者。

複習鞏固

1. 弗洛伊德精神分析學說的三大組成部分是什麼？
2. 簡要說明精神分析療法的特點。

第二節 基本理論與概念

一、人性觀

精神分析學派對人的看法基本上是消極、負面和悲觀取向的。性惡論是這一學派的人性觀的主要特點。弗洛伊德認為，人的行為受無意識所決定，受控於非理性因素，並且大部分受六歲前非理性動力、無意識動機、生物性的本能需要和內驅力及個人的性心理發展經驗所決定。弗洛伊德堅信所有的行為都是有原因的，因此形成了心理決定論觀點。心理決定論的觀點認為人類絕大多數行為是由過去的事件決定的，而非現實目標所能制約，人們幾乎不能控制他們當前的行為。

弗洛伊德認為，人們來到的世界是處於基本矛盾狀態的世界，生與死的力量從相反的方向同時作用於人們。人的行為的最深刻的根源在於人的機體，或者更準確地說，在於蘊藏於人的機體之中的本能。人同時具有生存和死亡兩種本能，也就是生本能和死本能。生本能是生存、發展和繁殖的一種本能力量，它代表人類潛隱在生命中的一種活力，這種活力具有進取性、建設性及創造性。生本能包括自我本能 (ego instinct) 和性本能 (sexual instinct) 兩種，而弗洛伊德最看重的是性本能。性本能是一種與個體性慾和種族繁衍相聯繫的本能，它的生物學意義在於保持種族的延續（沈德燦，2005）。人的一切心理活動的內在動力都是性本能，它不僅包括性行為本身，也包括其他

追求快樂的行為及情感活動。弗洛伊德將這種本能背後的動機性來源,即能量,稱為力比多 (libido)。它不僅是自然狀態的性慾,也是心理的慾望;是身心兩方面的本能及其能量的表示,也是促使生命本能去完成目標的能量。當這種能力聚集到一定程度,就會使機體緊張,然後機體就會尋求釋放能量的途徑。死本能是生命發展的一種對立力量,它也代表著潛伏在人類生命中的一種驅力,但這是一種具有破壞性、攻擊性和自毀性的驅力,它促使人類返回到降生前的非生命狀態。死亡是生命的最後穩定狀態,這時,生命不再為滿足生理慾望而鬥爭,不再有焦慮、抑鬱,這是所有生命的最終目標。死本能會派生出一些毀滅行為,包括攻擊、破壞、戰爭等。當它投放到機體內部時,表現為自責、自罪、自我懲罰或自我毀滅等;轉向外部世界時,會出現對他人的攻擊、仇恨、謀殺等行為。弗洛伊德認為現時的行為主要是由過去的原因而不是由人們未來的目標所左右。人們並不是向著自己既定的目標前進,相反,他們被困於性本能和死的本能的鬥爭中不能自拔。因此,精神分析的人性觀具有消極悲觀的特點。

二、心理病理觀

基於人性觀中性惡論的觀點,弗洛伊德認為社會必須對那些不受約束的本能衝動進行控制和壓抑,從而導致心理衝突。弗洛伊德把心理衝突看作誘發神經症的根本原因。參與衝突的力量有四種:本我、超我、外界現實和自我,其中自我的處境最為艱難。正如弗洛伊德所說:「自我要侍候三個苛刻的主人,並且要盡力調和三個主人的要求和主張,這些要求總是有分歧,難以調和,這三個暴君就是外在世界、超我和本我,自我受到三種危險的威嚇,當被逼得過緊時,就發展焦慮來對待。」(高覺敷,1984) 按照能量守恆定律,正是由於三個暴君的力量過於強大而導致了自我力量的削弱,而自我力量的弱化就成了心理病理狀態的必要前提條件。自我負有協調解決衝突的責任,當其力量減弱,無力正常有效地發揮其心理功能時,就無力協調人格的各個部分之間的強烈衝突並將其整合重組,也就無力引導本我的能量以正常的途徑加以釋放,從而使本我受挫。而汪新建 (1999) 認為,人們心理上的困擾皆因本我的受挫所致,這種受挫經驗一般都被壓抑到潛意識中。如果遭到壓抑

的生物衝動越積越多、越積越烈，就會使人格陷於崩潰。於是自我不得已而採用這樣那樣的防禦機制，如果它仍然不能勝任自己的角色，就不得不承認其軟弱無力，然後預先產生焦慮，並以神經症症狀的形式表現出來。因此，神經症症狀是力不勝任的自我與本能慾望相衝突的妥協或者妥協的產物，既是自我適應衝突、重建某種平衡的一種方式，也是自我的正常協調整合功能被削弱或被瓦解所導致的（朱海娟，2008)。

三、基本理論與概念

(一) 人格理論

1. 潛意識

弗洛伊德在早期的心理結構說中，將人類的心理結構分為意識(consious)、前意識 (preconscious) 和潛意識 (unconscious) 三部分。意識指機體能夠察覺的思想、情感和對外在環境的感覺；前意識指在注意力高度集中時，機體才能察覺的精神活動；潛意識則指那些機體即使高度集中注意力，也無法察覺的思想、情感等。潛意識理論是整個精神分析理論的基石。

弗洛伊德認為，由各種原始本能和慾望構成的潛意識處於心理結構的最底層，是儲藏生物性本能能量的倉庫，是人類一切活動的動力源泉。這些本能與道德、法律、風俗等不相符，而被前意識壓抑到潛意識中。他還提出，潛意識具有能動作用，能嚴重影響機體的性格和行為，還能引起情緒問題，將原本屬於意識的東西壓抑到潛意識，潛意識衝突就會促使症狀的形成。

在此基礎之上，榮格提出了集體潛意識 (collective unconscious)，用以表示人類心靈中所包含的共同的精神遺傳。也就是說，人類進化過程中整個精神性的遺傳都包含在集體潛意識中，它注入每個個體的內心深處，但從未出現在個體意識中。它完全來自於遺傳，其主要內容是原型 (archetype 或 protoype)。榮格認為，人的活動主要受這種集體潛意識的影響。

弗洛姆將潛意識概念擴展到了社會，而不僅僅限於性，由此提出了社會潛意識。社會潛意識對其所屬的成員的行為具有重要的影響作用。

2. 人格結構說

人格結構說是弗洛伊德人格理論的一個基本論述。他明確提出，人格由本我、自我和超我三部分組成，它們是用來指心理過程的，而非人格運作的解剖部位。人格的運作是三者的整合，其中本我是生物要素，自我是心理要素，超我是社會要素。傳統的弗洛伊德觀，將人視為一個能量系統，而人格的動力將精神能量分配到三者中。由於能量的總量是恆定的，在分配中得到較多能量的一方，將成為人們的行為決定者。

(1) 本我

本我是從個體出生時即存在，是人格結構中最原始的部分，由先天本能和基本慾望組成。它是遺傳來的，大部分屬於潛意識範圍，不被個體所察覺；它遵循快樂原則，毫無約束的尋求生理的滿足，不受理智、社會道德及行為規範的制約。它唯一的要求是獲得快樂，滿足本能的需求，避免痛苦。

(2) 自我

自我是從本我中分化出來的，是人格結構中的現實部分，它與外部真實世界相接觸，起著控制、調整和治理人格的作用。它的主要任務是調節本能與外界環境之間的關係，在使本能衝動獲得最大滿足的同時，又與外部世界和超我維持和諧關係。它遵循現實原則，在現實原則的指導下，從事實際而合乎邏輯的事，滿足人的現實需要。如果說本我是情感，那麼自我就是理性，它能分清內心想像與外界現實之間的差別，並對本我盲目的衝動加以檢查和控制。

(3) 超我

超我是由自我中分化、發展出來的，是人格結構中的上層部分。作為人格的審判單位，它掌管道德規範，關心行為的好壞與善惡。超我代表理想，是個體在成長過程中，透過內化道德規範、社會以及文化環境的價值觀念而形成，其功能是審視、評價及管束個體的思想、感情和行為。它追求完美，大部分是無意識的；它遵循道德原則，要求自我按社會所接受的方式滿足本我。超我的內容因人而異，一個擁有健康超我的人，知道遵守哪些原則和界

第五章 精神分析取向的心理諮詢技術

限才不會對他人構成障礙，而哪些又是個人的侷限，能寬容對待，而不至於使人顯得固執、刻板、焦慮。

當然，人格結構中的這三部分不是一成不變的，它們之間並沒有明確的界限，在整個生命過程中，它們都處於相互作用、相互融合的狀態，三者共同構成了一個完整的人格系統。

3. 人格發展理論

弗洛伊德重視人格發展的階段問題，根據身體不同部位獲得性衝動的滿足，他將人格發展分為五個階段：

(1) 口腔期 (oral stage) (0～1.5歲)，是個體性心理發展的最原始階段，性力集中在口部，靠吸吮、吞嚥等口腔活動獲得快感和滿足。嬰兒如果沒有滿足於這種活動，個體可能不信任他人甚至是自己，會畏懼愛以及形成親密關係，而且可能會存在低自尊問題。

(2) 肛門期 (anal stage) (1.5～3歲)，這一階段幼兒對肛門活動特別感興趣。如果這一活動在幼兒時代得到滿足，長大後會具有創造性和高效率性，反之個體將不能正確認識和表達憤怒，否認自己的力量，缺乏獨立意識。

(3) 性器期 (phallic stage) (3～6歲)，性慾區為外生殖器。這一時期，兒童對性表現出好奇，男孩可能形成戀母情結 (Oedipus complex)，女孩則易形成戀父情結 (Electra complex)。如果這一階段的問題沒有得到很好的處理，個體對自己的性慾及對異性的感覺不能完全接受，甚至不能接受自己的性別角色。

(4) 潛伏期 (latency stage) (6～12歲)，這一時期，由於道德、美感、羞恥心等心理力量的發展，性力受到壓抑，但並未消失，而是轉向社會需要的一些活動，如學習等。如果兒童在這一時期遇到不良的誘導，則可能會產生各種形式的性偏離。

(5) 生殖期 (genital stage)（青春期到成年期），其特徵是對異性的愛。這一時期，生殖器成為性感區。

弗洛伊德認為，在前三個階段中，成人的人格已基本形成，包括愛與信任、對消極情緒的處理以及性的積極接納態度的發展。因此，兒童的早年環境和經歷對人格的形成起著重要的作用。成人很多心理變態、心理衝突都能追溯到早年的創傷性經歷和壓抑情結。

(二) 焦慮理論

焦慮 (anxiety) 是精神分析理論中的重要概念，它是緊張、不安、憂慮、恐懼等感受交織而成的複雜情緒，由一連串自我無法控制的刺激引起。這是一種可以激發機體去做某事的緊張狀態，它源於本我、自我、超我三者為爭奪有限心理能量而引起的衝突，其作用是向自我發出危險信號，以便自我採取對應措施。在弗洛伊德看來，焦慮情感的最初起源是出生。焦慮服務於自我保存的目的，它可能是恐懼自己內心的危險，也可能是恐懼外部世界裡的危險。根據焦慮與自我的三種依賴關係，可將它分為三類：現實性焦慮、神經性焦慮和道德性焦慮。

1. 現實性焦慮

現實性焦慮 (reality anxiety) 是因存在於現實環境中的危險和威脅而產生的焦慮，它與真實威脅的程度成正比。這種焦慮與逃避反應相聯繫，是一種「自我保護」本能的表現。焦慮原因可能是已發生的事情，如親友死亡，也可能是將要發生的事情，如即將來臨的考試。

2. 神經性焦慮

神經性焦慮 (neurotic anxiety) 產生於現實性焦慮基礎之上，它是當機體意識到自己的本能可能導致某種危險時產生的焦慮。在本質上，它是被轉換了的力比多，常常是在害怕本我不能控制本能衝動而導致不良後果時產生，但它與危險無太大關係。使自我逃避本能的慾望，同時表現出外在的應對性行為或症狀（如緊張、逃避等）是神經性焦慮的目的所在。它通常的表現形式有游離性焦慮、恐懼症、驚恐症。

3. 道德性焦慮

道德性焦慮 (moral anxiety) 源於對自己良心的恐懼，是機體想到或做了某些違反道德規範的事情時，因懼怕受到懲罰而體驗到的罪惡感和羞恥感。它是因超我約束而產生的焦慮，不涉及個體與世界的關係，是一種純內心的衝突。

(三) 防禦機制理論

防禦機制是一種在自我中自動進行的潛意識心理活動，它能幫助人們保持一種心理平衡 (C Polmear，J Fabricius， 2005)。弗洛伊德認為，機體的內在衝突引起焦慮，為避免焦慮的產生，以及避免與外界危險相牴觸，自我會根據本我的狀況，自發做出一系列反應，這一系列反應就是自我防禦機制。透過這一機制，個體的本能願望可能得以修飾，力比多驅力也可能得到一定程度的滿足。安娜·弗洛伊德將防禦機制的作用歸納為以下十種：壓抑作用、投射作用、反向作用、移置作用、昇華作用、倒退作用、心力內投、抵消作用、合理化以及固著 (沈德燦，2005)。

自我防禦機制的意義是雙重的，它雖然是自我採取的保護措施，但其使用不當，可能會控制自我，削弱其靈活性和適應性，以致出現失去自我的症狀。過分依賴防禦機制式自我保護，可能導致個體行為、人格或神經功能的問題和障礙，阻礙人格的正常發展。如果防禦機制未能奏效，自我可能因喪失支撐而被焦慮壓倒，進而導致精神崩潰。

複習鞏固

1. 簡述弗洛伊德的人格結構觀。
2. 簡述焦慮及其分類。

第三節 諮詢與治療技術

精神分析取向的諮詢與治療技術是一種針對精神疾病的治療，這種諮詢與治療在時間上拖得很長。諮詢師與來訪者每週會面幾次，每次約 50 分鐘。在諮詢過程中，來訪者半臥在躺椅上，諮詢師則坐在其側後方，這樣可以避免來訪者因看到醫生而分心，有助於來訪者放鬆。諮詢過程中的主要策略是，

讓來訪者透過對病因的頓悟 (insight)，去解決其潛意識的內心衝突。這種頓悟指允許來訪者在毫無拘束的情景下，盡情傾吐自己以往的情緒困擾、動機衝突，進而做自我檢討，當這種檢討反省達到某一程度時，來訪者產生茅塞頓開之感。為達到這一目的，精神分析常用以下治療技術：

一、催眠、自由聯想與積極想像

催眠、自由聯想與積極想像是西方當代精神分析技術演變的主要軌跡，它涉及弗洛伊德的經典精神分析和榮格的分析心理學。弗洛伊德在放棄催眠之後創建了自由聯想技術，它與催眠有著不解的淵源，而積極想像是榮格對自由聯想的直接擴展。

(一) 催眠

催眠 (hypnosis) 是指人為的誘導引起的一種特殊的意識恍惚的心理狀態，這種狀態類似睡眠而又非睡眠，主要的誘導方法有放鬆、單調刺激、集中注意力、想像等。被催眠者的特點是自主判斷或自主意願行動減弱甚至喪失；感覺和知覺被扭曲或喪失。

1. 催眠的要求

使用催眠的諮詢師應注意，規範的、專業的催眠必須有良好的催眠條件和環境，有標準的催眠室和特殊的佈置。通常應注意以下方面：

(1) 房間。房間的大小要適宜。房間太大，容易分散被催眠者的注意力，太小，容易使被催眠者感到壓抑，一般以 10～15 平方米為宜。

(2) 光線和照明。催眠室內應避免太強的光線射入，也不宜有太強的照明，用比較柔和的燈光間接照明為佳。

(3) 室溫和室內佈置。室溫不宜過冷或過熱，過冷、過熱都不利於被催眠者的注意力集中，一般在 25 度為宜。室內佈置應簡單、典雅、暗淡，給人以沉靜和安全的感覺。

(4) 聲音、氣味、空氣。催眠室內應保持安靜，以避免噪音的干擾，不要有異味，還應保證空氣新鮮，給人以寬鬆、舒適的感覺。

(5) 用具和設備。要有特製的催眠床或催眠椅，有專用的催眠燈和擺鐘等催眠用具。

2. 催眠的步驟

在實施催眠之前，必須讓來訪者清楚地瞭解催眠及其效果；對兒童進行催眠治療時，必須先獲得其監護人的許可，然後方可進行。一個完整的催眠治療包括以下幾個步驟（申荷永，2004）：

(1) 催眠感受性測試

不是所有來訪者都能進行催眠治療，有的來訪者受暗示性較強，且對催眠術持信任態度，催眠即可進行，而有的人則不然。所以，催眠正式開始前要對來訪者進行催眠感受性測量。其常用的測驗方法有「舉手法」、「抬手法」、「擺手法」、「雙手浮動法」以及「軀體搖動法」等。這些方法既可以對來訪者的催眠感受性進行測量，也可以作為催眠的必要準備。

(2) 催眠的放鬆與誘導

來訪者身體的緊張和心理上的抗拒會阻礙治療的進行，所以催眠的首要任務就是使來訪者放鬆。根據來訪者接受催眠的感受程度，放鬆可分為全身放鬆（一般從頭頂開始）和局部放鬆（多以眼睛為對象）。也有的方法是利用身體的緊張或眼睛的疲勞來做催眠誘導。諮詢師在對來訪者做放鬆時，要配合適當的暗示性指令。

(3) 進入催眠

在進入催眠時，諮詢師要適時地發出催眠指令（也包括喚醒指令），且指令一定要簡潔明確，讓來訪者能明晰、形象地理解，尤其是喚醒指令。常常會有些生理指標顯示來訪者已經進入催眠，如呼吸加深且均勻、心律變慢等。

(4) 催眠治療

根據治療目標的不同，催眠可分為適應性治療、消除病症治療、分析與解除病症治療等。當然，也可利用催眠對來訪者的早期記憶和創傷事件進行

資料收集，以作為精神分析的一種輔助方法。催眠治療的重要手段包括暗示、誘導與想像。

(5) 催眠結束與評估

利用喚醒指令將來訪者從催眠狀態中喚醒，催眠結束。常用的指令包括倒數「3─2─1」、擊掌聲或在催眠中設置自動回覆指令（如做出了某種特定動作）等。一般而言，第一次催眠需要相對較長的時間，但隨著來訪者的積極配合，進入催眠的時間將逐漸減少，而且也會獲得有效的治療效果。

催眠不是可以治療所有的精神疾病，它的治療範圍包括各種神經症、一些生理障礙、兒童行為障礙、神經系統的某些疾病等，也可做增強自信心、增強行動力、提升銷售業績、提高記憶力、提高學習能力、克服恐懼等治療。它也有其禁忌人群，包括精神分裂症或其他重性精神病來訪者、腦器質性精神疾病伴有意識障礙的病人、有嚴重的心血管疾病者以及對催眠有嚴重恐懼心理的人。

擴展閱讀

生活中的自我催眠現象

在牙齒痛的時候，你知道自己該去找牙醫。但是你心裡害怕，一直抗拒著，直到痛得受不了時，才到牙醫那裡去。就在掛號看牙醫的那天早上，你的牙齒還痛得不得了。但你下定決心出門時，牙齒的疼痛就好像平和了一些。當你越來越接近牙醫診所時，你牙痛的程度越來越輕，最後竟然一點都不痛了。當然，你的牙痛並不是真的好了，而是因為一個小小的醫學奇蹟產生了。因為你長久以來對牙醫的恐懼，使你的大腦突然產生拒絕承認牙痛的現象，以此找到不看牙醫的藉口。不再牙痛的你馬上轉身回家，覺得自己一點事也沒有。然而，一旦你回到家裡，可怕的牙痛又來了，而且可能痛得更厲害。

因為恐懼，使你催眠自己進入否定牙痛存在的狀態。你那根發炎的牙神經也暫時接受這個建議，服從、接受這個來自內心的指令。但是一旦這自我催眠的狀態被破解，你馬上就又回到現實之中。

（二）自由聯想

自由聯想 (free association) 要求來訪者講出進入自己意識的任何內容，無論其多麼微不足道、荒誕不經甚至猥褻下流，都毫無保留地講出來。它是諮詢師用來瞭解來訪者潛意識層面的願望、幻想、衝突以及動機的基本工具。

1. 自由聯想的步驟

自由聯想的基本步驟包括：建立良好諮詢關係、引導來訪者說出聯想的內容以及分析來訪者報告的內容並解釋。要讓來訪者能自由聯想並說出其內容，就需要建立真誠而信任的諮詢關係。在諮詢過程中，諮詢師應創造寬容的、不加評價的閒適氣氛，使來訪者能夠自由反應。在此之後，不僅需要鼓勵來訪者充分說出自己的想法，以擺脫各種抑制，更需要幫助來訪者建立各聯想之間有意義的聯結，使其將潛意識材料帶入意識中並表達出來。在此過程中，諮詢師應保持沉默和中立，只在來訪者想不出或說不出時才略加提示。最後分析來訪者說出的內容，並從中找出隱藏於來訪者潛意識中的衝突和慾望，同時反饋給來訪者，以諮詢雙方都認識到治病根源為終止。

2. 阻抗及其處理

在自由聯想過程中，許多來訪者雖然能努力進行自由聯想，但卻不那麼願意說出其聯想的內容，他們常會說大腦一片空白，沒什麼好聯想的。這種情形即為阻抗 (resistance)，因此處理阻抗是諮詢師在此技術中的重要環節。

阻抗是指可能阻礙治療過程或者阻止來訪者接觸其自己潛意識層面內容的所有因素（譚晨，2010）。它來源於自我，是自我在頑固地堅持壓抑時所保留的，其中包含了許多來訪者過去的、最為重要的東西。在諮詢過程中，諮詢師的任務是設法探尋阻抗，而不是預防其發生。來訪者所出現的阻抗常常是其心理癥結之所在，它的存在說明來訪者與諮詢師之間的關係不協調，從而不能建立共同努力的合作關係。通常，出現阻抗的標誌主要有來訪者聯想失敗、遠離所涉及的主題、突然停止不語、迴避所談話題等，也可能伴有不適當的衝動行為，如遲到、忘記預約時間或者想停止諮詢等。

3. 詞語聯想

榮格採用詞語聯想 (word association) 代替催眠來進行臨床性診斷與治療。這種諮詢技術是讓來訪者按照一種簡單的規則，對一些特定的刺激性詞語，做出自己的聯想和反應。聯想的工具是一張寫有 100 個詞語的紙，然後告訴來訪者，在聽到和理解了刺激詞語後，盡快說出他聯想到的第一個詞。用秒錶記錄刺激出現和做出反應之間的間隔時間。

榮格在研究此技術時發現了情結 (complex) 的存在及其作用。情結是指被壓抑或被忽略的、存在於潛意識中的、情緒性的觀念，這種觀念表現於行為，多帶有反常的性質。榮格認為，在來訪者的反應時之外，其反應回答的詞語的詞義、回答的錯誤或口誤、面部表情及有關非言語線索等，都可作為深入分析的情節指標。

（三）積極想像

積極想像技術的出現與中國傳統文化思想有著不解的淵源，它是榮格在學習中國文化的過程中獲得的智慧與靈感。同時，它也是對弗洛伊德自由聯想的直接擴展。在達里爾·夏普的《榮格心理學詞典》中，積極想像被定義為透過自我表達的形式來吸收潛意識的方法（申荷永，2004）。它是直接獲取潛意識的技術，許多人把它稱之為「睜著眼睛做夢」。

積極想像與意識性的發揮相反，它所導演的劇情是「要迫使觀眾的參與；一種新的情景被推出，其中潛意識內容在清醒的意識狀態被展現出來」（榮格，1977）。積極想像分五個基本步驟：

1. 從意象開始

積極想像是主動接觸潛意識的。潛意識中，常常充滿了帶有情感衝動、意象性以及象徵性的內容，所以，積極想像可以從某一被引發的情緒狀態開始，直到自發出現某種意象（即將無形的心情意象化），積極想像即可開始。在這一過程中，某種物體內在的聲音、任何視覺影像、幻想以及夢境都可以作為獲取意象的開始。

2. 觀感意象

第五章 精神分析取向的心理諮詢技術

觀感意象也就是對潛意識的意義與作用進行內視和感受。心理分析在這裡強調的不是有意或者刻意的認識或分析，而是包容身心的感受與體驗，此時，諮詢師常用的兩個術語是把握與感受。這一觀感的過程也是一種與潛意識意象的直接對話過程。用自己的整個身心，從這種對話和交流中吸收來自潛意識意象的氣氛和意義。

3. 呈現意象

在對意象進行觀感之後，就要賦予內在的意象以某種適當的表現形式。可以透過文字、繪畫，也可透過舞蹈或音樂等，來呈現這種內在的意象和觀感，其中繪畫是積極想像中最常用的形式。

4. 賦予意象以意義

使用積極想像技術時，要充分考慮到使用的目標與效果，並賦予其積極的、健康的與治癒的意義。此技術的目標在於使來訪者透過堅持積極想像的練習，以致其想像和意象不再任意受意識的控制，並能讓事物自發地出現。這也意味著來訪者獲得了新的、能接受與容納非理性及不可信的事物的心理態度。這種態度的獲得與轉變，就是意識的昇華、人格的擴展及提升。

5. 付諸意義於生活

心理分析的最終效果是要體現在實際生活中的。因此，諮詢師要鼓勵來訪者，將積極想像中所獲得的積極意義展現到現實生活中，以此讓來訪者與來自潛意識的意象及形式一起生活；或將之納入生活，與之發生實際關係，從而展現出潛意識內所包含的無限的意義，並將之融於生活之中。

二、夢的分析

夢的分析 (dream analysis) 和夢的工作是精神分析中最重要的方法及實踐，對於很多專業的精神分析家來說，有夢就足夠了。夢，可以幫助諮詢師深入地瞭解心靈的運作；可以營造和烘托諮詢的氣氛；可以溝通意識和潛意識，以整合自我與本我、培養自性化的發展。弗洛伊德認為，夢是做夢者潛意識內衝突慾望的象徵，是一條迂迴的、通往潛意識的道路。透過對來訪者

夢境的解釋，可以發現其最終被壓抑的慾望。在精神分析中對夢的解釋有三種技術，分別是聯想分析、擴充分析和積極想像。

（一）聯想分析技術

運用聯想分析法，可以獲得具體的個人資料，以及有關個人潛意識的內容。它包括自由聯想和直接聯想兩種技術。

使用自由聯想的技術對夢進行解釋，是弗洛伊德的釋夢方法。弗洛伊德釋夢的第一原則是，夢是一種願望的滿足，這種願望是被壓抑了的。他認為，即使那些夢令人焦慮、恐懼，也都可以將之納入到願望的滿足這一原則之下進行分析。他對夢的分析，可以透過五個方面體現（張伯華，劉天起，張雯，2010)：

1. 夢的潤飾

指夢醒後，將夢中的材料系統化以掩蓋真相。也就是說做夢者為了使夢合邏輯一些，或想隱藏一些東西，往往會無意識地修改加工自己的夢，以偽裝它。偽裝的方式有濃縮、凝聚、代替以及暗喻、投射等。

2. 顯夢與隱夢

顯夢是夢的表面現象，指夢者醒後能記得並陳述出來的夢境。隱夢是夢的本質內容，指隱藏在夢的背後的潛意識動機和慾望。做夢就像製作謎語，顯夢是謎面，隱夢是謎底，而夢的分析過程就是猜謎的過程。

3. 夢的象徵作用

它可以說明隱夢的象徵與夢的解釋之間存在的固定關係。這種方法的使用要以自由聯想的結果為根據。

4. 夢的凝縮作用

也就是顯夢的內容以壓縮和簡化的方式出現，但凝聚著許多隱夢的內容。它也可能是在夢中將現實生活中的幾個人的特徵凝聚到一個人身上。

5. 夢的移置作用

夢者在夢中會將壓抑的觀念、慾望換成一個不重要的觀念，但在夢中卻占有重要的位置。因此，諮詢師既要瞭解夢的字面意義，更要理解它所隱含的寓意。

榮格認為自由聯想可能會導致遠離或脫離夢的本身，它並不是夢的本意，而是夢者的情結。因此，應用直接聯想法進行夢的分析，也就是將夢者所聯想到的內容回歸到夢中內容的象徵或象徵意義上來分析。

（二）擴充分析技術

擴充分析（amplification）是榮格分析夢的方法，也是直接聯想的進一步發展，這種方法是將工作的水準放在原型及其原型意象上，集體潛意識是其工作的重點。它意味著在解析夢中的比喻、隱喻和象徵時，要將之放在神話、歷史和文化等水準上。

在進行擴展分析時，要促使來訪者放棄對夢中意象純粹個人與個體的態度，讓其以自己作為原型能量中的存在進行體驗，從而發揮原型及其意象的治癒功能。

（三）積極想像技術

積極想像在釋夢中的運用，更注重的是夢者從夢中所獲得的體驗與感受，包括身體的反應及感覺。此方法讓夢者對整個夢境進行描述，形容夢中的任何細節，然後順著其中某一線索，進入潛意識的氣氛，以生動、豐富其夢中的意象。積極想像釋夢法的實踐意義與作用在於，讓夢者在生動與豐富的夢的工作過程中獲得治癒。

（四）阿德勒對夢的解釋

阿德勒對夢的解釋看法與弗洛伊德的看法大相逕庭，他斷言夢表現了個體對所面臨的生活問題的態度，它是人類心理活動最富創造性的一部分，透過對它的解析，可以掌握個體大量生活風格的訊息。阿德勒揭示了夢與生活風格的聯繫，它們不是相互對立的，而是相符合、相一致的。夢的目的是支持生活風格，並引起適合於生活風格的感覺，同時抵制常識的要求。當個體面臨一個不希望用常識來解決的問題時，他會用夢所引起的感覺來堅定他的

態度。生活風格是夢的主宰，個體透過夢將自己的生活風格與當前問題聯繫起來。阿德勒還進一步指出：每一個夢都是自我陶醉、自我催眠，它的全部目的就是構建一種讓我們準備應付某種問題的心境（沈德燦，2005）。

三、移情與反移情

移情 (transference) 與反移情 (counter-transference) 是精神分析過程中重要而特殊的心理表現，也是影響精神分析進程及其效果的重要因素，因此也是促進使用精神分析技術進行治療與治癒的方法與手段。它們所涉及和表達的是諮詢師與來訪者的動態關係，以及如何利用這種關係來獲得治癒的效果。

（一）移情

移情是最有價值的精神分析資料來源之一，同時也是精神分析成功的最大障礙。它是指來訪者在諮詢過程中將潛意識內對某一特殊對象（如父母、情人或仇人等）的情感，轉移至諮詢師身上。其中，對諮詢師產生的愛的感情為正移情 (positive transfer-ence)，產生的恨的移情為負移情 (negative transference)。移情屬於對過去的再現，是來訪者依照過去的經驗對目前情況的錯誤解釋。如果能對來訪者的移情反應進行合適的處理，就能讓其體驗到過去重要的人與人之間的關係，這種關係是無法有意識獲得的。由於所有的來訪者在過去生活中都有過被拒絕的經歷，所以當來訪者潛意識中過去被壓抑的仇恨感和被禁止的性渴望被喚起時，來訪者就會對諮詢師產生強大的、對抗的心理趨勢。

在精神分析諮詢過程中，諮詢師透過移情來迫使來訪者的力比多脫離在病症上的集結，而轉移到諮詢師身上。固著的力比多透過移情的作用，恢復其原本的自由和動力，並重新發揮其心理能量的功能。但是移情也是具有兩面性的，它也可能成為諮詢的障礙。來訪者可能透過移情而變得依賴於諮詢師，從而在其潛意識中就會拒絕治癒的效果，甚至可能產生對治癒過程的抵抗。對此，弗洛伊德提出了「節制原則」，即諮詢師不能給予來訪者任何情感反應，而只能對其移情的動機進行解釋（申荷永，2004）。

榮格在分析心理學臨床實踐中,將移情、原型和集體潛意識結合起來,並使用新的方法和技術產生出更加實際的作用。

(二) 反移情

反移情指諮詢師將自己潛意識內的對特定對象的某種感情,轉移與認同於來訪者,而由此產生不良後果,導致諮詢失敗或發生糾葛(車文博,1992)。經典精神分析理論認為,反移情既是諮詢師的一種移情反應,也是他們自己的一種阻抗,所以提倡要首先對諮詢師進行分析。現代精神分析則認為這是一種不可避免的現象。透過反移情,諮詢師可以覺察並理解來訪者對自己的移情反應,以此來理解來訪者的內心衝突。在這一過程中,諮詢師要採取節制和中立的態度。如果諮詢師對自己的內心衝突認識不清,則會妨礙諮詢。

四、阿德勒的個體心理諮詢技術

除了以上介紹的基本技術以外,阿德勒的一些獨特治療技術也已成為諸多治療模式的常用技術。在這裡對其中一些技術做簡要的介紹。

(一) 個人邏輯

個人邏輯是一個用來描述個體觀念和價值體系的術語,個體在感受所發生的事情並採取行動時,用這些觀念和價值體系來思考問題。當來訪者對社會生活的要求與基於自己的個人邏輯所得出的結論相衝突時,就會導致問題的出現。這時,諮詢師要透過描述來訪者的觀念和假設的方法來指出一系列的探索性問題,這些問題可以幫助來訪者瞭解他自己的個人邏輯。

(二) 反建議技術

反建議技術指建議來訪者關注、甚至是誇大其症狀行為。這一技術對於有逆反心理的青少年很管用。對這類來訪者進行強化狀態的介入,反而會消除他們的逆反。使用這種方法的原理是:具有叛逆心理的青少年來訪者有反抗大人期望的傾向,如果諮詢師此時要說服他們放棄這種不恰當的行為,勢

必會遭到反抗。但是這時如果強化其症狀，反而容易消除他們的逆反心理。當來訪者以誇張的方式表現問題行為時，這些行為就顯得愚蠢了。

(三) 鼓勵

鼓勵是阿德勒學派諮詢中最基本的技術，這一學派的諮詢師不把來訪者當病人，而是認為他們只是缺乏勇氣而已。諮詢師最主要的任務是鼓勵來訪者，給他們一種自我價值感，讓來訪者按本來的樣子接納自己。諮詢師在運用鼓勵技術時要做到心態公正、判斷準確，並能預見鼓勵來訪者要做的努力是什麼、要實現的目標是什麼。還要特別注意，不要將鼓勵與同情、討好或賞賜等同，要避免來訪者對別人產生依賴。

(四) 彷彿技術

彷彿技術透過鼓勵來製造假設的角色扮演情景，使來訪者透過想像並表現出自己想要實現的樣子，以建立其生活方式。諮詢師可以鼓勵來訪者每週做一次角色扮演的幻想。角色扮演是否成功並不重要，重要的是來訪者能透過它來減輕失落感。尤其在來訪者對自己的評價有所察覺時，使用彷彿法非常有效 (T.J.Sweeney，1998)。

(五) 按鈕技術

按鈕技術即諮詢師讓來訪者像切換按鈕一樣，分別描述快樂的和痛苦的經歷，並提示其對相伴隨的不同情感進行體驗觀察，使來訪者透過切換不同的經歷和體驗來意識到自己控制情感的自主性。運用此技術時，諮詢師可運用視覺化歷程，要求來訪者回憶一段非常愉快的經歷，然後再回憶一段不愉快的經歷，最後再想像一件事件，同時，讓來訪者體驗往好的一面和往壞的一面去想時的不同感覺。諮詢師會送給來訪者兩個按鈕：消極鈕和積極鈕，然後鼓勵來訪者面對未來事件時，可以透過選擇按哪一個按鈕來決定自己想要的感覺。

複習鞏固

1. 簡述催眠所需要的環境。

2. 簡述阿德勒的個體心理諮詢技術。

第四節 諮詢與治療過程

一、諮詢與治療的基本過程

描述在諮詢開始後發生了什麼、經歷了一些怎樣的階段以及如何結束是精神分析諮詢與治療的過程。在精神分析發展過程中，諮詢與治療過程也發生了根本性的變化。弗洛伊德時代認為，在諮詢與治療過程中，只需關注來訪者單方面的精神過程，而諮詢師只處於不捲入、中立的觀察者地位。而發展至今，諮詢師們認識到這一過程需要關注來訪者和諮詢師之間的深層互動，雙方的關係是集中的焦點，從只關注一人的心理發展到關注兩人的心理，諮詢雙方同時起著重要的作用。整個過程可分為以下幾個階段：

（一）試驗性分析階段

在此階段，諮詢師要明確來訪者的問題，並確定它們是否能用精神分析治療技術來解決，也即是確定該來訪者是否適合做精神分析治療。這一階段主要有兩個步驟：

1. 宣洩

在諮詢的初始階段，讓來訪者訴說自己的故事。來訪者主動傾訴自己的病情以及過去與現狀是精神分析所特別強調的。在這一步中，弗洛伊德精神分析一般採用自由聯想技術，使來訪者放棄以往的壓抑，自由表達內在的本能，並透過聯想和表達的過程，無意識地宣洩、傾訴內心的創傷。用類似於宗教懺悔的形式讓來訪者說出自己的隱情或症狀，是榮格心理分析在這階段中主要採用的方式。而阿德勒在這一階段不僅讓來訪者說出症狀和過去的經歷，諮詢師還會透過主動提問、設計問卷的方式，以對來訪者的生活方式以及疾病的形成過程進行更詳細的瞭解。

2. 分析

不管是弗洛伊德精神分析，還是榮格心理分析，分析在治療過程中都起著重要作用。不僅要對症狀形成的過程以及來訪者的人格特徵進行分析，也要對在諮詢過程中產生的一些具有重要意義的治療現象進行分析。分析不只是在這一階段中進行，在諮詢的整個過程中，諮詢師都必須根據自己所持的理論，對來訪者的傾訴及其表現出來的症狀等進行分析。當然，這裡的理論必須是精神分析理論所運用的整個概念系統或語境，這裡所說的分析也特指本學派語境下的諮詢雙方的語言演繹過程，甚至也包括精神分析過程所營造起來的特殊的情緒氛圍（嚴由偉，2011)。在分析過程中，要不斷蒐集資料，然後根據這些資料與來訪者領悟的情況不斷地對分析思路進行調整。

(二) 正式諮詢與治療階段

正式諮詢與治療大體上分為四個步驟：

1. 第一步建立良好的諮詢關係。

2. 移情與阻抗處理。諮詢師借助移情關係，給予恰當的解釋與疏通，從而促進來訪者改變長久以來難以改變的一些潛意識態度和行為方式。同時，在治療的每一階段，來訪者都可能產生阻抗現象。此時，諮詢師需要從阻抗中把握來訪者的阻力，並促使指向康復的力量得到加強，從而化解阻抗。

3. 在處理移情和阻抗的過程中，來訪者需要對其進行領悟，這是正式治療的第三步。領悟就是要來訪者體會其內心所隱藏的動機和面對潛意識境界時的情結。來訪者的領悟過程不僅是對自己深層心理的探討、人格的剖析、潛意識慾望和動機的識別、病理與症狀的心理意義的理解，也是對自我過分防禦的解除、深層人格結構的調整、疾病狀況的逐漸消除以及內心癥結的消除過程。

4. 在領悟的過程中，正式治療進入第四步，也就是修通 (working through) 階段。

修通的基本任務是協助來訪者實現真正而徹底的領悟，使療效得到進一步鞏固，且要求來訪者在現實中加以鍛鍊。修通時經常會出現反覆與曲折現象，這是一個漫長而艱苦的過程。在這一過程中，一些新的聯想和回憶會不

斷顯現於來訪者腦中，諮詢師需要隨時加以分析解釋，使來訪者的領悟得以擴展和加深。

在弗洛伊德精神分析看來，修通就是整合來訪者的意識與潛意識的溝通，從而進一步促進人格結構的協調。它要求諮詢師與來訪者共同參與工作，克服改變所帶來的阻抗。榮格心理分析治療的轉化階段是修通的沿襲與發展。但在榮格看來，無論是對症狀的看法，還是對自我的認識，轉化都必須是諮詢雙方都做出改變。重新定向階段是阿德勒療法對修通的一個變式。阿德勒強調，要對來訪者進行引導、教育，使其將洞察到的東西運用到實踐中去，並獨立做出新決定。

（三）結束階段

在諮詢中，來訪者順利克服了移情、阻抗等，並逐步達到了領悟和修通，自我得到了一定的成長，此時諮詢就會進入結束階段。在這一階段，來訪者會表現出用較適應的方法去處理以前無法接受的東西，也越來越生活在真實而非移情性神經症中。當症狀被消除、不良性格特徵被改變，諮詢雙方又都同意結束治療時，諮詢結束。這一時期，所面臨的主要衝突是分離焦慮。來訪者已消除的症狀可能突然變得嚴重，原來的理解和領悟可能被突然推翻。這是來訪者不願結束與諮詢師之間的關係所出現的阻抗，是另一種移情的表現形式。當來訪者真的解決了移情，且真心願意結束治療時，即可恢復原來所獲得的領悟。真正結束諮詢，來訪者可能需要較長的心理適應過程，這也是其獨立和成長的過程，要循序漸進。諮詢師要引導來訪者正確面對現實，打破不切實際的幻想，真正開始自己的新生活。

二、評價

（一）貢獻

首先，精神分析學說不僅是一種人格理論，也是一種心理治療技術，它的一系列治療方法和技術，對精神病治療做出了巨大貢獻，推動了精神病學的發展。它使得精神病學家們對人類精神現象的變態發展進行了更深入的解讀，也指導著他們日常的治療工作。現在，各種以精神分析為基礎的方法都

已滲透到精神病學的日常實踐中,包括個人治療、小組治療、夫妻治療、家庭治療等。

其次,精神分析不僅是作為一種治療技術,更重要的是作為探索人類精神世界的一種理論和方法。它是一條通往瞭解人們日常精神功能、從嬰兒到老年各個不同階段人類精神現象發展狀況的道路。作為一種發展理論,它對兒童心理學、教育學、法律、家庭研究做出了貢獻。

最後,弗洛伊德在治療中發現夢是通向潛意識的一條道路,因此,他將夢的解釋發展成為了治療神經症的一種新方法,用以發現神經症來訪者被壓抑的慾望。作為將夢的解釋系統化和科學化的第一人,他為我們提供瞭解釋夢的工具。

(二)侷限

精神分析也存在一些侷限性,主要表現在以下幾方面:

1. 傳統的精神分析療法完成一個治療目標,需要很長的一個過程,也就是說需要進行長期的心理諮詢,所花費的時間和費用相當巨大,可以說是一種奢侈的治療,對低收入的來訪者使用這種方法有一定困難,這不利於精神分析的廣泛使用。

2. 精神分析理論是一種解釋性很強的理論,這就對精神分析諮詢師的專業知識要求很高。他們必須接受長期的訓練,有良好的醫學背景,並熟悉心理動力學理論。而且也需要來訪者有很好的悟性,這顯然就不適用於失去自我意識的精神病來訪者,也就難以對精神分析進行推廣。

3. 在精神分析的研究方法上,也存在一些不足。精神分析在未加控制的條件下進行資料的蒐集,對來訪者所說的話也並不是客觀地全部記錄,而是在諮詢後才做回憶記錄,這就可能造成資料的歪曲和遺漏,從而不能正確地反應實際情況。而且,弗洛伊德不主張對資料進行量化研究,所以不能斷定其研究結果的可靠性及其統計學意義。這些在研究方法上的不嚴謹性和具有的某種神秘性,使得人們懷疑其整個研究的科學性。

第五章 精神分析取向的心理諮詢技術

複習鞏固

1. 簡述精神分析療法的貢獻。

2. 簡述精神分析療法的侷限。

擴展閱讀

中國的「弗洛伊德熱」

20世紀80年代中期，中國在哲學、心理學、醫學、文藝和出版等各界，出現了一股「弗洛伊德熱」，尤其是在青年人中。中國出現的「弗洛伊德熱」主要表現為「四熱」：

1. 出版熱。僅在1986年一年間，中國就出版了十幾部弗洛伊德的譯著、專著。

2. 購書熱。弗洛伊德的書一出版就被搶購一空，就拿1987年3月出版的《夢的解析》第一版來說，就印了十二萬五千冊。

3. 聽課熱。對弗洛伊德的課，無論是文科生還是理科生都有很多人選，課堂幾乎座無虛席。

4. 探索熱。中國開始出現對古典弗洛伊德主義、新弗洛伊德主義、弗洛伊德—馬克思主義以及弗洛伊德與心理學、醫學、美學、文藝學、神話學、社會學、哲學等關係的客觀探索。

應當說「弗洛伊德熱」在中國出現不是偶然的，而是有很多方面的原因。它的出現既有國際背景（國際上對弗洛伊德主義思潮的重新評價），也有學術上的原因，還有當時青年，尤其是大學生心理特點的因素（許多知識分子，尤其是青年們解除了傳統封建思想殘餘的束縛，開始對西方人文科學領域進行探索，這就涉及了社會意識形態和價值取向，當然也就包括了對弗洛伊德主義的探究）。

小結

1. 弗洛伊德將本能分為生本能和死本能。

2. 弗洛伊德在其人格結構說中將人格分為本我、自我和超我三大系統。

3. 潛意識是不能被人意識到的較深的心理部分，它包括那些不被社會道德、法律所容納，而被壓抑到意識之外的原始衝動和本能慾望。

4. 弗洛伊德將人格發展分為口腔期、肛門期、性器期、潛伏期和生殖期五個階段。

5. 焦慮是一種個人對來自內外部的判斷不明確的某種危險的痛苦體驗。它分為現實性焦慮、神經性焦慮和道德性焦慮三種。

6. 自我防禦機制是一種在自我中自動進行的潛意識心理活動，它能幫助人們保持一種心理平衡。

7. 自由聯想要求來訪者講出進入自己意識的任何內容，無論其內容的性質如何。

它是諮詢師用來瞭解來訪者潛意識層面的願望、幻想、衝突及動機的基本工具。

8. 移情與反移情是精神分析過程中重要而特殊的心理表現，它們所涉及和表達的是諮詢師與來訪者的動態關係，以及如何利用這種關係來獲得治癒的效果。

關鍵術語表

意識 前意識 潛意識 本我 自我 超我 焦慮 催眠 阻抗 詞語聯想 情結 積極想像擴充分析 移情 正移情 負移情

本章複習題

1. 精神分析的締造者是（ ）

A. 榮格 B. 弗洛伊德

C. 阿德勒 D. 艾瑞克森

2. 弗洛伊德的人格結構包括（ ）

第五章 精神分析取向的心理諮詢技術

A. 真我 B. 本我 C. 自我 D. 超我 E. 忘我

3. 在人格結構中，遵循現實原則的是（ ）

A. 超我 B. 本我 C. 自我 D. 伊底

4. 在弗洛伊德看來，在人格發展中對人格形成起關鍵作用的時期是（ ）

A. 口腔期 B. 肛門期

C. 性器期 D. 潛伏期

E. 成熟期

5. 在焦慮中，屬於「自我保護」本能表現的焦慮是（ ）

A. 神經性焦慮 B. 道德性焦慮

C. 恐懼性焦慮 D. 現實性焦慮

6. 精神分析學認為，理解神經症的關鍵在於（ ）

A. 恐懼 B. 本能 C. 焦慮 D. 心理衝突

7. 下列來訪者中不能進行催眠治療的是（ ）

A. 神經症 B. 兒童行為障礙

C. 精神分裂症 D. 有嚴重的心血管疾病者

E. 腦器質性精神病伴有意識障礙的病人

8. 個體作為潛意識衝突慾望的象徵的是（ ）

A. 夢 B. 焦慮 C. 阻抗 D. 情結

第六章 行為主義取向的諮詢技術

「近朱者赤，近墨者黑」。其實人們的許多心理與行為問題都與不良的生存環境有密不可分的關係，這正是行為主義心理學的基本主張。那麼行為主義的心理治療是如何解決這些心理問題或者行為問題的呢？本章的內容主要包括：行為主義取向的諮詢技術產生的背景、特點、理論基礎、行為主義取向諮詢技術中各種技術特點、操作步驟、注意事項以及諮詢與治療過程。

第一節 概 述

1965 年美國心理學家烏爾曼和克拉斯拉 (L.P.Ullmann & L.Krasner) 認為，應用學習理論進行行為矯正容易產生成效，而且比傳統的精神分析治療更客觀易行。行為改變技術作為一個專用術語，儘管早期界定僅限於應用學習理論的成果去改變不良適應行為的方法，但因其應用價值得到了專家、學者、教育工作者、臨床工作者的認可，後來也得到了廣泛的應用。行為改變技術最近的發展趨勢則是兼顧不良適應行為的矯正和良好行為的塑造和促進。在一般情況下，人們把行為改變技術運用於處理兒童和成人的心理問題、困擾和失常行為，並稱之為行為治療。我們對行為取向的諮詢技術做一個廣義的界定：行為取向的諮詢技術是根據實驗心理學（尤其是學習心理學及社會心理學）的行為原理與技術，注重諮詢效果的驗證程序，客觀而系統地改變行為的有效方法。這種技術可應用於幾乎所有的人類行為情景，如一般教育、兒童養育、身心康復、特殊教育扶助、企業管理、社會工作以及各類輔導等等。

一、理論背景

（一）社會背景

19 世紀末，美國的第二次工業革命有力地推動了美國城市化運動的進程，大量的農村人口湧向城市。由於生活環境的改變，使得他們難以適應城市生活，為了能適應城市生活，他們必須學習相應的生活方式和技能，這一

第六章 行為主義取向的諮詢技術

要求促使了心理學家把注意力從對意識的研究轉移到了對適應性行為的研究。20世紀初，美國的資本主義制度進入了壟斷階段，資產階級要求提高生產效率、增加剩餘價值，這就需要對工人的行為活動進行研究，而行為主義就是對人類行為規律進行探索，並對人的行為進行預測和控制，因此否定意識的行為主義得到了資產階級的大力支持。

（二）科學背景

行為主義心理學產生的科學背景主要來自於生理學方面取得的成果。首先如行為主義強調神經生理學研究中的客觀方法，這在很大程度上應歸功於謝切諾夫，他認為心理學研究應該採用生理學的客觀方法。在他的理論體系中，「反射」是一個關鍵性的概念，它指的是刺激和反應之間的聯結。在1863年出版的《腦的反射》一書中，他把意識現象看作是神經反射的特例，認為諸如學習、記憶和思維這樣的心理過程其實就是複雜的反射行為鏈。透過對自然科學應該建立在可公開觀察的事實基礎上的論證，謝切諾夫堅持認為心理學也必須採用同樣的客觀程序。這些觀點也影響了華生對心理學研究對象的看法。其次是來自於巴甫洛夫的研究，巴甫洛夫為華生的心理學的方法論提供了重要的經驗材料。他首創並運用條件反射法對人的高級神經活動進行了嚴格而客觀的實驗研究，提出了以條件反射學說為核心的高級神經活動規律理論。受巴甫洛夫的影響，華生認為，人和動物的行為都是在無條件反射基礎上形成的條件反射，既然如此，就可以利用生理學中的刺激、反應、肌肉收縮和腺體分泌等客觀術語來取代主觀的心理、意識等概念，這樣就為心理學走向自然科學的行列掃清了概念術語的障礙；而且他還進一步把條件反射作為一種具體的客觀方法，並借此達到行為研究和控制的目的。最後是別赫切列夫的研究，他認為，條件反應指的是肌肉反應，而不是巴甫洛夫所謂的腺體分泌，如條件性手指收縮並不是由於心理聯想的結果，而是在條件性作用的過程中所形成的神經聯結。

（三）心理學背景

行為主義的產生不僅受到當時美國社會、科學等因素的影響，還受到來自心理學內部的影響。一是傳統意識心理學的危機。科學心理學誕生以後，

一直把意識作為其研究對象，但意識心理學在解決美國社會當時所面臨的許多問題時，第一次感到是那樣的無能為力，以致人們對意識心理學產生強烈的不滿情緒。正如巴契勒在概括 1906 年美國心理學的進展時所指出的那樣，心理學「正在產生不滿的潮流」。學術上的紛爭、實踐上的無能以及社會的不滿，最終導致了意識心理學的危機。這種危機必然導致心理學家開始從另一極來展開研究，實現心理學從研究意識到研究行為的轉向。華生則順應了心理學發展的時代要求，創立了行為主義這一新的心理學流派，實現了心理學的行為主義革命。二是動物心理學研究的發展，尤其是進化論思想影響了動物心理學的研究路線，使心理學展開了一次研究方法客觀化的運動，華生的心理學體系正是透過大量對動物心理的研究建立起來的。三是機能主義心理學強調心理的適應功能，否定其認識作用，貶低意識，這為行為主義的產生做了理論準備。

二、代表人物及其主要思想

(一) 華生

約翰·華生 (John Broadus Watson)，美國心理學家，行為主義心理學創始人。

華生在 1913 年發表的論文《行為主義者心目中的心理學》，被認為是行為主義心理學誕生的標誌。在華生看來，心理學應該成為一門純粹客觀的自然學科，而且必須成為一門純生物學或純生理學的自然學科。

華生認為，人類的行為都是後天習得的，是可以透過各種學習與訓練加以控制的，只要能確定刺激與反應間的關係，就能透過控制環境而隨意塑造人的心理和行為。人所在的環境決定了人的行為模式，既然行為可以經過學習而獲得，那麼行為也可以透過學習得到加強或減弱，甚至消除。

華生有一段著名言論，是對其行為主義觀點的形象表述：給我一打健全的嬰兒，我可以保證，在其中隨便選一個，都可以訓練成我選定的任何一種類型的人──醫生、律師、藝術家、商人、乞丐或盜賊，而不用考慮他的天賦、能力、傾向、祖先的職業以及他的種族。

(二) 斯金納

博爾赫斯·弗雷德里克·斯金納 (Burrhus Frederic Skinner)，美國心理學家，新行為主義學習理論的創始人，也是新行為主義的主要代表。

1904 年，斯金納出生於賓夕法尼亞州東北部的一個小鎮。斯金納從小就喜歡發明創造，富有冒險精神，15 歲時曾和幾個小夥伴駕獨木舟漂流了 300 英里；試著製作簡易滑翔機；曾把廢鍋爐改造成了蒸汽炮。1922 年進入漢密爾頓學院主修英國文學，開始從事寫作。但是由於他對動物和人類行為深感興趣，選修了生物學，在生物學老師的指導下閱讀了洛布 (Loeb) 的《腦生理學和比較心理學》和巴甫洛夫 (Pavlov) 的《條件反射》等著作，正是這些著作對他後來的學術成就產生了巨大影響。1926 年斯金納進入哈佛大學心理系，在讀期間鑽研心理學和生理學，並於 1930 年獲得哈佛大學心理學碩士學位，1931 年獲得博士學位。

斯金納可以說是行為主義學派裡最負盛名的代表人。在巴甫洛夫的經典條件反射學說的影響下於 1937 年提出了自己的操作條件反射學說，根據操作條件反射的強化觀點提出了自己的學習理論，並且把在動物實驗中研究出的規律，運用到自己的實際教學中，提倡用程序教學與機器教學來改革傳統教學方式。

(三) 班杜拉

阿爾伯特·班杜拉 (Albert Bandura)，社會學習理論的創始人，新行為主義的代表人物之一，認知理論之父。

班杜拉於 1925 年在加拿大的艾伯特省出生，在加拿大的一個小農業社區長大，父親是一名小麥農場主。1949 年，班杜拉在不列顛哥倫比亞大學獲得文學學士學位；1951 年，在美國艾奧瓦大學獲得碩士學位；1952 年，獲得艾奧瓦大學的博士學位；1953 年，他在堪薩斯指導中心擔任博士後臨床實習醫生，同年應聘在史丹福大學心理學執教；1964 年，升任正教授。

在艾奧瓦大學學習期間，班杜拉提出了社會學習理論。該理論非常強調榜樣的作用，認為人們的大量行為是透過榜樣的示範而習得的。兒童對成人

行為的模仿，成人之間的相互模仿都是一種社會學習。行為治療技術中的模仿法就是以社會學習理論為基礎而發展出來的行為治療技術。

三、特徵

應用實驗心理學的研究成果，強調客觀系統的處理方法，重視後天環境的學習歷程，注重具體量化的特殊行為和注意客觀環境的適當配合，解決個體問題、增進個體社會適應能力是行為治療技術的主要特徵。

(一) 應用實驗心理學的研究成果

行為治療技術是應用心理學科的分支，著重應用學習心理學的原理原則，以促進個體的良好反應、消除個體的不良行為。因此，行為治療技術的先驅學者在開始尋求有效的輔導技術及策略時，常常借用實驗心理學的步驟。因為他們認為唯有借用實驗的方法，才可以瞭解問題行為產生的原因，唯有透過實驗的結果，才可以用來改變某種行為。目前行為治療技術中的強化原理、消退原理、行為塑造、懲罰原理等均由行為主義者由從事多年的動物實驗或臨床實驗所得。因此，可以說行為治療技術大部分源自實驗心理學實驗室中的研究。

(二) 強調客觀系統的處理方法

行為主義學派的興起，是緣於對當時精神分析學派過分重視主觀內省法的反對，從而開始了學習心理學的實驗研究，在此基礎上發展起來的行為治療技術經過不斷的研究和實踐才形成了一套客觀而系統地處理人類適應不良行為的有效方法。所謂系統是指行動前後連續、左右銜接，換言之，這種方法必須遵循一定程序，或按時間先後或依空間次序進行，使每一個步驟、每一個環節都密切配合。所謂客觀就是指不受主觀因素的影響，在解決過程中，無論使用工具、資料分析甚至結果呈現等各方面都按一定準則處理。因此，行為治療技術人員，若能瞭解其他同事所從事的不同行為治療技術的步驟，將它模仿複製，亦可獲得相同的結果。由於行為治療技術具有客觀而系統的特徵，教師、家長、企業管理人員和社會工作者，只要能夠系統的學習行為

第六章 行為主義取向的諮詢技術

治療技術的知識和接受行為治療技術的訓練，便可以在專業人員的幫助下，自己實施行為改變的程序，來矯正和塑造人們的行為。

（三）重視後天環境的學習歷程

許多心理學派強調人類行為是個體遺傳因子與環境因素互動的產物，唯獨行為主義學派的學者相信個體的一切行為都是後天學習的結果，與遺傳無關。在日常生活中，語言能力、社交技巧、工作技能等，都需要透過學習才能獲得。人們的不良行為如脾氣暴躁、反抗權威、過度恐懼、獨自遊戲、不做作業、破壞公物、滿口穢言等也是個體在教室、家庭、社會情境中學習而來的。行為既然是透過學習獲得的，當然也可以透過學習來予以改變。行為既然由學習而來，而學習有關的因素都是由環境造成，因此，行為治療技術人員十分強調透過對環境的控制和操縱來促使個體行為的改變。

（四）注重具體量化的特殊行為

由於行為主義學者重視科學的研究方法，在這種背景下產生的行為治療技術也不例外，即行為治療技術具有科學特質。這種特質的主要表現是：以具體的可測量的特殊行為作為處理的對象。所謂具體是指處理的行為是可以透過現實知覺觀察描述的。所謂可測量是指將要處理的行為特質可以用數字來描述其特徵。這樣做有兩個好處：一方面可以透過對行為的觀察和測量為制定行為治療技術的方案提供依據；另一方面，也可以評價行為治療技術的成效。

（五）注意客觀環境的適當配合

行為治療技術的處理程序和技術是採用各種方法，重新安排與個案有關的生活環境和日常活動，以幫助他們在社會環境中更能發揮良好的適應能力，這是行為治療技術的一個重要特徵。環境是指一個人當時周圍具體的實際變量。例如，一個學生在教室裡，那麼，在他所處教室內的桌椅、黑板、教師及其他學生就是他的環境；這位學生的一舉一動也是環境的一部分，不僅他會影響環境，而且環境也會影響他。

（六）顯現明確的方法與理論基礎

行為治療技術的方法和理論基礎可以明確加以描述。這樣，行為治療技術實施者可以閱讀其他同行所使用的程序說明，重複這些程序，並取得基本一致的結果。由於行為治療技術實施者能夠準確詳細地說明他們的方法，並根據實際改進的情況，來測量行為治療技術的有效性。這方面的情況不斷發生變化，使有效的方法得以發展，效果較差者則逐漸被忽視。

複習鞏固

1. 簡述行為主義療法產生的心理學背景。
2. 行為治療技術的特徵有哪些？

第二節 基本理論與概念

一、人性觀

華生認為，人在出生的時候，就是一張白板，既無遺傳的作用，也沒有任何本能，人性是中性的，沒有善惡之分。人在後天的環境中，經過學習才習得了各種行為，所以人的行為和性格都是由社會環境或者教育所決定的。除了某些基本情緒是透過遺傳得來，其他的各種行為模式都是後天獲得的。他否認本能，強調學習，認為傳統意義上的本能動作都是透過學習獲得的，屬於學習行為。因此，行為主義的人性觀是環境決定論的，認為人是環境的產物，學習在人的行為習得過程中起關鍵作用。人的行為和習慣的形成是由於人在生活環境中，透過對來自環境的刺激做出反應而習得的。在行為主義心理學家眼裡，人對於環境來說，是完全消極被動、受環境影響的，只要能控制環境條件，便可以創造出許多我們想創造的人的行為來，完全否定了個體的意志自由和主觀選擇。

二、心理病理觀

行為主義認為，個體之所以會產生各種各樣的心理疾病或者心理障礙，並不是因為個體潛意識中的本能在起作用，而是由於個體在嬰兒時期或者年輕時期建立了一些不健康的遷移反應與條件反射。換言之，形成了一種不健

第六章 行為主義取向的諮詢技術

康的聯結，這些不健康的聯結就是導致個體產生心理疾病的原因。因此，要治療這些心理障礙和心理疾病可以通過在個體發展早期對其進行適當的條件反射訓練，以達到預防的目的，或者透過控制環境和刺激，以使個體形成新的條件反射，而消除原有的不良條件反射。

三、基本理論與概念

行為主義取向諮詢技術的基本理論主要來源於三個部分：經典條件反射理論、操作條件反射理論、社會學習理論。

（一）經典條件反射理論

經典條件反射 (classical conditioning) 又稱反應性條件反射，由巴甫洛夫提出。經典條件反射是指一個條件刺激與另一個無條件刺激多次聯結後，個體在單獨呈現條件刺激時，也能引發與無條件反應類似的條件反應。

巴甫洛夫在實驗中對狗的消化過程進行研究，提出了兩個核心概念：

一是無條件反射

二是條件反射

他把狗關在特殊的實驗室內，透過遙控裝置，給狗餵食，用專門的儀器隨時測量狗分泌的唾液量。實驗過程中，首先給予鈴聲刺激，然後給予食物，觀察記錄狗的唾液分泌量。當鈴聲與食物反覆共同呈現後，僅給予鈴聲刺激，而不給予食物，狗也會分泌唾液。在這個實驗中食物就是無條件刺激，由食物引發的反應稱為無條件反射。鈴聲由於和食物一起出現多次，具有誘發狗分泌唾液的作用，這時鈴聲就變成了條件刺激，由鈴聲引發的唾液分泌反應則稱為條件反射。經典條件反射理論的相關概念如下：

1. 強化

伴隨無條件刺激反覆呈現條件刺激，使條件刺激得到強化。強化是條件反射形成過程中必不可少的環節。

2. 泛化

泛化是指個體對某個刺激形成條件反射後，對類似的刺激也產生條件反射。在臨床中，許多恐懼症都存在泛化的情形。

3. 分化

分化是對泛化的抑制。當個體產生泛化情況後，繼續對其進行條件反射訓練，但是只對目標條件刺激進行強化，而對類似的刺激不進行強化，一段時間後，個體只會對目標刺激產生反應。

4. 消退

消退是指形成條件反射後，不再繼續進行強化訓練，該條件反射則可能慢慢削弱，甚至消失，這就是條件反射中的消退現象。

5. 對抗條件作用

對抗條件作用是指當某個條件反射形成後，撤銷原來的強化物，取而代之的是與之截然相反的強化物，這樣會使形成的第一個條件反射更快地消失。

經典條件反射理論下發展出來的行為取向的諮詢技術中，使用最廣泛的是系統脫敏技術。

(二) 操作條件反射理論

操作條件反射 (instrumental conditioning) 又稱為工具性條件反射，由美國新行為主義代表人物斯金納提出。操作條件反射是一種因刺激引起的行為反應，與經典條件反射不同的是經典條件反射與非自願行為有關，而操作條件反射與自願行為有關。斯金納設計了一個著名的「斯金納箱」，作為他的研究儀器。他把小老鼠關在箱子裡，任其自由地進行探索，箱子裡有一根槓桿，槓桿的一端連接著獲得食物的開關，當小老鼠不經意間按壓到槓桿時，便有食物落入箱內的盤子裡。小老鼠每次壓槓桿時，都有一個食物掉落，由此加強了槓桿與食物的聯繫，後來小老鼠壓槓桿的行為明顯增多，這就形成了操作條件反射。由操作條件反射理論發展出來的行為治療技術有陽性強化法、代幣制等。

操作條件反射理論的相關概念如下：

第六章 行為主義取向的諮詢技術

1. 強化

操作條件反射的核心概念是強化，包括正強化和負強化。正強化是指個體出現某種行為後，給予一個正強化物，以此增加該行為出現的頻率；負強化是指個體出現某種行為後，減少負強化物的出現，以此增加該行為出現的頻率。

2. 懲罰

懲罰主要用於行為的消除，包括正懲罰與負懲罰。正懲罰是個體出現某種行為後，立即給予懲罰，以減少該行為的出現頻率；負懲罰是當個體出現某種行為後，不給予他期望的結果，該行為出現的頻率同樣會減少。

3. 消退

與經典條件反射一樣，當個體的條件反射訓練停止，不再對其進行強化時，則強化的效應會逐漸削弱，直至消失。

4. 強化程序

由於存在消退現象，因此要保持一個行為，需要不斷對其進行強化。若每次反應後都給予強化，這是難以實現的，因此斯金納研究出了不同的強化程序，達到強化的目的。

(三) 社會學習理論

社會學習理論的主要代表人物是美國心理學家班杜拉。社會學習理論非常強調榜樣的作用，人們大量行為是透過榜樣的示範而習得的。兒童對成人行為的模仿，成人之間的相互模仿都是一種社會學習。行為治療技術中的模仿法就是以社會學習理論為基礎而發展出來的行為治療技術。

班杜拉在大量實證研究的基礎之上，提出了觀察學習理論。觀察學習 (observational learning) 是指人們透過對他人的行為以及該行為產生的後果進行觀察，間接地進行學習。觀察學習包括以下四個步驟：

1. 注意過程

學習者根據自己的認知、情感等因素選擇榜樣，給予注意，對榜樣進行觀察。認真觀察榜樣的行為是學習該行為的基礎。

2. 保持過程

指學習者將觀察到的訊息編碼，保存在自己的記憶中，不斷重複榜樣的行為過程。

3. 動作再現

動作再現是指學習者把從榜樣那裡觀察到的行為特徵表現在自己的行為中，這種動作再現不是簡單的吸收，而是經過學習者自身認知特點的加工而成。

4. 動機過程

當學習者能夠再次示範行為以後，能否表現出該行為往往還受到各種強化因素的影響。如外部強化、內部強化以及替代性強化，班杜拉把其看成是學習者示範行為的動機力量。

擴展閱讀

如何形成好習慣？

有行為心理學的研究表明，某種行為或者某個想法，每天至少做一次或想一次，當重複 21 天后，這種行為或想法就會成為一種習慣，重複 90 天時，就會成為穩定的習慣。這個過程大致可以分為三個階段：

第一階段：大約為 1～7 天，本階段的特點是「刻意、不自然」。開始進行某種行為或者產生某個想法時，需要刻意地提醒自己。這個時候你會感到不自然，甚至不舒服，但是一定要堅持住。

第二階段：大約為 7～21 天，本階段的特點是「刻意、自然」。跨入第二階段後，會感覺比之前自然、舒服了。但是一不留神，就會回到從前，因此，第二階段還是需要刻意地提醒自己去改變。經過本階段後，就會形成習慣。

第三階段，大約為 21～90 天，本階段的特點是「不經意、自然」。這一階段是習慣的穩定期，一旦跨入此階段，說明你已經成功地完成了自我改造，堅持下去，這種行為或者想法就會成為生活中的一部分，會自然而然地進行。做一個有心人，有計劃地為自己塑造好的習慣。儘管壞習慣十分的頑固，但只要有信心和決心，堅持下去，就一定能克服壞習慣。

——引自網路：http：// baike.baidu.com / view / 1190582.htm

複習鞏固

1. 簡述行為主義療法的基本理論。

2. 簡述觀察學習的步驟。

第三節 諮詢與治療技術

一、短期焦點解決療法的常用技術

放鬆訓練 (relaxation training) 是根據固定的程序，對個體進行生理與心理活動的調節，使個體從緊張狀態轉換為鬆弛狀態的訓練過程。放鬆訓練有助於緩解因緊張引起的頭痛、失眠、焦慮、不安、憤怒等生理和心理症狀，有助於個體穩定情緒、消除疲勞、恢復體力，同時對增強記憶、提高學習效率也有一定的效果。

1908 年，雅各布森 (Edmund Jacobson) 在研究中發現，個體焦慮與肌肉緊張往往有一定的聯繫，而肌肉放鬆則有助於緩解焦慮。1934 年，雅各布森在《你必須放鬆》一書中首次描述了放鬆訓練的方法。後來，雅各布森開創了漸進性放鬆訓練程序，在 1938 年出版的《漸進放鬆》一書中，他詳細地描述了漸進性放鬆訓練，這是雅各布森最重要的研究成果。

放鬆訓練可以單獨作為一項技術使用，也可以作為其他治療技術的輔助手段使用，如系統脫敏技術、生物反饋技術等。目前應用較為廣泛的是呼吸放鬆訓練、漸進性放鬆訓練和被動性放鬆訓練。

(一) 呼吸放鬆訓練

呼吸放鬆訓練有鼻腔呼吸放鬆、腹式呼吸放鬆等，具體操作的指導語如下：

1. 鼻腔呼吸放鬆

指導語：請你找一個舒服的位置坐下，姿勢擺好，把右手食指和中指放在你的前額上，用大拇指按住右鼻孔，左鼻孔輕輕地吸氣，再用你的無名指按住左鼻孔，同時把大拇指放開，右鼻孔緩慢地呼氣，儘量徹底呼氣，右鼻孔再緩慢地吸氣，大拇指按住右鼻孔，打開無名指，左鼻孔緩慢而徹底地呼氣，這就是一個循環。下面我們按照剛剛的方法繼續做鼻腔呼吸練習。

把右手的食指與中指放在前額上，大拇指按住右鼻孔，左鼻孔輕輕地吸氣，無名指按住左鼻孔，同時放開大拇指，緩慢而徹底地呼氣，再輕輕地吸氣，大拇指按住右鼻孔，同時放開無名指，左鼻孔呼氣，做得很好！我們繼續來，左鼻孔吸氣，好，右鼻孔呼氣，右鼻孔再吸氣，大拇指按住右鼻孔，打開左鼻孔，左鼻孔呼氣，很好！隨著對呼吸進行控制，你會感到很放鬆，十分地放鬆，你將體驗這種放鬆，不知道你學會了沒有呢？我們在訓練時以5個循環為一組，逐漸增加為兩組或三組，也就是每次重複進行10～15個。好！我們來接著練習。

2. 腹式呼吸放鬆

指導語：請你用一種舒適的姿勢半躺到椅子上，把一隻手放在腹部，另一只放在胸部，好！先張開嘴呼氣，儘量徹底地呼氣，這樣你的肺部會有足夠的空間做深呼吸，再吸氣，保持3秒鐘，你可以在心裡默數3秒：1-2-3，然後停頓1秒，再緩慢地呼出氣體，心裡默數5秒：1-2-3-4-5，在吸氣時，讓空氣進入你的腹部，感覺腹部上的那隻手在往上推，而胸部只是跟著微微隆起，很好，我們再來一次，注意呼氣的時間要比吸氣的時間長。

請跟著我的指導語去做：深吸氣，1-2-3，保持1秒，呼氣，1-2-3-4-5。再深吸氣，1-2-3，保持1秒，呼氣，1-2-3-4-5。做得很好！再深吸氣，1-2-3，保持1秒，呼氣，1-2-3-4-5。

當這樣的呼吸令你感到非常放鬆並且舒服的時候，就可以進行平穩的呼吸，但是要用鼻子儘量去深吸氣，直至不能吸氣為止。好！再來一次！深吸氣，1-2-3，保持 1 秒，呼氣，1-2-3-4-5。再深吸氣，1-2-3，保持 1 秒，呼氣，1-2-3-4-5。現在可以想像，所有的不開心、所有的煩惱與壓力都跟隨每一次的呼氣慢慢被呼出。很好！我們再練習幾次。

(二) 漸進性放鬆訓練

雅各布森開創的漸進性放鬆訓練主要強調肌肉群的放鬆，是透過讓個體交替進入肌肉緊張與肌肉放鬆兩種不同的狀態，熟悉放鬆狀態下的愉快與舒適感，從而使個體能夠隨時進入肌肉放鬆狀態。需要進行放鬆訓練的肌肉群包括頭、脖子、肩膀、胸部、手臂、腹部、腿和腳。對於肌肉放鬆的順序，沒有嚴格的規定，只要系統化即可。一般情況下，有諮詢工作者引導時，放鬆訓練時間為 20 分鐘，求助者自己練習時，時間為 30 分鐘。

漸進性放鬆訓練可以按以下步驟進行（嚴由偉，2011）：

1. 求助者以舒服的姿勢坐下，做幾次深呼吸，慢慢平靜下來。

2. 諮詢工作者引導求助者使身體各個肌肉群依次緊張，然後放鬆。

3. 求助者反覆練習，體驗肌肉緊張與放鬆之間的差異，直到求助者能夠自如地放鬆全身肌肉。

需要注意的是，漸進性放鬆訓練要求求助者交替進行肌肉緊張與放鬆，這可能會加重求助者的肌肉疼痛，因此對於某些求助者並不合適。

(三) 被動性放鬆訓練

被動性放鬆訓練又稱想像性放鬆。在被動性放鬆訓練中，求助者透過想像，可以改變求助者的生理與心理過程，可以加深放鬆的程度。被動性放鬆訓練包括四個主要成分：

一是進行深呼吸；

二是肌肉群進行被動放鬆；

三是加深放鬆；

四是指導想像。

求助者進行想像性放鬆前，以放鬆的姿勢坐好，閉上眼睛，工作者對求助者進行言語性指導，然後任其自行想像。指導的想像內容主要是寧靜的自然情景。工作者可以用下述的指導語：「春天到了，冰雪開始漸漸融化，小草長出了新芽，這是一個陽光明媚的下午，你一個人在公園散步，有一陣輕風拂過你的臉龐，是那樣的輕柔，你感到非常的舒服，你沿著公園的小路往前走，這是你喜歡的地方，你感到非常的安全。你來到一個美麗的湖邊，在這裡你非常的安全，看著平靜而清澈的湖水，你的心裡就像湖水一般，非常平靜。這時，又吹過一陣微風，湖面有了點點漣漪，你覺得越來越舒服，越來越放鬆。你在湖邊坐了下來，一縷陽光灑在身上，你覺得暖洋洋的，非常舒服，非常放鬆……」在對求助者進行指導想像時，可搭配恬靜優雅的音樂，另外工作者要注意語氣、語調和節奏，同時要配合對方的呼吸。

想像性放鬆需要求助者有聯想能力，同時需要工作者與求助者能有很好的配合，否則效果不明顯，或完全沒有效果。

在實際工作中，不論採用何種放鬆方法，都要注意以下幾點（嚴由偉，2011）：

第一，放鬆過程不受干擾。

第二，初始階段主要是工作者的言語引導，工作者與求助者要相互合作。

第三，以肌肉鬆弛為主的放鬆，肌肉群的放鬆順序沒有嚴格的規定，但是要有節奏地進行收縮與放鬆的交替。

第四，想像性放鬆需要求助者主動想像，想像的內容必須符合求助者的智力、言語與注意能力。想像不只侷限於視覺，還可以利用其他感覺通道。

第五，放鬆訓練應制定明確的程序，明確的時間。

第六，透過各種指標驗證個體的放鬆程度，如心率、呼吸、血壓、詢問求助者的感受等。

第六章 行為主義取向的諮詢技術

系統脫敏 (systematic desensitization) 又稱交互抑制,是透過在個體面前重複暴露一個能引起個體微弱焦慮的刺激,讓個體以放鬆的生理狀態與之對抗,直到該刺激失去引起焦慮的作用,再逐級施加更強的刺激,個體採用相同的放鬆方式,直到不再對刺激產生焦慮。

1958 年,南非精神病學家沃爾普根據經典條件反射理論,結合雅各布森的漸進性放鬆訓練,創建了系統脫敏療法。系統脫敏的基本假設認為,人的行為無論是正常的還是病態的,都是透過學習獲得的,因此這種行為也可以透過學習達到消除。神經症與恐懼症都是習得的,因此可以透過系統學習而去除。

系統脫敏的步驟有以下三點:

(一) 放鬆訓練

系統脫敏的基礎是放鬆訓練,目的是使求助者能熟悉記憶放鬆狀態,在治療過程中隨時進入放鬆狀態。

(二) 構建焦慮等級

系統脫敏中最困難和煩瑣的環節是構建焦慮等級。首先求助者需要明確能夠引發焦慮的刺激事件,然後對其進行準確的等級劃分。有些刺激事件比較容易確定焦慮等級,而有些刺激事件則不容易確定焦慮等級,這時便需要諮詢工作者對求助者焦慮的深層原因進行剖析。構建焦慮等級可以按照如下順序進行:首先,求助者評定主觀焦慮等級,使用較為廣泛的是主觀焦慮等級量表。諮詢工作者協助求助者找到令其感到害怕或者恐懼的刺激事件、刺激物,教會求助者對刺激事件或刺激物進行主觀焦慮評分。尋找刺激事件可以借助一些問卷,或者透過會談來獲得這些訊息。對刺激事件或刺激物進行評分的範圍為 0～100 分。完全放鬆且平靜時為 0 分,感到最嚴重的焦慮或者恐懼時為 100 分。

其次,設計焦慮等級序列表,這是進行系統脫敏的前提條件。系統脫敏的關鍵是確定引發焦慮反應的事件或刺激。求助者可透過想像建立焦慮等級,但這些等級必須保持均勻,求助者想像或處於這些情境時會有相應的情緒變

化。求助者對這些焦慮刺激進行評分後,脫敏順序按照焦慮分數由低到高逐一進行。

(三) 實施系統脫敏

在進行系統脫敏時常採用兩種方法:一是想像脫敏,二是現實脫敏。想像脫敏是指工作者引導求助者想像能引發其焦慮的情境,而現實脫敏是指求助者真實地接觸能引發其焦慮的情境。現實脫敏的效果比想像脫敏的效果好,但是由於某些情境不方便重現,或者受道德規範制約,現實脫敏往往不容易做到。

1. 想像脫敏

在想像脫敏中,求助者需要具備清晰想像情境的能力。求助者如果感到緊張,應用某種手勢示意工作者,如果在想像過程中感到焦慮,並且無法控制,則需要暫停想像,進行放鬆訓練,放鬆完成後,便可以繼續進行想像,這樣反覆進行多次,最終求助者對這一個等級的焦慮情境不會再產生焦慮時,就可以進入下一個等級的焦慮情境。按焦慮等級逐級上升的順序進行脫敏訓練,直到求助者想像最高焦慮等級的情境也不再感到焦慮為止。

2. 現實脫敏

現實脫敏主要對廣場恐懼症、動物恐懼症等特別有效。求助者進行完放鬆訓練後,在工作者的陪同下,慢慢進入令其感到恐懼的場所,或者慢慢「接觸」令其感到恐懼的物體。例如,求助者有動物恐懼症,很害怕小白兔,工作者可以按如下步驟進行:求助者大聲說出「小白兔」;工作者給求助者呈現小白兔的圖片;求助者在遠處觀察真實的小白兔;求助者近距離觀察真實的小白兔;隔著玻璃「撫摸」小白兔;真實地撫摸小白兔等。但是,系統脫敏實際進行時的分級順序需要根據求助者的主觀焦慮來評定。

系統脫敏在運用時需要注意以下事項 (郭念鋒,2005):

第一,焦慮事件的分級隨著治療的深入,可做出相應調整。隨著治療的進行,求助者對某些事件的焦慮程度會有所下降,這時需要諮詢工作者根據求助者的主觀體驗,適當做出調整。

第二，求助者在上一級焦慮情境中沒有完全脫敏時，不能輕易進入下一級焦慮情境的脫敏治療，以免引發過度焦慮而導致治療失敗。

第三，焦慮等級量表須按照求助者的主觀焦慮評分進行。

第四，焦慮等級的劃分一般至少為 3 個等級，在實施脫敏時，從一個級到下一個級不能超過 50 個單位的跨度。

系統脫敏可用於治療恐懼症，也是治療焦慮障礙的主要行為治療技術之一，如緩解考生的考試焦慮等。與其他治療焦慮的技術相比，系統脫敏可用想像代替真實的情境，從而能節約大量時間。另外，系統脫敏的程序更簡單、操作更容易，因此還可運用於團體治療。

陽性強化 (positive reinforcement procedures) 又稱正性強化，是根據操作條件反射原理創建的。一旦個體的良好行為出現，就給予強化，以此提高個體在未來出現良好行為的頻率；同時，個體若出現與之相反的不良行為時，不給予強化，以此來降低個體在未來出現不良行為的頻率。陽性強化法認為，個體行為的改變是由行為的後果決定的，其目的在於矯正個體的不良行為，透過訓練建立相對應的良好行為。因此整個強化過程可以概括為兩個方面：一是良好行為的強化，二是不良行為的終止。陽性強化的實施過程如下（郭念鋒，2005）：

(一) 確定和監控目標行為

目標行為是指求助者需要矯正的不良行為表現或需要養成的良好行為表現。在確定目標行為時，要明確定義積極行為與消極行為。如「鍛鍊身體」這樣的定義就不是很明確，我們需要有一個明確的測量標準，如鍛鍊身體可以明確為「每天跑步 30 分鐘或者做操 30 分鐘」等可以測量的標準，因此我們設定的目標行為應該是可以進行客觀測量與分析，且能夠反覆實施強化的行為。總之，目標行為越具體越好，如果設置的目標行為不具體，則會影響對其進行評估的方法的實施。

監控目標行為是指工作者要對該目標行為進行嚴密的觀察，要詳細地記錄下該目標行為出現的頻率高低、強度大小、持續時間的長短以及制約因素，把觀察記錄的結果作為該目標行為的基線，在行為矯正結束後進行比較。

(二) 確定強化方案，明確強化物

諮詢工作者可以與求助者一起商量制定實施方案，這樣求助者會更積極地參與配合。在方案制定中，不但要確定幹預或塑造的行為，還應確定採用什麼樣的形式、方法以及強化物，以確保能達到干預與強化的目的。在實施過程中，還應根據實際情況，隨時調整方案。

陽性強化物的選擇標準必須是現實、可行、可以達到的。不同的人，強化物會有所不同，因此必須針對不同的求助者選擇不同的陽性強化物，並且該強化物對求助者有一定的吸引力，是求助者想要得到的、喜歡的、願意接受的，選擇好強化物才能產生較好的強化作用。

(三) 實施強化

實施強化的過程中要緊密結合目標行為與陽性強化物，一旦目標行為出現，立即給予強化，不能有拖延，這樣會加強求助者的信心，使之更加積極配合。當良好行為經過強化，出現的頻率開始明顯增加時，可降低強化力度，轉變為間歇性強化，以維持積極行為的出現，最終養成良好行為。

(四) 追蹤與評估

在實施行為干預與矯正後，個體的積極行為不僅在實驗環境中會出現，而應在實際生活中也要出現，否則，此次治療不能算完全成功。所以需要求助者在干預程序結束後，進一步發揮主觀能動性，把治療的效果維持到日常生活中去，並定期進行評估。

代幣制 (token program) 是斯金納的操作條件反射理論下的一種治療技術。在代幣制中，條件強化物是指一種本身沒有強化作用的刺激物，透過與真正的強化物建立聯繫，獲得強化的作用，而真正對個體造成強化作用的刺激物稱為支持強化物。在我們的日常生活中，最普遍、最常使用的條件強化物就是鈔票，我們可以用鈔票購買任何喜歡的、想要的物品，這些我們喜歡

第六章 行為主義取向的諮詢技術

的、想要的物品就是支持強化物。在代幣制技術中，我們使用的代幣從某種意義上說，就是一種「鈔票」，只是這種鈔票僅在諮詢工作者與求助者之間「流通」。

代幣制相對於其他的強化技術，具有這樣一些優點：第一，代幣可以在目標行為出現後，迅速支付，及時對其進行強化。個體使用代幣可以換取多個種類的支持強化物，避免由於多次使用單一的強化物，而使強化效果降低。第二，代幣制可以在群體中使用，對於某個群體中的成員，它是一致的強化物，如幼兒園的教師獎勵小朋友小紅花（張伯華，劉天起，張雯，2010）。

代幣制的實施步驟如下：

（一）確定目標行為

代幣制可用於減少不適應行為出現的頻率，增加適應性行為出現的頻率，還可以塑造個體的新行為，但多被用於增加個體的適應性行為。在實施代幣制之前，諮詢工作者需要觀察瞭解個體的目標行為初始水準，這樣在執行代幣制的過程中，可隨時進行比較，便於評估。

（二）確定代幣類型

確定目標行為之後，要選擇適當的代幣作為條件強化物。我們選擇的代幣需要對個體有吸引力，便於支付、攜帶、耐用、不容易偽造。

（三）確定支持強化物

在代幣制中，代幣為何會產生作用，是因為代幣的背後有個體真正喜歡的強化物支持。諮詢工作者可以透過訪談、觀察、詢問等方法來確定支持強化物，還可以與求助者進行商量決定。支持強化物必須是個體喜歡的、想要的、對其有強化作用的物品。在群體中實施代幣制時，要注意支持強化物必須對所有人都有吸引力，如果單一的強化物不能滿足，可選用多種支持強化物。

（四）制定代幣交換系統

經過以上三個步驟，我們確定了目標行為及其初始水準，確定了代幣類型與支持強化物。接下來最關鍵的是，制定代幣交換系統，一般情況下，代幣交換系統包括以下內容：

1. 明確目標行為的價值

明確規定什麼樣的行為可以獲得一個代幣，什麼樣的行為可以獲得多個代幣。

2. 確定代幣管理人員

代幣作為強化物，需要及時支付，才能產生最大的作用，一般而言，代幣管理者可以是老師、家長、管理人員等，特殊情況下，也可以挑選管制對象裡的成員來管理，但是選擇這類人員時，需要十分謹慎。

3. 確定代幣兌換規則

在代幣制中，要清晰地說明各種支持強化物分別需要多少個代幣才能夠兌換，並且規定交換的時間、地點等。

(五) 脫離代幣制

代幣制的最終目的是使當事人能夠把適應性行為運用到自然環境中去，並能維持成效。脫離代幣制的方法一般有兩種：一是逐漸降低代幣的價值，如在代幣制使用的初期，代幣兌換的規則是 5 個代幣兌換一個巧克力，隨著治療的深入，可以改為 6 個代幣兌換一個巧克力，逐漸增加。二是逐漸取消代幣，取消代幣可透過逐漸減少發放的代幣數量，如治療初期鍛鍊一次身體就能得到 5 個代幣，隨著治療深入，可逐漸減少給予的代幣數量。另外，取消代幣還可以透過延長目標行為出現與發放代幣的時間間隔，最終完全取消代幣的發放。

衝擊療法 (implosive therapy) 又稱滿灌療法，屬於暴露療法中的一種。衝擊療法是透過將求助者直接暴露於現實或想像的刺激情境中，持續一段時間，不採用任何緩解焦慮的措施，使求助者的焦慮自行降低，是一種被動的放鬆過程。

第六章 行為主義取向的諮詢技術

衝擊療法的產生源於一個動物實驗：在實驗中，動物被置於一個實驗場所內，實驗場所會發出恐怖的聲音、光線以及電擊刺激，實驗場所中的動物到處亂竄，驚恐萬分，想要躲避卻並沒有躲避的地方，它們只能無奈地接受這些恐怖刺激，承受著各種痛苦。研究者觀察到，當恐怖刺激持續一段時間後，實驗動物的恐怖情緒逐漸降低，最終甚至消失掉了。這一實驗表明，只要讓求助者持續暴露在刺激情境中，最終由刺激引發的焦慮、恐懼等也會自行消失。

衝擊療法包括現實衝擊和想像衝擊。現實衝擊和想像衝擊的原理是相似的，並且遵循相同的程序，兩者之間的不同之處在於現實衝擊是暴露在現實的刺激情境中，而想像衝擊是暴露在想像的刺激情境中。想像衝擊優於現實衝擊的一點是，它對刺激情境的性質沒有限制，如地震、火災、車禍等創傷事件，從倫理和實際上看，這些事件是不適合再一次真實出現的，這時，就只能採用想像衝擊的方法再現創傷情境。

衝擊療法能有效地治療廣場恐懼、火車恐懼、飛機恐懼、電梯恐懼等一系列恐懼症，以及個體對特定動物的恐懼反應等，經常被用於治療與焦慮和強迫有關的障礙以及創傷後應激障礙等。值得注意的是，沃爾普曾提出建議，求助者選擇進行衝擊療法應該是在其他的療法都失敗的情況下，才能進行。

衝擊療法的工作程序如下：

（一）篩選對象

衝擊療法屬於較為劇烈的治療方法，在治療前需要做詳盡的身體檢查與必要的實驗室檢查。有下列情況的求助者不適合進行衝擊治療：

一是患有嚴重心血管病；

二是患有中樞神經系統疾病；

三是患有嚴重的呼吸系統疾病；

四是患有內分泌疾患；

五是老人、兒童、孕婦以及身體虛弱者；

六是患有精神病性障礙者。

(二) 簽訂協議

在簽訂協議前，工作者要詳細地向求助者介紹治療原理、過程以及可能出現的情況，真實告知治療過程中可能會感受到的痛苦，同時告知衝擊治療療效的產生可能比其他的心理治療更迅速。詳細介紹完後，如果求助者或求助者的家屬同意接受衝擊治療，雙方就可以簽訂治療協議了。

(三) 準備工作

衝擊治療前的準備工作主要是確定刺激物或者刺激場所。選擇的刺激物應該是求助者最害怕、最忌諱的事物，能夠讓求助者感到極度恐懼。確定了刺激物，再根據刺激物的性質確定場地，在可能的條件下，儘可能在室內進行，以便於對治療過程的控制。選擇的治療室不宜過大，簡單佈置即可，除刺激物以外不需要其他的東西。求助者在治療室裡無論在任何方位，都能感覺到刺激物的存在，並且沒有迴避的地方。房門一般由諮詢工作者控制，求助者不能隨意進出。

(四) 實施衝擊治療

求助者在治療時的穿戴以簡單、寬鬆為好。有條件的治療室可以同步進行心電、血壓的監測。工作者帶領求助者進入治療室，在指定位置坐下，工作者立即迅速地向求助者呈現刺激物，進行衝擊。求助者受到刺激後，可能會尖叫、驚慌、失態等，工作者不必理會，應該持續地向求助者呈現刺激。如果求助者受到刺激後，有閉眼、面壁、塞耳等行為，工作者應該對其進行制止、勸說、鼓勵，除非求助者的生理特徵出現嚴重反應，工作者應馬上停止刺激，否則應繼續進行治療。如果求助者要求停止治療，並對工作者進行言語攻擊等，工作者需要保持冷靜與理智，給予求助者鼓勵或漠視。在求助者情緒反應過了高峰期之後，工作者一定要說服或使用強制手段讓求助者繼續治療，否則此時停止，將前功盡棄。當求助者的情緒反應慢慢降低，表明此次治療已經基本達到要求，再繼續呈現刺激物 5～10 分鐘，求助者就會對刺激視而不見，聽而不聞。當這種情況出現時，便可以停止呈現刺激物，

第六章 行為主義取向的諮詢技術

安排求助者休息。一般情況下，衝擊療法每次治療持續時間為 30～60 分鐘，共實施 2～4 次，每日一次或者隔日一次，也有少數求助者經過 1 次治療即可痊癒。

實施衝擊療法需要注意的事項 (張伯華，劉天起，張雯，2010)：

第一，工作者在治療開始時，可以陪同訓練，便於及時給予幫助和指導。

第二，如果求助者的情緒沒有逆轉的趨勢，可能是因為刺激物的強度不夠，可以設法增強刺激物的效果；也可能是該求助者不適合使用衝擊療法，這時可改用其他療法。

第三，在治療結束後，應佈置家庭作業，要求求助者堅持自己訓練，以維持治療成效，直到完全治癒。

厭惡療法 (aversion therapy) 最先在美國發展起來，主要運用於治療過度酗酒問題。透過在個體進行不適行為時，附加某種刺激，以使個體在進行不適行為時產生厭惡的心理反應或生理反應。反覆實施後，個體對不適行為與厭惡感產生了條件聯繫，此後儘管停止了附加刺激，求助者在出現不適行為時，也會得到厭惡體驗，為了避免這種厭惡體驗，求助者就不得不中止或者放棄原有的不適行為。厭惡療法的假設是，在一個行為出現後，給予懲罰或者消極強化，就會減少該行為的發生頻率。

厭惡療法主要運用的是條件反射原理，既有經典條件反射，也有操作條件反射。其中厭惡療法把令人厭惡的刺激物與個體的不適行為聯繫在一起，試圖消除不良行為習慣的原理直接來源於操作條件反射。厭惡療法的工作程序可以分為以下幾個步驟：

(一) 確定目標行為

目標行為是指透過治療需要改變的不良行為，也就是靶症狀。厭惡療法具有非常強的針對性，因此必須在一開始就確定想要消除的目標行為，目標行為必須是客觀、明確、具體的，個體或許有多個不良行為，這時只能選擇一個最主要或最迫切想要消除的不良行為作為目標行為。

(二) 確定厭惡刺激

針對不同的目標行為，應該選擇合適的厭惡刺激，並且厭惡刺激必須是強烈的。因為不良行為常常會給個體帶來強烈的快感和極大的滿足感，如吸毒後產生飄飄欲仙的感覺，所以選用的厭惡刺激帶來的厭惡感一定要比不良行為帶來的快感更強烈，這樣才有可能削弱或消除不良行為。我們生活中常見的厭惡刺激有以下幾種：

1. 電擊

由於電擊是人們普遍都害怕的，並且能準確地控制電壓和電擊時間，所以常常被用作厭惡刺激。在使用電擊時，要注意防止皮膚被燒傷，並且電擊強度要控制在不對個體造成生理傷害的範圍內。當個體一出現不良行為，或者產生不良行為的念頭時，就對其進行電擊。

2. 化學刺激

化學刺激主要是指藥物刺激，一般使用能引起個體惡心、嘔吐的藥物，如給個體服用催吐劑，使其產生嘔吐反應，逐漸消除其不良行為。藥物刺激多被用於矯正與進食有關的行為障礙，如過度酗酒、飲食過度等。

3. 想像刺激

想像刺激治療技術又稱為內隱致敏法，是透過使用語言引導個體進行想像，想像的情境會讓個體感到惡心與厭惡，以此與不良行為建立聯繫，達到消除不良行為的目的。

4. 其他刺激

除了上述三類刺激，任何可能給個體帶來不快的刺激都可以作為厭惡刺激，如憋氣、羞辱、強光、噪音等，但要確保這些刺激不會對個體的身體造成較大的傷害。

(三) 施加厭惡刺激，形成條件反射

儘早把厭惡體驗與不良行為建立緊密的聯繫，即形成條件反射，個體就能盡快消除不良行為。厭惡刺激與不良行為的出現應該是同步的。電擊的實

施比較簡單，刺激強度和時間都比較容易掌控，當個體出現不良行為或念頭時，及時進行電擊即可。藥物刺激的時間沒有電擊好掌控，因此個體需要先服用指定藥物，再從事某種不良行為，如過度酗酒的求助者，先服用催吐劑，再飲酒。想像厭惡刺激的實施，需要個體想像自己正在進行某種不良行為，事先和個體約定好，當其清楚地想像出自己在從事這一行為後，對諮詢工作者做出暗示，工作者則對其施加厭惡刺激。每次施加厭惡刺激後，個體休息幾分鐘，再繼續進行。

使用厭惡療法時應該注意以下事項（郭念鋒，2005）：

第一，使用厭惡療法時必須保障個體的生命安全，不具有使用條件的機構或個人，不能使用厭惡療法。

第二，由於厭惡刺激會給求助者帶來不適感，因此必須徵得求助者同意，同時簽訂知情同意書。

第三，目標行為必須是單一的、具體的。有的求助者在從事目標行為時，可能還伴有其他無關行為，在治療時，則需要剔除無關行為，只能從事目標行為，否則厭惡感會牽連到其他無關行為，以至於個體在從事其他行為時，也會產生厭惡感。

第四，厭惡刺激是有針對性的，同一個體，不同的目標行為可能需要不同的厭惡刺激，而不同的個體，同一目標行為也可能需要不同的厭惡刺激。同一種厭惡刺激對不同的人可能是厭惡刺激，也可能是強化物。

儘管厭惡療法成為一種規範的行為治療技術的時間短暫，但是其針對性很強，治療週期較短，治療效果基本能保持穩定。在矯正不良行為方面有獨特優勢，特別是對吸煙、過度酗酒、性變態行為、飲食過度、攻擊行為等的治療效果明顯。厭惡療法也有其侷限的地方，它類似於懲罰，這有悖於醫學宗旨，所以受到很多爭議。另外，厭惡刺激是非常強烈的刺激，這常常會給個體帶來非常嚴重的不適感，如疼痛、嘔吐等，當刺激強度極大時，可能會影響到個體的身心健康或社會功能，所以有時候會中斷治療。

但厭惡療法的療效得到了普遍肯定,因此在某些特殊的環境中(監獄等),厭惡療法依然是一個較好的選擇。

模仿法 (modeling) 又稱為示範法,是透過向個體呈現某種行為作為榜樣,讓其觀察該行為是如何實施的以及該行為產生的結果,從而使其習得相似行為的治療技術。模仿法是行為治療常用的技術之一,其理論基礎是班杜拉的社會學習理論。模仿的具體方式主要包括如下幾種:真實性模仿,即學習者在實際生活中觀察示範者演示適應行為,然後重複觀察到的行為;象徵性模仿,即當某些行為不方便在實際生活中進行演示時,可以借助圖畫、電影、遊戲等進行示範;扮演性模仿,即諮詢工作者與學習者一起扮演某個場景中的不同角色,這種方法常常用來解決人際交往問題;想像性模仿,即某些行為是不能直接觀察到的,這時需要諮詢工作者對其進行描述,讓個體想像這種行為。

模仿法的具體操作步驟如下:

(一) 選擇合適的對象

每個人的模仿能力是不同的,所以在進行模仿治療前,要對個體的模仿能力進行評估,確定其是否適合進行模仿治療。確定了合適的治療對象後,還要對其模仿能力進行區分,如有的人對聲音具有很強的模仿能力,有的人對體態具有很強的模仿能力。模仿能力可以透過個體的心理測量結果與經歷作出判斷。

(二) 設計示範行為

確定治療對象,並對模仿能力進行評估後,就可以根據治療對象的具體情況,設計一個或者一組有針對性的示範行為。進行示範行為時的情境要儘可能的真實。示範的順序應該遵循由易到難、由簡到繁的原則。示範者最好能與模仿者有較多的共同點,有利於得到模仿者的認同,進而增加治療的成效。

(三) 強化正確模仿的行為

在示範者進行演示後，模仿者立即進行學習模仿，在整個模仿學習的過程中，模仿者的每一次成功和每一點進步都要給予及時的強化，這樣有利於模仿者吸收、消化模仿行為，運用到自然生活中去。

模仿法的注意事項有以下幾點（郭念鋒，2005）：

第一，年齡是影響模仿能力的重要因素，一般認為學齡期兒童的模仿能力最強，因此模仿法更適合於年輕的求助者。

第二，示範者的演示是治療成功與否的關鍵點。示範者感染力越強，模仿效果越好，示範者與模仿者的相似處越多，模仿效果越好。

第三，關於正確的模仿行為，強化要適時與適度。

生物反饋技術 (biofeedback therapy) 是基於操作條件反射理論建立的一種行為治療方法。20世紀60年代，美國的心理學家米勒 (Millet) 把動物作為實驗對象，進行內臟反應訓練的研究。1967年，米勒第一次獲得成功，由此創立了一項新的治療技術。米勒透過科學事實證明，人透過特殊訓練，可以學會指導與控制自己內臟器官的活動。

生物反饋技術是透過實時監測人體生理指標的現代電子儀器，將個體通常不能意識到的生理狀況用聲、光、圖形、數據等形式反饋出來，個體根據這些反饋訊息，在諮詢工作者的引導下，學習調節內臟機能與其他軀體機能，以達到防治疾病的目的。

（一）生物反饋技術的類型

目前臨床上較常用的生物反饋技術主要有以下幾種類型：

1. 肌電生物反饋

肌電生物反饋是目前臨床使用最成功、應用最普遍的生物反饋技術。一般情況下，肌肉的緊張程度與焦慮程度是呈正相關的，肌電反饋是利用肌肉的訊息探測肌纖維膜的緊張程度，這可以使個體分辨伴隨應激的緊張，幫助個體學會放鬆。臨床上常用於治療失眠、肌肉緊張性頭疼、焦慮症、恐懼症、中風後的神經肌肉康復、慢性背痛等。

2. 腦電生物反饋

腦電生物反饋是把 α 波或 SMR 作為反饋訊息，引導個體反覆學習訓練，提高其腦電中 α 波或 SMR 的水準，減少異常腦波的出現頻率。腦電生物反饋廣泛運用於檢測大腦功能和探測大腦病變，對於失眠與癲癇等的治療有幫助。

3. 皮電反饋

皮電與個體的情緒狀態密切相關，當交感神經變興奮時，汗腺分泌就會增強，這時皮膚就會出汗，導電水準就會升高。個體透過皮電反饋訓練可以調節情緒。該反饋訓練主要適用於治療恐懼症、焦慮症、抑鬱症、癔症、高血壓、支氣管哮喘、多汗症等。

4. 皮溫生物反饋

皮膚溫度的變化是由於受到外周血管收縮與舒張的影響，常測量的部位是食指或者中指的腹側。指端血液循環較豐富，溫度的變化可以反映出外周血管的收縮與舒張。使用變阻式溫度計進行測量，皮膚溫度由儀器轉換成數字、圖形等訊息反饋給個體，從而使個體學會對外周血管的收縮與舒張進行控制。

5. 心率、血壓反饋

該反饋訓練可以指導個體透過放鬆訓練調控血壓與心率，常用於治療高血壓與控制心律不齊。但由於該類儀器結構太複雜或操作不方便，需要改進後才能夠普及使用。

(二) 生物反饋技術的操作步驟

1. 確定治療的目標行為

目標行為是指來訪者想要治療的不適應性症狀，不同的症狀需要使用不同的生物反饋儀器。因此治療前首先要確定求助者想要治療的目標行為，以此為根據，選擇合適的反饋儀器，制定治療計劃。

2. 學習觀察反饋儀

第六章 行為主義取向的諮詢技術

生物反饋技術是借助實時監測生理指標的儀器來進行的，這些儀器可以實時記錄求助者的電生理指標，並以聲、圖等形式表現出來。求助者可以透過這些反饋訊息慢慢練習，達到控制反應的目的。因此求助者在治療開始前學會觀察治療中使用的生物反饋儀器，瞭解其性能與作用，瞭解其指標、數據代表的意義就顯得十分重要。

3. 放鬆訓練

根據雅各布森的漸進性放鬆訓練，依次放鬆各個肌肉群。注意調節呼吸，可跟隨專門製作的音頻或視頻練習。

4. 測量基線水準

治療正式開始前 5 分鐘，求助者保持安靜，記錄下的平均值將作為此次訓練的基線。基線水準確定後，對求助者施加一個刺激，確定反應敏感的指標。

5. 反饋學習階段

透過觀察生物反饋儀器的反饋訊息，學習控制反饋信號，從而往治療目標的方向變化。使用生物反饋療法的單個療程為 10 次左右，每次治療 30 分鐘，每天治療 2 次，每週治療 2 天，其餘 5 天在家自行練習。根據不同的病情，可制定不同的療程。

複習鞏固

1. 使用較為廣泛的行為治療技術有哪些？
2. 系統脫敏技術包括哪幾個步驟？

第四節 諮詢與治療過程

行為治療雖然有多種多樣的方法與技術，但每個個案的治療過程大都遵循了以下三個步驟（鄭日昌，江光榮，伍新春，2007）：

（一）問題行為的評估

1. 定義目標行為

目標行為即靶症狀，是指個體迫切想要改變的不良行為。目標行為必須明確、具體、客觀、完整，在治療過程中，目標行為不要與其他無關行為混合。因為只有單一、具體的目標行為才有利於建立與培養條件反射。

2. 分析目標行為產生的根源

分析目標行為是如何產生的，有助於選擇合適的治療方法，有利於儘早完成治療。

3. 分析目標行為導致的結果

往往不良行為會直接或間接導致不良的結果，諮詢工作者在進行訪談時，可以對求助者分析其目標行為會導致何種不良後果，以提高求助者的警惕、增加治療願望。

4. 確定目標行為的基線

目標行為都有一個基線水準，只有詳細地、真實地記錄目標行為的基線水準，在實施治療過程中或治療結束後，才能做出有效的評估。

(二) 諮詢與治療的實施

1. 確定目標行為

在確定目標行為時，有時會遇到不止一個不良行為，這時要選擇求助者最迫切、最需要矯正的不良行為，逐一治療。

2. 選擇方法技術

行為治療技術有多種，它們有相似的地方，也有不同的地方。選擇何種治療技術，要根據求助者目標行為的性質、強度等決定。無論選擇何種技術，都應該讓求助者瞭解這種技術，在自願的前提下進行治療。

3. 實施治療計劃

不同的行為治療技術有不同的實施程序，確定治療技術後，諮詢工作者要嚴格按照治療技術的要求完成治療。

第六章 行為主義取向的諮詢技術

(三) 治療效果的維持

行為治療的最終目的是要把行為改變的效果延伸到治療情境之外的實際生活中去。許多行為矯正過程中使用的物質類強化物，在當事人的真實生活中可能並不常常出現。為了維持矯正的效果，應該在使用物質類強化物時，給予社會性強化物或者活動性強化物。這樣，在當事人回歸實際生活中時，僅需要依靠社會關注或遊戲活動的自然強化就能加以維持了。

另外，同伴強化也是維持效果的重要措施。當諮詢工作者不在當事人身邊，無法對當事人實施強化時，與當事人生活在一起的同伴也可以透過讚美和給予關注，達到強化的作用，從而使效果得以維持。

近年來，行為主義取向諮詢技術的應用範圍日益擴大，在 Gerald Corey (2010) 著的《心理諮詢與治療的理論與實踐》一書中，Gerald Corey 對行為治療技術的貢獻與侷限作了總結。

(一) 貢獻

(1) 行為主義取向的諮詢技術具有普及性，治療可以透過學習傳授給求助者及其家人。行為治療技術相對於其他療法，更具有普及性，比如精神分析與人本主義療法的治療，都必須由專業的諮詢工作者在專業的心理治療機構裡實施，當求助者離開後，不能自己實施治療技術，因為求助者及其家人很難或者完全不能學會這些治療技術。而行為治療技術則不同，如放鬆技術、代幣制等技術都可以由諮詢工作者傳授給求助者及其家人，使得求助者自己在家也能進行治療。

(2) 行為主義取向包括多種諮詢技術，針對不同求助者可採用針對性的治療技術。諮詢師可以從眾多的行為治療技術中選擇一種技術進行治療，並且針對不同的求助者，不同的症狀可以採用具有針對性的治療技術。比如同樣是對兔子的恐懼，可以根據不同的求助者選擇系統脫敏技術或者衝擊療法。

(3) 行為主義取向的諮詢技術強調對技術進行明確的描述。行為主義取向的諮詢技術在原理上、操作步驟上都有明確的描述，使得不同諮詢師可以嚴格按照操作步驟進行，還可以重複並檢驗該技術的有效性。

(4) 行為主義取向的諮詢技術應用範圍廣泛。行為主義取向的諮詢技術與其他療法相比較，應用的領域更為廣泛，在教育、臨床心理、組織管理等多方面得到了實際運用。

(二) 侷限

行為治療技術雖然可以改變人的行為，在心理諮詢技術中有著重要的貢獻，但是行為治療技術也同其他的治療技術一樣，存在一定的侷限性。

(1) 行為主義取向的諮詢技術能夠改變人的行為，但是卻忽視了人的情感因素。行為主義將人的學習等同於一般動物，採用研究動物的模式對人的行為進行研究，雖然這樣的研究結論具有一定的客觀性，但是卻受到眾多批評，特別是受到來自人本主義學派的抨擊。有些學者認為，要改變行為，應該先改變情感，而不是在不顧及求助者感受的情況下對其進行治療。

(2) 行為主義取向的諮詢技術的目標不僅是消除不良行為，還應形成良好的新行為。從各種行為治療技術中可以看出，有的治療技術的治療目標只是消除求助者的不良行為或者舊行為，卻沒有把幫助求助者形成另一種良好的新行為也作為目標確定下來。但較好的是，現在有許多諮詢工作者在治療過程中不僅幫助求助者消除舊行為，也在幫助他們形成新的適應行為。

(3) 行為主義取向的諮詢技術忽視了不良行為形成的原因。精神分析認為個體早期的創傷性記憶是個體當前不適行為產生的根本原因，只有瞭解了這個行為的歷史因素，該行為才能真正被「治癒」。行為主義者也承認個體的不適行為有歷史因素，但是行為主義者認為歷史因素產生的作用只是暫時的，而不是持續的。

(4) 行為主義取向的諮詢技術在實施過程中的控制權不平等。有倫理學家認為，行為主義取向的諮詢技術的實施過程中，諮詢工作者剝奪了求助者的控制權。比如在衝擊治療的實施過程中，完全由諮詢工作者進行操作和控制，求助者似乎失去了自由和主動權。

第六章 行為主義取向的諮詢技術

複習鞏固

1. 在行為治療過程中,對問題行為的評估包括哪些方面?
2. 簡述實施行為治療的基本步驟。

擴展閱讀讀

以前,行為治療的對像一般為兒童,而最近 20 年以來,實施對象從兒童逐漸擴展到老人,從正常人逐漸擴展到特殊者,治療過程中曾經使用的高度控制情境逐漸轉變為自然情境,行為治療針對的問題也從當初簡單的動作轉變成解決複雜的問題,行為治療的應用領域越來越廣泛。

教育方面,行為治療主要運用於小學生,用來矯正兒童在上課期間擅自走動、說話、打擾別人等影響課堂紀律的不良行為;同時也可以運用於教師的教學中,既能幫助小學生學好知識,又可以塑造一些良好的新行為。比如,學生按時完成老師佈置的任務,就可以得到一面小紅旗,以此激勵學生更加認真地完成任務。

臨床心理方面,行為治療主要用於訓練弱智兒童的自理能力,矯正精神病求助者的某些病態症狀,矯正對兒童造成不良影響的行為。

組織行為管理方面,行為治療可運用於組織團體中,提高個體的效率。

行為醫學方面,由於許多病人的病因都伴有一定的行為問題與心理問題,病人在服用治癒疾病的藥物外,應該從事一些與治療有關的行為,比如減少吸煙、飲酒、堅持鍛鍊等,這些行為都有利於病人的康復。

運動心理方面,行為治療也可以幫助運動員減少心理壓力,同時在運動員的技術培訓方面也有傑出的貢獻。

小結

1. 經典條件反射是指一個條件刺激與另一個無條件刺激多次聯結,使個體在單獨呈現條件刺激時,也能引發與無條件反應類似的條件反應。

2. 操作條件反射是一種因刺激引起的行為反應，與經典條件反射不同的是經典條件反射與非自願行為有關，而操作條件反射是與自願行為有關。

3. 社會學習理論強調榜樣的作用，認為人們大量行為是透過榜樣的示範而習得的。

4. 放鬆訓練是根據固定的程序，對個體進行生理與心理活動的調節，使個體從緊張狀態轉換為鬆弛狀態的訓練過程。

5. 系統脫敏是在個體面前重複暴露一個能引起個體微弱焦慮的刺激，讓個體以放鬆的生理狀態與之對抗，直到該刺激失去引起焦慮的作用，再逐級施加更強的刺激，個體採用相同的放鬆方式，直到不再對刺激產生焦慮。

6. 陽性強化是指個體出現良好行為，就給予強化，以此提高良好行為的頻率；個體出現相反的不良行為，則不給予強化，以此降低不良行為的出現頻率。

7. 衝擊療法是將求助者直接暴露於現實或想像的刺激情境中，持續一段時間，讓焦慮自行降低。

8. 厭惡療法是在個體進行不適行為時，附加某種刺激，使個體產生厭惡，經反覆實施後，產生條件聯繫，此後個體出現不適行為時，也會得到厭惡體驗，為避免這種厭惡體驗，求助者不得不中止或者放棄原有的不適行為。

9. 生物反饋技術是將個體通常不能意識到的生理狀況用聲、光、圖形、數據等形式反饋出來，個體根據這些反饋訊息，學習調節內臟機能與其他軀體機能，以達到防治疾病的目的。

關鍵術語表

行為治療 經典條件反射 操作條件反射 觀察學習 放鬆訓練 系統脫敏 陽性強化法 代幣制 衝擊療法 厭惡療法 模仿法 生物反饋技術

本章複習題

1. 行為主義的代表人物有（ ）

第六章 行為主義取向的諮詢技術

A. 華生 B. 阿德勒

C. 斯金納 D. 班杜拉

E. 烏拉曼

2. 關於系統脫敏，下列說法中正確的是（　）

A. 系統脫敏常採用現實脫敏和想像脫敏 B. 系統脫敏的創始人是沃爾普

C. 系統脫敏不可以用於團體治療 D. 系統脫敏可以用於團體治療

E. 構建事件焦慮等級後，一旦實施，便不能進行改動

3. 陽性強化治療技術的內容包括（　）

A. 模仿良好行為 B. 強化良好行為

C. 終止不良行為 D. 塑造新行為

E. 強化不良行為

4. 在日常生活中，最普遍、最常使用的代幣是（　）

A. 發票 B. 銀行卡

C. 鈔票 D. 車票

5. 在衝擊治療過程中，當求助者未出現嚴重生理反應，卻想終止治療時，諮詢工作者應該怎麼辦？（　）

A. 鼓勵 B. 同意

C. 制止 D. 勸說

E. 漠視

6. 以下哪些刺激可以作為厭惡療法中的厭惡刺激？（　）

A. 電擊 B. 催吐藥

C. 想像厭惡的場景 D. 憋氣

E. 羞辱

7. 示範法以班杜拉的社會學習理論為理論基礎，是行為治療常用的技術之一，其又被稱為（　）

A. 代幣制 B. 系統脫敏法

C. 模仿法 D. 觀察法

8. 目前臨床較為常用的生物反饋技術有（　）

A. 肌電生物反饋 B. 腦電生物反饋

C. 皮電反饋 D. 皮溫生物反饋

E. 心率、血壓反饋

第七章 以人為中心取向的諮詢技術

第七章 以人為中心取向的諮詢技術

在心理諮詢的過程中，究竟占主導地位的應該是心理諮詢師，還是來訪者本人？以人為中心取向的心理治療方法認為，占主導地位的應該是來訪者本人。因為每個人都有一種希望變得更好的自我實現的潛能。心理諮詢師的任務主要是幫助來訪者發現他們的潛能，利用他們的潛能。那究竟應該怎樣幫助來訪者發現並利用他們的潛能呢？這就需要用到以人為中心取向的諮詢技術。本章的主要內容，即是介紹以人為中心取向的諮詢技術的發展歷程與基本特點、基本理論與核心概念、主要技術以及諮詢過程。

第一節 概 述

以人為中心取向的諮詢與治療技術是羅杰斯 (Carl Ranson Rogers，1902-1987) 人本主義心理學的主要內容之一，同時也是他在心理諮詢和心理治療中對自我理論的具體運用。在過去 70 年裡，羅杰斯的觀點對心理諮詢與治療理論與實踐產生了廣泛、深遠以及革命性的影響。他的基本理念，即將咨訪關係作為個人成長工具的理念，被許多不同治療流派吸納。以人為中心取向的諮詢與治療技術的基本假設是，諮詢師只要為來訪者提供一個最佳的心理環境或心理氣氛，他們就會透過自己本身的大量資源對自我進行理解，從而改變其對他人以及對自己的看法，進而產生自我指導行為，最終實現心理健康的目標。

一、理論背景

以人為中心取向的諮詢與治療理論隸屬於人本主義心理學範疇，因此它的產生也基於人本主義心理學。人本主義心理學於二十世紀中葉興起於美國，它反對精神分析的生物還原論與行為主義的環境決定論的思想，成為西方心理學發展的一種新取向。

（一）社會背景

第七章 以人為中心取向的諮詢技術

第二次世界大戰後美國經濟繁榮，人們的基本生活需要得到了滿足，繼而進一步追求包含真善美在內的、更高級的自我價值的實現，人本主義心理學所重視的人性、價值和自我實現正反映了美國物質生產高度發展的社會需要（車文博，1998)。

美國的物質繁榮也加劇了其社會內部的各種矛盾和不安因素的產生，吸毒、犯罪、道德淪喪以及精神疾病等社會問題嚴重，甚至出現了「人受物役」的現象。人們開始有了「人性異化」、「人的死亡」等論調，這些論調廣泛地滲透到人們的精神生活中，以致許多人感到頹廢、憂傷，進而謀害他人，甚至是自殺。20世紀五六十年代，國際軍備競賽以及核戰爭的威脅，也導致人們有了很大的心理壓力。美國青年不滿於社會，發起爭取公民權利的運動、反對美國對越南發動的戰爭等，以致美國社會出現了反主流的文化運動。這一切都表明了，僅憑經濟繁榮是不足以解決人們精神生活和價值追求的問題。要解決這一問題，還需要全社會對人的尊嚴及其內在價值的重視，使人的潛能得到充分發展，達到完滿實現人性的需求。人本主義心理學以探究人類心理生活的內部空間為己任，同時強調認識人的自身價值與意義，這正適應了當時美國社會的需要。

(二) 科學背景

生物學的發展對人本主義心理學的產生有重要作用。達爾文提出進化論，從生物進化的角度看人性的形成，為人本主義心理學的研究準備了必要條件（車文博，1998)。文化人類學、生態學以及機體整體學證明了自然界內部的有機體和物種之間的相互聯繫，以及生態系統自身的完整性。同時人本主義心理學的科學調查和臨床研究也表明，自然主義價值體系的建立依賴於從人類自身本性中發掘出來的價值和潛能，而不依賴於人類以外的力量。羅杰斯同樣強調成長過程的生物學基礎，他認為這是「有機體生命的實現傾向」以及「朝向實現的機體主義傾向」。因此，生物學、生態學以及機體整體學的發展成就了人本主義心理學的發展。

(三) 心理學背景

第一節 概 述

　　人本主義心理學是在對精神分析和行為主義的批評的基礎上產生的，同時也受到了德國整體心理學、人格心理學的影響。

　　人本主義心理學家對行為主義理論持完全批評的態度，他們對行為主義的批評主要有四個方面：

　　第一，人本主義心理學家反對行為主義的 S ─ R（刺激─反應）的機械觀，支持 S ─ O ─ R（刺激─機體─反應）模式，而且很重視機體的作用；

　　第二，他們批評行為主義過分強調客觀的、量化的、可驗證的方法和動物模型，而否定對非器質性的、非物理性的人類本性的研究；

　　第三，他們批評行為主義的環境決定論，同時批評它否定人具有自我理解、自我指導或控制自己命運的能力；

　　第四，他們批評行為主義關於人類只能對刺激做出反應的思想以及批評它對人的自我同一性和內在的整體性的否認（車文博，1998）。

　　綜合來說，人本主義心理學批評行為主義的根本原因在於，行為主義放棄了對人的內部心理過程的研究，也忽略了對某些非客觀、非量化方法的應用；降低了人的尊嚴、地位、價值，喪失了人的潛能與自主權；縮小了以探索人性為主的心理學的研究範圍。

　　對待精神分析理論，人本主義既有批評與否定，也有肯定和繼承。他們批評潛意識決定論和性惡論，也批評精神分析對人性的悲觀看法。但是對於精神分析發現潛意識、引入動機論、自我保護的這三大貢獻，他們持肯定的態度。

　　整體心理學對人本主義心理學的影響主要表現在兩方面：

　　一是人格心理學對它的影響。人本主義心理學繼承和發揚了狄爾泰(Wilhelm Dilthey，1833 ─ 1911)等人在人格心理學中用整體分析和經驗描述取代元素分析和實驗說明的思想，它也同美國一些人格心理學家的思想有著密切的聯繫。

二是機體論心理學。精神病學家戈爾德斯坦 (Kurt Goldstein，1878 — 1965) 是機體論心理學的創始人，也是人本主義心理學的先驅。他認為人格必須作為整體進行探究，不能分割開來。他還首創了「自我實現」一詞，為馬斯洛的自我實現理論的產生奠定了基礎，羅杰斯也在此基礎上發展了「實現傾向」。

二、代表人物及其主要思想

卡爾·羅杰斯是二十世紀美國著名心理學家，人本主義心理學的主要代表人之一，被譽為「人本主義心理學之父」。羅杰斯出生於美國伊利諾伊州的奧克帕克，他是在嚴格的宗教性和倫理性的教育環境下成長的，因此他成了一個相當孤立、獨立而有紀律的人。他曾就讀於神學院，但到 20 歲時，他開始懷疑自己對宗教的奉獻，並決定改變自己的人生方向。於是他報讀了心理學課程，後獲得了心理學博士學位。1946 年到 1947 年，他被選為美國心理學會主席。1956 年，他榮獲美國心理學會傑出科學貢獻獎。

羅杰斯從事心理諮詢和治療的實踐與研究，為非指導性心理治療（又被稱為以當事人為中心療法或以人為中心療法）的發展做出了很大貢獻。他的基本治療態度是：無條件的徹底接納、真誠、共同情感。羅杰斯認為心理諮詢師展現出來的同理心，對於與來訪者建立關係，幫助來訪者完全體驗他的現象場或完全體驗他自身，是必需而且充分的。

三、特徵

雖然，以人為中心療法與精神分析療法均屬於領悟心理治療範疇，但是，它與精神分析療法及行為療法又有著本質的區別（車文博，2010）。它在人性假設、角色扮演、咨訪關係和治療方法等方面均有自己的特點。

(一) 來訪者主導治療過程

在以人為中心療法中，諮詢師及來訪者的角色扮演不同於其他療法。他們把工作或服務的對象稱為來訪者或當事人，心理諮詢師稱為促動者或促進者，而不是簡單的稱作來訪者和治療者。羅杰斯從現象場理論中得出，只有

自己才能真正完善地瞭解自己的經驗世界，所以來訪者才最有能力找到解決自己問題的辦法，這就是為什麼羅杰斯在整個治療過程中，堅持以來訪者而不是以諮詢師為主導的根本原因。

(二) 諮詢師做來訪者的「朋友」和「夥伴」

以人為中心療法不是傳統的將咨訪關係視為工作關係或者醫患關係，而是將它看作朋友或者夥伴關係。在咨訪過程中，諮詢師有意識地避免擔任「專家」角色，把自己的觀點強加於來訪者，他們主要致力於創造一種讓來訪者能自由體驗情感、探索自我的氣氛，讓來訪者不感到威脅和限制，從而達到治療效果。

(三) 非指導性治療

以人為中心治療是一種非指導性的心理治療，它的基礎是羅杰斯對人性的看法。

透過這種理念，來訪者克服障礙，解放自己，朝著健康成長和發展的方向前進。治療強調諮詢師的真誠與開放以幫助來訪者真實感受自己的內心體驗和真實需要。「非指導性」可以幫助來訪者按照自己的需要去從容應對他或她認為重要的問題。它十分重視每一個個體都有心理獨立、維護自身心理完整性及選擇自己目標的權利。指導性治療和非指導性治療的區別主要在於：

1. 在選擇權力上

指導性治療認為，應該由諮詢師為來訪者確定心理治療的目標，來訪者沒有能力選擇治療目標；非指導性治療則認為，來訪者擁有自我選擇治療目標的權利和能力。

2. 在諮詢師與來訪者的地位上

前者認為諮詢師是權威，具有控制和操縱治療過程的權利；而後者則認為諮詢師只是「配角」，來訪者掌握整個治療過程的主動權，諮詢師不會分析來訪者的談話，只是跟著來訪者的感覺走，讓來訪者充分表達。

3. 在治療所重視的問題上

第七章 以人為中心取向的諮詢技術

指導性治療重視社會規範，而非指導性治療則重視個體心理上的獨立性和保持完整心理的權利。

4. 對於治療的結果

前者注重問題的解決，而後者則重視來訪者個人的改變和成長。

另外，以人為中心療法還有一些特點，如人格改變是一個持續的過程；人格的改變是整體性的改變；它的治療過程沒有結構化等。

複習鞏固

1. 簡述以人為中心治療的基本特點。

2. 簡述指導性治療與非指導性治療的區別。

第二節 基本理論與概念

一、人性觀

以人為中心取向的諮詢理論相信人性是積極樂觀的，主張自我實現是人性的本質。羅杰斯在其研究中堅持以人具有建設性和創造性潛能為理論依據。他把人看作是一個努力尋求健全發展的人，認為人是值得信賴的。人能夠自我理解、自我指導、能進行積極的改變。以人為中心療法對人性的看法可以概括為三個基本觀點：

（一）人的本性是傾向於積極的、創造的、具有建設性的

羅杰斯在討論人性時，不是簡單地持有「性善」或「性惡」的觀點，而是更多地從事實探究的角度來討論人性真相。他將事實討論與價值判斷區分開來，認為對生物本性的探究不一定要在價值層面上進行。每種生物都有它各自的本性，如狼是食肉的，羊是食草的。人性也一樣。羅杰斯主張，人的本性是傾向於積極的、創造的、具有建設性的，並需要與他人建立密切的個人關係。

（二）人性是值得信任的

根據人性先天是積極的、樂觀的觀點，羅杰斯相信人都是理性的、有積極的人生傾向並可以不斷成長發展，達到自我實現。人性也是具有社會性的，它的社會性與個體性是統一的、一致的、是值得信任的。因此，以人為中心療法理論認為，人有發現並改變自身心理問題的能力，從而達到並保持心理健康。只要諮詢師能給予來訪者足夠的尊重和信任，他們就有能力依靠自己達到改變，而不需要諮詢師從其外部進行控制和指導。

（三）人是具有自我實現傾向的

羅杰斯把自我實現傾向 (self-actualization tendency) 稱為實現傾向，它是羅杰斯人格自我心理學的動機理論，其基本假設是：有機體具有一種先天的「自我實現」(self-enhance) 動機，它表現為一個人最大限度地實現各種潛能的趨向。

羅杰斯認為這種實現傾向不但存在於人身上，更是一切生物都具備的基本傾向。它是一切生物的共同屬性，是最能體現生命本質的生物特徵。羅杰斯在其 1951 年發表的《來訪者中心療法》中曾指出：力求實現、保持和發展是有機體的一種基本趨向和努力。任何生物，只要賦予了其生命，就會表現出明顯的生長、發展、活動的趨勢，這一趨勢就是一種求生存、求強大、求完滿的趨勢。

人有實現傾向這一觀點是以人為中心療法理論的核心。來訪者有透過自我意識和自我引導引起自身態度和行為改變的能力，因此在諮詢過程中，必須把來訪者放在根本位置。就如一個剛學走步的孩子，屢次跌得很痛，按行為學習的解釋，他不會再予以嘗試，然而孩子想走步的願望反而增強，這就是他的實現傾向所要求的。實現的傾向是一種積極的傾向，它假定人具有引導、調整和控制自己的能力。以人為中心治療認為，這種實現的傾向的阻滯是造成所有心理問題和困擾的原因，這是以人為中心治療的一種不變的診斷。因此，諮詢就是要排除這種障礙，從而重新確立良好的動機驅力。

心理諮詢技術

第七章 以人為中心取向的諮詢技術

二、心理病理觀

在以人為中心療法理論看來，所有心理失調的根源都在於自我概念與經驗之間的不一致或不協調。當自我概念與經驗之間出現不一致時，個體就會感到受威脅，這種威脅的本質是：假如經驗被準確地符號化，以本來面貌進入意識，它就會使這個協調一致的整體以及與之相結合的價值條件遭到侵犯，以致它們的真實性、合理性和合法性受到挑戰（鄭日昌，江光榮，伍新春，2007）。受到威脅的直接表現是焦慮。當個體在閾下知覺（即潛知覺，一種不被個體意識到的知覺）中感到某種經驗與自我概念之間存在不一致，而這種不一致又可能被符號化進入意識，此時個體的反應就是焦慮。焦慮的產生會激活自我防禦過程，以阻止自我概念與經驗的不一致被披露，維持自我概念的完整。

在羅杰斯看來，幾乎每個人都會有心理失調的體驗，只是感受的程度有差別。適應程度低的個體，其自我概念在很大程度上偏離了其自身的經驗或體驗（錢銘怡，1994）。在這些個體中，其自我概念建立在價值的條件作用的基礎之上，而正是這一評價過程使得他歪曲或否認了其自身的經驗或體驗。當自我概念與經驗的不一致達到某種嚴重的程度時，個體的自我防禦機制就不能有效地工作，不能再像正常人那樣有效地發揮自身的心理機能，從而越來越不適應環境，出現煩惱、焦慮及其他異常行為。與此同時，自我的完整性被打破，導致人格解體或心理瓦解。

三、基本理論與概念

自我理論是羅杰斯人格心理學的基本理論。它強調自我實現是人格結構中的唯一動力。自我理論包括經驗及現象場、自我概念、價值的條件化等內容。

（一）經驗及現象場

在羅杰斯的自我理論中，經驗 (experiences) 是指來訪者在某一時刻具有的主觀精神世界，也就是來訪者真實的自我，它來源於現象學的現象場 (phenomenal field)。所謂的現象場（或現象域）是指人的主觀世界，它只

強調人的主觀內部世界是怎樣觀察和感受外部世界的，而不強調外部環境原本是什麼樣的。每個人都有其獨特的現象場，人們對同一時刻的同一外部環境感受是不一樣的。

經驗包括兩種：一種是能被意識到的經驗，稱為有意識的經驗；另一種是不能被意識到的經驗，稱作無意識的經驗。有意識的經驗可以透過大腦借助詞語、符號、聲音、圖像等東西表徵出來，這一過程稱作經驗的符號化。因此，符號化就成為區分有意識的經驗和無意識的經驗的標誌。經驗也包括個體的認知和情感事件，它們能被個體所知覺。以人為中心療法理論中，經驗被個體體驗和知覺的狀況，對個體自我的形成、發展及心理適應情況是有重要影響的。

(二) 自我概念

自我概念 (self-concept) 是指個人對自己總體的知覺、認識和感受，也就是個人如何看待自己。它包括對自己身份的界定、能力的認識、人際關係及其與環境的關係的認識，是自我知覺和自我評價的統一體，即個人獨特的直覺、看法、態度和價值觀的總和 (車文博，2010)。自我概念是人格形成、發展和改變的基礎，是人格能否正常發展的重要標誌。

羅杰斯的自我概念並不等同於自我，而是一種客體自我 (objective self)，它是透過個體與環境，特別是與對他而言重要的人之間的交互作用而形成的。它可能被環境或重要的人所接受或否定，這些所有被接受或不被接受的個體內在的體驗就堆積成了自我概念，它不一定能反映真實的自我，如一個成績很好的學生，成績好是他的自我，但他的自我概念可能是個人成績不好。

(三) 價值的條件化

每個人都存在兩種價值評價過程

第一種是有機體的評價過程，它是人先天就具有的，這種過程可以真實地反映實現傾向。

第七章 以人為中心取向的諮詢技術

第二種是價值的條件化 (conditions of worth) 的過程，這是建立在對他人評價的內化或對他人評價的內投射的基礎之上的，這一過程並不能真實地反映個體的實現傾向，相反卻在妨礙著這種傾向。

個體從生命的早期開始就需要得到積極評價，即愛、讚許和尊重，而這種需要的滿足往往取決於他人（對個體而言重要的人）。但個體在滿足這種需要的過程中，常常會發現他「感覺良好」的行為在別人眼裡是「壞的」，這就與其自身的經驗發生了矛盾和沖突。在此情況下，個體為了得到他人的積極評價，會放棄之前的行為，轉而做出別人讚同的行為。久而久之，個體就放棄了嬰兒時代自己內部的評價標準，轉而依賴他人的評價標準，並將他人的這種價值觀念內化為自我概念的一部分。一旦個體將他人的價值觀當作自己的自我概念，並成為指導其行為的價值規範時，價值的條件化就形成了，這一過程就是價值的條件化過程。例如，一個孩子把水倒在地上，並用腳去踩，他覺得很有趣，但父母卻因此而責罵他。得到了這種負面的消極評價，孩子會覺得父母不喜歡自己這樣做，為了討得父母的喜歡，他就不再做出這樣的行為，而是將父母對這一行為的不滿內化為自己的價值評價標準。條件化的價值觀念，由於沒有建立在機體自身的價值評判基礎上，因此它們更傾向於僵化、刻板，而不是靈活機動。

擴展閱讀

生活中的一些內化模式的根源

在文化極其複雜的今天，我們常常會內化一些希望的或不希望的模式，這些模式來自於不同根源，並且意義上往往十分矛盾。下面列舉的是一些人們普遍接受了的內化模式（羅杰斯，2006）：

1. 對學生來說，性慾和性行為是不好的。這種內化的形成根源有很多——父母、老師等。

2. 不服從是不好的，服從是好的，毫無疑問的服從甚至更好。這一觀念多是由父母、老師或軍隊強化的。

3. 賺錢是最好的。造成這種構想價值觀的根源來自於太多地方,如社會現實。

4. 不斷學習書本知識是好的,這一觀念來自於老師、父母等。

5. 為娛樂而瀏覽、漫無目的地翻閱是不好的。這種觀念來源於學校和教育體系。

6. 抽象藝術、「時髦」藝術是好的。這種價值觀的發動者是被我們稱為行家的那些人。

7. 鄰里友好是好的。這一觀念源於中國幾千年來的傳統美德。

8. 合作或小組合作優於獨自完成。這裡同伴是重要根源。

9. 喝可口可樂、嚼木糖醇、使用空調和汽車是被期許的。這些觀念來源於廣告,同時也被世界各地的人們所強化。

這些只是無數構想價值觀中的一小部分樣本,大多數人賴以生活的內化了的價值模式就是以這些方式累積起來的。個體常常將這些價值觀內化,作為自己的價值觀念,但是其從未思考過自身內部機體對這些模式和事物的反應。這些觀念不能在經驗中獲得檢驗,個體就以一種刻板僵化的方式遵從它們,而其他的選擇會導致其價值觀的崩潰。

複習鞏固

1. 簡述以人為中心治療理論的人性觀。

2. 簡要以人為中心療法對自我概念的闡釋。

第三節 諮詢與治療技術

以人為中心諮詢與治療技術很少運用影響性技巧,它不追求特殊的策略和技術,而是將重點放在提供一種具有促進作用的可界定的氛圍,使來訪者把理解自我、改變自我概念和將自我實現的潛能開發出來,以促進其人格和

第七章 以人為中心取向的諮詢技術

行為發生積極的改變。為創造這種良好的氣氛，就要求諮詢師在諮詢過程中全身心地去傾聽來訪者的語言，體會和理解來訪者的內部世界。

一、傾聽的技巧

與來訪者建立良好的諮詢關係，首先要求諮詢師做一位好的傾聽者。好的傾聽者首先要聽進說者所說的，然後讓說者知道他們被聽見了。諮詢師要成為一名好的傾聽者，就要做到：適時擱置自己的需求，讓來訪者充分表達想法、抒發情緒；全神貫注地傾聽，並表示關心；有同理心，欣賞來訪者的觀點，肯定他的情緒，而不加入自己的判斷。

想要成為良好的傾聽者，諮詢師應做到以下原則：

1. 專注於來訪者說的

把自己要說的或讓自己分心的事擱置在一旁；儘量不要打岔，即使打岔也是鼓勵來訪者表達更多。

2. 抓住來訪者想表達的重點

認真體會來訪者字面下所隱藏的想法和感受，而不僅僅是針對字面意義作反應；諮詢師應積極瞭解來訪者要說的，然後設身處地地去感受。

3. 讓來訪者知道你瞭解了

諮詢師利用沉默、保證、重複技巧或者提供同理評價來表達對來訪者話語的瞭解；使用開放性陳述（如「還有什麼嗎？」），而不用封閉式陳述（如「我知道了」）以讓來訪者更好地表達自己。

二、建立良好的諮詢與治療關係

以人為中心的諮詢與治療，為了使來訪者能夠自由地探索內心的感受，將重點集中在創造良好的關係氛圍上。該療法認為關係是最根本的，它既是諮詢過程的開始，也是諮詢中的主要事件，還是諮詢的結束。可以說，諮詢師將自己作為一種手段，把個人投身到關係中去是最大的策略，他們透過自己的真誠、溫暖、尊重、無條件積極關注和同理心來創造所需要的治療關係。

這種關係應該是安全和相互信任的。以人為中心療法認為，建立這種咨訪關係有三個條件：

(一) 真誠一致

真誠一致 (congruence 或 genuineness) 指在這種諮詢關係中，諮詢師應是一個表裡如一、和諧、真實、整合的人。這意味著在關係中，諮詢師坦誠而深刻地體驗著自己，他對自我的認識應是準確地代表其實際經驗，而非是故意地表現出的虛假外表。諮詢師只有在與來訪者接觸時以自己真實的面目出現，特別是敢於在來訪者面前毫無保留地暴露自己的情感和行為，才會營造和諧融洽的氣氛，消除交流上的障礙。以此來取得來訪者的信任，敢於坦率地表露完整的自我，以使其能進行自我探索和健康成長。

在治療中要做到真誠一致，諮詢師必須注意以下幾方面：

1. 不固定角色

諮詢師在諮詢中的表現應如同現實生活中的表現一樣坦誠，不必將自己隱藏在專業角色的背後。

2. 自發性

諮詢師的表現很自由，與來訪者的語言交流和行為應是自然的，不應受某些規則和技術的限制。這種自然的語言表達和行為是建立在諮詢師的信心基礎之上的。

3. 無防禦反應

坦誠的人沒有防禦反應，這樣的諮詢師瞭解自己的優勢和不足，知道如何感受它們；諮詢師不是忙於抵禦那些消極的體驗對自己的影響，而是努力理解來訪者的消極體驗，協助他們深化對自我的探索。

4. 一致性

諮詢師的所思、所感及所想與其實際表現之間差異很小即諮詢師如何感受便如何表達，即使是負面感受也不將其偽裝在快樂的面具下。

第七章 以人為中心取向的諮詢技術

5. 自我的交流

諮詢師在合適的時候開放自我，以真誠的態度，透過語言和非語言行為表達自己的感情，以此來激發來訪者更多的自我表露。

但是，真誠並不是要求諮詢師隨時隨地、毫無節制地在來訪者面前袒露自己的內心世界。這種真誠，應該是以來訪者和治療的需要為轉移的。諮詢師在表達內心感受時要考慮其必要性與否以及是否恰當。

（二）無條件積極關注

無條件積極關注 (unconditional positive regard)，無論來訪者的品質、情感和行為怎麼樣，諮詢師對其都不做任何評價要求，並對其表示無條件的溫暖和接納，使來訪者覺得他是一個有價值的人。當來訪者在敘述某些難以啟齒的或者令人焦慮的感受時，要尊重其自由表達的權利，以關注的態度接納他，同時不鄙視或冷漠，也不給予評價或糾正，要充分相信來訪者自己有能力找到改正的途徑和方法。

所謂「無條件」，意味著對來訪者出現的混亂、恐懼、憤怒、害怕、痛苦等各種消極情緒，如同對其自豪、滿足、自信等積極體驗一樣地接納。這種接納不以來訪者的某個特點、某個品質或整體的價值為依據，而是無條件的，無論來訪者的感情正確與否或合適與否。當諮詢師發現自己將來訪者經驗中的各個方面都當作來訪者自身的一部分而接納時，就意味著他正在經歷著無條件積極關注，也意味著他將來訪者看作是一個獨立的人來關心，並允許其有自己的感情和經驗。

諮詢師可以透過以下行為來表現對來訪者的尊重：

1. 對來訪者的問題和情感表示關注；

2. 對來訪者持一種非評價性的態度，並將之作為值得坦誠相待的人來對待；

3. 設身處地地理解來訪者的反應；

4. 發掘來訪者的潛力，以此向來訪者表明他們自身有足夠的潛力以及行為的能力。

在治療過程中，諮詢師也可能因為發現來訪者的一些問題是明知故犯或咎由自取，而對其產生不滿或否定情緒，繼而想中斷治療。當出現這種情況時可採用以下兩種應對方法：

第一，保持高度的自覺，隨時敏銳地瞭解自身的當前感受，以便以最快的速度加以調整；

第二，要明確我們所接納和尊重的，並非是來訪者不適當的或者反社會的消極思想和行為，而是他這個人。

(三) 設身處地的理解

設身處地的理解 (empathy) 也稱為同感或共同情感，指諮詢師對來訪者的意識和經驗具有一種準確的同感理解，即體會來訪者的內部世界的能力。諮詢師在感受來訪者的個人世界時，彷彿那是自己的世界，但卻不喪失「彷彿」的性質（羅杰斯，2006)。也就是說彷彿來訪者的憤怒、恐懼或困惑是諮詢師自己的，而自己卻不陷入憤怒、恐懼或困惑之中。當諮詢師腦中能清晰地展現來訪者的世界，並自在地穿行其中時，他就能清楚地理解來訪者並使來訪者清楚地知道自己被理解了，也能感受到一些來訪者在自己的經驗中沒有意識到的意義。

諮詢師想做到設身處地的理解，需要依賴一些條件，它們包括：

第一，諮詢師要設身處地從來訪者的參考標準去觀察和感受事物，而不能以自己的主觀參考標準為根據。也就是要從來訪者的角度看世界，切身體會來訪者的感受。

第二，諮詢師需要與來訪者同步體驗情感旅程，但不能對其情感進行判斷或被其感染。如果諮詢師用自己的標準對來訪者的情感進行判斷，諮詢師就無法準確抓住來訪者的情感內涵；如果被來訪者的情感所感染，諮詢師將無法價值中立。

第七章 以人為中心取向的諮詢技術

第三，諮詢師要體會到來訪者難以察覺的意義，但又不能將這種處於潛意識的意義迅速提出來與來訪者對峙，因為這樣會使來訪者感到威脅的存在。

第四，諮詢師要善於用語言和非語言行為表現同感。適當地點頭、沉默甚至遞上一杯水或者一個抱枕都能使來訪者感受到被理解的溫暖。

複習鞏固

1. 在治療過程中，諮詢師如何做到真誠一致？
2. 諮詢師如何做到設身處地的理解？

第四節 諮詢與治療過程

一、諮詢與治療的基本過程

羅杰斯在其工作早期，就諮詢與治療過程提出了十二個基本步驟。他強調這些步驟並非截然分開的，而是有機地結合在一起。

（一）來訪者前來求助

這對心理諮詢和心理治療來說是一個前提。因為來訪者作為諮詢的主體及解除心理疾患的主導力量，其必須主動來尋求幫助。否則來訪者不承認自己需要幫助，而在沒有希望得到某種改變的壓力下，諮詢和治療難以成功。

（二）諮詢師向來訪者說明諮詢情況

在諮詢開始前，諮詢師要向來訪者說明，這裡並不會對他所提出的問題提供現成的答案，諮詢只是為幫助他找到這個答案或解決問題的方法提供一個場所或一種氣氛。也需要使來訪者瞭解，諮詢時間屬於他自己，可以自由支配。諮詢師的作用就在於創造一種有利於來訪者自發成長的氣氛。

（三）鼓勵來訪者情感的自由表達

為促進來訪者能自由表達自己的情感體驗，諮詢師必須持有友好的、誠懇的以及接納的態度。諮詢剛開始，來訪者表達的多是消極、含糊的情感，

如敵意、懷疑、焦慮或羞愧等。對此,諮詢師要利用一些會談的技巧,有效地促進來訪者表達。

(四)諮詢師要能夠認識、接受和澄清來訪者的負面情感

諮詢師在接收來訪者訊息的同時,還要對其做出必要的反應。這種反應不僅僅是對表面內容的反應,更應是深入來訪者內心深處的反應,以發現其暗含或影射的情感,如矛盾、敵意等。即使來訪者所講的內容荒誕無稽或滑稽可笑,諮詢師都應以接受的態度加以處理,努力創造一種氣氛使來訪者能認識到這種消極情感也是他自身的一部分。有時,為使來訪者更清楚地認識到自身的這些情感,諮詢師也需要對它們加以澄清,但不解釋。

(五)來訪者成長的萌動

當來訪者充分表達或暴露出消極的情感後,便會不斷萌生出模糊的、試探性的、積極的情感。這就要求諮詢師具備敏銳的眼光,善於發現這種好的開始,促成其成長。

(六)接受和認識來訪者的積極情感

如同對來訪者的消極情感一樣,對其所表達出來的積極情感也應給予接受,但不能加以表揚或讚許,更不能加入道德評價。使來訪者既不會對其消極情感採取防禦措施,也不會為其積極情感感到自豪,而只是將之作為其生命過程中一次自己瞭解自己的機會,促使來訪者在這種情況下,自然地達到領悟與自我瞭解的境地。

(七)來訪者開始接受真實的自我

由於社會評價和輿論的影響,通常人們做出的反應總有些許考慮或保留,加之價值的條件化,人們往往具有一個不正確的自我概念,即否認、扭曲某些情感和經驗,這與人的真實自我有很大差距。在治療過程中,來訪者因為處在一種良好的能被人理解與接受的氣氛中,而有一種完全不同的心境,他有機會重新審視自己,對自身達到一種領悟的程度,從而達到接受真實自我的境地。來訪者這種對自我的理解和接受,為其奠定了進一步的、在新的水準上進行心理整合的基礎。

(八)幫助來訪者澄清可能的決定及應採取的行動

在領悟過程中,來訪者必然涉及新的決策和要採取的行動。諮詢師此時的工作就是幫助來訪者澄清其可能做出的選擇。來訪者此時很可能出現恐懼或缺乏勇氣,而不敢做出決定的情況,對此,諮詢師要認識到這些表現,而不能勉強他或給予某種勸告。

(九)療效的產生

領悟會使來訪者產生某些積極的、嘗試性的行動,這表明治療已產生療效。這時,來訪者已有了自己的領悟,對問題有了新的認識,找回了失去的信心,從親身體驗中形成了自己的價值觀,並能自己付出行動。

(十)療效的進一步擴大

當來訪者已能有所感悟,並進行一些積極的嘗試後,治療工作就要有所轉向。此時工作的重點在於發展其領悟,以便領悟達到更深層次,並擴展領悟的範圍。只要來訪者能更完全、更正確地自我瞭解,就會有更大的勇氣面對自己的經驗、體驗並考察自己的行動。

(十一)來訪者的全面成長

來訪者處於積極行動與成長的過程中,而不再懼怕選擇,此時他已具有較大的信心進行自我指導。在治療的這一階段,來訪者往往會主動提出問題與諮詢師共同討論,由此,諮詢工作者與來訪者之間的關係到達頂點。

(十二)治療結束

當來訪者覺得無須再尋求諮詢師的協助時,諮詢關係由此終止。諮詢師用同以前步驟中相似的方法,來澄清來訪者所表達出來的歉意,同時使來訪者接受和認識咨訪關係即將結束的事實。

治療過程中的重點是對來訪者感受的探索,這些探索包括來訪者對情感或感受的體驗。對感受的探索可以包括觸及、體驗、識別、接受和表達等不同環節。觸及是一種隱隱約約、模模糊糊地覺得自己心有所感的狀態;體驗是讓這種感受清晰地從心頭流過,明確地意識到它,品味它的過程;識別是

瞭解這是一種什麼感受；接受是態度改變的一個過程，包括承認這是自己的感受，反思以前不能接受它的原因，以及其他更廣泛的改變；表達就是向有關的人或生活中重要的人表露這種感受。

二、諮詢後來訪者發生的變化

在諮詢過程中，來訪者會發生許多根本性的變化，其人格和行為會發生積極改變。

一些學者將其歸納為五條（江光榮，2005）：

1. 來訪者的自我變得較為開放

來訪者不再對自己的經驗（包括個人體驗、感受等）進行扭曲、否認或根據價值條件化作用進行取捨，而能較坦然地接受自己的體檢，因此對自己的感受更豐富，更富有變化，也增強了對他人及外部客觀世界的接納程度，而不會再以刻板的態度對待它們。

2. 來訪者的自我變得較為協調

來訪者減少了防禦機制，願意公開其個人體驗，不再依照價值條件作用來確定自我，而依照真我面對自己。他的情緒生活和心理上的自我形象變得更加協調，自我概念和經驗之間的衝突減少，自我變得比較和諧。

3. 來訪者更加信任自己

來訪者逐漸去掉價值條件化後，自我成了評價的主體，因而感到更加自信，能夠獨立地為自己做決定。如果來訪者是在一種由內而外的基礎之上建立的自信，他將會感覺到自己生活得更積極了。

4. 來訪者變得更適應

來訪者日益改進其心理適應，他既能更自由地接納自我的經驗，也能更開放地對待外部經驗，使其達到外部和內部的統合，妥善地處理生活中的問題以及改善人際關係。

5. 來訪者願意使其生命過程變為一個變化的過程

來訪者不再會為了達到一種僵化不變的理想和目的而刻板地去追求生活，他將生命視為一個流動的過程。他認識到世界是不斷變化的，自己也是不斷變化的，只有流動著的生命才更富有活力。

三、評價

(一) 貢獻

經過長達 60 年的理論、實踐和研究的發展證明，以人為中心療法並不比其他主要療法遜色，甚至可能優於其他療法。從那些有著不同年齡階段、不同範圍及帶有不同問題的來訪者被試的研究結果來看，以人為中心治療是有效的。並且羅杰斯的以人為中心的治療理論對當今的心理諮詢和治療領域依然產生著巨大的影響，總結其貢獻，主要有以下幾方面：

1. 以人為中心治療的一個主要貢獻是對治療關係的研究。它將治療焦點從治療技術和諮詢師的權威地位引導到了治療關係上，並強調治療關係在心理治療效果中造成的關鍵作用。羅杰斯透過一系列研究，闡述了如何建立良好的治療關係，並提出了建立良好治療關係的必要條件。

2. 以人為中心療法闡明了「人天生具有潛能，並傾向自我實現」這一觀點。它對人的能力表現出積極信念，這種能力包括當事人的自我指導能力和自我負責的能力。諮詢師可以輕易證明這種積極信念的力量，一旦諮詢師懷著這樣的信念去對待來訪者，並進行諮詢，似乎它本身就會創造出一種神奇的力量，從而推動諮詢過程取得進展、來訪者發生改變。

3. 羅杰斯關於自我概念的發展透過價值條件化作用而內化的理論，被證實無論在經驗研究方面還是常識方面，都是令人信服的。心理病理觀理論也是可以接受的。

4. 羅杰斯對心理治療領域的貢獻還在於，他用科學方法研究心理治療過程和結果。他堅持將自己的觀念認定為需要不斷檢驗的一種假設，並且堅持用研究加以證實。換而言之，他將心理治療引向了研究的領域。羅杰斯堅持將治療過程錄音，並對其錄音進行嚴格檢查，透過研究技術來分析諮詢師和

來訪者之間的談話。他向心理學提出了挑戰：提出要設計一種新的科學調查模型，以對個體內在、主觀的經歷加以處理。

(二) 侷限

同時，以人為中心療法也存在明顯的侷限或缺陷。它們主要表現在：

1. 它的整個治療過程透露出一種重情輕理的氣息。它將理性的力量擺在不重要的位置，而將情緒感受擺在第一位。人對生活價值的選擇和評價，主要依靠自身的情緒感受，而不考慮這種選擇的正確性，也不考慮邏輯的合理性，這是難以讓人接受的。

2. 以人為中心治療的部分研究在方法上存在缺陷，包括：在控制組的選擇上，沒有使用未經處理的來訪者作為控制組，而是使用原本未選擇以人為中心治療的來訪者作為控制組；沒有考慮安慰劑效應；對治療效果的評估，僅僅是依靠個體的自我報告；統計方法使用不恰當等。

3. 在該療法中，一些以人為中心的諮詢師或尚在學習中的學生，可能會因過於糾結於支持來訪者，從而忽視挑戰來訪者這一層面。一些工作者將自己的反應和治療風格僅限於提供反饋和共同情感性的傾聽上，而未認識到這些基本態度只是諮詢師用以建立治療技術的基礎。

4. 以人為中心治療體系對任何診斷或評估都排斥，對障礙不進行任何分類，以及對具體策略和技術的運用都忽視。人們贊同羅杰斯的這些常規做法，但當諮詢師在採用這些方法時，可以揚長避短。例如，為更迅速有效地理解當事人，諮詢師可以充分利用評估手段；為更直接地促進來訪者的改變，諮詢師可以利用某些有針對性的技術。

擴展閱讀

人格改變的過程

羅杰斯認為，在心理治療的條件化過程中，來訪者人格的改變要經歷以下過程：

第七章 以人為中心取向的諮詢技術

階段一 來訪者對待個人的感受持僵化固執的態度；對自己的經驗視而不見，或習以為常，致使沒有了改變的願望，不主動尋求心理諮詢。

階段二 在理想的治療條件下，來訪者開始產生被接受的感覺，但對個人構建仍然處於僵化狀態，將自己的主觀感受當成事實。

階段三 來訪者能繼續流露、釋放一些東西，但仍然將自己當作一個客體對待。這一階段在整個治療過程中占相當長的時間。

階段四 來訪者的感受更強烈、更生動。逐漸開始認識到經驗與自我之間的矛盾和不一致。但是還不能開放地接納感覺，卻已流露出要接納的意思。此時，來訪者處於要向前走，但又怕向前走的狀態。

階段五 來訪者能體驗到自己的感受，並能自由地表達，但在體驗和接納感受的同時，來訪者仍有遲疑。對自身體驗的矛盾和不一致他能正確地面對，並能意識到自己的責任。此時來訪者能夠自覺地進行個人構建，並對它們進行不斷的檢驗，致使他內心的活動更自由、意識反映更準確。

階段六 來訪者能自由地流露其感受，並及時接納它們。自我和感受合為一體，不再分開。

階段七 當諮詢效果達到了上一階段，來訪者所取得的進步幾乎就不可逆轉了。所以即使是結束治療，來訪者在生活中也能繼續發生改變。此時，來訪者所達到的狀態就是心理諮詢的目標——能充分發揮機能的人。

複習鞏固

1. 簡述以人為中心治療的基本過程。

2. 簡單概括以人為中心療法有哪些貢獻。

本章要點小結

1. 以人為中心治療有四個基本特點：人性假設（認為人具有完善機能和自我實現的傾向）、來訪者主導治療過程、諮詢師與來訪者之間的關係為夥伴關係以及它屬於非指導性治療。

2. 自我實現傾向的基本假設是：有機體具有一種先天的「自我實現」動機，它表現為一個人最大限度地實現各種潛能的趨向。

3. 經驗是指來訪者在某一時刻具有的主觀精神世界，也就是來訪者真實的自我，它來源於現象學中的現象場。

4. 每個人都有其獨特的現象場，人們對同一時刻的同一外部環境感受是不一樣的。

5. 自我概念是指個人對自己總體的知覺、認識和感受，也就是個人如何看待自己。

6. 以人為中心療法理論認為，所有心理失調的根源都在於自我概念與經驗之間的不一致或不協調。

關鍵術語表

經驗 現象場 自我概念 客體自我 真誠一致 無條件積極關注 設身處地的理解

本章複習題

1. 被稱為心理治療理論的「第三種勢力」的諮詢技術是（　）

A. 經典精神分析 B. 存在主義

C. 以人為中心治療 D. 行為主義

2. 以人為中心治療中，將咨患關係看作（　）

A. 工作關係 B. 醫患關係

C. 師生關係 D. 朋友或夥伴關係

3. 有機體的評價標準是（　）

A. 實現傾向 B. 道德原則

C. 快樂至上 D. 社會需要

第七章 以人為中心取向的諮詢技術

4. 一個成績很好的學生覺得自己成績不好，這是他的（ ）

A. 自我 B. 自我概念

C. 自我評價 D. 主體自我

5. 建立在對他人評價的內化或對他人評價的內投射的基礎之上的價值評價過程是

（ ）

A. 有機體的評價過程 B. 社會的評價過程

C. 價值的條件化過程 D. 道德的評價過程

6. 在以人為中心療法理論看來，所有心理失調的根源都在於（ ）

A. 焦慮 B. 自我概念與經驗之間的不協調

C. 恐懼 D. 壓抑

7. 在以人為中心療法中，建立良好咨訪關係的條件是（ ）

A. 表裡如一 B. 真誠一致

C. 無條件積極關注 D. 設身處地的理解

E. 積極關注

第八章 認知取向的諮詢技術

「人不是受事情的困擾，而是受他們對這些事情看法的困擾。」真正傷害人們的，並不是事情的本身，而是人們對事情的看法。因此，要想解除心理傷害，最主要的並不是改變事情本身，而是要改變對事情的看法。這正是認知取向的心理諮詢方法的基本主張。那怎樣才能改變人們的認知，或者說對事情的看法呢？本章的主要內容就是介紹認知取向的諮詢技術中有代表性的幾種療法，即艾利斯的合理情緒療法、貝克和雷米的認知療法及梅肯鮑姆的認知行為療法。

第一節 概 述

認知取向的諮詢技術是根據認知過程影響情感和行為的理論假設，透過認知和行為技術來改變來訪者不良認知，達到消除不良情緒和行為的一類短程的心理諮詢與治療方法的總稱。認知取向的諮詢技術的基本觀點是：認知過程及其導致的錯誤觀念是行為和情感的中介，行為適應不良和情感問題與不合理認知有關。心理諮詢工作者的任務就是與來訪者共同找出這些不良認知，並提供「學習」或訓練方法來矯正這些認知，使來訪者的認知更加接近現實和實際，隨著不良認知的矯正，來訪者的心理障礙亦會逐步好轉。

認知取向的諮詢技術中有代表性的是阿爾伯特·艾利斯 (Albert Ellis，1913-2007) 的合理情緒療法、阿倫·特姆金·貝克 (A.T.Beck1921-) 的認知療法及唐納德·梅肯鮑姆 (Donald Meichenbaum，1940-) 的認知行為矯正。認知取向的諮詢技術同時混合了認知療法與行為主義療法的原理和方法，它和其他的心理治療技術相比，實證研究的成分更多，治療週期更短。

一、理論背景

(一) 社會背景

20 世紀六七十年代，當時的美國正處在戰爭的復甦時期，社會的動盪使得很多人產生了心理問題、神經症和精神病等，尤其是一些退伍老兵患有創

傷後應激障礙 (PTSD)，而原有的一些治療技術又不能滿足社會的需要，在這種社會背景下，認知取向的諮詢技術產生了。

（二）科學背景

對認知取向諮詢技術的產生影響較大的臨近學科主要是訊息論、控制論、計算機科學。其中，訊息論與控制論促進了計算機科學和認知心理學的發展。訊息論是一種給訊息的不確定性定量的方法，並且能夠說明輸出和輸入的關係，可以用來確定一定情境下的訊息量。心理學家們看到，訊息論為心理學研究提供了有用的概念和方法，即可以把人看作一個訊息通道，從而研究其傳遞函數。

控制論與訊息論關係密切。它主要研究系統控制過程，提出控制是透過心理反饋而實現的。維納（Norbert Wiener，1894-1964）曾談到人類神經系統與計算機的類比，也提及生理學對控制論思想形成的影響。控制論模型對生理學產生了深遠的影響，從根本上改變了神經生理學和心理學中傳統的反射弧概念，取而代之的是反射環的概念，從而更好地說明了人類行為的自我調節過程，使人類行為的目的性得到了科學的解釋。

（三）心理學背景

產生於 20 世紀 50 年代中期而成熟於 20 世紀 60 年代中後期，把關注的焦點置於人的認知過程和結構的認知心理學，在心理治療領域產生了重要影響。它具體表現在兩個方面，其一是引發了當時的治療家們如卡迪拉、戈德弗裡德與默鮑姆（M.R.Goldrfied & M.Merbaum）、拉施林（H.Rachlin）、斯圖爾特（R.B. Stuart）等試圖把個體內在的自我調節和自我控制的機制納入到行為主義的治療模式中，把人視為具有一定能力支配自己的行為、設定自己所要達到的目標和把自我與環境協調起來的個體。

其二是一些治療家如漢密爾頓（V.Hamilton）、內菲爾德和莫德斯爾（R.E.Neufeld & K.J.Mothersill）等直接接受了認知心理學關於訊息加工的模式，並將其運用於心理障礙的臨床分析和治療。

從 20 世紀 50 年代到 20 世紀 60 年代是行為療法獲得長足進展的時期，但是，到了 20 世紀 60 年代末 70 年代初，由於行為療法本身所固有的缺陷，治療家們似難再有新的突破和進展。特別是長時間以來，許多人力圖在治療抑鬱症方面有所作為，但均告失敗。治療家貝克從個體的認知入手來探討心理障礙形成的原因，採用調整和改變認知結構的方法對抑鬱症進行治療 (1963，1967)，並獲得成功。這一事實在心理治療圈內引起很大震動。貝克的研究成果給行為治療家們所帶來的重要啟示是：應當注重個體內在的心理特點，嘗試透過調節認知過程來達到改變個體行為的方法。正是在這些因素的作用下，認知-行為療法應運而生。

二、代表人物及其主要思想

（一）阿倫·特姆金·貝克

阿倫·特姆金·貝克，是認知療法的創立者。貝克是位多產的作家、嚴謹的研究員及認知療法的倡導者。他出生於從俄羅斯移民到美國的猶太家庭，在家中排行第三，是最小的孩子。貝克一家在學術和政治上都很活躍。

貝克於 1946 年在耶魯大學獲醫學博士學位。1953 年獲美國神經和精神病學會頒發的精神病學證書。此後，貝克從事精神分析理論的學習與研究，並於 1958 年在美國精神分析學院畢業。目前任賓夕法尼亞大學醫學院教授和認知治療中心主任，並擔任《認知治療與研究》的主編。其主要著作有《抑鬱症：原因與治療》、《認知治療與情緒困擾》等。貝克在 20 世紀六七十年代運用認知模式在對抑鬱症的治療與相關著作的創作中取得輝煌成績。

（二）阿爾伯特·艾利斯

阿爾伯特·艾利斯，美國心理學家。1939 年年僅 25 歲的艾利斯·阿爾伯特開始研究性、愛、婚姻和家庭關係等問題，而他在當時並未受過心理學的專業訓練。在涉足這些領域後，他曾花了兩年時間閱讀約 1 萬篇有關這些研究課題的論文和著作。此後艾利斯發現，自己能夠對那些有著性或愛的心理障礙者提供諮詢。為了獲得諮詢資格，他發奮學習，終於在 1947 年獲得哥倫比亞大學臨床心理學哲學博士學位。

在獲得博士學位後，艾利斯受聘於卡倫·霍妮學院，與赫爾伯格 (C.R.Herberger) 合作。在 1949～1953 年間，透過實施精神分析，他對精神分析的有效性開始產生懷疑，並由此成為反對精神分析的主要人物之一。在 1953～1955 年間，他曾嘗試過各種其他方法，用以取代精神分析，終於在 1955 年，他提出了自己的理論體系，那就是在諮詢和治療領域影響極大的合理情緒療法，簡稱 RET。有人稱艾利斯是自弗洛伊德以來唯一創建具有自己理論體系的心理治療學派的心理學家；還有人稱艾利斯為「認知-行為治療之父」。但也有人不以為然，認為艾利斯無非是取人之長、略加綜合而已。儘管褒貶不一，但他所倡導的合理情緒療法卻是得到一致推崇的。

（三）唐納德·梅肯鮑姆

唐納德·梅肯鮑姆是臨床心理學家，他於 1963 年在伊利諾大學研究所攻讀臨床心理學，並參與精神分裂症的語言訓練方案，目前任教於加拿大滑鐵盧大學，並擔任《認知治療與研究學報》(Cognitive Therapy & Research) 的副編輯。他的著作及論文繁多，代表作是《認知行為改變術》(Cognitive Behavior Modification：An Integrative Approach，1977)。唐納德·梅肯鮑姆致力於整合凱利 (G.Kelly)、艾利斯、貝克以及辛格 (J.Singer) 等人的認知—語義治療理論的臨床技術與現行行為治療技術之間的橫溝，提出了認知行為矯正技術。

三、特點

認知療法不同於傳統的行為療法，因為它不僅重視對不良性行為的矯正，而且重視改變來訪者的認知方式和獲得認知—情感—行為三者的和諧。同時，認知療法也不同於傳統的內省療法或精神分析，因為它重視當前來訪者的認知對其心身的影響，即重視意識中的事件而不是無意識。內省療法則重視既往經歷特別是童年經歷對當前問題的影響，重視無意識而忽略意識中的事件。認知療法常採用認知重建、心理應付、問題解決等技術進行心理輔導和治療，其中認知重建最為關鍵。

認知取向的諮詢技術種類繁多，不過它們都擁有以下特點：

第一，治療師和來訪者之間是協作的關係；

第二，治療的前提是心理上的痛苦基本上是由認知過程紊亂造成的；

第三，治療都旨在透過改變認知來改變個體的情感和行為；

第四，治療基本上針對的都是明確的、結構化的目標問題，並且是一種有時限的、以教育為導向的治療過程 (Weishaar，1993)。

所有的認知行為療法都基於心理學的教育模型，強調佈置家庭作業的重要性，強調來訪者在治療內外的積極主動性，並會為促發改變而採取一系列的認知及行為策略。

複習鞏固

1. 簡述認知取向諮詢技術的基本觀點。
2. 認知取向治療技術的基本特點有哪些？

第二節 基本理論與概念

本節將透過闡述認知取向的諮詢技術的人性觀及心理病理觀，並分別介紹艾利斯的合理情緒療法、梅肯鮑姆的認知行為療法及貝克的認知療法透過其主要理論來說明認知行為療法的基本理念。

一、人性觀

認知取向的諮詢理論對人性的假設包括以下五個方面的內容：

第一，人既可以是理性的、合理的，也可以是無理性、不合理的，當人們按照理性去思維、去行動時，他們就會很愉快、富有競爭精神及行動有成效；

第二，情緒是伴隨人們的思維而產生的，情緒上或心理上的困擾是由於不合理的、不合邏輯的思維造成的；

第三，人具有一種生物學和社會學的傾向性，即有理性的合理思維和無理性的不合理思維，也就是說任何人都不可避免地具有或多或少的不合理思維與信念；

第四，人是語言的動物，思維借助於語言而進行，若不斷地用內化語言重複某種不合理的信念，這將導致無法排解的情緒困擾；第五，情緒困擾的持續，實際上就是那些內化語言持續作用的結果。

二、心理病理觀

在認知心理學和認知療法的各個觀點中，對心理疾病的病理心理學觀點及其所採用的治療方法雖然稍有不同，但在理論上是基本相同的。這些療法一致認為，錯誤的觀念、不合理的信念或不正確的認知過程可導致不良情緒和行為障礙。情緒的產生是直接受認知和思維活動影響的。

三、基本理論與概念

（一）貝克的認知療法

貝克認知療法是貝克在研究抑鬱症治療的臨床實踐中逐步創建的。貝克認為，認知產生了情緒及行為，異常的認知產生了異常的情緒及行為。認知是情感和行為的中介，情感問題和行為問題與歪曲的認知有關。

1. 自動化思維

貝克認為人類的情緒反應來自於對外在刺激所形成的意義（meaning）中。個體所經歷的不同情緒經驗分別具有特定的認知意義。例如，悲傷是對某些事件感到價值喪失的失落感，陶醉或興奮則是從外在事件產生中獲得的知覺或希望，焦慮是認為自己正處於緊急危機之中或有此顧慮，而生氣則為覺知到自己受到惡意攻擊或願望及需求受到挫折（廖鳳池，1985）。

但是，人們在日常的思維和覺知過程中，常常不加注意地忽略了這些過程，因此，許多判斷、推理和思維是模糊、跳躍的，很像一些自動化的反應，這便是自動化思維（automatic thought）。這種思維以一種像電報語言般簡練的內在訊號的形式出現，它可能是文字的，也可能是影像的，通常是精緻

而且具體的。個體對於這些內在訊號通常會毫不遲疑地全盤接受，不幸的是這類思考通常比其他形式的思考具有更多的對現實的扭曲，個體的情緒反應通常就是這種思考所誘發的。

2. 自我監控、自我教導與規則

個體平常在生活中也經常會進行內在溝通，並對自己的想法、意圖、感覺及行動進行自我監控 (self-monitoring)。個體適量的自我監控可以使自己的行為在良好的掌握之中，發揮應有的效率，但過度的自我監控將形成過高的自我意識 (什麼事都想到自己) 或過度自律 (嚴格的自我要求)，因而形成強迫性神經症的行為模式。反之，如果個體缺乏自我監控的能力或習慣，則往往會產生行為過量 (如酗酒、過度吸煙或飲食過量等) 的困擾。

此外，個體也會在內心進行爭鬥，並透過言語的方式來指導自己的行動，稱之為自我教導 (sel-instructions)。個體如果常常進行強制性的自我教導 (例如我應該如何，別人一定要怎樣等)，將會因外在環境或自己的實際行為經常難以符合此時內心的要求或命令，而感到挫折痛苦，因而陷入憂愁的狀態中。

經過對有情緒困擾的來訪者內在認知內容的分析，貝克發現個體內在思考歷程具備某種類似邏輯推理的特質，用以引導自己的行為以及提供對自己或他人進行評判的標準，貝克將此稱為規則 (rules)。個體內心規則的運作通常具有合乎某種邏輯的特性，而且會引發個體去尋求支持性的證據加以證實，然後形成個體牢不可破的信念。

3. 認知歪曲

貝克認為有情緒困擾的人傾向於犯一種特有的「邏輯錯誤」，即將客觀現實向自我貶低的方向歪曲。常見的認知歪曲有：

(1) 任意的推論——在缺乏充分的證據或是證據不夠客觀和現實時，僅憑自己的主觀感受便做出草率的結論。

(2) 過分概括化——指在單一事件的基礎上做出關於能力、價值等整體自我品質的普遍性結論，也就是說從一個具體事件出發做出一般規律性的結論。

第八章 認知取向的諮詢技術

(3) 選擇性概括——只依據個別、片面的細節而不考慮其他情況就對整個事件做出結論。

(4)「全」或「無」的思維方式——對事物的判斷和評價要麼全對,要麼全錯,把生活看成非黑即白的單色世界,沒有中間色彩。

(5) 誇大或縮小——對客觀事物的意義做出歪曲的評價,要麼過分誇大,要麼過分縮小客觀事件的實際結果。

(二) 艾利斯的合理情緒療法

合理情緒療法 (Rational Emotive Therapy,簡稱 RET) 旨在透過純理論分析和邏輯思辨的途徑,改變求助者的非理性信念,以便幫助他們解決情緒和行為上的問題。

該理論認為引起人們情緒困擾的並不是外界發生的事件,而是人們對事件的態度、看法、評價等內容,因此,要改變情緒困擾,就不應著力於改變外界事件,而是透過改變認知來改變情緒。艾利斯認為外界事件為 A,人們的認知為 B,情緒和行為反應為 C,因此其核心理論又稱 ABC 理論。

合理情緒療法實際上就是一種對有情緒障礙的求助者實施再教育的過程。心理諮詢師訓練求助者科學地進行邏輯思維分析,使其能夠客觀、合理地思考,用以代替舊的非理性的信念。在這裡,諮詢師是一個指導者、說服者、分析者,也是權威訊息提供者以及與求助者非理性信念對抗的辯論者。他所扮演的是一個積極主動的角色。

1.ABC 理論

艾利斯認為,人的情緒不是由某一誘發事件本身所引起的,而是由經歷了這一事件的人對這一事件的解釋和評價所引起的。A 是指誘發事件;B 是指個體在遇到誘發事件之後相應而生的信念,即他對這一事件的看法、解釋和評價;C 是特定情景下,個體的情緒及行為的結果。通常人們會認為,人的情緒和行為反應是由誘發性事件 A 直接引起的,即 A 引起了 C。ABC 理論則指出,誘發性事件 A 只是引起情緒及行為反應的間接原因,而人們對誘發

性事件所持的信念、看法、解釋 B 才是引起人的情緒及行為反應的更直接的原因。

2. 不合理信念及特徵

理性情緒療法認為情緒困擾和行為不良，甚至神經症都來源於不合理信念。導致情緒困擾甚至神經症的 11 種主要不合理信念如下：

(1) 絕對需要獲得周圍環境中的人，尤其是生活中重要人物的喜愛和讚許。持有此不合理信念的人會千辛萬苦、委曲求全來取悅別人，但結果往往是失望、沮喪和受挫的。

(2) 個人是否有價值，完全在於他是否是個全能的人，即能在人生的每一個環節和每一方面都能有所成就。而世界上根本沒有一個十全十美、永遠成功的人，持有此不合理信念的人會為永遠無法實現的目標而獨自悲傷。

(3) 世界上有些人很壞、很可憎，所以應該對他們進行嚴厲的譴責和懲罰。然而世界上沒有完人，每個人都可能犯錯誤，因此，不該因他人一時的錯誤就將其視為壞人，以致對他們產生極端的排斥和歧視。

(4) 如果事情發展非其所願，那將是一件可怕的事。但是人不可能永遠成功，生活和事業上的挫折是很自然的事，如果一遭受挫折便感到可怕，那便會導致情緒困擾，也可能使事情更加惡化。

(5) 不愉快的事情總是由自己不能控制和支配的外界環境因素所致。持有此不合理信念的人認為人對自身的痛苦和困擾無法控制和改變。

(6) 面對現實中的困難和自我承擔的責任是很困難的，辦法只有逃避。逃避雖可暫時緩和矛盾，但問題卻是始終存在而不得其解，且時間一長，問題便會惡化或連鎖性產生其他問題和困難，從而更加難以解決，最終會導致更為嚴重的情緒困擾。

(7) 人們要對危險和可怕的事物隨時隨地地加以警惕，應該非常關心並不斷注意其發生的可能性。對危險和可怕的事物應該有一定的心理準備，但過分的憂慮則是非理性的，它會使人憂心忡忡、焦慮不已。

第八章 認知取向的諮詢技術

(8) 人必須依賴他人，特別是依賴某些比自己強而有力的人，只有這樣才能生活得好些。持有此不合理信念的人可能失去自我的獨立性，導致更大的依賴，產生不安全感。

(9) 一個人以往的經歷和事件常常決定了他目前的行為，而且這種影響是永遠難以改變的。過去的經歷是個人的歷史，這的確無法改變，但不能說這些事就決定一個人的現在和未來。

(10) 一個人應該關心他人的問題，並為他人的問題而悲傷難過。持有此不合理信念的人會過分投入他人的事情，就可能忽視自己的問題，並因此使自己的情緒失去平衡，以至於沒有能力去幫助他人並使自己更糟。

(11) 對一生的每一個問題，都應有唯一正確的答案。持有此不合理信念的人堅持要尋找某種完美的答案，會使自己失望和沮喪。

(三) 梅肯鮑姆認知行為矯正

唐納德·梅肯鮑姆的認知矯正（簡稱 CBM）技術，關注的是求助者的自我語言表達的改變。梅肯鮑姆認為一個人的自我陳述在很大程度上與別人的陳述一樣能夠影響個體的行為。CBM 的一個基本前提是求助者必須注意自己是如何想的、如何感受的和如何行動的以及自己對別人的影響，這是行為改變的一個先決條件。要發生改變，求助者就需要打破行為的刻板定勢，這樣才能在不同的情境中評價自己的行為。

1. 內在對話

梅肯鮑姆的自我教導理論，主要關心的是個體內在的認知事件如何影響其行為的改變。他所謂的內在認知事件，泛指個體對外在所產生的歸因、衡量、解釋、自我增強、信念、防禦機制及其他許多相關的概念，他將這一類個人有意識的內在事件，稱之為內在對話 (internal dialogue)。事實上，成人的行為也受到內在語言的引導，尤其在從事一項陌生或新的動作技能的學習時，語言常常必須扮演一種支持性或引導性的功能（例如學車時，學習者通常要背誦教練所指導的要訣，一邊默背，一邊練習），一旦這些語言及動作逐漸熟練之後，個體這種外顯的自我教導語言隨即轉化成更高級形式的內

在語言,在無形中自動協助個體掌握自己的行動,控制自己做出正確的反應。已經內化的語言,則變成個體隱含或自動化的思考歷程(廖鳳池,1985)。

2. 自我教導

個體透過內在語言的自我教導,可以增加個體對刺激的區別能力,指導個體將注意力集中,並協助個體形成系列假設以及將認知訊息存留在短時記憶中,以增進個體正確應變的能力。此外,個體自我教導的內容,也會決定其對自己生理喚起狀態 (physiological arousal) 的知覺及反應。事實上,梅肯鮑姆認為個體的行為反應並非完全受制於其生理喚起的作用,而是個體處於生理喚起狀態時對自己所說的話(即內在語言)決定了他的情緒感受及行為反應。因此,我們要瞭解或改變一個人的情緒及行為反應,最主要的工作便是必須考慮他在行動前、行動時及行動後對自己所說的那些內在語言。

3. 內在對話分類

梅肯鮑姆依據內在語言對個體的正面及負面影響功能,將個體的內在語言分為正向內言 (positive self-statements) 及負向內言 (negative self-statements)。正向內言是在面對壓力情景時教導個體採取積極面對的態度,如「事情來了,好好應對吧」;對自己應付能力較有信心,如「只要專心一致,我相信我自己一定能應付過來」;教導個體開始計劃及採取行動,如「不要和他正面衝突,先緩和他的情緒,聽聽他怎麼解釋」;對可預見的負向結果採取接納的態度,如「真是沒辦法,至少我已經盡力了」或「錯不在我,人生難免有不如意的時候」。正向內言幫助個體集中注意力,做好心理準備,因此能以平穩的情緒狀態採取積極、有效的應對行動。負向內言則相反,它會讓個體對情境的嚴重性採取誇大的觀點,如「這下子完了」;對自己的挫折忍受力採取過低的評價,如「我沒辦法,我一定不行」或「我受不了了」;產生自我反對或自我擾亂的想法,如「我怎麼可以這樣,真是笨死了」或「算了,放棄吧,我就知道我不行」。由此可見,負向內言會使個體產生更多的焦慮,使個體分心到與工作無關 (task-irrelevant) 的事情上,以及產生自我挫敗 (self-defeating) 的想法,甚而造成情緒的困擾及行為的不適應(廖鳳池,1985)。

第八章 認知取向的諮詢技術

複習鞏固

　　1. 不合理信念的特徵是什麼？

　　2. 貝克認知歪曲形式是什麼？

▌第三節 諮詢與治療技術

一、貝克認知療法的治療技術

　　貝克認知療法的治療技術中主要包括找出來訪者認知歪曲的方法、改變認知歪曲的方法等。

　　（一）找出來訪者認知歪曲的方法

　　認知取向的治療方法都認為不良認知是情緒和行為困擾的癥結所在，然而要想對特定的個體進行實際的認知行為改變，必須找出特定個體不良認知的具體內容。尋找來訪者認知歪曲的方法常常有：

　　1. 回憶最近的一個具體事例

　　來訪者對事件有清楚的記憶，心理諮詢師應請他詳細說明當時的情境和情緒體驗。可問「當時你想過什麼」「那時你腦內有過什麼想像嗎」「在你最焦慮時你想過可能會發生什麼樣最壞的事情」。要注意的是，來訪者有時知道自己想法不合理，因而試圖掩飾，如一位認為自己心臟出毛病的驚恐發作的來訪者，問他「驚恐時你害怕什麼事」時，他說：「我以前以為自己有心臟病，不過醫生保證我的心臟正常，我現在就是擔心、焦慮。」但是，如果問：「在驚恐發作的時候，你想可能會發生什麼樣最壞的事情？」他卻回答說：「雖然醫生那樣說了，在發作時我確實相信我要心臟病發作了。」

　　2. 心理想像或角色扮演

　　當直接詢問不能引出自動想法時可用想像法，指導語為「看起來你好像不能準確記住那時發生了什麼情況。你當時想什麼？對這個問題，我們可以試試對那個情境進行詳細的想像，然後讓想像移動，好像你在看電影。現在

你具體地想像那個情境,一旦你有了清楚的想像之後,請你簡單地向我描繪一下你見到了什麼,好嗎」。

當來訪者描繪情境時,心理諮詢師引導他,「現在緩慢地使想像向前移動,注意你的感覺怎樣?你的頭腦裡閃過什麼想法?現在你見到些什麼?在你的焦慮加重時你的頭腦裡想過什麼?」如果事件涉及人際相互作用,可以用角色扮演再現情緒體驗。這種技術可以相當簡單地引入會談,如「假設我就是你的同事(或上級),你向我提出使用電腦的請求,遭到拒絕,此時你的感覺怎樣?當時腦子裡想過什麼」,然後變換角色,再現當時情境和情緒體驗,負性自動想法就容易顯露出來了。

3. 在來訪者出現強烈情緒反應時詢問

比如一個焦慮來訪者害怕自己會得腦血管病,心理諮詢師畫了一個腦血管草圖,來訪者看圖後很緊張。

心理諮詢師:我畫這個圖時你在想什麼?

來訪者:我想的就是這個。

心理諮詢師:你想什麼呢?

來訪者:我想血出來了。

心理諮詢師:有一個清楚的圖像嗎?

來訪者:是的。

心理諮詢師:你有這個圖像時感覺如何?

來訪者:可怕極了。

心理諮詢師:你在這個想像之前感到緊張嗎?

來訪者:沒有。

心理諮詢師:那麼,你有了這個想像後怎麼會這樣?

來訪者:我一想到它,頭痛就來了。

第八章 認知取向的諮詢技術

這種方法對引出焦慮來訪者的負性自動想法十分有用，焦慮來訪者的想法均與危險有關，人為的改變其情緒，其想法則能很快引出。

4. 瞭解對某些事件的看法

比如一位患有抑鬱症的來訪者每次會談時都聲稱找不到任何自動想法，當心理諮詢師問及心理治療對她的意義時，她說：「這說明我在走下坡路，我不應當要這類幫助，我應該能獨自處理。」她的回答恰恰顯示了負性想法。

5. 情緒事件自助表

在諮詢開始時，來訪者通常先描述自己的情緒，然後花很長一段時間來說明緣由，他們通常把事情發生的情境，以及自己的行為、想法和感覺混在一起來談，而無法澄清情緒困擾的真正原因。此時，心理諮詢師可利用情緒事件自助表來協助來訪者整理他的思緒。例如，廖鳳池根據 Kabfer & Phillip (1970) 所提出的 SORKC (S 是指造成困擾的情境，O 是指來訪者的生理狀況，R 是指來訪者的反應，K 是指影響來訪者往後再出現同一行為頻率的時制效應，C 是指後果) 行為分析模式，配合艾利斯所提出的 ABC 理論，加以綜合而繪製了情緒事件自我觀察記錄表。

情緒事件自我觀察記錄表可由心理諮詢師以來訪者所陳述的情緒事件為例，示範填寫方法及各欄目的記錄要點，並讓來訪者嘗試以一個情緒事件來填寫，以此確定來訪者可以正確填寫。隨後可以給來訪者幾張空白表格當做家庭作業，讓來訪者記錄下次來諮詢前所發生的情緒事件，使諮詢更直接具體。

(二) 改變認知歪曲的技術

1. 提問技術

提問技術有兩種，分別是質疑式和誇張式。

質疑式。治療師直截了當地向求助者的不合理信念發問。比如「你有什麼證據能證明你自己的這一觀點」「是否別人都可以有失敗的記錄，而你卻不能有」「是否別人都應該照你想的那麼去做」「你有什麼理由要求事物按

你所想的那樣發生」「請證實你自己的觀點」等等。來訪者一般不會簡單地放棄自己的信念，面對治療師的質疑，他們會想方設法為自己的信念辯護，因此，治療師借助這種不斷重複和辯論的過程，使對方感到自己的辯解理屈詞窮，從而使他們認識到：那些不合理的信念是不現實、不合邏輯的東西；那些信念是站不住腳的；什麼是合理的信念，什麼是不合理信念；最終以合理的信念取代那些不合理的信念。

誇張式。治療師針對求助者信念的不合理之處故意提出一些誇張的問題。這種提問方式猶如漫畫手法，把對方信念的不合邏輯、不現實之處以誇張的方式放大給他自己看。

2. 真實性驗證

透過來訪者與心理諮詢師協作的方式設計一種行為作業，以檢驗來訪者負性想法（預測）的真實性。採用行動來檢驗負性自動想法的真實性，是促進來訪者改變信念的最有效方法。做法是首先要明確什麼是需要檢驗的想法，並回顧反對與支持的證據，然後共同設計一種行為作業，鼓勵來訪者實施。

3. 去中心化

大多數抑鬱和焦慮的求助者感到他們是人們注意的中心，他們的一言一行都受到他人的「評頭論足」，因此，他們一直認為自己是脆弱的、無力的。治療計劃要求來訪者不以從前的方式行事，忽略掉周圍人們的注意，結果可以發現很少有人會注意他的言行。

4. 監控憂鬱或焦慮水準

多數抑鬱和焦慮求助者往往認為他們的焦慮會一直不變地存在下去，但事實上，焦慮的發生是波動的。心理諮詢工作者透過鼓勵來訪者對焦慮的水準進行自我監測，促使來訪者認識焦慮波動的特點，增強抵抗焦慮的信心。

二、艾利斯合理情緒療法的治療技術

艾利斯合理情緒療法中，主要運用的治療技術包括蘇格拉底式對話、理性情緒自我分析法以及合理情緒想像技術等。

第八章 認知取向的諮詢技術

（一）蘇格拉底式對話

蘇格拉底式對話 (Socratic dialogue) 是一種採用對談的方式，以澄清彼此的觀念和思想。在認知行為療法中，蘇格拉底式對話是用來改變來訪者認知歪曲的特殊方法之一。在蘇格拉底式對話中，檢驗人們的一個想法是否正確，最基本的三個步驟是：定義用語，確定規則，找到證據。詳述如下：

1. 確定來訪者所運用的語詞的意義 (defining your terms)，即要求來訪者將他所使用的語詞，尤其是關鍵詞語定義清楚，以澄清概念。比如來訪者說：「如果我在大學裡表現不理想，就該感到慚愧。」心理諮詢師就可以就其中的「表現不理想」「應該」及「羞愧」作定義，以澄清其信念。

2. 找出來訪者所使用的規則 (deciding your rules)，即探討來訪者推理所運用的前提，以分析前提的正確性，進而瞭解某些觀念是否有所偏差。例如一個正在跟男朋友鬧彆扭的女孩說：「如果今天他再不打電話給我，我們的關係就完蛋了。」心理諮詢師可以問：「你怎麼會認為如果他不打電話，你們的關係就完蛋了呢？」

3. 要求來訪者提出證據來 (finding your evidence)，以便檢驗其所運用的規則是否真實可靠，是否需要修正。例如，針對剛才提到那位鬧彆扭的女孩，心理諮詢師可以說：「如果他不打電話來，你就認定他不包容你的過失，不顧及你的感受。在你和他交往的過程中，每次吵架之後都是如何重歸於好的呢？」

（二）理性情緒自我分析法

合理情緒療法的治療理念可歸結為 ABCDEF 六個步驟。分別是：

A：activating events，指發生的事件；

B：beliefs，指人們對事件所持的觀念或信念；

C：emotional and behavioral consequences，指觀念或信念所引起的情緒及行為後果；

D：disputing irrational beliefs，指勸導干預；

E：effect，指治療或諮詢效果；

F：new feeling，指治療或諮詢後的新感覺。

人們面對外界發生的負性事件時，為什麼會產生消極的、不愉快的情緒體驗？人們常常認為罪魁禍首是外界的負性事件 A。但是艾利斯認為，事件 A 本身並非是引起情緒反應或行為後果 C 之原因，人們對事件的不合理信念 B (想法、看法或解釋) 才是真正原因所在。因此要改善人們的不良情緒行為，就要 D 勸導干預非理性觀念的發生與存在，並代之以理性的觀念。等到勸導干預產生了效果 E，人們就會產生積極的情緒或行為，心裡的困擾因此消除或減弱，人也就會有愉悅充實的新感覺 F 產生。

理性情緒自我分析的方式有兩種。一是運用系列的問題，在紙上自問自答，以檢驗及駁斥自己的非理性信念；另一種方式是用艾利斯發展出來的理性情緒自我分析表來進行自我分析，即先讓填表者找出 A 和 C，然後再找 B。表中列有十幾種常見的不合理信念，填表者可從中找出符合自己情況的 B，若是還有其他的不在此列中的不合理信念也可單獨列出。接下來是請填表者自己做 D，對自己所有的不合理信念進行質疑式的辯論。最後是填寫 E，即透過自己與自己的不合理信念辯論而達到的情緒和行為的效果。

下面是一位女大學生的合理情緒自我分析表。

問題：每次看見母親嚴肅的樣子，就非常的恐慌，擔心自己有什麼事做錯了。只要母親沒有笑容，就感到焦慮，有壓力，非常不舒服，一旦母親笑了才感到好些，但笑容一消失，一切的焦慮和煩惱又回來了，每天這樣，非常苦惱。

誘因 A：母親常有不笑的時候，這樣每天都不時地看到母親嚴肅的面孔。

信念 B：

1. 母親只要沒有不順心的事就必然滿面笑容，母親只要不笑，就必然是在生氣。

第八章 認知取向的諮詢技術

2. 我絕不能做錯事，只要做一點錯事，就會惹母親生氣，就不是好女兒。如果經常使母親生氣，我就不是個孝順女，就是罪大惡極。

3. 母親對我的要求必定非常嚴格，只要我出一點毛病，母親就一定會板起面孔生我的氣。而母親一旦不高興，也必定是我惹的。

結果 C：每日緊張焦慮，唯恐做錯什麼事，很難受。

辯論 D：在信念 B 所列的 1，2，3 條中的觀念符合邏輯嗎？請自己回答。

1. 一個人只要不笑，就必定是在生氣，這對嗎？

答：好像不對，人在心情平靜甚至有高興的事時，也有可能不笑。人不可能有那麼多煩惱，而只要不煩惱就笑，笑肌就會累僵了。所以人們是經常不笑的。母親與常人沒有什麼不同之處，所以也會經常不笑。這樣，不笑並不意味著生氣。

2. 即使母親不笑，就一定是針對我嗎？

答：不一定。母親的生活中除了女兒，還有很多其他事情，比如工作、社會活動、家事等等。她即使不高興，也不一定是因為我做錯了什麼事，有可能是工作不順心，家務繁重或在外受了售貨員的氣。

3. 即使母親不笑是因為在生我的氣，就一定糟糕透了嗎？

答：也不一定。應當想到人不可能不出錯，如果做錯了事，母親不高興，也是人之常情，這並不表明母親就認為我是壞女兒。生氣只不過是宣洩不良情緒的有效方式，情緒宣洩了，心情可能就慢慢變好。

效果 E：透過自己與自己辯論，可以消除一些緊張情緒，但心裡仍隱隱有些不暢。

（三）合理情緒想像技術

來訪者的情緒困擾，有時是他自己向自己傳播的煩惱，合理情緒想像技術就是幫助來訪者停止傳播不合理信念的方法，具體步驟可用一個例子來闡

述。例如,當心理諮詢師面對一個不敢在公眾面前發言的來訪者時,首先讓他想像自己正站在全班同學面前發言的情景,並報告他此時的心情和感受。他可能報告說感到非常恐懼和窘迫。然後保持這一想像情景,但要求他想辦法把剛才這種情緒改變為一種適度的反應,如適度的緊張。一旦學生在想像中做到了這一點,就要求他說出自己是怎樣想的,才使情緒發生了變化。比如學生可能會說:「我既然已經站在全班同學面前,就不能講一半就走,那樣更丟人,我也不能傻站在前面一句話說不出來,那會更難受,所以不管怎樣,我必須堅持講完,這樣一想反而不像剛才那樣恐懼了。」最後,停止想像。讓來訪者講述他是怎麼想的,自己的情緒有哪些變化,是如何變化的,改變了哪些觀念,學到了哪些觀念。

三、梅肯鮑姆認知行為矯正的治療技術

梅肯鮑姆認知行為矯正中所運用的治療技術主要包含壓力接種訓練、自我教導訓練等。

(一) 壓力接種訓練

壓力接種訓練是應對技能學習程序的具體應用。應對技能學習程序的基本原理是透過學習如何矯正認知「定勢」來獲得更有效的應對壓力情境的策略。具體程序是:首先透過角色扮演和想像使求助者面臨一種可以引發焦慮的情境,然後要求求助者評價他們的焦慮水準。在這之後教給求助者覺察那些他們在壓力情境下產生的引發焦慮的認知,幫助求助者透過重新評價自我陳述來檢查這些想法,然後讓求助者注意重新評價後的焦慮水準。

壓力接種訓練的步驟可分為三個階段。第一階段為學習階段 (educational phase),用來提供給來訪者一個瞭解其感受壓力反應性質的概念架構;第二階段為練習階段 (rehearsal phase),由前一節架構中導出克服壓力所需的認知及行為的應用技術,並加以預演或練習;最後一個階段為應用階段 (application phase),讓來訪者在真實的壓力情境中應用所學到的技術,並評估其使用效果 (廖鳳池,1985)。

1. 學習階段

第八章 認知取向的諮詢技術

首要的關注點是與求助者建立一種工作關係。這一點主要是透過幫助他們獲得對壓力本質的一個更好的理解，以及用社會交互作用觀點來對它進行重新定義而做到的。在這一早期階段，心理諮詢師要得到求助者的合作，並且一起來重新思考求助者問題的實質。一開始，心理諮詢師為求助者提供一個專門為他設計的簡單概念框架，幫助理解他是如何對一系列壓力情境做出反應的，讓求助者認識到認知和情緒在造成與維持壓力過程中所扮演的角色。心理諮詢師是透過教學呈現、蘇格拉底式詢問和有引導的自我發現過程來完成的。

在開始諮詢的時候，求助者經常感覺到自己是外部環境、想法、情感和行為的受害者，而這些因素都是他無法控制的。壓力接種訓練就包括教給求助者觀察自己在壓力形成中的作用。要獲得這種覺察，就必須系統地觀察他的內部陳述，並且監控這一內部對話帶來的適應不良行為。這種自我監控貫穿了各個階段的始終。求助者通常要寫一種開放性的日記。在日記中，求助者系統記錄自己的具體想法、情感和行為。在教授這些應對技能的過程中，心理諮詢師要努力做到靈活地使用各種技術，並且要對求助者的個人、文化和情境保持敏感。

2. 練習階段

本階段的關注點是教給求助者各種行為和認知應對技術以應用於不同的壓力情境。這一階段包括收集有關求助者各種恐懼的訊息，明確找到是什麼情境帶來了壓力，透過各種途徑來做一些不同的事以減緩壓力以及學習軀體和心理放鬆的方法。透過練習，求助者認識到適應性與適應不良的行為，同時提供了一些應對陳述的例子，它們都可在本階段複述：「我怎樣面對和處理這個壓力（用什麼方法能夠解決這個壓力源，我怎樣才能戰勝這一挑戰），我怎樣能不感覺被壓垮了（眼下我可以做什麼，我怎樣才能把恐懼保持在自己的控制之下），我怎樣強化我的自我陳述（我怎樣可以認可自己）。」

3. 應用階段

該階段關注的是將治療情境中發生的改變遷移到現實生活中，並將之維持下去。很明顯，教授應對技能是一個複雜的過程，它有賴於各種不同的治

療程序。對於求助者來說，僅僅告訴自己新的東西通常還不足以帶來變化。他需要實踐這些自我陳述，並且把他的新技能應用到現實生活情境中。一旦求助者熟練掌握了各種認知和行為應對技能，他就要開始練習難度逐步提高的行為家庭作業。心理諮詢師讓求助者寫出他願意完成的家庭作業。這些作業的完成情況將在隨後的會面中得到仔細的檢查。如果求助者沒能完成它們，心理諮詢師將和他一起尋找失敗的原因。後續和加強治療通常安排在治療之後的 3 個月、6 個月和 12 個月的時候，目的是激勵求助者繼續練習和提高他的應對技能。

（二）自我教導訓練

自我教導訓練 (self-instructional training，簡稱 SIT) 是梅肯鮑姆所創立的一種認知行為改變技術。這種技術目前已經廣泛地被行為及認知學派的心理諮詢師所採納。

要進行自我教導訓練，首先要設計正向的內言，以作為訓練的主要內容。正向內言可分為兩種：一種是用來對付無法專心致志的自我控制的內言，傾向於行動式的自我教導；另一種則是用來對抗造成困擾的負向內言。梅肯鮑姆將自我教導訓練分為五個步驟：

第一，認知示範 (cognitive modeling)：成人示範以大聲自我教導的方式引導兒童表現出所欲訓練的行為；

第二，外顯的引導 (overt，external guidance)：兒童在成人口語的示範引導下，表現出同一行為；

第三，外顯的自我引導 (overt self-guidance)：兒童大聲地以自我教導的外顯語言指導自己表現出該行為；

第四，熟練外顯的自我引導 (faded overt self-guidance)：兒童輕聲地反覆練習以外顯語言指導自己的行為；

第五，內隱的自我教導 (covert self-instruction)：兒童以內隱的內在語言或內隱的心象，引導自己表現出該行為 (廖鳳池，1985)。

心理諮詢技術
第八章 認知取向的諮詢技術

複習鞏固

1. 簡述貝克認知療法中改變認知歪曲的技術有哪些？
2. 簡述壓力接種訓練 (SIT) 三階段。

第四節 諮詢與治療過程

一、艾利斯合理情緒療法

(一) 心理診斷階段

在這一階段，心理諮詢師的主要任務是根據 ABC 理論對求助者的問題進行初步分析和診斷，透過與求助者交談，找出他情緒困擾和行為不適的具體表現 (C)，以及與這些反應相對應的誘發性事件 (A)，並對兩者之間的不合理信念 (B) 進行初步分析。這實際上就是一個尋找求助者問題的 ABC 的過程。在進行這一步工作時，心理諮詢師應注意求助者次級症狀的存在，即求助者的問題可能不是簡單地表現為一個 ABC。有些求助者的問題可能很多，一個問題套著其他幾個問題。

例如，有一位大學生，在一次考試不及格 (A1) 後變得很沮喪 (C1)，其不合理信念可能是「我應該是個出色的好學生，這次不及格真是太糟糕了」(B1)。但是他的不良情緒 (C1) 很可能會成為新的誘發事件 (A2)，引起他另一種不合理信念「我必須是個永遠快樂的人，而絕不應該像現在這樣憂心忡忡」(B2)，從而導致他更為不良的情緒反應 (C2)。

因此，心理諮詢師要分清主次，找出求助者最希望解決的問題。在此基礎上，還要和求助者共同協商制定諮詢目標。這種目標一般包括了情緒和行為兩方面的內容，通常是要透過治療使情緒困擾和行為障礙得以減輕或消除。最後，心理諮詢師還應向求助者解說合理情緒療法關於情緒的 ABC 理論，使求助者能夠接受這種理論及其對自己的問題的解釋。心理諮詢師要使求助者認識到 A、B、C 之間的關係，並使他能結合自己的問題予以初步分析。

(二) 領悟階段

主要幫助來訪者認識到自己不適當的情緒和行為表現，或者說幫助來訪者認識到自己的症狀及產生這些症狀的原因，並透過尋找產生這些症狀的思想根源，進而找出它們的非理性觀念。

在尋找非理性信念並對它進行分析時要按順序進行：

第一，要瞭解有關激發事件 A 的客觀證據；

第二，來訪者對事件 A 的感覺體驗是怎樣反應的；

第三，要求來訪者回答為什麼會對它產生恐懼、悲痛、憤怒的情緒，找出造成這些負性情緒的非理性信念；

第四，分析來訪者對事件 A 同時存在理性的和非理性的看法或信念，並且將兩者區別開來；最後，將來訪者的憤怒、悲痛、恐懼、抑鬱、焦慮等情緒和不安全感、無助感、絕對化要求和負性自我評價等觀念區別開來。

(三) 修通階段

心理諮詢師主要採用辯論的方法動搖來訪者的非理性信念。

(1) 用誇張或挑戰式的發問要求來訪者回答他有什麼證據或理論對事件 A 持有與眾不同的看法等等；

(2) 透過反覆不斷的辯論，使來訪者理屈詞窮，不能為其非理性信念自圓其說，使他真正認識到他的非理性信念是不現實的，不合乎邏輯的，也是沒有根據的；

(3) 開始分清什麼是理性的信念，什麼是非理性的信念，並用理性的信念取代非理性的信念；

(4) 治療時還可採用其他認知和行為療法，如給來訪者佈置認知性的家庭作業 (閱讀有關認知療法的文章，或寫一篇與自己某一非理性信念進行辯論的報告等) 或進行放鬆療法以加強治療效果。

(四) 再教育階段

第八章 認知取向的諮詢技術

這一階段的主要任務是鞏固前幾個階段治療所取得的效果，幫助求助者進一步擺脫原有的不合理信念及思維方式，使新的觀唸得以強化，從而使求助者在諮詢結束之後仍能用學到的東西應對生活中遇到的問題，以能更好地適應現實生活。在這一階段，心理諮詢師可採用的方法和技術仍可包括上一階段的內容，如繼續使用與不合理信念辯論的技術、合理情緒想像的方法以及完成各種認知性、情緒性和行為方面的家庭作業。

二、貝克的認知療法

（一）建立治療關係

關係要和諧，儘量採取商討式的態度。治療者要扮演診斷者和教育者的角色。來訪者也不能只是被動接受，對自己不正確的觀念要加以內省，還要發揮自己主動認識事物、解決問題的能力，這是個主動再學習的過程。心理諮詢師和來訪者可以共同制定諮詢目標，商討諮詢方法、諮詢的時間間隔等具體問題，並在這些問題上達成一致。在這種關係中，心理諮詢師扮演著診斷者和教育者的雙重角色。

（二）確定治療目標

目標即為發現並糾正錯誤的認知過程，使之改變到正確的認知方式上來。治療者與來訪者要目標一致。貝克的理論側重求助者整個認知過程的恢復。

（三）確定問題

接觸到來訪者的認知過程及認知觀念後，為了找到不正確的認知觀念，首要的任務是把來訪者引到特定的問題上來，方法為提問和自我審察。提問是要把來訪者的注意力導向與他的情緒和行為密切相關的方面，對於重要的問題可以反覆提問。自我審察是鼓勵來訪者說出對自己的看法，並對自己的看法進行細緻的體驗和內省。

（四）檢驗表層錯誤觀念

表層錯誤觀念是來訪者對自己的不適應行為的直接具體的解釋。例如，一個有強迫洗手行為的求助者可能把自己的行為解釋成對細菌或其他臟東西

的恐懼，認為自己是怕這些東西傷害其健康而不斷洗手。而一個抑鬱症求助者則可能把自己的退縮行為解釋為沒有能力去做某件事。總之，求助者很容易用具體事件對自己的行為加以解釋，這種解釋所包含的就是表層錯誤觀念。

可以使用幾種有關技術：

1. 建議

建議求助者進行某一項活動，這一活動與他對自己的問題的解釋有關。透過這個活動，求助者可以檢驗自己原來的解釋是否正確。例如，對於前面提到的那個強迫洗手的求助者，心理諮詢師可以建議他去有意減少洗手的次數，並讓他自己去檢驗這樣做是否真的會給他的健康造成危害。

2. 演示

鼓勵求助者進入一種現實的或想像的情境，使他能夠對其錯誤觀念的作用方式及進程進行觀察。例如，以心理劇的方式出現，由心理諮詢師設定某種劇情，並且和求助者分別扮演不同的角色，使他能夠更為客觀地看待自己的問題。

3. 模仿

讓求助者觀察一個模特完成某種活動，然後要求求助者透過想像或模仿來完成統一的活動。例如，對於一個社交恐怖求助者，可讓他先觀察心理諮詢師或其他人的正常的人際交往活動，然後要求求助者模仿或在想像中也來完成這一活動。在此過程中，他可以對自己恐怖情緒的產生過程進行直接體驗。

(五) 糾正核心錯誤觀念

核心錯誤觀念往往是一些抽象的與自我概念有關的命題，必須透過邏輯水準更高、更抽象的技術進行糾正。其中災變袪除、重新歸因、認知重建等技術都離不開語義分析技術。

「災變袪除」法是指透過嚴密的邏輯分析，使求助者認識到他對事物不良後果的可能性估計過高，過分誇大災難性後果，從而袪除這種誇張性的認

第八章 認知取向的諮詢技術

知。透過「重新歸因」對求助者非現實的假設做嚴格的邏輯批評，使他看到自己思維的不現實性，從而做出對挫折和失敗更為客觀現實的歸因。透過「認知重建」則可以使求助者學會如何正確地使用思維工具來代替非邏輯的認知。語義分析技術主要針對求助者錯誤的自我概念。這些自我觀念常常表現為一種特殊的句式，也具有共同的邏輯形式，即一個「主—謂—表」的句式結構。例如，「我是一個毫無價值的人」，實際上就是暗示他在一切方面都是毫無價值的。

（六）認知的進一步改變

透過行為矯正技術改變來訪者不合理的認知觀念，只是這種技術不是針對行為本身，而是將其與認知過程聯繫起來，形成良性循環。首先，要設計某種情境或模式，使來訪者產生通常他所忽視的情緒體驗，一出現就給予強化，這對來訪者十分重要。其次，來訪者也學會了如何獲得這種體驗的方法。

（七）新觀念的鞏固

透過留作業的方式給來訪者提出相應的任務，它是前幾步治療的延伸，使來訪者在現實生活中更多地鞏固那些新建立的認知過程和正確的認知觀念。這一工作不一定只在諮詢後期才開始進行。在每一次諮詢之後，心理諮詢師都可以根據具體情況給求助者佈置一定的家庭作業，例如可以讓求助者在實際情境中繼續應用演示或模仿的方法來建議並糾正錯誤觀念或教給求助者語義分析技術，讓他在諮詢後繼續對自己的深層錯誤觀念進行句子分析。這就使求助者在現實生活的情境中有更多的機會來鞏固那些剛剛建立起來的認知過程和正確的認知觀念，進一步學習使用新的思維方式和正常的情緒行為反應方式。

生活中的心理學

案例

背景：麗麗，18歲，大學一年級學生，因持續性憂傷、焦慮和孤獨就醫。入學後一個月，她的評估師認為她患有中等程度的中性抑鬱症，直到治療前

症狀已經持續了 4 個月。家中有一個很優秀的哥哥，他們的成績都不錯，但是相對於哥哥仍有差距。

　　心理諮詢師：「哦，麗麗，你說過你想談談找個打工機會的問題，是嗎？」

　　來訪者：「是的，我需要錢……但，我不知道。」

　　心理諮詢師：(注意到來訪者看起來很焦慮)「你現在腦子裡正在想著什麼？」

　　來訪者：「我不能夠應付一份工作。」

　　心理諮詢師：「這時你感覺如何？」

　　來訪者：「可悲，真正的失落。」

　　心理諮詢師：「所以你才有『我不能應付一份工作』的想法，而且這種想法讓你感到悲哀，你不能夠工作，有什麼證據呢？」

　　來訪者：「我遇到一些麻煩，考試剛及格。」

　　心理諮詢師：「哦，還有嗎？」

　　來訪者：「我不知道……我還很累，疲勞使我甚至很難出去找一份工作，更不用說每天去上班。」

　　心理諮詢師：「我們馬上來看一下這個問題。也許在這一點上，對你來說出去並且調查幾份工作的情況，實際上比你去工作更困難，正如你已經遇到的一樣。總之，假設任何一條你不能應付工作的證據，你能想出來嗎？」

　　來訪者：「……不，我想不出來。」

　　心理諮詢師：「相反的證據呢？你也許能夠應付一份工作的證據呢？」

　　來訪者：「去年我打了一份工，而且那時我在學習和各種活動中都是出類拔萃的，可是今年卻……我真的不知道。」

　　心理諮詢師：「還有什麼你能應付一份工作的證據呢？」

第八章 認知取向的諮詢技術

來訪者：「我不知道……有可能我能做一些無須花太多時間的事，而且不能太難。」

心理諮詢師：「可能是什麼工作呢？」

來訪者：「也許是銷售工作吧，去年我曾做過。」

心理諮詢師：「對在哪兒工作有什麼想法呢？」

來訪者：「實際上，可能是大學書店，我曾經注意到他們正要招幾個新員工。」

心理諮詢師：「是嘛，那麼，如果你在書店真得到一份工作，可能發生的最壞的情況是什麼呢？」

心理諮詢師：「你經歷過那種情況嗎？」

來訪者：「是的，我肯定，我想我該馬上停止工作。」

心理諮詢師：「那麼可能發生的最好的情況是什麼呢？」

來訪者：「啊……我可能做得很容易。」

心理諮詢師：「那麼，最現實的結果是什麼呢？」

來訪者：「可能不太容易，特別是開始的時候，但我也許能夠應付它。」

心理諮詢師：「『我不能應付一份工作』，相信這種最初想法，有什麼影響呢？」

來訪者：「這讓我感到悲傷……甚至使我不去嘗試。」

心理諮詢師：「改變你的想法，讓你認識到你也許能夠在書店工作，這會有什麼影響呢？」

來訪者：「我感覺好多了，我大概會申請這份工作。」

心理諮詢師：「所以，你就這一點想做些什麼？」

來訪者：「去書店，我儘可能今天下午就去。」

心理諮詢師：「你有多少可能去那兒？」

來訪者:「哦,我猜我會去的,我要去。」

心理諮詢師:「那麼,你現在感覺怎麼樣?」

來訪者:「好一些,也許有些緊張,但我猜會多一些希望。」

三、梅肯鮑姆的認知行為矯正

梅肯鮑姆提出「行為的改變是要經過一系列中介過程的,包括內部語言、認知結構與行為的相互作用以及隨之而來的結果」。他區分了變化過程的三個階段,在每一階段這三個方面都相互交織在一起。

第一階段:自我觀察。改變過程的第一步是求助者學習如何觀察自己的行為。當治療開始的時候,求助者的內部對話是充滿了消極的自我陳述和意象的。在這一步,關鍵的因素是他們願意和有能力傾聽自己。這個過程包括提高對自己的想法、情感、行為、生理反應和對別人的反應方式的敏感性。例如,如果抑鬱求助者希望取得建設性的改變,他就必須首先認識到他不是消極想法和情感的「受害者」。相反,實際上是他告訴自己的東西造成了他的抑鬱。儘管自我觀察被視為改變發生的一個必需過程,但它本身並不是改變的充分條件。隨著治療的進行,求助者獲得了新的認知結構,這就使得他們能夠以一種新的角度來看待他們的問題。這個重新概念化的過程是透過求助者與心理諮詢師的共同努力而產生的。

第二階段:開始一種新的內部對話。早期的求助者與心理諮詢師接觸,使求助者學會了注意他們的適應不良行為,並且開始看到不同的適應性行為的存在。如果求助者希望改變,他就必須產生一種新的行為鏈,一個完全不同於他原先適應不良行為的行為鏈。求助者透過治療學會改變他的內部對話,新的內部對話將作為新行為的嚮導。反過來,這一過程也會影響求助者的認知結構。

第三階段:學習新的技能。矯正過程的第三個階段是教給求助者一些更有效的、可以在現實生活中應用的應對技能。例如,不能應對失敗的求助者可能會迴避任何行動,因為他害怕不能成功。認知重組可以幫助他改變他的消極觀念,因而使他更樂於去進行自己喜歡的活動。同時,求助者要繼續注

意告訴自己一些新的內容,並且觀察和評估它們的結果。當他在各種情境下以不同的方式行動時,通常就可以從別人那裡得到不同的反應。求助者所學內容的穩定性在很大程度上受他告訴自己的新學的內容及其結果的影響。

四、評價

(一)貢獻

1. 關注人的理性和能動性

認知療法重視人,把人看成是有理性的,這在心理治療史上是重大的改變。認知療法把人看成是有理性和能動性的個體,關注的重點在於人的認知過程和認知結構,把認知看作是調整和改變人們行為的關鍵,這種看法不同於精神分析和行為心理諮詢師的觀點。

2. 重視積極互動的諮詢關係

在治療過程中,咨訪雙方能夠建立一種新型的互動關係。認知療法把來訪者看作是有理性的,要取得好的治療效果需要來訪者積極參與、合作。治療過程是心理諮詢師與來訪者針對問題進行平等的協商、討論和研究的過程。這種咨訪互動的關係截然不同於以前的醫患關係,有利於來訪者在治療過程中主動學習,促進來訪者的成長。

3. 短期內療效顯著

認知療法療效非常顯著,優於其他療法。認知療法不僅探究人的內在的認知過程,而且重視行為療法的合理技術,重視來訪者外在行為的矯正和訓練,將認知改變和行為訓練有機地融合起來,給這種療法注入了活力和效力,使得認知療法不但優於行為療法,而且也優於除行為療法以外的其他各種療法。

(二)侷限

1. 認知療法的運用存在效用範圍

認知療法對於神經官能症及其他的情緒困擾問題，其效果並不理想。另外癌症之類的問題，催眠療法往往比較奏效，而使用認知療法卻時常使治療陷入來訪者的情緒抵制中，很難達到改變對方錯誤觀念的目的，自然也就難有什麼效果了。

2. 認知療法受制於來訪者的領悟力

來訪者本人的領悟力是決定認知療法在心理輔導中效果的一個關鍵因素。實踐中常常會有這樣的發現，同樣的問題，當來訪者本人的領悟力比較高時，輔導過程往往更加順利，效果更好，反之，效果則不理想。所以使用認知療法時來訪者必須具有較強的領悟力方可實施。

3. 認知療法受制於心理輔導者對問題的理解能力和表述能力

認知療法的核心就在於改變來訪者遭遇問題時所產生的錯誤觀念、錯誤信念，因此，對於經驗相對豐富的心理輔導者來說，更容易發現問題背後核心的錯誤觀念是什麼，而經驗欠缺的人不太容易找到其錯誤的核心理念，必然使其應用的效果受限。

4. 認知療法受制於心理輔導者輔導策略和手段的使用情況

認知療法運用的一個可能的誤區是過分側重理性的重要性，忽視來訪者的感受，更有甚者脫離來訪者本人對問題的理解程度，急於求成。認知療法其實非常需要顧及來訪者本人的狀態，如果來訪者的情緒問題沒處理好，任何想要改變來訪者認知的做法恐怕都不會奏效，只有當來訪者本人處於可能的理性之中時，遵循其對問題可能的理解進程，方能實現根本上改變其認知、解決其問題的目標。而在輔導過程中，來訪者本人的情緒狀態以及對問題的理解程度，都存在很大的反覆性，那可能也就意味著，在認知療法的運用過程中，始終要結合約理感等其他輔導手段和策略，唯有如此，才有可能在來訪者理性之時，導之以相適宜的認知改變策略（吳愛兵，陽虹，2011）。

複習鞏固

1. 簡述合理情緒療法過程。

2. 簡述梅肯鮑姆的認知行為矯正的治療過程。

擴展閱讀

認知療法治療除抑鬱症外的其他適應症

認知治療還可作為神經性厭食、性功能障礙和酒精中毒等來訪者的治療方法之一。例如，酒精中毒來訪者常存在一定程度上的認知缺陷，尤其是剛開始戒酒的最初幾週裡，他們往往表現為記憶困難和解決問題困難。因此，在治療開始階段應重複進行幾次分別會談，要求來訪者做會談筆記，並且記錄每天家庭認知、行為作業完成的情況。言語交談、行為操作、想像技術以及聲像圖片教育等多種渠道給來訪者輸入訊息，對於酒精中毒來訪者的治療亦大有幫助。當然，並不是所有來訪者對這些技術的應用都有效，有些來訪者往往在開始治療的時候並不合作，甚至中斷治療，對此，醫生可能會認為這些來訪者「沒有求治動機」或「不準備治療」。實質上，可能是治療方法不完全適合於這些來訪者。

因此，在對這些來訪者的治療中，治療醫師應該瞭解和識別來訪者存在的認知錯誤，並進行適當的詰難和矯正，使得來訪者配合治療醫師進行戒酒。

在對神經性厭食來訪者的治療中，除了藥物治療、飲食治療和家庭治療外，還要注意這些來訪者的認知歪曲，因為這些來訪者往往存在著對自身外形、面龐等方面的認知異常，因此必須矯正他們的錯誤認知。例如，可以透過下述合理認知的對話和自我監察來進行：「消瘦的人是吃得過少」「消瘦的人進食方式與正常體重的人的進食方式不一樣」「消瘦的人不像正常體重的人那樣健美、強壯」。要求來訪者完成一定量的熱卡食物攝入，並進行自我監察體重、情緒和自動性思想，逐步改變不良認知。神經性厭食來訪者治療多不主動，注意處理好醫患關係，取得來訪者信任是非常重要的。

性功能障礙來訪者，尤其是性慾減退來訪者的治療，除了行為治療以外，可以適當輔以認知矯正。認知治療的策略在於改變抑制來訪者性慾的那些不合理信念，為其後採用性感集中技術創造必要條件。例如，有些來訪者認為「性慾旺盛是邪惡的，這種人是壞人」，在治療中應該針對來訪者的這種抑

制性慾的錯誤信念進行開導、解釋，提供必要的性知識。鼓勵來訪者採用下述說明：「即使我對性感興趣，並不意味著我就是一個不好的人」，治療醫師亦可採用反問的方式，讓來訪者識別和評價其適應不良性思維，例如，「如果你變得非常性感，那麼將會發生什麼樣的事情呢？」然後再指導、告誡來訪者，人們的行為絕大多數是受其自身控制的，他們往往對當時所做的事情能夠承擔責任，很少會做出違背理智和法律的事情。從而矯正不合理認知，減輕來訪者的焦慮和畏懼心理，為進一步行為治療創造條件。

另外，認知治療還適用於治療焦慮障礙、社交恐怖、偏頭痛、考試前緊張焦慮、情緒的激怒以及慢性疼痛來訪者。對於海洛因成癮來訪者，認知治療可以作為輔助治療手段，加強治療作用。近年來有些報導認為，認知治療與藥物治療合用，可治療某些精神分裂症來訪者的妄想。

小結

1. 認知是指一個人對一件事或某對象的認識和看法，對自己和對環境的看法及信念系統。認知療法 (cognitive therapy) 是根據認知過程，影響情感和行為的理論假設，透過認知和行為技術來改變來訪者的不良認知，達到消除不良情緒和行為的一類短程的心理治療方法的總稱。認知療法的基本觀點是：認知過程及其導致的錯誤觀念是行為和情感的中介，適應不良行為和情感與適應不良認知有關。心理諮詢工作者的任務就是與來訪者共同找出這些適應不良性認知，並提供學習或訓練方法矯正這些認知，使來訪者的認知更加接近現實和實際，隨著不良認知的矯正，來訪者的心理障礙亦會逐步好轉。

2. 認知過程及其導致的錯誤觀念是行為和情感的中介，適應不良行為和情感與適應不良認知有關。認知療法不同於傳統的行為療法，因為它不僅重視適應不良性行為的矯正，而且重視改變來訪者的認知方式從而達到認知─情感─行為三者的和諧。同時，認知療法也不同於傳統的內省療法和精神分析，因為它重視目前來訪者的認知對其心身的影響，即重視意識中的事件而不是無意識。

3. 認知療法強調：

第八章 認知取向的諮詢技術

(1) 治療師和來訪者之間是協作的關係；

(2) 治療的前提：心理上的苦痛基本上是由認知過程紊亂造成的；

(3) 治療旨在透過改變認知來改變個體的情感和行為；

(4) 治療基本上針對的都是明確的、結構化的目標問題，並且是一種有時限的、以教育為導向的治療過程。

4. 艾利斯合理情緒療法中 ABC 指：

A 是指誘發事件；

B 是指個體在遇到誘發事件之後相應而生的信念，即他對這一事件的看法、解釋和評價；

C 是特定情景下，個體的情緒及行為的結果。

5. 貝克認知歪曲形式：

(1) 任意的推論；

(2) 過分概括化；

(3) 選擇性概括；

(4)「全」或「無」的思維方式；

(5) 誇大或縮小。

6. 梅肯鮑姆提出的認知改變的三個階段：

第一階段：自我觀察。改變過程的第一步是求助者學習如何觀察自己的行為。

第二階段：開始一種新的內部對話。

第三階段：學習新的技能。

7. 合理情緒想像技術：

(1) 先讓他自己想像自己正站在全班同學面前發言的情景，並報告他此時的心情和感受，他可能報告說感到非常恐懼和窘迫；

(2) 此時要求他保持這一想像情景，但要求他想辦法把剛才這種情緒改變為一種適度的反應，如適度的緊張；

(3) 心理諮詢師此時應幫助他認識到自己的情緒完全是自己的想法造成的，想法改變了，情緒也就改變了。

8. 梅肯鮑姆認知行為矯正技術實施過程：

(1) 透過角色扮演和想像使求助者面臨一種可以引發焦慮的情境；

(2) 要求求助者評價他們的焦慮水準；

(3) 教給求助者覺察那些他們在壓力情境下產生的引發焦慮的認知；

(4) 幫助求助者透過重新評價自我陳述來檢查這些想法；

(5) 讓求助者注意重新評價後的焦慮水準。

9. 合理情緒療法過程：

(1) 心理診斷階段；

(2) 領悟階段；

(3) 修通階段；

(4) 再教育階段

10. 貝克認知療法過程：

(1) 建立治療關係；

(2) 確定治療目標；

(3) 確定問題：提問和自我審察技術；

(4) 檢驗表層錯誤觀念：建議、暗示、模仿；

(5) 糾正核心錯誤觀念：語義分析技術；

第八章 認知取向的諮詢技術

(6) 認知的進一步改變：行為矯正技術；

(7) 新觀念的鞏固：認知複習。

關鍵術語表

認知療法 自動化思維 自我教導 規則 合理情緒療法 內在對話 蘇格拉底式對話

本章複習題

1. 下列關於認知的概念正確的是（　）

A. 認知是指一個人對一件事或某對象的認識和看法，對自己和對事件的看法及行為

B. 認知是指一個人對一件事或某對象的認識和看法，對自己和對環境的看法及信念系統

C. 認知是指一個人對一件事或某對象的認識和看法，對自己和對環境的看法及行為

D. 認知是指一個人對一件事或某對象的認識和看法，對自己和對他人的看法及行為

2. 認知療法強調求助者和心理諮詢工作者的關係是（　）

A. 競爭關係 B. 合作關係

C. 消費關係 D. 無所謂

3. 合理情緒療法是20世紀50年代由艾利斯在美國創立，它是認知療法的一種，採用了行為治療的一些方法，故又被稱之為（　）

A. 行為矯正療法 B. 認知行為矯正

C. 認知行為療法 D. 認知療法

4. 一個有組織、可重複的行為模式或心理結構，是一種認知結構的單元，這是指

( )

A. 圖式 B. 圖形

C. 完型 D. 行為

5. 在缺乏充分的證據或是證據不夠客觀和現實時，僅憑自己的主觀感受便做出草率的結論的思維方式稱為( )

A. 任意的推論 B. 過分概括化

C. 選擇性概括 D. 誇大或縮小

6. 通常人們會認為，直接引起人的情緒和行為反應的是( )

A. 行為 B. 思維

C. 導火線 D. 誘發性事件

7. REBT 在揭露和辯論不合理想法時更直接和更具( )

A. 親和力 B. 不可抵抗性

C. 對抗性 D. 指導性

8. 梅肯鮑姆壓力接種訓練(SIT)三階段是( )

A. 學習階段 B. 練習階段

C. 應用階段 D. 接待階段

E. 辯駁階段

第九章 交互分析療法

第九章 交互分析療法

　　人們在社會交往的過程中，會有不同的生活態度，有的人秉持「我好你不好」的為人態度，而有的人則堅持「我好你也好」的社會原則。究竟哪一種生活態度是值得提倡的呢？這正是交互分析療法所探討的基本話題之一。那麼交互分析療法究竟是一種什麼樣的心理諮詢方法呢？本章的主要內容，即是介紹交互分析療法產生的背景、基本理論、諮詢與治療技術以及諮詢的基本過程。

第一節 概 述

　　無論人們是以堅決還是非堅決的方式相互影響，當一個人對另一個人做出回應時，就存在一種社會交互作用。這種人們之間的社會交互作用叫做交互分析療法 (Transactional Analysis，TA)，又名交流分析、人際相互作用分析或相互作用分析。20 世紀 50 年代，埃裡克·伯恩 (Eric Berne，1910-1970) 創造了交互作用分析療法並用於心理治療，很快人們就發現它顯然也能用於日常交往。交互分析療法的目的是幫助人們更好地理解彼此之間是如何交往的，以使其能夠改進溝通方式，形成良好的人際關係。

一、理論背景

(一) 社會背景

　　20 世紀 50 年代的美國經歷了戰後經濟發展的繁榮期，從二戰結束到 20 世紀 60 年代，美國躍居為世界最富裕的國家。因此，大多數人認為 20 世紀 50 年代是美國的「幸福時期」，其實這一時期還潛藏著恐慌、貧窮、失業、不平等和種族歧視等問題。這浮華的社會生活背後，人們的傳統信仰遭受到政治、經濟等多方面因素的抑制，導致了時代精神的異化發展，從而引發了一系列負面的結果。正是在傳統信仰遭受衝擊、表面浮華背後暗淡的社會背景下，伯恩出版了自己的第一本關於交互分析的專著——《心理治療中的 TA

》。三年後，隨著《人們玩的遊戲》的暢銷，伯恩聞名國際，而他的理論也幾乎全部完成。

(二) 科學背景

20世紀50年代中期加拿大神經外科醫生及臨床神經心理學家潘菲爾德(W.Pen-field1891-1976)對高級大腦活動做了研究。他用微弱電流刺激大腦皮層的不同部位，試圖減輕像精神運動性癲癇這類疾病的症狀，結果發現，被試回憶起了一些往事，如以往聞到的氣味、聽過的聲音等。進一步研究發現，刺激大腦皮質的某些區域時，往事會歷歷在目，就像放電影一樣。潘菲爾德將這種現象稱為「倒敘」。

據此，伯恩認為，大腦的這種記憶功能是「父母」「成人」「兒童」這三種自我狀態的生理機制。三種自我狀態的表現本質上是記錄在大腦中的「父母」訊息、「成人」訊息、「兒童」訊息的重現。

最後，伯恩也受能量守恆定理的影響，認為人的心理活動是心理能在人格系統中發生作用所導致的。在交互分析理論中，「父母」「成人」「兒童」都有心理能量，當「父母」能量很多時，「成人」和「兒童」就表現的少，反之，當「父母」能量減少的時候，它的能量肯定轉移到「成人」和「兒童」身上了。

(三) 心理學背景

交互分析療法的創始人及主要代表人物是埃裡克·伯恩。他向傳統的精神分析心理治療方法提出挑戰，於20世紀60年代創立了交互分析理論並用於心理治療。伯恩1910年出生於加拿大，曾經是一名精神科醫生，最早跟隨弗洛伊德，接受弗洛伊德心理分析的訓練，但因不滿於經典精神心理分析理論複雜晦澀的理論以及沒完沒了的治療、昂貴的要價，他基於大量的臨床實踐經驗，總結和發現了一種簡單實用的人際相互作用心理分析構架。這種理論基於古典精神分析發展而來，卻又沒有古典精神分析那麼晦澀難懂，是一種容易理解、便於實施的心理諮詢療法。伯恩認為，大多數心理失常，實質上是日常交往行為中交際態度的失常，因而改變心理失常的良策應來源於人

們對交際行為的研究。心理諮詢師的職責就是幫助求助者評估早年所做的決定，從而改寫人生腳本，並做出新的、更加適當的選擇。

二、代表人物及其主要思想

埃裡克·伯恩是著名的心理學家和心理治療領域的先驅。他的主要著作包括：寫於 1961 年的《心理治療中的 TA (Transaction Analysis Psychotherapy)》和寫於 1964 年《人們玩的遊戲 (Games People Play)》。這兩本書奠定了交互分析理論的基礎，特別是《人們玩的遊戲》一書出版後大受歡迎，極為暢銷，使得交互分析理論聞名於世。

伯恩的精力旺盛，除了接受精神科和心理治療的個案外，也在很多醫院和診所擔任精神科顧問。他的看法是心理治療的最終目標應是能治癒病人，而不只是使病人「進步」。在最後一次公開出現時，他說：「沒錯，我要治好人，因為我對進步沒興趣——進步像是試著做做看一樣，當病人說『我要試著戒酒』時，你很清楚他根本不會去做！」

三、交互分析發展的階段

概括地說，交互分析理論的發展大約經歷了四個不同的階段：

(一) 自我狀態階段 (1955-1962)

自我狀態是交互分析療法的起點，也是交互分析理論最主要的理論基礎。伯恩對自我狀態的定義是：「一種思想與感覺一致的系統，借用一套相對應的行為模式呈現於外」。

他認為每種自我狀態均有獨特的風格和語調形式，他把人的自我狀態分為「父母式自我 (P)」「成人式自我 (A)」和「兒童式自我 (C)」三種。這三種自我狀態，構成了人格衝突與平衡的基礎。在人的個性發展過程中，不正常的情緒和行為主要是父母式自我和兒童式自我的相互影響所致，成熟的性格特徵是以三種自我模式平衡地交融在一起形成的，並在不同的環境條件下，表現出來的自我特徵可略有不同。對成人式自我來說，父母式自我和兒童式自我均是不成熟的性格特徵，需要糾正和治療。

（二）心理頓悟階段 (1962-1966)

在這一階段，伯恩重點研究溝通分析和心理遊戲。他發現，內在自我會以多種不同的方式和他人溝通，有些溝通方式具有明顯的動機，如需要安慰、得到鼓勵等；但有些溝通方式具有不明顯的動機，主要是潛意識中的動機或沒有充分知覺到的動機，如想貶低諮詢師或證明自己是對的等。心理諮詢和治療就是要揭穿這種動機，讓來訪者頓悟（楊宏飛，2006）。

溝通可分為三種形態：

1. 互補溝通

當刺激的指向和反應都處在同一自我狀態時，回答也是指向發出刺激的那個自我狀態。也就是說 A 與 A、C 與 C、P 與 P 就是互補溝通。或者只要保持互補的自我狀態，即 C 與 P、A 與 P 的模式同樣可以永遠持續下去。這種模式的主要特點是人的行為表現是恰當的，可以預知的。

2. 交叉溝通

當刺激的指向和反應都處於不同的自我狀態，回答的指向可能是自發刺激的那個自我狀態，也可能不是。這種溝通主要是對刺激表現出非預期的反應，引起不恰當的自我狀態，使溝通交錯而中斷。此時人們可能退縮、逃避對方或轉換溝通方式。但是交叉溝通並非都不好。人有時可能會受困在一種無效的互補溝通中，此時就需要採取交叉溝通來改變他的自我狀態或將其引導到另一種自我狀態。心理諮詢師必須選擇不同的溝通方式來回應求助者，使他轉回到其他有益的自我狀態來面對問題。

3. 隱藏溝通

隱藏溝通包含了兩個及兩個以上的自我狀態，訊息同時從一個或兩個自我傳達到其他兩個自我狀態。一方面傳達出一個公開的、社會層次的訊息，另一方面表達一個隱藏的、心理層次的訊息。其實就是通常所說的「話裡有話」，但這個「話」是中性的，沒有褒貶之意。

（三）腳本分析階段 (1966-1970)

這個階段也稱為技術處理階段。伯恩認為所謂的腳本是指：小時候在潛意識中定下的一生的計劃，被父母加強，並用後來的事實證明，並可經選擇而改變。腳本約在個體兩歲時開始形成，約七歲時大致完成。腳本主要來自成長時父母的影響，但孩子並非被動地全盤接受，他們靠自己的經驗做出結論，找出一些理解這世界且讓自己的存在有意義的關聯。

生活位置是腳本的核心成分。在不同的影響下，兒童可能會形成不同的生活位置。生活位置有四種形態：

1. 我好，你也好

這可能是反映兒童如何進入外界時的一種生活位置。只要兒童的情感和生理需要以一種喜歡和接受的方式得到滿足，兒童就會保持這種位置，並且形成成功者的腳本。

2. 我好，你不好

如果兒童受到了錯誤的對待，他就會覺得別人不行，這實質上是一種對自己「不行」的基本情感的防禦。處於這一位置的人經常責備和不信任別人，並且對外界以挫折或憤怒做出反應。

3. 我不好，你好如果兒童的需要沒有得到滿足，他們也可能會認為自己某個基本的方面有缺陷。這是最常見的一種生活位置，經常處於這個位置的人會感到內疚、抑鬱、自卑以及恐懼。

4. 我不好，你也不好

如果缺少拍打或都是極端消極的拍打，兒童就可能會覺得「我不好，你也不好」。由於沒有任何積極的拍打，嬰兒就會放棄希望，也就是無法養成希望的品質，往往感到無助。

(四) 豐富發展階段 (1970-)

在伯恩逝世之後，他所開創的 TA 組織蓬勃發展起來。到 20 世紀 70 年代中期，TA 組織的會員達到了一萬餘人。這個階段的特徵是，一些新的技術被引入到溝通分析的實際工作中。在伯恩逝世後，較為有名的著作有詹姆

斯 (M.James) 和鐘沃德 (D.Jongward) 的《強者的誕生》、哈里斯 (T.Harris) 的《我好，你也好》等。

四、特點

（一）交互分析療法強調很多人本主義原則

第一，尊重所有人。交互分析的人本主義原則中最主要的就是對自己和他人的尊重，要求在交互分析實踐的內容和過程中表現出「我好，你也好」。這似乎聽上去很簡單，但實際上卻複雜精細，常常要求在態度上有微妙且深刻的轉換。

第二，個人的責任。這也是交互分析的一個關鍵原則。對我們自己負起責任是一項十分巨大的承諾，對於絕大多數的人來說，這可能需要畢生的探索。自我的責任感是對自己選擇的力量的訓練：選擇真實的反應，選擇符合自己當前生活方式和身份的反應。

第三，改變是有可能的。除了器質性病變之外，對於其他的情況，治療通常都能為其帶來改變，只要諮詢師使用了正確方法，激發了來訪者的動機，同時目標又是現實的，而且環境提供了足夠支持。

（二）強調遊戲的作用

伯恩在他的《人們所玩的遊戲》一書中對遊戲下的定義：「遊戲是一系列不斷發展的、互補的隱性相互作用，它將會引出具有明確含義的預想結果，可以把遊戲描述為一套原地轉圈的相互關係，它們經常是重複的，表面上好像很有道理，實際上有著隱匿的動機，或者說得更通俗一點，這是設置圈套或『機關』的一系列活動。遊戲不同於活動、儀式或消遣，它具有隱匿性和懲罰性。每一場遊戲都是不誠實的，其結果不僅有刺激性，而且有戲劇性。在伯恩看來，遊戲是一種交互作用，同時也是一種心理防禦機制。一切遊戲都是從童年時代的簡單遊戲『我的比你的好』發展而來的，但是當一個孩子爭辯說『我的比你的好』時，他內心的真正感受卻是『我不如你』」。

複習鞏固

    1. 簡述 TA 溝通的三種形態。

    2. 簡述交互分析理論的發展階段。

第二節 基本理論與概念

一、人性觀

伯恩的人性觀主要包括三個方面：先天正向的人性觀、後天學習輔導的功效以及人的理性三個方面。

第一，正向的人性觀。伯恩對人性持正向的觀點。他認為人之初，性本善，相信兒童出生時都是品行高貴的。只是由於父母的教養方式不當或環境的不善，而使兒童的本性發生變化，由高貴而變為低下，也就是伯恩所說的「從王子、公主到青蛙」。

第二，心理輔導的功效。伯恩相信雖然兒童的品質會由於父母的教養方式不當或環境的不善而發生變化，但透過後天的學習，特別是將學習與應用交互分析結合起來，將交互分析融入生活中，便能再恢復到兒童與生俱來的天賦的尊貴。在兒童進入學校之前的學前階段，他們已形成了人生腳本的基本雛形，並且也會發展出自己是一個行或不行的人的自我概念，同時也具有對他人是一個行或不行的人的判斷能力。

第三，人的理性。在伯恩的觀點裡，生活是件很單純的事，然而人們都會發明心理遊戲。有些人總要將過去事件及宗教拿來進行自我顛覆。這種人經常抱怨生活是如此複雜，其實這都是他們自己的堅持與固執讓生活變得更為艱苦。

伯恩認為，生活就是一件接著一件待決策的決定與待解決的問題。伯恩深信人們擁有理性與自由來做決定及解決個人的問題（互動百科）。

二、心理病理觀

人們產生心理問題的原因是因為自己所做的選擇及相應的生活腳本導致了許多不適當的行為和生活方式，以致蒙受痛苦、遭受挫折、出現不適應，因而需要諮詢師的幫助。

而在健康、成熟的人格結構中，P、A、C三種自我的形式應該占有相同的比重，三者相互聯繫而不重疊，如圖9-1。其人格特徵是：身心發展平衡，有辨認是非善惡的標準，具有自主判斷的能力，有坦誠的個性和溫暖的情感。三種自我形式相互交錯在一起，從而就出現了不健康的行為，可稱為「心理汙染」。心理汙染有以下五種形式：

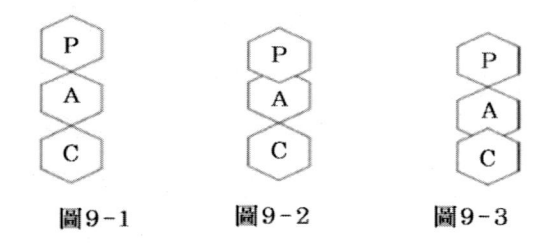

圖9-1　　　圖9-2　　　圖9-3

1. P 汙染 A

一個人的思想或行為受父母式自我所支配，父母式自我在成人式自我中占據著毫不動搖的統治地位，P侵犯了A的領域，如圖9-2。這樣的現象也叫做「偏見」。其人格特徵為：不顧及事實的邏輯性，一味地依仗頭腦中已有的固定觀唸作為行事的依據，甚至不惜採用完全不相干的論據來進行論證，以維護父母式自我不可動搖的地位，頑固不化。

2. C 汙染 A

兒童式自我儲存的情感或經驗不合時宜地在當前表現出來，造成了對成人式自我的汙染，C侵犯了A的領域，如圖9-3。它有兩種表現形式：一種是錯覺。由於先前的慘痛交往經驗所形成的恐懼心理沒有消失，而造成不信任他人、排斥他人的態度；另一種是感覺。是指在極度壓力之下，過去經歷

過的失意、批評等重新再現，甚至在獨處時也會出現，容易造成忽略現實、做白日夢等現象，這是受到外界壓力而產生的逃避心理現象。

3. P 汙染 A 而缺乏 C

父母式自我侵犯了成人式自我，同時將兒童式自我排斥出去，如圖 9-4。這種人格結構的個體的典型特點是工作責任心極強，由於童年時期深受嚴厲雙親的壓制，以至於在兒童式自我中很少有幸福感流露。這種人有著強烈的成就欲、責任感和道德，但是過於冷酷無情、嚴肅、不盡人意，給人以冷漠感。

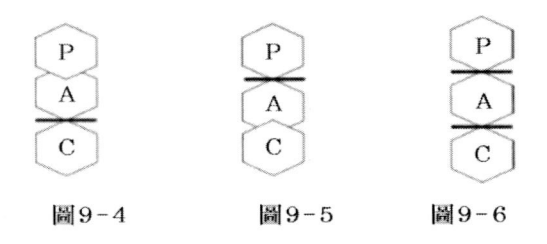

圖 9-4　　圖 9-5　　圖 9-6

4. C 汙染 A 而缺乏 P

兒童式自我侵犯了成人式自我，同時將父母式自我排斥出去，如圖 9-5。這種人可能因父母早亡、雙親離異或缺少父母的愛，沒有人教給他們社會所接受的行為標準，因而遭受諸多創傷或打擊，以致他們過多地體驗了人生的殘酷與無情，抱有一種仇恨的心態，沒有內疚、難堪、羞恥或懊悔等心理，極容易導致犯罪行為。

5. A 不起作用

這種人格結構的個體表現為將成人式自我排斥在外，無法協調 P、C 之間的關係，如圖 9-6。這種人由於成人式自我不起作用，無法檢查 P、C，因此通常表現為精神病來訪者。他們通常脫離現實，父母式自我和兒童式自我直接表現出來，喜怒無常，沒有原則，情緒起伏太大，行為完全受到當時的情境所控制。

三、基本理論與概念

交互分析療法的基本理論主要是從人格結構和人生態度兩方面展開的。同時五種人格結構和四種人生態度也是交互分析療法的核心。

（一）人格結構

人格結構是交互分析療法的基礎。伯恩認為，人格是由三種自我狀態構成的：父母式自我、兒童式自我和成人式自我，簡稱 P（父母，Parents）、C（兒童，Children）、A（成人，Adult）。與弗洛伊德的分析理論對應，P 相當於「超我」，C 相當於「本我」，A 相當於「自我」。與弗洛伊德分析理論不同的是，P、C、A 都是可觀察、可覺察的行為，是經驗性、社會性的現實。

以 P 代表的父母式自我的價值觀是父母在教導孩子時將自己的人生態度、價值觀念等透過言傳身教傳遞給子女而形成的行為標準，這些行為標準透過日常生活中父母對子女的懲罰或獎勵等得到強化，並存儲於 P 的記憶中，在與他人接觸、交流時，個體會將這些態度予以應用。P 存儲的被灌輸的行為標準常常具有強制性，從而制約一個人的行為，使之符合社會群體的規範。P 所存儲的觀念態度，更多的是個人在人生前五年裡所接收的外部刺激，是兒時所見所聞的父母的語言和行為等，因而人人都具有與他人不同的「父母式自我」。

C 是人格結構中童年的本能成分，它是兒童早期生活中聽到、感覺到、看到的東西，包括各種無法用語言表達的感覺，它是一些原始的衝動以及為了適應外界環境而儲存於記憶中的感受資料。

A 反映出的是個體對環境要求的客觀評價。10 個月前的兒童對周圍的環境、要求與刺激只能做出被動的、下意識的反應，不能支配環境，也不能選擇反應形式，缺乏控制能力和主動迎接生活的能力。從第 10 個月開始，兒童開始體驗到運動的力量，開始透過自己的努力排除周圍的不愉快刺激，做出一些自己認識到和自己想做的事情，這就是成人式自我的開始。孩子能獲得與 P 所傳授的「生活概念」全然不同的資料，透過對這些資料的分析整

合，從而形成一種「思索的生活概念」。也就是說，A 是指兒童有能力區別父母所灌輸的價值觀或行為準則等，並建立思考觀念的結果和過程。A 的功能是檢查 P 和 C，權衡一個人的習得觀念(P)和感覺觀念(C)是否符合現實，然後選擇適合的方式將其表達出來。它是一種理智的篩選過程，透過它，人們才能根據不同的環境和對象做出最合適的行為。

(二) 人生態度

人生態度也稱為生活態度，是個體透過童年經驗和人生境遇綜合形成的一種具有指導性的思維模式和行為標準。在兒童 2 歲前，還不能透過語言對他們所見所聞做出解釋，但是他們仍會將體驗到的情感記錄下來，這些情感記錄直接和撫愛或冷漠相聯繫。誰能為個體提供撫愛，誰就是「好」，但兒童對自己的估價卻把握不了，因而，他們的「好」總是瞬間即逝，又不斷地被「不好」所代替。最後，兒童開始確信「我不好」。到了三歲左右，開始出現了明顯的「你好，我不好」的平衡狀態。這種對自己和他人所作出的結論就是一個人的「人生態度」，是一種以情感為基礎的態度。一旦個體在早期生活中確立了這種態度，就不會被輕易改變，這種態度就成了被偏愛的態度，在以後的生活中總會自動地回歸到這一態度，反之，又會成為他生活中主要保護的心理狀態。

交互分析理論認為，人生態度表現為四種類型：

第一，我不好，你好；

第二，我不好，你也不好；

第三，我好，你不好；

第四，我好，你也好。

兒童在兩歲左右便獲得了「我不好，你好」的人生態度，但這種態度是一種暫時性態度，在兩歲將盡時，這種態度可能會變得更加根深蒂固，也可能被第二或第三種態度所取代。一旦兒童確定了他們的人生態度，他們就會固守他們的選擇，並在以後的生活中有意地使用第四種態度來取代。究竟兒

童選擇哪一種人生態度，完全取決於成人對孩子採取的是撫愛還是冷漠的態度。前三種態度是在習得語言之前形成的，因而是結論性的，不是解釋性的。

秉持「我不好，你好」的人生態度的個體，他們的人生觀是「我的生命沒有價值」，這種人常常感覺自己什麼都不如別人，有十分強烈的自卑感，在和他人相處時，經常表現出退縮、沮喪的態度，是自卑和抑鬱症來訪者的典型態度。

秉持「我不好，你也不好」的人生態度的個體，他們的人生觀是「生命本身就毫無價值」，這種人除了自卑以外，對其他人還抱著仇視的態度，認為整個人生都是一團糟，世界是灰暗的，充滿了罪惡、混亂和不幸，是重度精神紊亂或厭世症者的典型態度。

秉持「我好，你不好」的人生態度的個體，他們的人生觀是「你的生命沒有價值」，這種人是典型的自私者，一切都以自我為中心，不考慮他人的利益。他們常常感覺自己是受害者，認為別人都信不過，常常把不幸歸罪於他人，是多疑者和獨裁者的典型態度。

秉持「你好，我也好」的人生態度的個體，他們的人生觀是「生命是有價值的」，這是一種健康的人生態度，認可自己，也接收他人，能承認他人的存在和價值，分享人生中的喜怒哀樂。

複習鞏固

1. 簡述人生狀態四種類型。

2. 簡述心理汙染形式。

第三節 諮詢與治療技術

一、構造分析

交互分析療法的主要治療技術有三種，分別是構造分析、交流分析和腳本分析。

交互分析理論認為，人們的人格是由 P、A、C 三種自我狀態構成。P 代表父母的要求和價值觀，是父母的替代作用和內化作用；A 代表對環境要求的客觀評價，是人格客觀的那一部分，不情緒化，也不作批評；C 代表人格中童年的本能成分，包含情感衝動和自發性行為。每個個體身上都包含這樣三種自我狀態，但是由於後天影響，三種自我狀態會出現不同程度的比例失調，其中一種自我狀態會占據主導地位，而任何行為都能反映出並受制於人格結構中占據主導地位的自我狀態。構造分析就是透過仔細聆聽求助者與他人交流，發現其占據主導地位的自我狀態。

每種自我狀態都有獨特的風格、形態和不同的言行舉止，這便成為鑒別他人自我狀態的線索。

(一) 父母式自我狀態的線索

語言線索：這是最後一次，你不能……必須……應該……無論如何也不能，我警告你多少次了？ 我要是你的話……常見的語句有：蠢貨、討厭、荒唐、胡說八道、不可愛、行了行了、到底怎麼了等等。

肢體線索：搖頭、皺眉頭、用腳打點、兩手叉腰、兩臂交叉抱在胸前、嘆氣、清喉嚨等。

(二) 兒童式自我狀態的線索

語言線索：我想要、我希望、我將要、我不在乎、我猜、等我長大的時候、我不管、不知道等等。

肢體線索：顫動的嘴唇、噘嘴、流淚、聳肩、眼簾下垂、顫慄、逗弄、歡快、咬指甲、摳鼻子、傻笑等等。

(三) 成人式自我狀態的線索

語言線索：為什麼、什麼、哪兒、什麼時候、我個人意見是……相對的、真的、假的、很有可能的、客觀的、我明白了等等。

肢體線索：聽別人講話時三至五秒要眨下眼睛，可透過面部、眼睛和肢體動作識別，表情是坦率的。

總而言之，P 的特徵是父母對子女時的態度，或高壓命令，或收買、利誘等使子女就範；C 的特徵是兒童的天真、委屈、好奇、依賴、任性、無可奈何等，不敢做肯定回答，也不敢反抗，對自己的價值和能力沒有明確的認識；A 的特徵則是反省、理智、客觀、能替他人著想，條理清晰，就事論事。根據上述線索，就可對求助者身上占據主導地位的自我狀態加以分析和判斷，客觀地認識其人格結構特點。

伯恩把結構分析的理論基礎歸納成三項絕對事實：

第一，每個大人都曾是小孩子。

第二，每個腦部機能良好的人，皆有適當應付現實的潛能。

第三，每位長大成人的個體，都有父母或可取代父母功能的其他人。

他也另外做出三項假設：

第一，童年的一些隻言片語，存留下來成為一個個很完整的自我狀態。這些遺留物是屬於「早期精神的」功能。

第二，現實驗證是整體自我狀態的功能，不是一項獨立的「能力」，這是屬於「現今精神的」功能。

第三，一個人的主控權可能被某個自我狀態接管，這個自我狀態完全是個體所知覺到的一個外人的自我狀態，這種運作方式則是屬於「外在精神的」（歐嘉瑞，安妮卡，2006)。

二、交流分析

伯恩認為，多數心理失常，實際上是日常交際中交際態度的失常。交流分析的重點不在於給求助者明確的診斷，而是在交際過程中讓其重新認識自己存在的自我狀態，認識行為的交流形式，學會正確的交流方式，避免產生人際溝通障礙。人和人之間相處時相互間的交往行為可分為兩種：平行交流和交叉交流。

(一) 平行交流的特點

P-A-C 相互影響的方式是互補的，只要求刺激和反應是平行的，與箭頭的指向沒有什麼關係。這樣的交流形式是順暢、和諧的，或者是志趣相投，或是一個願打，一個願挨，交往能夠無限進行下去。平行交流有下列六種類型。

(1) PP 對 PP：見圖 9-7；雙方都用命令或武斷的態度來判斷、評價事物。

例：刺激：今天 XX 說我了，他就是個小人，嘴碎雜唸！

反應：對，他就是，得好好教訓他。

(2) AA 對 AA：見圖 9-8；雙方都理智客觀地對待對方。

例：刺激：看這風，明天就要降溫了。

反應：是啊，天氣預報也是這樣說的。

(3) CC 對 CC：見圖 9-9；雙方都從感情出發，而不是處於理智判斷。

例：刺激：看我的車，剛買的，奧迪。

反應：沒什麼好得意的，我開的 BMW。

(4) PC 對 CP：見圖 9-10；甲方用長輩、權威者的態度對待乙方，乙方也甘願接受，相處融洽。

例：丈夫生病難受，要求妻子悉心照顧，妻子知道丈夫不舒服，願意用心照顧，只要妻子願意，這種狀態能夠以一種滿意的形式無限進行下去。

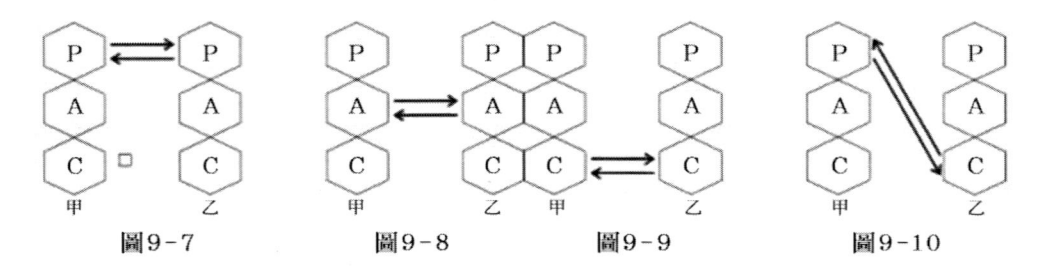

圖9-7　　　　　圖9-8　　　　　圖9-9　　　　　圖9-10

(5) CA 對 AC：見圖 9-11；甲方很孩子氣，乙方卻很理智。

第九章 交互分析療法

例：丈夫性格優柔寡斷，而妻子卻精明、果斷。當丈夫遇到重要抉擇的時候常常像孩子一樣愁眉苦臉引起妻子關心，並讓妻子替他作決定。

(6) PA 對 AP：見圖 9-12；甲方很理智，但擔心自控不了，請乙方擔任 P 的角色監督他。

例：丈夫知道吸煙有害健康，要戒煙，又怕自控力不夠，請妻子扮演父母式自我，作為監督者。

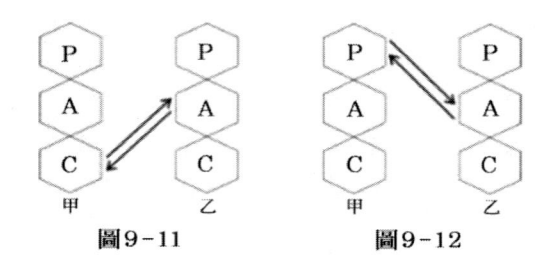

圖 9-11　　　圖 9-12

（二）交叉交流特點

在 P-A-C 相互影響的圖例中，刺激和反應呈交叉狀態，甲方發出訊息後，乙方的反應出乎甲的期待，這種人際交流的形式會導致對方情緒不愉快、關係緊張或交往終止。交叉交流有下列四種類型。

(1) PC 對 AA：見圖 9-13；甲方希望他人用理智的態度對待自己，而乙方卻偏要用高壓或命令的方式對待他。

例：丈夫問：「我的包包放哪了？」碰巧今天妻子心情不好，對他大吼：「你的包包，我怎麼知道放哪了！」刺激是成人式自我，但妻子的反應是父母式自我。

(2) CP 對 AA：見圖 9-14；甲方講道理，就事論事，乙方喜歡使性子，感情用事。

例：丈夫問：「我的包包放哪了？」妻子如果回答：「你怎麼總會對我大小聲？」這就是一種兒童式自我的表現方式，也會使交往僵化。

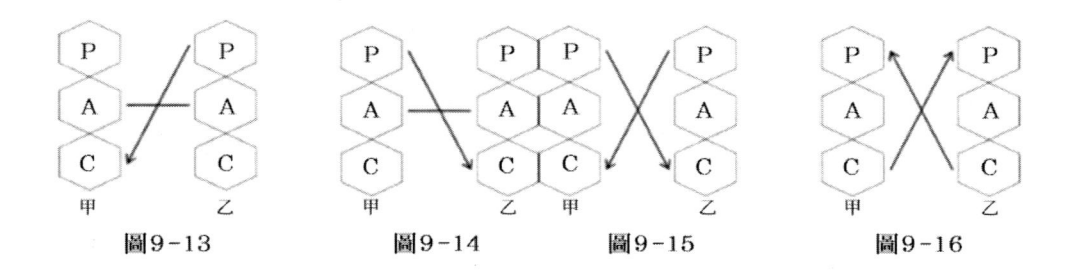

圖9-13　　　　　圖9-14　　　　圖9-15　　　　　　圖9-16

(3) PC 對 PC：見圖 9-15；甲方採取命令式而乙方不服，也採取同樣方式回敬。

例：母親對女兒說：「去收拾收拾你的房間。」女兒回敬道：「別指使我幹這幹那的，你沒有這個權利！」

(4) CP 對 CP：見圖 9-16；雙方都喜歡賣弄、誇張，喜歡相互抬槓，交往形成交叉。

例：一位同學對他同桌說：「看見我的鋼筆沒？我鋼筆找不著了。」同桌之前與他有過矛盾，因此幸災樂禍地回答：「活該！」

綜上所述，我們不難看出，人際溝通的障礙通常來源於刺激和反應在 P-A-C 圖例中發生交叉。為了保證諮詢的順利開展，諮詢師應儘可能使刺激和反應在 P-A-C 圖例中保持平行狀態，儘量使每位求助者從 P 和 C 的影響中釋放出來，使其在與他人交流時，首先保持平行交流，滿足對方的心理需求，努力把自己的言語、情感和行為舉止控制在適當範圍內，保持愉快的平行交流以保證對方能夠接受自己。然後在培養成人式交流 (AA) 的同時，引導對方進入成人式交流 (AA-AA)。AA 對 AA 的平行交流才是成熟的人際交往類型，是交流分析的重點和目標。AA 對 AA 的平行交流方式能使交往雙方平等相處、相互尊重，既有利於各種問題的解決，又會使交往不斷深入和持續發展。在使用交流分析法時，諮詢師在瞭解清楚求助者自我狀態的基礎上，也應該用相應的平行交流的自我狀態匹配。

三、腳本分析

　　交互分析理論認為，個體幼年時所接受的父母教育和自我的決定寫下了一個人一生的腳本，借此決定了在他的成人階段將採用何種人生態度，而人生態度又決定了生活質量。那麼一個人的人生腳本是怎樣寫成的呢？個體為什麼會形成不同的人生態度呢？究其原因主要來自於後天的學習和體驗，並憑藉他人的「撫愛」加以強化。

　　腳本分析就是要讓求助者表演自幼以來的體驗和經歷，透過對自己和他人的剖析，瞭解自己的人生腳本、人生態度、接受撫愛的方式和內容，從而對症下藥，建立起健康的人生態度，讓自己生活得快樂、自在。

　　下面我們審視一下兒童的生命歷程。

　　從懷孕到出生的 9 個月中，生命開始了，這是一種被稱為「共生親昵狀態」的生命存在方式。

　　然後，在嬰兒出生時的短短幾個小時之內，被推到了人間，這是異常恐怖的，在他面前的是粗魯、噪音、寒冷、強制、分離、遺棄、孤獨。在短時間內，嬰兒處於一種分離、隔絕、毫無聯繫的狀態，很快，嬰兒遇到了救星，一個人把他抱起來，裹好襁褓，使他有了依託，他開始接受「撫愛」，這是一種撫慰，使他恢復了親密。撫愛和反覆的身體接觸對嬰兒的生存是至關重要的。在他生活的最早兩年裡，他不斷地把自己和人聯繫時產生的情感記錄下來，誰能提供撫愛，誰就「好」，特別是生命中的第一年。

　　在這一階段中，嬰兒也產生了「不好」的概念，那就是嬰兒對自己下的定論。到三歲左右，兒童就會在接受不同方式的撫愛下形成一種固定的人生態度，依次支配自己的行為。撫愛是一種借身體及心靈的接觸來表達情緒的方式，它是人類身心發展過程中必不可少的重要因素，是形成人生態度的基礎。撫愛包括正向撫愛和負向撫愛兩種。

　　正向撫愛是一種表達欣賞或贊同的行為，例如微笑、擁抱、點頭、輕拍、仁慈的話語，可以幫助兒童認清自己的潛能，同時也能使其接納別人的存在，

欣賞他人的獨特性，會使他描繪出人生是快樂、美好的這樣一種積極的人生腳本，形成「我好，你也好」的人生態度。

負向撫愛是忽視兒童的感覺和需求，對他的反應是冷漠、指責、嘮叨、批評或蔑視，是一種缺乏關愛的行為，結果將導致兒童形成畏縮、逃避、自卑的心理，感覺不到自己的存在價值，同時還會造成心理的挫折，產生反抗、仇恨的心理，他所描繪出的人生腳本和體驗是痛苦的、醜陋的、消極的，形成「我不好，你也不好」的人生態度。

人生態度是兒童早年寫下的人生腳本所導演的一幕戲劇，而人生腳本是由兒童拿著父母「撫愛」的筆寫成的。正向撫愛會形成健康的人生態度，而負向撫愛則是導致後天出現許多心理問題的原因。

生活中的心理學

一個初三男生的故事

男生的成長背景。他從來沒見過自己的母親，聽嬸嬸說她跟人跑了，丟下他和父親生活。在他童年的記憶中，父親總被叔嬸欺負，那時家裡窮，為一丁點雞毛蒜皮的小事都會發生戰爭。爺爺偏愛嬸嬸他們，幫嬸嬸安排工作，卻從不關心父親。如今，爺爺癱瘓在床，他們不管，全靠父親照顧。父親脾氣不好，有時打他。他說自己需要關愛。

愚人節愚人愚己的愚蠢行為。上午第四節是體育課，學校11：45放學，11：20時有同學說可以回家了，他見到有同學走，也跟著走。下午照常來學校，卻被老師叫到辦公室，被問「為什麼私自早退」。他知道自己早退不對，便暗暗發誓以後再也不隨便早退，要遵守紀律；但他沒有說是受同學玩笑的捉弄。老師見他什麼都不說，便要他先回班上上課。他以為此事就此了結。晚自習後回家，見父親在門口等他。他又被打了，父親生氣地說：「你這不聽話的，給我滾！」然後他從那個昏昏暗暗的家裡跑了。他一直在外面流浪了一週。

老師和父親在與他的溝通中處於怎樣的自我心態？家長式自我心態 (P)。在師長和他之間構成典型的 P-C 溝通模式，即父母對兒童式的溝通。孩童犯

了錯，老師或父親都會以家長的身份與其溝通，而沒有視其為成人。這樣的溝通不是平等的協商關係，而是由在身體和心理都處於弱勢的孩童做出讓步。老師和家長以為自己的身份是有力的教育工具，其實不然，在 P-C 溝通模式中，只有孩童以兒童式自我心態溝通才能保持雙方關係的平衡，否則就會出現諸如：兒子不聽老子或學生頂撞老師的現象，而後溝通會進入極端狀態——法官審犯人。通常在家裡被罰干家務或停止月錢，而在學校就是給予處分。

處於兒童式自我心態 (C) 的孩童永遠不會考慮為自己的行為負責，因為來自老師和家長的批評正抵消其內心對犯錯的愧疚。所以建議大人們，當您抱怨孩童不懂事、長不大時，請先自我反省是不是自己處在不恰當的位置，阻礙著孩童的自然成長。

四、其他技術

根據交互作用分析的理論基礎，兒童早期的行為很可能導致滿足自己的需要與滿足父母的需要之間存在不平衡，以致兒童最後泛化到表達自己的情緒是不安全的。另外一個原因是自我結構中三種自我狀態的相互汙染。伯恩認為理想的自我結構中的 PAC 是不應該相互重疊的，一旦發生了重疊就意味著被汙染。除了被汙染之外，還存在排斥。伯恩認為所謂的「排斥表現為帶有成見和先入為主的看法。只要面對威脅，這種看法就始終不變，在各種情況下，互為補充的雙方之間的防禦性排斥，是產生固執『父母』、固執『成人』、固執『兒童』的主要原因」。交互作用分析還認為，精神障礙或者自我狀態的功能失調，除了受到腳本的制約，還會受到一系列遊戲的強化。

針對這樣的理論解釋，交互作用理論提出了幾種治療技術。

第一，強化鬆散的自我邊緣技術。向求助者解釋自我狀態的理論，理解「父母」、「成人」、「兒童」三種自我狀態的含義，熟悉這三者彼此間交互的功能。求助者能夠用上述的知識來處理自己的行為時，則自然可以強化自我邊緣。

第二，去汙染技術。讓求助者瞭解到自己受汙染的狀況，並指出誰在汙染誰、如何汙染，以達到去汙染的效果。作為諮詢師要及時指出求助者的「成

人」受誰的汙染,並透過認知的剖析,修正當事人的現有狀態,以重建當事人和諧流暢的自我狀態。

第三,再傾瀉技術。傾瀉是指個人由一個自我能夠穩健且直接地轉換到另一個自我。再傾瀉指求助者所排斥的另一個或另兩個自我狀態被激發出來,使當事人的行為反應能因環境的狀況與需要,隨時傾瀉或呈現更適宜的自我狀態。

第四,追溯技術。這是發現求助者受父母影響的一種有效方法。它要求求助者要申明而不是否認自己的消極情感,找出自己的哪一部分對自己的自然兒童狀態產生了傷害,找出最近發生的什麼事情觸發了自己的消極情感,理解父母對自己說了什麼以及它們怎麼影響自己的兒童自我狀態,看看自己現在能做什麼不同的事情,看看自己下次能做什麼不同的事情。

第五,「澄清」技術。指諮詢師將求助者所說的話或想說的相關訊息串聯起來,或把求助者內隱而外顯,且未能明白表達的想法與感受說出來。因此澄清的目的是使求助者對於未來將發生的事情及發生事情的原因,能有深刻地洞察與瞭解,以便在諮詢後,求助者可以很自主、自然地回到現實生活中,以適當的方式去處理日常事務並與人溝通。

複習鞏固

1. 列舉平行交流類型。
2. 列舉交叉交流類型。

第四節 諮詢與治療過程

一、諮詢目標

交互分析理論認為,人有能力做出選擇並重新塑造自己的命運,有能力重新做出選擇,選擇新的目標和行為。雖然過去的人生腳本與計劃影響了個體的成長,但透過自我覺察將重新寫下新的腳本,一個人過去所決定的可以重新再做決定。

第九章 交互分析療法

交互分析理論的基本目標是形成一個健全而成熟的成人式自我狀態,並憑藉著 A 的洞察力及控制能力,清理內在世界,使 P 和 C 以合理及有控制的方式表現在行為中。而健全、成熟的成人式自我狀態有如下特徵:

(1) 一套獨立的感覺、態度及行為方式,它能適合目前情境,不受父母式自我狀態的偏執及固有狀態的影響;

(2) 能將外界資料轉化為知識,再以過去經驗為基礎,將這些知識處理、分類;

(3) 能同時獨立收集資料、處理資料並予以評價,以此作為行為的基礎;

(4) 能將事實從幻想、成見、傳統和舊有感覺中分離出來,與外界環境保持客觀的聯繫。

最終目標則是達到行為的自主性、自我控制、對自己的感覺和行為負責、摒棄與實際無關或不適當的行為方式。伯恩認為,一個真正自主的人,必須是具有三種能力的人,即具有「覺識力」「自發力」和「親密力」。覺識力是指一個人能夠敏銳地覺察自己行為表露的含義的能力。他能瞭解什麼是真實的,什麼是虛幻的,既不畏縮,也不害羞,思想與行為相一致,能清楚地瞭解自己的能力、自己的優缺點、自己在環境中所處的地位及所扮演的角色。自發力是指一個人從 P 、 A 、 C 三個層次的行為和感覺中,自由選擇適當行為予以表現的特徵,不受傳統的束縛,不強迫自己生活在一個固定的模式裡,不衝動、不迷失於自己的主觀偏見,以清澈的心靈去瞭解自己及反映現實世界。親密力是指對他人表現出兒童式的關懷,給人以親切和密切的感覺,能開放自己、表露自己,真誠地與他人交往,能以新的眼光去欣賞別人的獨特性。

二、諮詢關係

交互分析療法強調來訪者與求助者之間的對等關係,在分析求助者的人格結構及人生態度的時候,來訪者對自己的人格特徵和人生態度也應做出分析。諮詢關係應該是諮詢師與求助者之間的一種競賽,或是兩者之間共同分

擔責任的一個契約，共同努力擺脫個人因素，力求客觀地選擇好的行為交流形式和理想的人生態度。當競賽結束，契約履行，則諮詢關係也就終止了。

三、諮詢過程

交互分析療法諮詢大致分為五個階段。在諮詢早期，與來訪者分享關於這五個階段的訊息是非常有幫助的，這樣來訪者就可以對交互分析療法的諮詢過程以及他們在這個過程中可能遭遇的一些體驗有所理解。

第一階段：來訪者講述他們的故事，而諮詢師透過聚焦式的傾聽、評論以及提問引導他們，讓重要的問題浮出水面。在這個階段中，諮詢關係將得到發展，當來訪者做好了準備的時候，治療協議就達成了。

第二階段：來訪者發展了洞察和意識，他們開始瞭解和理解他們自己的問題性質和起源。症狀開始減輕，來訪者逐漸地開始感到更有控制感。這時候，情緒開始浮現出來。

第三階段：修通階段。被埋藏的情緒以及自由聯想的出現，來訪者將釋放那些被壓抑的、與人類願望和需要相關的情緒，引起對於已經喪失的一些機會的悲痛。這一階段通常會激起焦慮，因為來訪者將要重新評估他們的生活；這也是對於諮詢師和來訪者雙方最具有挑戰性的階段。當來訪者表達出這些感受，並且釋放了過去的悲痛之後，他們將對自身以及生活感到更自由和明朗。

第四階段：重新決策階段。來訪者開始放棄舊有的角色，對未來將如何生活和想成為什麼樣的人進行選擇和決策。無論是在諮詢環境中，還是諮詢環境以外，他們都將體驗到變化。心理諮詢師的主要任務就是向來訪者提供支持。治療的契約即將完成。

第五階段：成功及結束諮詢。最後，來訪者達到了與諮詢師協商的共同目標，諮詢師與來訪者一起回顧工作，並進行最後的總結工作 (Christine Lister-Ford，2005)。

四、評價

（一）貢獻

　　交互作用分析十分重視現實人際關係狀態對於人們情緒障礙的制約作用。分析我們每個人都在使用的遊戲，使我們不再陷入心理遊戲中而不自覺，不再玩弄遊戲行為。

　　交互作用分析的結構清晰，具有可操作性，所以交互作用分析方法容易培訓、容易掌握，而不像精神分析那樣充滿神秘感。在交互分析作用中，自始至終都圍繞著求助者，它十分強調在諮詢過程中求助者的責任、求助者的自主感，這是非常有見地的。

　　在使用的治療技術方面種類繁多，善於從其他理論中引入一些技術。這樣使得交互作用分析的諮詢師能在這個理論框架內自由地選擇治療技術，如在交互作用分析治療的過程中，適當採用行為治療的方法，其收益會更加明顯。

（二）侷限

　　首先是過於強調「結構問題」，容易把諮詢師置身於事外的態度來看待求助者的價值觀、感覺等。其次，交互作用分析的觀念及程序不能加以客觀化驗證，因而缺乏科學性。一個科學理論兩個最主要的特點是邏輯自洽和科學實證。交互作用分析的結構嚴謹，成一定的體系，各個前提、分論點之間也沒有矛盾，但是它與精神分析一樣，缺乏科學實證。最後，交互作用理論從頭至尾不重視諮詢關係，不重視諮詢師的個人品質，而這卻是影響諮詢效果的重要因素，顯然有失偏頗。

　　交互分析療法雖然強調諮詢師與求助者的對等關係，但在實際諮詢過程中，求助者依然擺脫不了諮詢師的操縱，其人為化的術語概念也易引起求助者的困惑，影響自我分析的效果。過分依賴求助者透過自我覺察來挖掘其早期的決定不僅不可靠，而且還會導致求助者的自我防衛。

複習鞏固

1. 簡述交互分析法的五個階段。

2. 簡述交互分析法的貢獻。

擴展閱讀

交流分析療法的三種形式

1. 個別心理治療

個別心理治療是指在一個時間段內，心理醫生只接待一個病人的方法。一般是在一個安詳、舒適的診室內進行。如果病人以「兒童」自我狀態自居，而與醫生的「父母」自我狀態匹配交流，就意味著成功。這時讓病人盡情地訴說內心的痛苦，發洩內心的情感，時間大約要半小時。最後請病人自己檢查引起心理困惑的自己的 P-A-C 的主要內容，也大約要花半小時。最後請病人自己檢查引起心理困惑的自己的 P-A-C，找出干擾、影響、混淆 A 的有害的 P 和 C，並請病人在生活實踐中努力發揮 A 的作用。

2. 集體心理治療

集體心理治療是指在同一時間內，一個醫生同時接待多個心理病人，並依靠病人之間的相互作用而達到治療目的的一種方法，一般在較為寬敞、佈置優雅的診室內進行，數量在 20 人以下。不是根據病人症狀分類，而是把不同症狀的病人編在一個組內，首先教病人理解 P-A-C 的內容，然後請每個人認清、描述自己的 P、A、C，要每個人將「成人 A 從 P 和 C 的影響中解放出來，成員之間交流以近期發生的事件和個人的體驗為主，不涉及很久以前的事件，鼓勵每一個成員以負責的態度來觀察、處理與外界的關係，但嚴禁成員在團體內以兒童」C 自我狀態比較。

3. 家庭心理治療

家庭心理治療是指對病人的家屬進行 P-A-C 內容的解釋和指導，並請他們配合對病人的治療。有些病人接受了個別治療和團體治療後，病情有明顯好轉，但由於社會中的人們，尤其是家屬沒有正確地對待他們，而是依舊用

心理諮詢技術
第九章 交互分析療法

原來的不恰當的「父母」或「兒童」自我狀態來對待他們，使他們的病情惡化，這種情況必須進行家庭治療，使病人家屬能用 P-A-C 狀態來對待病人以鞏固療效。

交流分析方法已廣泛地用在各種臨床問題上，如性功能障礙、酗酒、藥癮、虐待兒童、神經性厭食、精神分裂症、恐懼症、暴露癖；也用於各種非臨床問題，如家長諮詢、發展問題諮詢。

小結

1. 交互分析療法，又名交流分析 (Transactional Analysis，TA)、人際相互作用分析或相互作用分析。它的創始人及主要代表人物是埃裡克·伯恩 (Eric Berne)。

2. 人格結構是交互分析療法的基礎。伯恩認為，人的人格是由三種自我狀態構成的：父母式自我、兒童式自我和成人式自我，簡稱 P（父母，Parents）、C（兒童，Children）、A（成人，Adult）。但是與弗洛伊德的分析理論對應，P 相當於「超我」，C 相當於「本我」，A 相當於「自我」。但是與弗洛伊德分析理論不同的是，P、C、A 都是可觀察、可覺察的行為，是經驗性、社會性的現實。

3. 心理汙染有以下五種形式：(1) P 汙染 A；(2) C 汙染 A；(3) P 汙染 A 而缺乏 C；(4) C 汙染 A 而缺乏 P；(5)A 不起作用 4. 每個個體身上都包含這樣三種自我狀態，但是由於後天影響，三種自我狀態會出現不同程度的比例失調，其中一種自我狀態會占據主導地位，而任何行為都能反映出並受制於人格結構中占據主導地位的自我狀態。構造分析就是透過仔細聆聽求助者或與他人交流，發現其占據主導地位的自我狀態。

5. 交互分析理論認為，個體幼年時所接受的父母教育和自我的決定寫下了一個人一生的腳本，借此決定了在他的成人階段將採用何種人生態度，而人生態度又決定了生活質量。腳本分析就是要讓求助者表演自幼以來的體驗和經歷，透過對自己和他人的剖析，瞭解自己的人生腳本、人生態度、接受

撫愛的方式和內容，從而對症下藥，建立起健康的人生態度，讓自己生活得快樂、自在。

6. 交互分析療法強調很多人本主義原則：

第一，尊重所有人。

第二，個人的責任。

第三，改變是有可能的。

7. 健全、成熟的成人式自我狀態有如下特徵：

(1) 一套獨立的感覺、態度及行為方式，它能適合目前情境，不受父母式自我狀態的偏執及固有狀態的影響；

(2) 能將外界資料轉化為知識，再以過去經驗為基礎，將這些知識處理、分類；

(3) 能同時獨立收集資料、處理資料並予以評價，以此作為行為的基礎；

(4) 能將事實從幻想、成見、傳統和舊有感覺中分離出來，與外界環境保持客觀的聯繫。

8. 交互分析療法五大階段：

第一階段：來訪者講述他們的故事，而諮詢師透過聚焦式的傾聽、評論以及提問引導他們，讓重要的問題浮出水面。

第二階段：來訪者發展了洞察和意識，他們開始瞭解和理解他們自己的問題的性質和起源。

第三階段：修通階段。

第四階段：重新決策階段。第五階段：成功及結束諮詢。

心理諮詢技術

第九章 交互分析療法

關鍵術語表

交互分析療法 自我狀態 互補溝通 交叉溝通 隱藏溝通 人格結構 人生態度 腳本分析 正向撫愛 負向撫愛

本章複習題

1. 交互分析療法，又名相互作用分析和（ ）

A. 構造分析；人際相互分析 B. 交流分析；人際相互作用分析

C. 交流分析；人際相互分析 D. 構造分析；人際相互分析

2. 交互分析法創始人是（ ）

A. 埃裡克·伯恩 B. 羅洛·梅

C. 柏根塔爾 D. 弗吉尼亞·薩提亞

3. 兒童式自我侵犯了成人式自我，同時將父母式自我排斥出去的人格結構模型是

（ ）

A.C 汙染 A 而缺乏 P B.P 汙染 A 而缺乏 C

C.P 汙染 A D.C 汙染 A

4. 父母式自我侵犯了成人式自我，同時將兒童式自我排斥出去的人格結構模型是

（ ）

A.C 汙染 A 而缺乏 P B.P 汙染 A 而缺乏 C

C.P 汙染 A D.C 汙染 A

5. 交互分析法的主要諮詢技術有（ ）

A. 構造分析 B. 交流分析

C. 腳本分析 D. 產婆術辯駁

E. 意象對話技術

6. 交流分析法的諮詢目標是（　）

A. 一套獨立的感覺、態度及行為方式，它能適合目前情境，不受父母式自我狀態的偏執及固有狀態的影響

B. 能將外界資料轉化為知識，再以過去經驗為基礎，將這些知識處理、分類

C. 能同時獨立收集資料、處理資料並予以評價，以此作為行為的基礎

D. 能將事實從幻想、成見、傳統和舊有感覺中分離出來，與外界環境保持客觀的聯繫

E. 求助者變得更加協調、自我實現

第十章 格式塔取向的心理諮詢技術

第十章 格式塔取向的心理諮詢技術

很多時候，人們之所以會有很多心理困惑，實際上是因為人們忘不了對過去的回憶，放不下對未來的憧憬；之所以有心理困惑，是因為人們無法面對自己的現實，無法面對消極的自我。這正是格式塔取向的心理諮詢與治療技術對於心理疾病的看法。因此，格式塔療法強調來訪者此時此刻的體驗，強調活在當下的自我覺知。究竟怎樣來進行呢？本章的內容主要介紹格式塔治療的人性觀、基本概念、基本方法和基本治療過程。

第一節 概 述

格式塔取向的心理諮詢與治療技術，又稱格式塔療法，是基於場理論和現象學的存在主義取向的心理療法，它是由皮爾斯 (Perls) 於 20 世紀 40 年代創立，包括許多具體技術，如對話演習、雙椅技術、責任心訓練、夢的分析等。這些技術的目的是強化來訪者的直接經驗，即「此時此地」的經驗，促進情感釋放，敢於面對衝突和矛盾，提高來訪者的意識性，使他們瞭解自己所運用的心理防禦機制。

作為存在主義取向的一種諮詢與治療方法，格式塔療法強調要從環境中看待一個人，要在個體與環境的實時關係背景下去瞭解個體；它重視個人此時此地的感受，並且它要求心理諮詢師與來訪者之間建立良好的對話關係以及對生活和治療過程的創造性和試驗性態度；它認為心理諮詢與治療中發生的治癒是來訪者和心理諮詢師之間有質量的會面的結果；心理諮詢師以對話的方式進行諮詢，努力充分投入，讓來訪者瞭解諮詢師理解和接受他們的體驗，注意每一個干預的影響。

一、理論背景

（一）社會背景

20 世紀初，由於種種原因，心理學的重心由歐洲開始移向美國，但格式塔心理學卻土生土長在歐洲的德國，這在很大程度上應歸咎於當時德國的社

會歷史背景。自 1871 年德國實現全國統一之後，德國的資本主義經濟發展迅速，到 20 世紀初，一躍成為歐洲乃至世界強國，在這種社會歷史條件下，德國整個社會的意識形態便是強調統一，強調積極的主觀能動。當時的政治、經濟、文化、科學等領域也都受這種意識形態的影響，傾向於整體的研究。在這一過程中，心理學自然也不能例外。

(二) 科學背景

19 世紀末 20 世紀初，科學界出現了許多思想潮流，對格式塔學派的心理學家產生了很大影響。特別是物理學界在這一時期拋棄了機械論的觀點，承認並接受了場的理論。場可以用磁力現象加以解釋：把鐵屑撒到一張紙的上面，當紙下放有一塊磁鐵並移動時，鐵屑會隨著磁鐵向同一方向移動，並排列成特殊的形狀。鐵屑很明顯地受到了磁鐵周圍磁力場的影響，這個場不是個別物質分子的引力和斥力的總和，而是一個全新的結構。格式塔心理學家試圖用場理論解釋心理現象及其機制問題。卡夫卡 (Koffka) 在《格式塔心理學原理》中提出了一系列新名詞：「行為場」、「環境場」、「物理場」、「心理場」、「心理物理場」等。普朗克 (Planck) 是現代理論物理學家，對場論有過重大貢獻，他強調事件的自然屬性及對量的測定背後的特殊過程的探討，他反對經驗論和對量的測定的過分倚重。苛勒 (Kohler) 在 1920 年出版的《靜止狀態中的物理格式塔》一書的序言裡專門向普朗克致謝。苛勒在此書中採用了場理論，認為腦是具有場的特殊的物理系統，他試圖說明物理學是理解生物學的關鍵，而對生物學的透徹理解又會影響到對心理學的理解。

(三) 心理學背景

格式塔療法理論源自格式塔心理學，格式塔的含義即「完形」，強調人的完整性和整體知覺，即個體有追求完整的傾向。一個不完全的完形會引起注意直至完形出現和穩定為止，個體會依照其當前之需要，完成其完形。皮爾斯認為要滿足需要，就必須形成完形；個體的行為是一種整體，大於部分的相加總和；個體行為含義要在其生活整體的內涵中去瞭解，如對人的認識，不能將人抽離環境 (整體) 來看。

此外，由於現象學上所指的現象，是指「個人憑感官所知覺到的當下經驗」，而格式塔療法深信「來訪者對環境的當下覺察，而不去推論一些形成某一行為的原因」。所以，格式塔療法是現象學取向的。又因為該治療法的基礎是此時此地，因此也是存在取向的。在格式塔療法中，「覺察」、「責任」、「自由、選擇」是很重要的三角關係，即察覺力愈強，自由的可能性愈大，而自己應為自己所做的決定、行為負責，此即存在主義的味道。而在格式塔療法中，所採用的一些名詞，諸如「投射」、「內化」、「壓抑」等，是源自精神分析的，故格式塔療法可以說是受到許多學派的影響。

　　格式塔心理學雖然與構造主義和行為主義有諸多的分歧和爭論，可是在心理學的研究對象方面卻不謀而合。它既不反對構造主義把直接經驗作為心理學的研究對象，也不反對行為主義視行為為研究主題，聲稱心理學是「意識的科學、心的科學、行為的科學」。格式塔心理學家的研究對象主要是直接經驗和行為。格式塔心理學家不反對把意識作為自己的研究對象，並認為行為主義不用意識建立一種心理學是荒謬絕倫的，但為了避免誤解起見，他們儘量不用「意識」一詞，而是以「直接經驗」代之。

二、代表人物及其主要思想

　　弗雷德里克·皮爾斯 (Friedrich Salomon Perls， 1893-1970)，德國心理學家，格式塔療法的創始人。他出生於德國柏林一個中產階層猶太家庭，因心臟病逝於美國芝加哥。皮爾斯對心理學的主要貢獻是發展了一種心理治療的新方法，他稱之為「格式塔療法」。格式塔療法 (Gestalt therapy) 又稱完形治療法，是自己對自己疾病的覺察、體會和醒悟，是一種修身養性的自我治療方法。其基本前提是：如果人要達到成熟，就必須尋找在本身的生活方式中，自己所應負起的責任。

三、特徵

　　一般認為，有效的格式塔治療必須具備以下四個特徵：

(一) 聚焦於此時此地的體驗

第十章 格式塔取向的心理諮詢技術

格式塔療法強調來訪者「此時此地」的感受,心理諮詢師不是只與來訪者抽象地談論情境以及事件,而是會以更加生動的方式,如把當時的情境帶到現在的情境中來促進來訪者更加直接的體驗。它強調人應該將精神集中在現實的生活與感受當中,而不要對過去的事情唸唸不忘。人的許多焦慮都產生於不能正確對待以往生活向當前生活的過渡,以逃避現實的做法來處理個人生活中的種種挑戰和壓力,這嚴重阻礙了一個人的健康成長。

要使人積極面對現實健康成長,就是幫助他完成內心中的那些未完成情結 (un-finished business),這通常指個人因以往生活中的某些心靈創傷和刺激經歷所留下的不良情緒體驗(如懊惱、悔恨、內疚、憤怒等)。它們猶如一個個心結繫住了人在現實生活中的自由活動,而要使人全心全意地投入現實生活,就必須排除這些心結的干擾。來訪者透過與心理諮詢師的對話會不斷懂得自己是如何感受和體驗情境的,並且會創造性地改變自己。

(二) 提供一種對話式關係

格式塔療法採用馬丁·布博 (Martin Buber) 的關係對話哲學,以體現心理諮詢師和來訪者的我-你關係這一精神。在來訪者的語言訊息方面,十分注重來訪者的深層含義。例如當來訪者用「他」來取代「我」,來訪者用否認或語言中增加修飾詞的方式來拒絕自己的力量等等。有效的心理諮詢師應該從來訪者的各種訊息中挖掘其重要的情節,並透過提問題來幫助來訪者找到主線,從而使來訪者更加生動、清晰地體驗此時此刻的感受。格式塔心理諮詢師也十分關注來訪者的肢體語言,這些肢體語言會提供極其豐富的訊息。

(三) 基於場理論和整體論的觀點

格式塔療法的理論基礎是場理論、現象學和對話關係。場理論的基本原則是,我們必須在有機體所處的環境、背景中來對其加以理解,要將有機體視為一個不斷改變的場的組成部分。基本原則是:有機體在場 (field) 中是相互聯繫、不斷改變、相互關聯且不斷發展的。

心理諮詢師首先要將注意力放在探索個體和環境之間的邊界 (borderline) 的變化上。「場」是心理諮詢師、來訪者以及他們之間發生的

治療關係、治療過程的總和。而且「場」總是處在不斷被製造並修改的過程中。其次，現象學強調感知世界，我們的經驗和認識都要來自於對世界的直接感知而不是透過解釋或其他手段來推斷。要鼓勵來訪者描述其感受，而不是解釋其感受，並對來訪者的感受保持時刻關注。

（四）對生活和治療過程的創造性和試驗性態度

格式塔療法屬於人本主義、存在主義範疇，它認為每個人都有積極向上的潛能，人們天生具有與他人建立互惠關係的能力，自我實現是人類基本的動機，人們可以透過人際關係和領悟的過程而獲得成長和自我治療的能力（Yontef，1995）。人都有能力處理好自己的事情，心理諮詢的中心任務是幫助來訪者充分認識到自我在現實中的存在和感受。由此，心理諮詢不求為來訪者的困難做解釋與指導，而是鼓勵來訪者主動承擔責任，促進自我的治療與改善。

複習鞏固

1. 簡述格式塔療法產生的社會背景。
2. 簡述格式塔療法的特點。

第二節 基本理論與概念

一、人性觀

格式塔取向的心理諮詢的人性觀主要以存在哲學與現象學為基礎。認為真正的知識是因知覺者的立即體驗而產生的。治療的目的並不在於分析，而是在於整合一個人不時存在的內在衝突。「重新擁有」個人曾經否定的部分以及整合的過程需要循序漸進，直到當事人堅強地足以繼續自己的成長為止。而透過察覺，一個人可以做決斷，並且因而生活得更有意義。

格式塔取向的心理諮詢的基本假設：個人能有效地處理生活上所發生的問題，特別是能夠完全察覺發生在自己週遭的事情。人們經常用種種不同的方式去逃避某些可能面臨的特定問題，因此，在其成長過程中往往會形成一

些人格上的障礙。對此，諮詢與治療是提供必要的處理方式與面對挑戰的技巧，幫助當事人朝著整合、坦誠，以及更富有生命力的存在邁進。

二、心理病理觀

格式塔療法把心理障礙的主要原因歸納為以下幾點：

第一，以假定的「必須如此」的思想對待生活。

第二，以固執、僵化的思維代替行動。

第三，拒絕現時的實際，回味過去，憧憬未來。

第四，怨天尤人，認為自己和別人不應如此，而不承認自己和別人的現實情況。

第五，對自己的決策缺乏責任感。

皮爾斯認為，如果人要達到成熟，就必須尋找在本身的生活方式中，自己所應負起的責任。來訪者的基本目標是去察覺他們正體驗到什麼及自己正做些什麼。透過這種察覺達成自我瞭解，並得到足以修正自我的知識，從而學習到如何對自己的情感、思維和行為負責。換言之，此刻的存在，是牽涉到一個人過去與未來的過渡階段。因此，該治療法要求來訪者將其有關的過去與可能的未來帶入此刻，然後直接去體驗它們。

三、基本理論與概念

（一）完形

「格式塔」，是德語詞彙之音譯，被意譯為「完形」，本意是統一或者一致的整體，或者說是一種不能被分割成部分的形式。格式塔療法重視的是完整的圖形（即在當下個體所經歷、體驗到的那部分最為顯著的前景），同時還要強調背景（常常是個體知覺體驗範圍外的部分，與「圖形」或者「前景」相對應的部分）。

格式塔取向的心理諮詢工作者不但會關注那些最為顯著的部分，同時也關注個體的各個部分是如何組成一個整體，如何以整體的形式與外部環境相

互作用,又是如何整合的,尤其注意來訪者的想法、感受、行為、記憶以及夢境等。格式塔療法重視的是圖形(即在任何情況下個體經歷中那些最為顯著的部分)或背景(往往是個體知覺範圍外的體驗部分),透過個體的身體姿勢、音調、態度以及其他非言語內容來獲得有關背景的表面線索。

(二)未完成事件

未完成事件 (unfinished business),係指未表達出來的情感,包括悔恨、憤怒、怨恨、痛苦、焦慮、悲傷、罪惡、遺棄感等。雖然這些情感並未表達出來,但卻與鮮明的記憶及想像聯結在一起。由於這些情感在知覺領域裡並沒有被充分體驗,因此就在潛意識中徘徊,不知不覺中被帶入現實生活裡,從而妨礙了自己與他人間的有效接觸。未完成事件常會一直持續存在著,直至個人勇於面對並處理這些未表達的情感為止。

心理諮詢師重在幫助來訪者經歷未完成事件而不是解救或解釋它們,透過對情境的感知,來訪者可以親身體驗到那些被自己排斥的感受,並且接納它們。這樣人們就不再是努力成為想要成為的那個人,而是成了真實的自己。當人們能夠完全接納真實的自己而不去評判自己時,人們就能夠達到內外部的協調一致,擁有自我實現的內驅力,能夠和諧成長。

未完成事件是由於過去未被認知的情感所衍生的一些非必要性的片段情緒,擾亂了以現在為中心的察覺。根據皮爾斯的觀察,悔恨是未完成事件中最常見、最惡劣的一種。依照他的看法,當人們悔恨時就把自己給困住了,既不願讓悔恨就此算了,也不能做坦誠的溝通,除非把悔恨發洩出來。因此,皮爾斯主張把悔恨表露出來是必需的,未表露出來的悔恨經常會轉變成罪惡感。換句話說:無論何時,當你有罪惡感時,就去找出悔恨的原因,並把它表達出來,簡化原來紛亂的要求,則問題自可迎刃而解。

(三)此時此刻

格式塔療法認為除了「此時此刻」,沒有東西是存在的。因為往者已矣,來者則尚未來臨,只有現在才是最重要的。完形療法的主要理念之一就是強

調此時此刻，強調充分學習、認識、感受現在這一刻，留戀過去就是在逃避體驗現在。

對許多人而言，「現在」這股力量已喪失。他們不知把握此時此刻，卻把精力虛擲於感嘆過去所犯的錯誤，苦思冥想該如何變化生活，抑或虛擲精力於未來無止境的抉擇與計劃中。當他們把精力投向追憶過去或冥想未來時，「現在」的力量便消失無蹤。為了有效幫助當事人接觸現在，完形治療者常會問「是什麼」和「如何」的問題，而很少問「為什麼」的問題。為了增進當事人對現時的察覺，治療者鼓勵以現在式對談。

（四）接觸與拒接

在格式塔療法中，接觸是個體改變和成長的必要條件，也就是個體要透過看、聽、嗅、觸摸、移動等方式與外界接觸，感受內外部世界。然而這種接觸要是十分自然的，個體也是真實的自己，不受到任何評判和期待的影響。這時的個體意識是清晰的、充滿活力的以及具有自我表達能力的。當個體充分、自然地與外界接觸，個體也就有了自己真實的感受，同時個體會根據情境進行持續的、創造性的改變，個體的成長也就開始了。當然，這需要個體的興趣、想像力和創造力。

同時，還有一個邊界(borderline)的概念。格式塔心理諮詢師認為邊界存在兩種功能：一是接觸，二是回退。接觸和回退是個體與外界聯繫的正常表現，對個體健康機能非常重要。在格式塔治療中，心理諮詢師十分注重個體與外界的拒接過程。因為人們常常用這些方式來逃避外界情景，這也正是人們不能正視當下並積極解決問題的關鍵所在。人們的這種拒接往往是無意識的，可是這種無意識又會引發很多不良的機能行為。當然，這種拒絕也會發生在諮詢過程中，也就是我們所說的阻抗。

（五）能量凍結

在格式塔療法的理念當中，要特別注意能量(energy)的問題，包括它在何處、如何使用以及如何被阻礙等。能量凍結是在諮詢過程中的另外一種阻抗行為。這可能表現為來訪者某個部位的緊張（如姿勢和身體的緊張）、呼吸

短促、說話時為避免眼神接觸而將眼神聚焦到遠處、感覺麻木、音調異常等。當來訪者出現這種情況時，心理諮詢師要幫助來訪者關注其當下的感受，找到其能量凍結的焦點。也就是心理諮詢師要幫助來訪者覺知到自己是用怎樣的能量凍結來阻抗諮詢的。當來訪者覺知到了自己的能量凍結點，心理諮詢師要協助來訪者用自然的、恰當的方式來取代能量凍結。心理諮詢師要讓來訪者體驗到其能量凍結帶來的機能不適行為，這可以讓來訪者描述其當時的感受，或是心理諮詢師用誇張的方法激發來訪者覺察其不適應的行為。

複習鞏固

1. 簡述格式塔療法認為心理障礙的原因。
2. 簡述格式塔取向的心理諮詢的基本假設。

第三節 諮詢與治療技術

一、空椅子技術

空椅子技術是幫助來訪者將其內在機制具體化的方式之一。它是先擺放好兩張椅子，然後要求來訪者坐到其中一張椅子上扮演自己人格中的受支配者，接著，來訪者又換到另一張椅子上扮演自己人格中的支配者，也可以讓雙方「對話」。本質上講，這是一種角色扮演技術，只不過所有的角色都由來訪者一人扮演。透過角色扮演，來訪者的內在機制也就浮出水面，將更加充分地體驗自己的內在衝突。當來訪者能夠將這兩者加以整合和接納時，來訪者的衝突也就得到瞭解決。這種練習可以幫助來訪者接觸深處的情感，並觸及自己曾經否認的那一面。當來訪者意識到這些感受也是自己不可分割的一部分時，來訪者就不會再嘗試去和這種感受撇清關係了。

讓來訪者體驗兩個相對勢力間的對話，目的在於使他們內在的對立與衝突獲得較高層次的整合，即學習去接納這種對立的存在並使之並存，而不是要去消除一個人的某些人格特質。皮爾斯認為其他治療法過於強調改變，認為來訪者因此才能根本地去除自我折磨的困擾。由於來訪者內心存在著許多衝突，導致他們不時地進行自我對話的遊戲。因此，下列有一些衝突可試著

第十章 格式塔取向的心理諮詢技術

加以突破：內在父母對抗內在兒童；受壓迫的一方對抗壓迫的一方；純真的一面對抗性慾的一面；「好孩子」對抗「壞孩子」；進取性的自我對抗被動性的自我；自主樂觀的一方對抗懊悔非樂觀的一方；努力工作對抗游手好閒者。

空椅子技術亦可用於個別和團體的諮詢中，如以勝利者和失敗者間常見的衝突為例，這種衝突其實是一個強有力的誘因，可幫助來訪者更敏銳地覺察到其內在分裂，以及分裂的雙方中哪一方較占優勢。例如，假設來訪者是一個懦弱、無助的婦女，她可能一味地抱怨自己是個可憐人，她不滿她的丈夫，但卻又怕他離開她，擔心自己因此而變成一個不完整的人。這位婦人把她丈夫的存在當作自己無能的藉口，同時不斷地壓抑自己，對自己一直說「我不能」、「我不知道怎麼回事」、「我沒辦法」等。如果她認定自己是一個極為不幸的人，那麼她想改變的意念就十分小，心理諮詢工作者此時或可安排她坐在其中一張椅子上，讓她去扮演一位完全的失敗受難者角色，並任其誇大她自己的這一面。直到她開始厭惡這一面，這時再要求她扮演另一面，即被壓抑的勝利者角色，然後去跟先前的失敗受難者談話。心理諮詢師可要求她假裝為成功、強壯、極具獨立性的人，然後問：「如果你是強壯、獨立的，那將會發生什麼事？如果你放棄了原有的依賴性又將如何？」透過這種技術的運用，常可增強來訪者的力量，並且在真正體驗他們一直所扮演的角色後，常使自我重新展現出自主風貌。

在團體諮詢過程中，如果來訪者反映「我覺得團體做的事非常無聊」「這裡似乎沒有一個人在乎些什麼」「我很願意與你接觸，但卻怕被拒絕（或接受）」「我很難去接受美好的事物，我總是覺得別人給我的讚美是在敷衍我」「我總是難以對別人怒言相向，我喜歡永遠表現和善」「跟別人接觸與親近，會讓我覺得舒服些」時，不妨要求團體成員適當地予以配合反應，即心理諮詢師會要求來訪者在每個陳述之後加上「但我會為它負責」。例如，「我覺得無聊，但我會為我的無聊負責」「我現在不知道說些什麼才好，但我會為我的不知道負責」「我覺得受到排斥及孤獨，但我會為此種受排斥感負責」等。此種技術的運用可有效拓展個人的感覺領域，同時幫助個人接納和認識本身的情感，以代替把自己的情感投身到他人身上。

二、完形夢境治療

精神分析療法強調理智的頓悟，強調夢境是可以解析的，並會運用自由聯想技術去探索夢境的無意識意義。格式塔療法並不主張對夢境進行分析或解釋。相反，格式塔療法旨在把夢境帶進現實生活中，就好像這種夢境發生在此時此地一樣，這便是完形夢境治療。夢境將會在當前得以實現，做夢者也會成為夢境的組成部分。

對夢境的處理方式有：將夢境中的細節列舉出來，回憶起夢境中的每一個人、每一個事件以及其中的所有情緒，要求個體透過改變自己而成為夢境的各個組成部分，儘可能地活躍起來並創造出對話。夢境的每個部分都將被認為是個體的一種投射，來訪者將會為夢中不同人物或不同部分的遭遇創造出劇本來。夢境中的所有部分都是來訪者自身矛盾的、不一致的層面的體現，透過捲入到這些不同層面的對話中，來訪者將逐漸知覺到自身的感受世界。

投射觀念是皮爾斯夢境理論的核心，夢裡的每個人、物都代表做夢者投射的對象。皮爾斯曾做這樣的建議：從不可能的假設開始，而假定所有我們從他人處所見到的都只是一種投射而已（皮爾斯，1969）。他認為，對感覺和投射兩者的瞭解是一體的。因此，不必去解析夢境、不用去玩那些益智性的猜謎遊戲或告訴來訪者夢境代表的意義。來訪者不需要對夢境做探索，而是要把夢當作一個劇本，然後以夢裡各部分的對話來做實驗。來訪者若能表演出內在對立的衝突面，亦就能吸收它們的差異並整合這些對立的力量。按弗洛伊德的看法，夢是通往潛意識的捷徑，但皮爾斯卻認為它是通往整合的捷徑（皮爾斯，1969）。

皮爾斯同時也認為，夢是人類最自發性的表現，它不僅代表未完成的事件，也可能遠超過這些未完成的事件或未實現的願望。其實每個夢都代表著一個人存在的訊息和內心的掙扎，如果夢境的全部都能被瞭解與同化，則夢裡的每件事物都能很容易地被察覺。事實上，在夢裡所完成的每件工作都能導致某種程度的同化。皮爾斯認為，如果能適當地處理夢境，存在的訊息就會愈清楚；如果不願去想起夢境，等於是拒絕面對生活中的問題。因此格式塔心理諮詢師會要求來訪者談論他們所遺漏的夢，如一個來訪者以現在式說

出的夢境，其情境就像他們仍在夢中一般：籠裡有三隻猴子，一大二小，雖然它們顯得極為吵鬧，但他們卻很吸引我，大小猴子後來彼此打架，最後竟然跑出籠子爬到我身上，我把它們推開，它們在我周圍繼續爭吵，簡直令我無法忍受。我轉身想去告訴媽媽，我需要幫助，因我已無法再控制這些猴子，它們簡直快要令我發瘋。我感覺非常悲傷、疲倦和洩氣，我離開籠子，同時也想到我雖然愛這些猴子，但我必須放棄他們。我發現自己也像別人一樣在平常喜愛寵物，而當情況變化時就想棄它們而去。我極力地想尋找解決的辦法以保留這些猴子，不使這些可怕的結果發生。我決定把猴子繼續關在籠子裡，我想這也許是保住它們的方法。

心理諮詢師接著要求來訪者變成她夢裡的每個部分，也就是要來訪者變成籠子、變成猴子，並且跟每隻猴子說話，再變成她的媽媽等。此項技術最具效力的地方就在於當來訪者在敘述她的夢境時，就好像這夢正在進行一樣。她迅速地察覺到她夢裡所表現的掙扎正代表著她和丈夫、兩個小孩間的鬥爭。從對話中，來訪者也發現她既喜歡又怨恨她的家庭。她知道若讓家人體察到她的感受，就必須與他們一起去改善長久以來緊張的生活步調。

三、倒轉技術

倒轉技術就是要求來訪者參與到那些會給他帶來焦慮的事件中，從而讓來訪者和那些自己曾經否認或拒絕的部分取得接觸。來訪者的症狀和行為時常是其潛在行動的倒轉表現，這項技術可以幫助來訪者結束那些之前被自己否定的個人特質，如心理諮詢師可以讓過於羞怯和靦腆的人倒轉扮演愛表現的人。如果倒轉的過程進行得十分順利，來訪者很快就能扮演自己新的行為模式並樂在其中，並且能夠同時認可並接納自己的「消極面」與「積極面」。

四、誇張技術

格式塔療法的其中一個目的在於讓來訪者能夠知覺到自己的身體語言所傳達出來的微弱的訊息和線索。動作、姿勢以及姿態往往能夠傳達極其重要的意義，然而其中的線索可能並不完全。心理諮詢師會要求來訪者重複地誇大其動作或姿勢，這可以加強個體與行為相關的感受並可以使內在的意義更

為清晰，這便是誇張技術。誇大練習對某些行為而言十分合適，比如顫抖（手或腿的抖動）、無精打采、彎腰縮肩、攥拳、皺眉、面部扭曲、交叉雙臂等等。如果一個來訪者告訴心理諮詢師自己的腿在顫抖，那麼心理諮詢師可能會要求來訪者對這種動作進行詳細的表述。

五、感覺留置

大部分來訪者都希望能從那些令人恐懼的刺激以及不愉快的感受中逃離出來。在來訪者談及自己希望逃離的那些不愉快的感受或情緒的關鍵時刻，心理諮詢師可以促使來訪者停留在自己的感覺中並鼓勵他們深入到這些他們希望迴避的感受或行為中。學會面對並體驗感受不僅需要一定的勇氣，同時也是個體願意去忍受必要的痛苦、為新的成長鋪平道路的一種標誌。

六、繞圈子技術

在繞圈子技術中，團體領導會要求團體中的某位成員走到其他成員面前，然後要麼和這位成員交談，要麼和這位成員一起做點什麼。其目的在於幫助個體去面質、冒險、表達自我、嘗試新的行為進而獲得成長和改變。當心理諮詢師覺得成員們需要就某個主題面對其他成員時，他就會使用繞圈子技術。還有當來訪者出現下列想法或話語時，也適合採用繞圈子技術，例如「我希望更多地與他人交流」「這裡似乎沒有人在乎我」「我很希望能和你交流，但我卻害怕被你拒絕」「我不會面對他人的讚美」等。

七、預演

人們時常會在內心默默地預演自己的角色以便他們能夠獲得認可。而當人們需要付諸實踐時，他們時常因擔心自己無法扮演好自己的角色而感到羞怯和焦慮。內在的預演練習耗費了我們過多的能量，時常會抑制人們實驗新行為的主動性和意願。當來訪者和心理諮詢師分享可被用來支持其社會角色的眾多方式時，他們還將逐漸認識到自己是如何迎合他人的預期的，他們又是如何希望獲得他人的讚許、接納、喜愛的以及他們又為獲得他人的接納付出了多少。

第十章 格式塔取向的心理諮詢技術

複習鞏固

1. 什麼是倒轉技術。
2. 什麼是空椅子技術。

▎第四節 諮詢與治療過程

　　格式塔取向的諮詢與治療方法與其他許多療法一樣,是沒有十分固定的治療流程的,諮詢更多的是根據心理諮詢師的洞察力和創造力幫助來訪者提高覺知能力的過程。同時,在這個過程中心理諮詢師會應用各種各樣的格式塔諮詢與治療技巧,從而幫助來訪者獲得內外在統一。我們根據格式塔療法的特點將其治療過程分為四個階段,分別為諮詢關係建立階段、評估與診斷階段、諮詢階段、結束階段。

一、諮詢關係的建立

　　當來訪者剛開始進入諮詢時,會因為緊張和防禦心理而無法專注於當下,這就使其困在過去或者目前的困境之中。格式塔取向的心理諮詢師,首先要與來訪者建立良好的咨訪關係,為其營造一個安全的氛圍,並且用現象學方法來提高來訪者的覺察力,詢問來訪者當下身體感受或心中感受,建立對話式關係,增進健康功能並鼓勵來訪者形成自我支持和社會支持。對一些較輕微的來訪者來說,往往能夠使他們找到困境的癥結,解決目前的問題。對短期干預是最為理想的。

　　格式塔療法中的治療關係取決於以下三個相互依存的因素:安全容器 (safe con-tainer) 的提供;工作聯盟的構建;對話式關係 (dialogic relationship) 的建立。

　　安全容器,是指心理諮詢師營造安全的、令人愉快的自然環境,並且顯示出自己對來訪者感興趣和本身具有專業能力,即構建一個安全的容器。

　　如何形成諮詢過程中的工作聯盟? 當來訪者同意接受諮詢並開始商定諮詢相關的內容,如諮詢費用、諮詢時間,並且有強烈的求助動機,心理諮詢

師也與來訪者匹配並即將開始幫助來訪者,那麼心理諮詢師與來訪者間的工作聯盟便形成了。工作聯盟是雙方相互配合、相互信任的結果。要想建立工作聯盟,作為心理諮詢師首先要真誠,在諮詢開始時對心理諮詢的一些原則,如保密、助人自助的解釋是十分必要的。同時,向來訪者介紹自己也是體現真誠的一種表現。另外,共同情感、尊重和積極關注也對工作聯盟的建立起著非常重要的作用。就心理諮詢師而言,要想取得來訪者的信任,必須認真地對待來訪者的所有訊息。

　　對話式的關係是真誠地將他人看作一個人(而不是一件物體或部分物體),進而去體會、感覺、體驗他人的一種態度,是毫無偏見地、深入地傾聽他人體驗的一種意願。而且,它還願意「聽」沒有說出的話,去「看」沒有呈現的情景 (Hycner, Jacobs, 1995)。對話式關係由四個部分組成:參與 (presence)、肯定 (confirmation)、融入 (inclusion)、開放式交流的意願 (willingness for open communication) (喬伊斯,2005)。換一句話說,這四個部分便是:心理諮詢師全身心的投入、積極關注、共同情感以及來訪者毫無保留的交流意願。

二、評估與診斷

　　格式塔取向的心理諮詢師,診斷與評估不是簡單地套用定義和名稱,而是具有現象學、描述性和靈活性的特點。例如,他們不會診斷這個來訪者是抑鬱症,而是診斷其正處在抑鬱的過程中。也就是說,心理諮詢師診斷的是來訪者在生活中固定的格式塔的動力學描述——一種已經靜止或僵化的過程。

　　透過現象學來評估來訪者時,關注的是心理諮詢師看到了什麼、感覺到了什麼,並從這些經驗中總結來訪者目前體驗到的困難。那麼如何評估來訪者呢?首先是外部觀察。來訪者的衣著、髮型怎樣?坐姿是否放鬆?呼吸是否急促?是否有不自覺的小動作?說話時語速怎樣?這些訊息給心理諮詢師提供了關於來訪者最初步的印象。然後是對來訪者內心世界的評估。他是否在專心致志地聽心理諮詢師所說的?他如何描述自己的生活?他對自己、他人以及世界所持的核心信念是什麼?最後是對來訪者周圍「場」的評估,即

他與周圍環境的關係如何。值得注意的是來訪者與心理諮詢師之間的關係模式——這在一定程度上反映了來訪者建立關係的慣用模式。同時，關於來訪者的文化因素，處於生命中的某一階段（單身、結婚、離婚等）以及生活中的重大事件都是心理諮詢師進行評估不可缺少的因素。

三、諮詢階段

諮詢階段是整個諮詢過程最核心、最重要的實質性階段，它包括理清來訪者未完成事件、提供支持、調整接觸模式、試驗新行為以及協助來訪者統整自我的幾個重要步驟。

（一）理清來訪者的未完成事件

理清來訪者的未完成事件首先要探索未完成事件的起因、歷史淵源、支持此未完成事件的信念、內射以及人物背景。這可以透過與來訪者共同追憶其感到未完成的原始情境或創傷，提高其情感、思維、軀體感覺的覺察力以及識別接觸阻斷或調整模式來完成。有時，來訪者會存在某種自我挫敗的特定行為、情感或表達，往往不自覺壓抑許多自己不能接受的部分。此時，心理諮詢師可以將工作重點放在來訪者的核心信念上，也就是用認知療法識別其信念，然後向來訪者闡述這種信念並引出另一種被來訪者接受的、恰當的信念。

（二）提供支持

健康的支持是一種自我支持和環境支持的整合，格式塔心理諮詢師便是要幫助來訪者與其環境或團體相互合作，並在滿足自己需要與考慮他人需要之間保持平衡。提供支持就是要幫助來訪者發展自我支持和環境支持。

自我支持的方式有很多，可以是軀體性支持，如在諮詢過程中引導來訪者關注其呼吸，並注意其呼吸方式；引導來訪者關注其姿勢，並體驗不同姿勢所帶來的不同內心感受。也可以是語言性支持，讓來訪者覺察自己所選擇使用的措辭，然後建議來訪者嘗試使用自我負責的語言。例如，來訪者說：「女朋友不停地嘮叨讓我感覺無能為力，想到這就心煩」。讓來訪者改成「女朋友又開始嘮叨了，我意識到面對她的嘮叨我感到無能為力，我不喜歡這種

感覺」。當來訪者這樣做時，他會注意體驗其自我力量以及任何可能被忽視的能力。

環境支持同樣非常重要，最簡單的做法可以讓來訪者考慮平時他是如何利用伴侶、朋友或家人的支持的。這個問題能夠反映來訪者關於周圍環境以及與周圍環境相聯繫的潛在觀念。他可能平時根本不去尋求這些支持，或是他認為自己不應該或不容許獲得這些支持。另外，在發展環境支持的過程中，心理諮詢師本身是非常重要的。這不僅僅意味著心理諮詢師對來訪者的共同情感、積極關注，有時還包括適時適度的面質。

（三）調整接觸模式

格式塔取向的心理諮詢認為，心理健康的內容包括同自我和他人保持良好的接觸 (contact)。在許多情況下，來訪者可能並沒有意識到他們正在使用某種特定的方式與外界接觸，甚至有時認為他們根本沒有別的選擇接觸的方式。在這種情況下，心理諮詢師可以向來訪者提出自己的假設，或提出一些自己注意到並感到困惑的現象。例如，心理諮詢師提到，「我發現，每次你談及你的女朋友你都攥緊拳頭，這點你自己注意到了嗎？」當然，為了調整來訪者的接觸模式，心理諮詢師有時需要與來訪者一起進入其未完成事件的痛苦中，有時又要幫助來訪者建立一種更具創造性的方式來應對當前的困境。

（四）試驗新行為

在諮詢過程中，當來訪者面對一個未曾涉足的主題徘徊不前時，或者面對錯綜複雜的問題根本找不到頭緒時，這時需要心理諮詢師給予來訪者新的啟發，幫助其擺脫舉棋不定的窘迫。心理諮詢師如何透過創造力、想像力幫助來訪者試驗新行為？首先，與來訪者一起識別那些讓來訪者困惑的情形，然後向來訪者建議試驗並對來訪者這樣做的挑戰程度進行評估，最後展開試驗。試驗的種類有停留在僵局中 (staying at the impasse)、引導或提高覺察力、逆轉、誇大或削弱習慣性反應（或創造一個新反應）、重演 (re-enactment) 等。在試驗結束之後，幫助來訪者總結經驗，讓來訪者意識到自己以往的信念在多大程度上制約了自己的選擇和行為。並及時與來訪者制定計劃，即如何把這些新經驗運用到以後的實際生活中去。

（五）協助來訪者統整自我

理想的狀態下，來訪者會隨著治療的深入自然而然地整合和吸收，成功解決危機。然而，有些時候，吸收過程可能正揭示出其他一些不得不加以解決的問題，他們可能需要刻意地或別有用心地去完成整合過程。來訪者在重新經歷和體驗過去的未完成事件後，對自己和過去的事都會獲得一些新的看法，成了真實的自己，得到精神上的放鬆和和諧。

四、結束諮詢

在諮詢中，諮詢過程的結束同開始一樣重要，如果心理諮詢師與來訪者處理不好諮詢關係的結束，也許會引起雙方的孤立、喪失等感受。相反地，如果在適當的時候選擇適當的方式來結束諮詢，這對雙方都是一次學習的機會，使來訪者擁有結束關係的美好體驗。

五、評價

（一）貢獻

無論是個別還是團體諮詢，這種行動式的治療法可以把衝突和掙扎帶進生活，借助這種技術，當事人可以實際體驗他們的掙扎，而並非只是以一種敷衍的態度，不停地談論問題。這樣做的結果是能增強當事人體驗現實的察覺力，使其能發現自己嶄新的一面。

格式塔療法的另一項貢獻，就是運用活潑的方式，把過去與問題有關的部分帶進現在，然後再生動地處理這些過去的問題。格式塔療法借助技術的運用和敏銳的觀察，可幫助來訪者強化以此時此刻為中心的察覺力，這使他們不但能覺察到此時的感覺與想法，同時也可完全明白自己正在做些什麼。

（二）侷限

不太重視人格的認知。皮爾斯不鼓勵對一個人的經驗做思考。許多格式塔學者強調覺察和表達感覺，卻往往忽視了檢視思考的部分。

格式塔取向的諮詢技術要能真正發揮功效，心理諮詢師本身必須要有較高層次的人格發展，一方面能完全覺察自己的需求，且能讓這些需要不至於干擾到來訪者的治療過程；另一方面能敏銳地處於此時此刻，同時能無防衛地自我袒露。但是，其間仍存在著一種危險，即若心理諮詢師欠缺純熟的訓練，極可能會有一種要將治療重心置於給來訪者深刻印象的積極慾望，並試圖要操縱他們。同時皮爾斯提倡的只對個人負責的問題，容易讓人變成極端個人主義者。

複習鞏固

1. 簡述格式塔取向諮詢的治療過程。
2. 簡述格式塔取向諮詢階段包括的步驟。

生活中的心理學

案例簡介：來訪者是一位 15 歲的女孩，求助諮詢的主因是對學校壓力的抱怨。諮詢期間，女孩對想法與情感的表達皆有困難。當來訪者提及有反覆出現的夢境時，心理諮詢師向來訪者提出可以嘗試採用完形夢境治療的方法。這種諮詢方法使女孩顯露了她所害怕表達的憤怒、恐懼與無助感。當她能表達與接納她的情緒後，她也就更能肯定她自己的力量與掌控感。

來訪者：我夢到我在很深的夜晚走在一個黑暗城市的街上，通常夜晚對我的感覺是輕鬆安全的；但是在夢中，我有被監視的感覺，還有東西在陰暗的地方移動。我想要跑，但是我的身體卻不能動。我想要哭，但卻哭不出來。突然有一個黑影變得比較清楚，我看到一個沒有臉的壞人，我想跑……想做任何可以做的……但是我沒有辦法動。慢慢地，他走過來手裡拿著一把刀……他拿起刀來，我想要叫……當刀子下來的時候我就醒來了，我聽到很奇怪的聲音……(她向下看，身體隆著)

心理諮詢師：你感覺如何？(表明對於事實的感想)

來訪者：我感覺害怕。(她把手臂懷抱在胸前)

心理諮詢師：在夢中有你、還有拿著刀的壞人，還有什麼人或物體？

第十章 格式塔取向的心理諮詢技術

來訪者：只有我、壞人，還有黑夜。

心理諮詢師：我要你成為那個黑夜，就好像你就是那個黑夜一樣的講話，從「我是黑夜，我……」開始，儘可能地繼續說下去……（夢境法）

來訪者：我是黑夜，我掩蓋了周圍的一切東西，我使人們得到休息與舒適，但是……（她向下看著她的手）我……是孤單的。

心理諮詢師：你是孤單的。現在你感覺如何？

來訪者：我不喜歡孤單，人是需要別人的……

心理諮詢師：你可以試著說「我需要別人」嗎？（問句變成陳述句）

來訪者：我需要別人。（突然眼睛濕潤，握著拳頭）

心理諮詢師：你有覺察到你的拳頭嗎？（身體語言的意識化）

來訪者：（向下看）是的……我覺得生氣。

心理諮詢師：現在我想要你成為那把刀，並且用「我是一把刀，我是……」開始，說出你心裡想到的話……

來訪者：我是一把刀，我只是去做帶著刀的人想要你去做的事。

心理諮詢師：你？請重複，把你改成我。（採用「我」語言技術）

來訪者：我只是去做帶刀的人想要我去做的事。（再次握著拳頭）我最恨的就是被利用，它使我覺得這麼生氣。

心理諮詢師：你能把「它」改成「我」嗎？

來訪者：我覺得很生氣……是的……我覺得非常生氣。

心理諮詢師：現在，我想要你成為那個壞人。

來訪者：我是一個大個子，我想要殺了你……（向下看並且摩擦她的手臂）

心理諮詢師：你有感覺到你的手嗎？

來訪者：是的，我在摩擦我的手。

心理諮詢師：你想要擦掉什麼？

來訪者：（一陣子沉默過後，在她眼睛裡有了淚水）我感覺的部分……那個痛苦……那個傷害。

心理諮詢師：我要你繼續擦……直到你消除它為止。（誇張身體語言）

來訪者：（慢慢地、努力地擦，直到她用她的拳頭打她的腳）

心理諮詢師：（給來訪者一個枕頭）打它！

來訪者：（打著枕頭，直到流淚，現在她擁抱著枕頭）

心理諮詢師：你覺察到什麼？（表明對於事實的感想）

來訪者：我知道我就是那個大個子……就是那個走在大街上的那個人……

心理諮詢師：在你的夢中，似乎你有兩個部分的自己，一個是尖銳的部分，憤怒的、不在意遭受痛苦的；一個是柔軟的部分，是舒適的，但是卻是孤單的。你的夢在告訴你什麼呢？

來訪者：在我的家裡，憤怒是從未能表達的。我總是發現我很難憤怒，似乎就是這兩個部分……

心理諮詢師：我要你開始說「我的兩個部分」……

來訪者：是的，（笑著說）我的兩個部分需要彼此，如果我不常常保護我脆弱的部分，我會受傷，當我撤退，我變成了憤怒，所有我想做的就只有「傷害」

心理諮詢師：誰傷害你？

來訪者：基本上，是我自己。（認命地說）

心理諮詢師：對此，你將會做什麼？（催化來訪者的實際行動）

在追蹤訪談中，來訪者分享她已能對她的情緒有更深的瞭解，並能在每天的日常生活中允許自己去表達較大範圍的情緒。基本上，格式塔治療提供

313

心理諮詢技術

第十章 格式塔取向的心理諮詢技術

了她表達她先前情緒困擾的機會，一旦她接受了她所真實感覺到的憤怒，就能恢復原有能量與自信並成為自己。

擴展閱讀

完形的禱告

皮爾斯在每次治療之前，一定高頌「完形的禱告」。

完形的禱告

我就是我，你就是你。

我做我的事，你做你的事。

我不是為了實現你的期待而生活於這個世間，

而你也不是為了實現我的期待而生活於這個世間。

你就是你，我就是我。

偶然，你我若相遇，那是件非常值得高興的事；

若無法相遇，也是件無可奈何的事。

皮爾斯死後，塔布斯 (W.Tubbs) 發表「超越皮爾斯」，針對「完形的禱告」的個人主義傾向加以批評，並提出他的格式塔療法的觀點。這可以給我們學習和實踐格式塔療法提供啟示。

自我成長、自我實現為終點的人本主義的「超越皮爾斯」

我做我的事，你做你的事。

然而，如果僅於此，

我們的情絲即將喪失。

我們生活在這世界上不是為了你的期待，

然而，我情願為無法取代的你的存在而喝彩，

我也願意接受你為我而喝彩。

當我們彼此有了心與心的接觸時，

才能高喊：我存在於此。

如果喪失與你的情絲，

無異喪失了我自己。

我們的內心互相接觸，並非偶然，

只因彼此付出全副精神，誠摯地祈求，

才能使兩顆心在一起，

絕不是任憑事情一直流轉，

內心有所期待，兩顆心才能有所接觸，

萬事萬物都發自內心，

然而，不能以發自我心就感到滿足，

真理唯有在我和你共存時才能存在。

1. 格式塔療法是基於場理論和現象學的存在主義取向的心理療法，它是由皮爾斯(Perls)於20世紀40年代創立，它採用許多具體技術，如對話演習、雙椅技術、責任心訓練、夢的分析等。這些技術的目的是強化病人的直接經驗，即「此時此地」經驗，促進情感釋放，面對衝突和矛盾，提高病人的意識性，使他們瞭解自己所運用的心理防禦機制。經過研究者及心理工作者多年的理論研究和實踐探索，格式塔療法現在已經成為重要的心理治療流派之一。

2. 一般認為，有效的格式塔治療必須具備以下四個特徵：透過覺察力(awareness)、現象學探索(phenomenological enquiry)和轉變的悖論原則(paradoxical principle of change)聚焦於此時此地的體驗；提供一種對話式關係(dialogic relation-ship)；基於場理論(field theory)和整體論(holism)的觀點；對生活和治療過程的創造性和試驗性態度。

第十章 格式塔取向的心理諮詢技術

3. 格式塔療法的病理觀：格式塔療法把心理障礙的主要原因歸為以假定的「必須如此」的思想對待生活；以固執、僵化的思維代替行動；拒絕現時的實際，回味過去，憧憬未來；怨天尤人，認為自己和別人不應如此，而不承認自己和別人的現實情況；對自己的決策缺乏責任感。

4. 格式塔療法的治療過程行為：諮詢關係的建立；評估與診斷；諮詢階段；結束諮詢。

5. 格式塔療法的諮詢階段中協助來訪者統整自我的步驟：理清來訪者的未完成事件；調整接觸模式；試驗新行為；協助來訪者統整自我。

關鍵術語表

格式塔療法 未完成事件 能量凍結 空椅子技術 完形夢境治療 倒轉技術 誇張技術 繞圈子技術

本章複習題

1. 格式塔療法的創立者是（ ）

A. 皮爾斯 B. 海靈格

C. 埃裡克·伯恩 D. 埃利斯

2. 格式塔療法的理論基礎是（ ）

A. 系統論 B. 場理論

C. 現象學 D. 對話關係

E. 觀察學習

3. 格式塔療法把心理障礙的主要原因歸為（ ）

A. 以假定的「必須如此」的思想對待生活 B. 以固執、僵化的思維代替行動

C. 童年不良經歷 D. 對自己的決策缺乏責任感

E. 怨天尤人，認為自己和別人不應如此，而不承認自己和別人的現實情況

4. 未完成事件指的是（　）

A. 統一或者一致的整體，或者說是一種不能被分割成部分的形式

B. 當圖形從背景中凸顯出來，而個體由於各種原因沒有解決這個圖形，這個圖形就會成為未完成事件

C. 是在諮詢過程中的一種阻抗行為

D. 來訪者做不好的事情

5. 對於格式塔療法中的激發技術，下列正確的是（　）

A. 來訪者的目的是為探明來訪者問題之源的認知衝突

B. 心理諮詢師的目的在於促使來訪者面對和承認他一直竭力加以避免的情感，使他變得更有「洞察力」

C. 心理諮詢師的目的在於挖掘來訪者潛意識中的童年經歷

D. 心理諮詢師的目的在於糾正來訪者的不合理信念

6. 下列對格式塔療法評價正確的是（　）

A. 過於強調經驗，忽視認知的重要性

B. 只強調對自我負責，忽視了培養對他人負責的態度

C. 鼓勵直接接觸和表達感受，不強調將問題抽象化、理性化

D. 特別重視人的價值和人的存在，因此主張人有能力為自己的行為負責，且有能力解決自己的問題

E. 注重挖掘人的潛意識

7. 下列對完形夢境治療描述正確的是（　）

A. 格式塔療法的完形夢境治療不主張對夢境進行分析或解釋，相反，格式塔療法旨在把夢境帶進現實生活中

B. 對夢境的處理方式有：將夢境中的細節列舉出來，回憶起夢境中的每一個人、每一個事件以及其中的所有情緒

C. 來訪者說「我很膽怯」時，要讓他連續說幾次「我很勇敢」

D. 對來訪者進行催眠

E. 讓來訪者進行角色扮演

8. 下列哪項不是格式塔療法的治療技術（　）

A. 繞圈子　B. 倒轉技術

C. 完形夢境治療　D. 家庭作業

第十一章 家庭治療

　　家庭是個人成長的搖籃，也是其人際關係的起點和奠基石。家庭治療大師韋特克曾說：「我們都被家庭編了程式。」家庭無論是在心理疾病的產生過程中，還是在心理疾病的治療過程中都造成巨大的作用。只有認識到家庭對來訪者產生了何種影響，才能找到來訪者的問題癥結，才能真正治癒他們的疾病。本章著重介紹家庭治療的基礎概念，家庭療法的治療技術以及家庭療法的治療過程。

第一節 概 述

　　家庭治療是以家庭為對象實施的團體心理治療模式，其目標是協助家庭消除異常、病態情況，以執行健康的家庭功能。家庭治療的特點：不注重家庭成員個人的內在心理構造與狀態的分析，而將焦點放在家庭成員的互動關係上；從家庭系統角度去解釋個人的行為與問題；個人的改變有賴於家庭整體的改變。家庭治療是將所存在的問題從個體轉向關係的一種思考和實踐。為了處理存在的症狀，家庭和更大的機構在內的系統必須改變系統觀以作為家庭治療理論的基石，在實際運用中重視家庭成員間的互動歷程。目前家庭治療領域內有代表性的五種學派分別為：結構式 (structural) 家庭治療、分析式 (analytical) 家庭治療、體驗式 (experiential) 家庭治療、策略式 (strategic) 家庭治療、敘事式 (narrative) 家庭治療。他們對於心理功能不良的本質的理論假設、對家庭模式的看法以及治療干預的策略都有著顯著的差異，因而形成了各有特色的家庭治療學派。

一、理論背景

（一）社會背景

　　家庭治療誕生於 20 世紀 50 年代，也就是第二次世界大戰後。在戰後的餘波中，家庭突然的劇變和聚散製造了一連串的問題。例如，戰時輕率成婚帶來的壓力、晚婚、嬰兒潮、逐漸被接受的離婚對家庭的衝擊、性別角色的

轉換等。許多不同背景的臨床工作者，如精神科大夫、心理諮詢室、婚姻諮詢師、牧師諮詢員等都加入了為大眾提供心理治療的行列。漸漸的，愈來愈多的臨床工作者開始認識到改變家庭結構以及互動模式對於治療問題行為或病症以及維持治療效果的必要性。

（二）哲學與科學背景

1. 系統觀

家庭治療之核心在於系統觀。它不把焦點放在個人的病理心理，也就是所謂的「神秘的黑匣子」上，它所關注並試圖介入、改變的是看得見、摸得著的整個家庭的互動模式。沒有一個人或一件事是獨立存在的，他們同周圍的人或事都存在著千絲萬縷的聯繫。人和事件存在於相互影響和彼此互動的脈絡中，也就是說，家庭成員彼此分擔其他每個人的命運。

因而，家庭治療師認為，把某個人的病症看作他個人的問題是不恰當的，其症狀意味著他同周圍的大系統（家庭、社區、社會）的互動出現了障礙。在個別心理諮詢和治療中所謂的當事人，是整個家庭功能失調的表徵者，家庭治療師們稱其為「被指認病患」(identified patient)。

2. 循環因果關係要更深入地理解家庭系統觀，必須瞭解作為其基礎的人工頭腦學 (cybernetics) 這一方法論。

起初的人工頭腦學的關鍵是交互決定論。以往，我們總是從線性因果關係 (linear causality) 來看問題，也就是說事件 A 以單一方向的刺激反應方式導致下一事件 B 的發生，A 為前因，B 為後果。這種看法可能適合去瞭解簡單的機械狀況，但用來處理家庭互動之類的複雜組織則非常不恰當。因為在家庭中某位成員的改變可能會影響其他所有成員以及整個家庭，受影響的家庭系統又會反過來作用於那個人，以連續不斷的環狀迴路或者重複的連鎖反應產生相互影響，也就是說家庭互動的歷程是循環因果關係 (circular causality)。舉個例子，有一位患有焦慮症的高中生，小張。對他的問題的線性觀察可能是：父母教養方式不當導致孩子產生問題。而循環的觀察就可能是：母親是一位事業有成的女強人，同在家中毫無地位的丈夫關係冷淡。

母子關係一直非常緊密，母親望子成龍。父親同兒子關係疏遠，他的教養觀念同太太不同，但說了兒子也不聽，甚至遭到太太反對，丈夫感到在家中被排斥、受冷落，於是除了工作就是打麻將。兒子 18 歲了，可還是害怕進入社會，怕與人交往。但是，待在家裡又不滿母親的管束。母親為兒子的問題煩惱，感到無助，並責怪丈夫沒有盡到父親之責，兩人有時還因此吵架。兒子則更多地留在家中陪伴母親。這個家庭互動就是交互決定論的典型情況。

(三) 心理學背景

多年來，為保護醫患關係的隱秘性，諮詢師一直反對將來訪者的家人納入到治療之中。弗洛伊德流派的諮詢師將真實的家庭排除在治療之外，而試圖揭示無意識、具有投射性的家庭特點。羅杰斯流派也遠離來訪者的家人，他們為來訪者提供了無條件的關注。醫院的精神病醫生也不鼓勵家人來訪，因為這些人可能會破壞醫院的良好氛圍。最早以家庭作為治療對象的是心理學家與精神病學家阿德勒 (AlfredAdler)，他於 20 世紀 30 年代在倫敦對患精神疾病的兒童及其家庭進行座談和心理教育。

20 世紀 50 年代，又有一些新的發展為家庭療法的產生提供了基礎。

一是精神分析治療的關注點由單獨考慮當事人內在心理衝突轉移至考慮家庭人際互動在病症的產生和維持中扮演的角色。身兼精神分析師與兒童精神科醫師的納森·阿克曼 (Na-than Ackerman) 發表了首篇關於在家庭範圍內用精神分析原則處理病症的報告，因而阿克曼被後人稱為家庭治療的開山鼻祖。

二是生物學家伯特蘭費 (Bertalanffy) 所提出的一般系統理論被應用到心理治療中，其重點就是探索構成整體的各部分之間是如何組織起來並如何產生交互作用的。

三是學者對精神分裂症來訪者的教養與家庭生活等問題的關注。

四是兒童輔導與婚姻諮詢兩個領域的發展，使得家庭成員能以配對的方式接受治療 (如丈夫與妻子、家長與孩子)，因此修正了強調單獨治療的傳統模式。

五是新的臨床技巧——團體治療，把小團體作為治療對象的做法為家庭治療把整個家庭作為治療對象提供了範例。

二、代表人物及其主要思想

（一）維吉尼亞·薩提亞 (Virginia Satir)

維吉尼亞·薩提亞 (Virginia Satir，1916-1988) 是美國家庭治療 (Family Therapy) 發展史上最重要人物之一，被視為家庭治療的先驅，甚至被譽為「家庭治療的哥倫布」(Goldenberg，1985;McLendon，1999)。因為她的建樹良多，她的兩所母校威斯康星大學和芝加哥大學，曾分別頒授榮譽博士學位及「對人類傑出的貢獻」金質獎章給她。

薩提亞是最早提出在人際關係及治療關係中「人人平等，人皆有價值」的觀點，她所建立的心理治療方法，最大特點是注重提高個人的自尊、改善溝通及幫助人活得更「人性化」(Become more fully human)，而非只求消除「症狀 (Symptoms)」。治療的最終目標是個人達致「身心整合，內外一致」(Congruence)。由於她的治療法有很多地方與傳統治療方式不同，故被稱為「薩提亞治療模式 (The Satir Model)」。

薩提亞模式在諸多家庭治療理論中，一直是難以歸類的派別，有的教科書將之列為溝通學派，有的將之納入人本學派，究其原因，在於薩提亞模式不強調病態，而將心理治療擴大為成長取向的學習歷程，只要是關心自我成長與潛能開發的人，都可在這個模式的學習過程中有所收穫。因這種以人為本位、以人為關懷的信念，她在進行家族治療的過程中，發展出許多特別的活動，例如家庭雕塑、影響輪、團體測溫，以及用一條白色繩索展現出家庭關係圖，顯示個人與家庭之間的心理臍帶關係。這些活動均靈活地融合了行為改變、心理劇、當事人中心等各派心理治療技巧，這也表示薩提亞並不抱持強烈的本位色彩，她尊重並實際運用不同取向的治療方法，兼收並蓄。

（二）伯特·海靈格 (Bert Hellinger)

伯特·海靈格 (Bert Hellinger)，德國心理治療師，「家庭系統排列」創始人。他年輕時是天主教神父，曾在非洲祖魯族地區生活二十年，之後接受

心理分析、完形療法等訓練。他發現很多個案皆跨越數代並涉及家庭其他成員，進而發展出「家庭系統排列」的許多新見解與新技巧。

「家庭系統排列」是心理諮詢與心理治療領域一個新的家庭治療理念。作為社會性的生命，每個人都隸屬於某些系統：他會是一個家庭的成員、某個社區的居民、某個組織的一員⋯⋯而且他本人就是一個系統，一個由身、心各要素構成的系統。這些大大小小的系統相互聯繫，構成一個完整的社會系統。社會中的每個人就是在這樣一個社會系統中孕育、出生、成長起來的。系統排列能夠幫助人們去取得系統裡隱藏的資料，因而對事情的處理有更清晰的瞭解。系統排列的技巧，用在企業管理、人事糾紛、未來選擇等需要上，稱為「組織系統排列」；用在心理治療方面，則能夠把一些深層的家族困擾找出和化解，稱為「家庭系統排列」。

海靈格的家庭系統療法以他個人為主導，在團體的代表幫助下對來訪者進行治療，以其個人超自然的感悟力抓住來訪者與家庭成員之間的牽絆，指出解決之道，幫助來訪者脫離牽絆獲得新生。

三、特點

（一）一切以「家庭」整體為重點

家庭治療的一個基本觀點就是，脫離只對「個人」關心的立場，而把注意力轉移到「家庭」這個整體上。治療所關心的不單是一個人小時候怎樣被朋友欺負過、被母親虐待過、考試時作弊過、吃飯的習慣不好或半夜常被噩夢驚醒等等。換句話說，進行家庭治療時，要以「婚姻」及「家庭」的關係與系統為主要著眼點，少以「個人」的觀點來探討、瞭解心理與行為現象，即以夫妻的關係、感情、角色、溝通，或以婚姻的動機與發展等觀點來瞭解家庭裡的「夫妻」狀況。並以家庭的結構、組織、功能、人際關係或家庭認同等來探討家庭問題，而少以「個人」的內心狀況，即思維、動機、慾望、心理癥結等來分析心理與行為。

（二）採用系統的觀點與看法

第十一章 家庭治療

系統論認為，世界上所有現象都可劃分為大小不同、層次各異的種種系統，而每個系統之間又保持著密切的聯繫。一個系統會因各個子系統彼此間的相互影響而導致整個系統產生變化。再者，任何子系統內的變化，會影響到大系統的情況；反之，大系統的變化，也會影響到子系統的狀況。彼此相互影響，改變其平衡狀態。家庭治療必須採用系統論的觀點。比如，個人的心理狀態會影響夫妻的關係，而夫妻的關係會影響到全家的行為與家庭氣氛；反之，全家的行為會影響夫妻的情緒，而夫妻的情緒會改變個人的心理狀況。再如，一對夫妻欲改變他們的婚姻關係時，需要夫妻雙雙努力；一家人想改變家庭行為時，需要全家人的協力合作，只靠個人的嘗試，這一努力常會被淹沒在其他家庭成員不想變化、家庭此系統想保持平衡的阻力之中。所以施行家庭治療宜運用系統的觀點，注意個人、兄妹、夫妻、家庭與大家庭各系統的相互關係與影響，要以系統論的觀點來瞭解夫妻兩人或一家人的因果動態關係，並且考慮系統的整體結果、意義與效果。

（三）以「人際關係」分析成員間的相互行為

跟婚姻治療一樣，家庭治療也要注重人際關係，以相互間的人際反應來瞭解家人的心理行為。家中所呈現的夫妻、親子、同胞關係均屬於一種特殊的、私人性的人際關係。各個家庭成員間所發生的行為，要從人際關係的角度去體會、瞭解其性質；再者，所有兩人的反應，都是「雙方」相互影響而產生的結果。就算有時從表面上看來，只是一方在表現行為，另一方很少說話、表示意見，但這本身就是一種反應與影響，是很強烈地參與、影響對方，促成兩者的行為反應。可見，家人的事，都是人際關係的總表現。

（四）以群體的觀念瞭解全體家庭成員的行為

從家庭施治者及家庭行為研究者的角度來說，家庭是一個小群體。所謂群體，是指多數個體因某種目的而相處在一起，形成某種關係，包括組織、領導、維持溝通、產生關係與感情。家庭乃特殊的小群體，是由婚姻關係及有血親關係的人員所組成，通常由父母及不同年齡的子女所構成，是私人性、長久性、發展性的小群體。因此要用群體的組織、權力分配、領導角色、溝通、情感與關係諸觀念來把握其團體的心理與行為，同時要以「家庭發展」的眼

光來瞭解家庭的心理與行為的發展，即隨婚姻的關係及子女的出生、成長與分離而經歷的各個不同的發展階段分而治之。由於家庭是由一群有特殊關係的成員所組成，有特別的感情，而且長久生活在一起，其心理治療與一般心理治療有所不同，需要注意一些基本的治療原則：

第一，淡化「理由與道理」，注重「感情與行為」。

第二，拋棄過去，關心現在。

第三，忽視缺點，強調優點。

第四，只提供協助、輔導，不代替做重大決定。

由於社會與文化環境不同，家庭與婚姻制度和性質也會有所不同。因此，在實施家庭治療時，要考慮其主體文化所強調的人際關係與價值觀念，以及社會所期待的家庭關係。

複習鞏固

1. 家庭治療有哪些特點？
2. 家庭治療領域內有代表性的學派有哪些？

第二節 基本理論與概念

一、人性觀

薩提亞對人的看法是：

第一，人本來就有能力活出豐富、喜悅的生活，人所面臨的挑戰是如何實現這種能力。

第二，人對事件的應對方式，是決定該事件有何結果的主要因素。

第三，應對方式是人在最脆弱的時期 (出生到五歲) 學會的方法，人在這個階段最缺乏訊息，無法判斷自己所學方法的效力和益處。由於這是最初的學習，而且是在非常脆弱的時期，所有人都會銘記於心。

第四，人有能力轉移、壓抑、潛抑、投射、否認或扭曲自己與生俱來的各種能力，以順應自己所感知的生存要求。

第五，不論在任何年齡，大部分人都能學習新的思考方法和行為方式。

第六，人會在生活中展現出自己的學習所得，把人的生命視為神聖的。

總之，薩提亞對人性持一種樂觀的態度，她認為人性是善良的，如果有適當的環境，人性的善良就會真正發揮出來。相反，如果得不到適當的環境，人性的善良就會受到阻礙，人也會因此產生無能和無奈的負面感覺。

二、心理病理觀

個體的問題被視為其家庭模式或習慣的一種表達或體現。也就是說將個體的問題視為整個家庭系統的症狀而非個體本身的適應不良、生活史或社會心理發展方面的問題。這種觀點是基於以下假設：個體的問題性行為可能存在某種和其家庭相關的目的，如家庭生活在無意識間維持了個體的問題性行為，或者是家庭系統尤其在發展的過渡期無法正常運轉的體現，或者是家庭一代一代流傳下來的機能不良的模式。所有這些假設都對傳統的那種將個體問題及其形成過程歸於個體內部的理論框架提出了挑戰。

海靈格發現，在人身上的種種問題，例如，焦慮、抑鬱、酗酒、吸毒、自殺、伴侶關係不和、親子關係緊張，其中一個重要原因是我們很多人承接了家庭中上一代或前幾代的問題模式，在現在的生活中表現出來，用共同受苦、共同受罪的方式暗地裡表達對家庭的忠誠，這些是愛的表現，同時是盲目的愛，令我們不斷複製家族中先人的問題模式，令自己無法把握當下，快樂地生活。它的工作重點是將個人問題背後「盲目的愛」呈現，打破這些潛意識中自動化的「糾纏模式」，轉化為「覺悟的愛」，建設性的創造屬於自己的生命。

三、基本理論與概念

（一）家庭

美國社會學家伯格斯（Ernest Brugess）和洛克（Harvey J.Locke）在 1953 年的著作《家庭》一書中，為家庭所下的定義是：家庭是被婚姻、血緣或養育等紐帶聯繫起來的人所組成的群體，各個成員都以家庭作為其父母、夫妻或兄弟姐妹相互作用和交往的基礎，從而創造出屬於他們的共同的文化。這一概念反映出兩個層面的含義：第一層含義即家庭的本質是由彼此之間的交流互動所建立和保持的人際關係；第二層含義則是家庭所具有的文化特點，這意味著家庭中的個人不可避免地受其家庭文化的影響，打上家庭的烙印。這兩層含義對於我們從心理學層面來瞭解個人與家庭的關係非常重要。

家庭作為一個經由婚姻開始，透過生育而成長壯大的特殊生活群體，在心理層面上存在著這樣一些特點：首先是家庭關係的「先天性」，除了婚姻之外，我們不能挑選自己的父母、子女或兄弟姐妹，不管你是否喜歡你的家庭成員，血緣或養育決定了這種關係是束縛性的，你只能適應和接納。家庭的第二個心理層面的特點是家庭成員之間的情感往往是矛盾的，一方面在常年的共同生活中彼此依戀，相依為命，相互之間的愛和關懷很深厚，有強烈的情感認同；而另一方面，在相處過程中又時常會體驗到對彼此的失望，還可能有相互之間的控制、權力爭奪等現象，這些又會導致家人之間有不滿甚至怨恨的情感。家庭的這種愛恨交織的特點有時也會體現在個人的心理問題上，因而應該引起關注。家庭的第三個心理層面的特點是家庭的「人際反應性」，即家庭中每個人的行為，都可能引起其他家庭成員的反應，而這些反應又會再次作用於個人，激發新的行為，如此反覆，家庭中的一系列的行為和反應最終形成總體的結果。

(二) 家庭生命週期

如同個人的生命有一個從生到死的週期一樣，家庭也有一個從開始到結束的生命週期。家庭的生命週期也被稱為家庭的發展階段，指核心家庭所經歷的從產生、發展到消亡的過程。通常情況下，一個典型的完整家庭的生命週期往往始於婚姻關係的締結，而結束於婚姻中的一方年老死亡，整個發展歷程與個人的生命進程大致平行。在瞭解家庭生命週期之前，需要關注幾個問題：首先，家庭生命週期最重要的本質在於它是一個幾代人之間持續的相

互影響過程，也就是說，在家庭發展的每個階段，可能交疊存在著眾多的代與代之間的相互影響。當祖父母輩面臨衰老問題時，父母輩要應對的是孩子離家獨立的現實，而子女輩則正忙著發展自己獨立的事業或建立戀愛關係。幾代人的發展和需求之間會出現相互影響，孩子離開幼兒園進入小學，不單只有孩子需要學習適應新的環境，整個家庭都必須重新調整。另一個需要關注的問題是，家庭生命週期中的一些發展任務是所有家庭普遍需要完成的，例如對新生嬰兒的照顧。但也有一些任務是由特定的社會文化決定的，例如中國文化中對孝道價值觀以及對子女教育的強調使得中國家庭在這個方面的發展任務尤為重要。第三個需要關注的問題是，在現實生活中，從家庭生命週期的一個階段向下一個階段的轉變很少能像下面的圖表那樣可以清楚劃分。大多數轉變不是很快完成的，而是需要經過很多年，比如子女進入青少年期，父母的適應任務可能就要花幾年的時間才能完成。此外各個發展階段往往會互相融合。因此，家庭可能需要在同一段時間內應對各種問題，也可能需要在幾個階段內應對相同的挑戰。正如格森 (Gerson) 所指出的，每一次轉變都要求家庭有所改變，重新確定需要優先解決的問題，組織力量以迎接新的家庭生命週期的挑戰。

　　以下的圖表摘錄自卡特 (Carter) 和麥高歷克 (McGoldrick) 的《擴展家庭生活週期：個人、家庭、社會視角》，他們在社會學家杜瓦爾 (Duvall) 和黑爾 (Hill) 的家庭發展結構圖中加入了多代際的觀點，使之更為豐富。

表11.1 家庭生命週期

家庭生命週期	情感過程的變化關鍵原則	繼續發展所需完成的家庭二次改變
年輕成人離開家庭	情感和經濟自立的責任	a.從原生家庭中分離出來 b.發展親密的同伴關係 c.在工作和經濟獨立中建立自我
結婚組成新家庭	致力於新的家庭系統	a.建立婚姻系統 b.重新定位與大家庭、朋友的關係,並將之融入夫妻關係中
孩子出生	接納新成員進入系統	a.調整婚姻系統為容納新生的孩子 b.參與照顧子女、經濟和家務等任務 c.重新定位與大家庭的關係,將之融入父母和祖父母的角色中
孩子進入青少年期	增加家庭的彈性以適應孩子的獨立和祖父母的衰老	a.改變親子關係,允許青少年自由出入家庭系統 b.重新關注中年期的婚姻與事業 c.開始轉向照顧老一代
孩子長大後離家	接受其他人進入家庭系統或孩子離開家庭系統	a.重新回到兩個人的婚姻系統 b.與成年的孩子發展成人與成人的關係 c.重新調整關係並納入子女的配偶及孫子女 d.應對父母(祖父母)的衰老和死亡
步入老年	接受代際間角色改變	a.面對身體機能的衰退,保持自身和夫妻雙方的功能和興趣;拓展新的家庭和社會角色 b.支持中間一代人的中心角色 c.接納老一輩人的經驗和智慧,支持老一輩人,不忽視其功能 d.應對配偶、兄弟姊妹和其他朋友的死亡,為自己的死亡做準備

注:原生家庭指個人出生和成長的家庭。

(三)家庭結構

根據家庭的代際數量和親屬關係的特徵,可以將家庭分為不同類型:

1. 配偶家庭指只有夫妻兩人組成的家庭,包括夫妻自願不育的頂客家庭、子女不在身邊的空巢家庭及尚未生育的夫妻組成的家庭。

2. 核心家庭指由父母及未婚子女組成的家庭。

第十一章 家庭治療

3. 擴展家庭是對應於核心家庭的一個概念，指由核心家庭中的夫妻的姻親關係所延伸出來的，由兩對或多對夫妻及其未婚子女組成的家庭。擴展家庭包括主幹家庭和聯合家庭兩種。主幹家庭指由兩代或兩代以上夫妻組成，每代最多不超過一對夫妻且中間無斷代的家庭，如父母和已婚子女及孫子女組成的三代同堂家庭；聯合家庭指家庭中有任何一代含有兩對或兩對以上夫妻的家庭，如中國傳統社會中常見的兄弟結婚後不分家的大家庭。

4. 其他家庭類型包括單親家庭、隔代家庭、同居家庭、同性戀家庭等。中國傳統文化中非常重視家庭的觀念，強調「子孫滿堂」、「人丁興旺」以及「家和萬事興」，大家庭乃至大家族同住的現象很普遍。現代社會中，隨著西方文化的影響加深，以及計劃生育政策的實施、人口遷徙等，一對夫妻一個孩子的小家庭成為最為常見的中國家庭結構，核心家庭類型的主導地位明顯。

（四）家庭關係

家庭成員之間結成的同盟關係稱為結盟，它包括穩定的同盟、三角關係和迂迴關係。穩定的同盟指的是，無論何時何地何事，兩個或兩個以上的家庭成員總是結成統一戰線來反對另外一個或一些家庭成員。例如，一對年輕的父母帶著6歲的女兒進入治療室後，母親不停地抱怨女孩從來不聽她的話，父親點頭表示同意，孩子滿屋子跑，就是不理母親讓她安靜下來的指令和要求，父母希望得到建議去處理這個問題。治療師發現這個家庭真正的問題在於缺乏約束，而問題的核心也許在於這對父母在制定規則和怎樣管束孩子方面，持有不同意見甚至衝突。這樣的家庭的常見模式是，孩子在製造麻煩時，父親予以喝斥和管教，母親則對父親的喝斥和管教給予還擊，母親因此成了女兒的盟友，但是這樣母親並不能有效地管住女兒。如此循環，孩子的問題就成了母親、父親和孩子的三角關係中的一環。家庭治療要做的是設法讓家庭成員願意且能有效地打破這種循環的三角關係。三角化的存在對於家庭來說是有其合理性的，其意義可能在於透過凍結面對相向的衝突而穩定家庭的關係。雖然並非所有的關係問題都涉及第三方，但大多數都是家庭中的成員或者家庭外的成員捲入到家庭其他兩個成員的衝突中去。

(五)家庭規則

D·杰克遜 (Don Jackson) 最初觀察到家庭成員的交流是遵循一定的家庭規則。

他發現夫妻在婚姻生活中要共同面對很多問題，包括家務分工、家庭收入、社交、性愛以及子女教養等內容。在夫妻關係形成的初期，他們就開始相互交流彼此的觀點，並表達自己對對方的期待，而這些期待也往往反映出社會所認同的性別角色，例如傳統的男性賺錢養家、女性操持家務等等。在此後的家庭生活中，他們經過不斷調整、適應，形成比較固定、人人遵守的行為模式，即家庭規則。

家庭規則在家庭角色的互動中形成，規則的形成又進一步塑造了家庭成員的角色。從控制論的角度而言，家庭是一個由規則管理著的系統，家庭規則使得家庭成員之間的互動遵循著家庭中已經形成的行為模式，這些模式使家庭成員明白，在家庭中哪些行為是被允許或被要求的，而哪些又是不被允許的。比如「放學回家後先做完作業才可以看電視」、「不可以跟父母頂嘴」等等。

家庭規則可以是有形的、規定性的，比如「放學回家後先做完作業才可以看電視」的例子。家庭規則也可以是無形隱蔽的，比如「跟媽媽要錢會比跟爸爸要容易，雖然她會嘮叨，但最後都會給」。子女們都瞭解並遵循著這些規則。對於家庭而言，家庭規則可謂有利有弊，一方面，家庭規則給家庭生活帶來秩序，一個嚴格的家庭往往有很多規則，而一個混亂的家庭則規則較少。家庭規則讓成員們明白在家庭交往和互動中如何做出反應去得到想要的或避免麻煩。規則使家庭生活得以正常持續地進行。但另一方面，家庭規則也往往導致家庭成員角色僵化，因為家庭規則意味著家庭成員以重複性的行為方式互動，也就是說，在處理相互之間的關係時，家庭成員只會做出有限的反應。因而當出現問題時，能採取的應對措施也是單一有限的，這就導致家庭失去了更多可能的選擇和靈活應對的能力，也因而更容易陷入惡性循環之中。

例如，一個由父母和兒子組成的三口之家，父親的精力主要放在工作中，而母親則關注家務和兒子的教育，兒子不認真學習或有不良行為時，母親透過批評、許諾、恐嚇的方式加以管束。十多年的家庭生活使得他們的角色日益固定，兒子進入青春期後，迷上了電腦遊戲，一開始是不按時睡覺，繼而不寫作業，最後出現逃學的行為，母親仍用以往的方式應對，當不起作用時，母親加劇了嘮叨、指責和哄騙等行為的強度，但仍然沒有太大效果。父親對母親的教育方式不以為然，但多年形成的「只掙錢不管閒事」的「家庭隱士」角色以及躲清靜的想法使得他躲到了自己的工作中。母親覺得自己孤立無援，操碎了心卻無人理解，兒子覺得自己被嘮叨的母親逼得快瘋了，而父親則覺得兒子不聽話，妻子太嘮叨，在家裡太壓抑。這個例子反映出，當問題出現的時候，太過僵化的家庭規則往往使家庭成員一味重複失效的行為而無法做出更多選擇。兒子、母親和父親分別困在他們「坐牢者」、「獄卒」和「家庭隱士」的角色中無法脫身。

家庭治療的先驅薩提亞非常看重隱藏在家庭溝通模式中的無形的家庭規則。她在治療過程中，特別強調幫助家庭找出那些從沒被家人明確表達過，但家庭中人盡皆知的隱秘規則，尤其是那些引起家人焦慮、懷疑、痛苦情緒的隱蔽規則。例如，家人都知道但被禁止談論的話題（位高權重的父親與孩子的姨媽之間的婚外情；母親酗酒的問題），或者不允許公開表達憤怒和消極情緒的規則（不可以在全家聚會時愁眉苦臉；不許哭），另外還有強調家庭成員之間的相互依賴或糾纏關係的規則（世界上只有父母才是可以信任的人；自家的事關起門來解決）。薩提亞認為功能失調的家庭規則會對個人的成長和成熟造成阻礙。她鼓勵人們去發現自己原生家庭中那些不恰當的家庭規則，去修正或拋棄這些過時的、不再適用的規則。例如，關於說謊的規則，如果一個人來自於一個對孩子說謊嚴格禁止並嚴厲懲罰的家庭，這個規則可能在孩子成年之後仍對他/她具有非常大的影響力，甚至可能導致他/她在社交上有困難或者有更嚴重的內心衝突，那麼對於此人而言，修正或拋棄這條「無論何時何地，絕對不可以說謊」的家庭規則顯然是十分必要的。

複習鞏固

1. 簡述薩提亞家庭治療的人性觀。
2. 簡述家庭的類型。

第三節 治療技術

目前家庭治療領域學派眾多，它們對於心理功能不良的本質的理論假設、對家庭模式的看法以及治療干預的策略都有著顯著的差異，本節選擇介紹薩提亞家庭治療技術和海靈格家庭系統排列技術。

一、薩提亞家庭治療技術

（一）互動成分技術

互動成分技術以六個有關具體互動過程的自我問答式問題作為開始，這六個問題是：

第一，我聽到和看到了什麼？

第二，對於我所看到和聽到的一切，我給予了什麼解釋意義？

第三，對於我所做出的解釋，我產生了什麼感覺？

第四，對於這些感覺我又產生了怎樣的感覺？

第五，我運用了哪些防禦方法？

第六，在評價的時候，我採用了哪些規則？

諮詢師和來訪者可以詳細地對上述的所有問題進行探討，以促進來訪者的成長。

互動成分技術探討了兩個影響我們互動模式的因素：首先，我們加工訊息所遵循的家庭規則；其次，我們的應對風格，它反映出我們的自我價值感，並成為我們聆聽、感受、反映、防禦和評價的基礎。互動成分技術可以鑑別

出什麼事我們已經學到,並將以前的學習經驗替換為更加相關的、最新的、更加健康的互動方式。

(二)個性部分舞會

1. 為聚會準備好引導者和主體

諮詢師一般自己作為個性部分舞會的引導者,而那些願意去接納、轉化並整合其各個部分的人就是主體,為了使主體做好準備,需要預先和他進行探討,並找到他希望自己透過個性部分舞會整合過程達到的目標,目標越是清晰,整個體驗過程也就越有說服力。同時,諮詢師也需要做好準備,收集儘可能多的必要訊息,對主體想要整合的部分形成清晰的印象。

2. 讓各個部分見面

各個部分的會面和互動拉開了整個聚會的序幕。主體和引導者分別站在場地兩側,觀察角色扮演者的行動。就像在任何真實的聚會中一樣,賓客們會隨機地先後到達場地。在主體始終保持「隱身」的狀態下,這些賓客可以依據他們的刻板印象或是歪曲的模仿形式發表自己的開場白,並與其他人進行互動。在每個個體進場之後,仔細地觀察他們幾分鐘。每一位角色扮演者的姿態、手勢和言語都是對他們所扮演的指定角色的體現。

薩提亞認為,正在審視的是自己各個部分的真實表現,而不是他們「應該」具有的表現。對於那些無法意識到自己擁有的各個部分的人來說,這種強調特別重要。一旦瞭解了自己所擁有的,就可以觀察自身的各個部分,並且說:「是的,這就是我身上發生的一切。」而不是說:「是我身上那些部分讓我這麼做的。」

讓各個部分停下來,並鑒別他們的感受。當這些部分持續會面到一定程度時,你可以宣布讓大家完全定格,保持現在的動作。通常,在治療過程的這一階段,會有三次這樣的暫停。首先,諮詢師需要幫助主體清楚地看到,這些部分是如何應對、如何聚集,又是如何分開的。諮詢師的指導一方面要來自對角色扮演的觀察,另一方面則要將主體可能的反應納入考慮。在這之後,詢問每一個部分在角色扮演過程當中獲得的個人感受。

3. 出現矛盾

隨著個性部分舞會的深入展開，某些部分之間的碰撞和摩擦漸漸開始變得明顯。諮詢師看到某些部分不斷向前發展，同時另一些部分之間則陷入了僵局，他們無法再繼續順暢地交往下去。先讓各個部分暫停，再讓他們各自向自己想去的方向移動。同樣，只要時機合適，都可以將行動定格，並且讓每個部分與大家分享他的體驗、想法和感受。

在不常出現的極端情況下，由於主體內心的爭鬥太激烈，他無法在這個衝突階段識別各個部分。更常見的情況是，主體發現觀察和驗證各個部分對自己非常有幫助，因為這個過程常常可以為我們的內部加工提供新的洞察和視角。

4. 轉化衝突

在這個階段，諮詢師和來訪者需要將各個部分進行轉化，以解決衝突。轉化衝突包括四個部分：

第一，讓各個部分互動，並達到協作的狀態。

第二，讓這些部分在彼此之間建立起和諧的關係；

第三，讓它們彼此接納對方；

第四，與主體一起審視思考整個過程。

一般建議從觀眾當中選出一位志願者為每一次轉化進行記錄。如果主體能夠在此之後獲得一些書面材料以供參考，那麼對於那些在聚會的實際過程當中並沒有得到激發的知識，他也可以進行有效的整合。引導者需要幫助主體，讓他能夠漸漸瞭解和接受屬於自己的各個部分。這也是邁向整合、自由並和諧地一起行動的第一步，同時也是至關重要的一步。為了達到這個目標，所有的部分都需要表現出它們如何才能與其他部分協調共處，以及怎樣才能對其他部分有所幫助，讓各個部分彼此接納。當主體意識到了新的可能性時，可以讓相應的部分透過行動將這種可能性展現出來。

5. 舉行整合儀式

讓主體接納並整合所有的部分。個性部分舞會技術能夠產生的最成功的結果，就是讓主體完全承認並擁有自己所有的部分。這樣做可以讓主體感到完整，並且充分意識到所有可以被利用的資源。當他重新審視自己時，常常會看到自己的荒謬之處。也許會奇怪為什麼自己從來沒有以另一種方式來思考或行動。當意識到自己擁有這樣一種潛能，可以以更多愛意和友好的方式來對待自己的時候，也許會將自己過去的某些行為看作是偷偷摸摸和報復性的。而當看到自己作為荒謬的諷刺形象出現時，又會忍不住大笑。這一悲劇和喜劇結合的形式強化了在個性部分舞會過程中學到的東西。在體驗自身的轉化之前，也許會害怕暴露自己所有的部分，而在這之後，來訪者可以輕鬆地向別人展示它們，並且友好地對待它們。

（三）家庭重塑家庭重塑 (family reconstruction) 技術是由薩提亞發展出的一種干預方法，它能夠幫助人們重新整合進入原生家庭的歷史和心理矩陣中屬於自己的位置。作為薩提亞的主要改變手段之一，它同樣提供了一種嶄新的視角，讓我們可以重新看待我們的父母和我們自己，並以一種新的觀念來看待現在和未來。這個技術包括三個階段：預備階段、重塑階段、結束階段。

1. 預備階段

主角，即家庭將被重新演繹的人，他在進入重塑階段之前就被選定。主角和諮詢師在一起要花費一段時間來事先準備，這些準備包括完成主角的家譜圖、家庭生活編年史以及影響力車輪。這些工具將幫助我們澄清什麼是主角想要改變的，並且協助我們探索主角原生家庭中的特定事實。

家譜圖 (the family map)：畫出個體的家庭及父親和母親的家庭，列出其出生、死亡、結婚、離婚的日期，同時在每一個人旁邊寫出對他們的看法。

影響力車輪 (wheel of influence)：在一張紙中間畫一個圓圈，寫上自己的名字，由圓圈畫出輻射狀的線條，並在線條的每一個尾端上寫上一些自出生到18歲中對自己有重大影響的人，並以簡單的形容詞句子描述他們對個體的影響。

家庭生活編年史 (the family life chronology)：列出由祖父母出生的那一年開始到現在，家中發生的事件、史實及發生日期，這些年表同時也要分成個體自己的家庭及父親和母親的家庭年表。

2. 重塑階段

諮詢師完成了開始的準備，進行簡單的介紹後，諮詢師告訴大家主角的家族歷史。一旦講述完畢，並且主角吸納了其中的大量訊息之後，諮詢師就可以讓主角去選擇並邀請在座的其他參與者來扮演在他童年生活中具有重要意義的其他人物。另外，諮詢師還要在本身及主角和扮演者之間建立起某些契約，以此來加強彼此間的信任。

一般經典的家庭重塑內容有：雕塑原生家庭；雕塑主角父親和母親的原生家庭；雕塑主角父母的約會、求愛和婚禮場景；重新雕塑主角的原生家庭。家庭重塑透過兩條路徑來發揮作用，一是釋放被壓抑的感受，另一條是我們目前所知的侷限。

3. 結束階段

當主角已經達到了更高的自尊、充滿力量和希望的狀態時，諮詢師便可以結束家庭重塑活動了。結束的過程包括解除角色扮演者的演出任務，並花時間讓每個扮演者分享她或他的體驗、扮演角色的感受，或者個體自身產生的重塑效果。

(四) 其他技術

1. 冥想

冥想是常常用來激勵來訪者，引導其整理並內化學習的一種方法。經常會在諮詢開始或者結束時利用一段冥想，冥想可以幫助來訪者聚焦他們的能量、開放情感、平息內部對話。冥想通常的做法是邀請成員找一個舒適的位置放鬆，再引導成員自我欣賞和感激，促使個人自我接納和覺察。

2. 溫度讀取

第十一章 家庭治療

溫度讀取技術是一種透過改變個體內部、兩個人之間及多個人之間「溫度」的方式，讓小組成員分別從內部和外部來體驗他們所處的人類環境。這項技術是透過讓家庭成員相互分享自己的欣賞和激動、憂慮、擔心和迷惑、抱怨以及解決的途徑等訊息，來幫助個體變得對自己和他人更具責任感。當小組成員為參加諮詢而到達並聚在一起的時候，透過發現他們的感受來澄清和排除潛在的棘手情景。例如，在家庭中存在共同分享許多欣賞、埋怨、迷惑、新的訊息以及希望的潛能。這項技術給了每個人一個機會，來吐露自己滿意和不滿意的地方。同時它提供了一個安全和信賴的氛圍，讓來訪者可以用表裡一致的方式來進行溝通。

二、海靈格家庭系統排列技術

（一）建立系統排列

首先是獲取家庭的基本資料，從系統角度來看也就是所有可以影響來訪者的人。諮詢師首先詢問大家庭中有沒有發生一些不尋常的事件，諸如家裡是否有人過早去世？家裡是否有人曾經犯罪？父母有無前度戀愛關係？家庭成員中是否有過艱難命運？孩子和他的親生父母的關係是否曾被嚴重傷害？有沒有一些人被強迫離開他的家人或母國？成員中的父母是否有來自異國的？

其次確定需要參加排列的成員，包括以下幾個部分：

第一，孩子，包括死去的、流產的、墮胎的、送給別人的、失散的。

第二，父母和父母的兄弟姐妹（不包括兄弟姐妹的配偶）。

第三，祖父母，不包括他們的兄弟姐妹，但是也有例外。

第四，曾祖父母，但影響比較少。

第五，無血緣關係的，像前妻、前夫、父母的前任配偶、祖父母的前任配偶。因為前任讓位之後才有現任的，所以他們也要算在家族系統裡面。

第六，被家庭成員剝削或是傷害的人，或是傷害家庭成員的人，也會影響其他的家庭成員。

排列時需要遵循的規則：

(1) 先到的人優先，現在的家庭比早先的家庭優先。

(2) 在系統排列中優先權的順序是順時針排列，後來的人站在先來的人的左邊。

(3) 在同時進入家庭的男人和女人之間，通常是男人在前，然後才是女人。也可能有特殊情況，但總的原則是負責家庭外部安全的人擁有優先地位。

(4) 在解決問題的排列中，孩子們通常按出生順序，老大靠在母親的左邊。孩子們站在父母的對面時，系統排列通常會更寬鬆一些。

(5) 死亡的孩子通常按出生的順序站在兄弟姐妹當中。流產的孩子，如果他對這個系統很重要的話，坐在父母的前面、靠著他們通常會覺得好一些。

(6) 當一個男人和一個女人被排列成相互面對面的時候，提示他們之間性行為已經中斷了。

(7) 當所有的代表都面對一個方向時，表明正在尋找他們前面缺少的人。

(8) 當一個參與者有離開房間或者系統排列的衝動時，要懷疑有自殺傾向。

(二) 家庭系統排列如何引起改變

家庭系統排列是如何引發來訪者發生改變的呢？我們透過海靈格的一段話來進行解釋，「如果來訪者看到解決問題的排列畫面，把它記在心裡，並不試圖主動地做任何事情，那麼，他就會產生變化所需的巨大的力量。解決問題的排列畫面好像是一個無意識的畫面，如果你讓它運作，它就會發生作用。如果你只是等時間，那就是再好不過了。就像大病之後漸漸康復一樣，需要時間，只要過了一段時間，你就會再次康復。從完成解決問題的系統排列畫面，到完全康復的過程可能會用幾年的時間。並沒有什麼可測量的指標，但是你卻能明確地看到結果」(海靈格等，2003)。

這也就是說，在來訪者的家庭系統中，沒有哪個人必須為了他的改變而改變，整個家庭系統的轉變是來訪者自己內在畫面轉變的結果。

第十一章 家庭治療

（三）注意事項

在進行系統排列和尋找解決方案時，要考慮以下幾點：

1. 當事人的注意事項

(1) 不要對一個角色的性格、行為和思想進行描述。

(2) 平心靜氣，把自己的精神集中在對家庭的「感觸」方面，所有如何排列自己家庭的想法和計劃都會干擾有用的訊息。

(3) 在你為每一個代表尋找合適的位置時，用手帶動代表，和他一起走到那個位置上，以便自己能感覺到這個代表到底排列在哪裡，把他們稍微移動一點都可能會有很大的差別。

(4) 尋找適當的位置，不要固定他們的姿勢和動作，不要告訴他們目光要看向哪裡。

(5) 把代表們排列完之後，在系統排列的外圍走一圈，做一些細微的調整，再一次說出每個人代表誰。

2. 代表們的注意事項

(1) 平心靜氣，集中注意力體會自己在這個位置上的反應。你的任務就是讓這位置影響你，儘可能簡單明瞭地把自己的變化報告出來。

(2) 避免根據見到的東西來斷定自己應該有什麼感覺。如果你什麼感覺都沒有，就實話實說。

(3) 無論你注意到這個地方對你有什麼影響都要說出來，別理會可能是什麼，特別是你的感覺和自己的價值觀、道德觀相違背時。

(4) 不要擔心感覺到底是自己的反應還是這種情況下的反應，治療師會識別的。

(5) 報告你感覺到的東西而不要解釋，在感覺出現的時候信任它們。

(6) 只報告這個位置怎樣影響你而不要有任何其他的意圖，這包括在自己心中出現的某些想法和畫面。

3. 治療師的注意事項

(1) 要以找到解決方法為取向，必須尋找它但不能創造它，不是創造解決方法，而是根據系統排列中的提示去尋找它。

(2) 找出那些曾經被排除在外卻仍然對系統有影響的人。

(3) 必須站在那些系統中被辱罵、被憎恨、被蔑視以及被遮掩的人的旁邊。

(4) 尋找那些想離開、必須離開和必須讓他們離開的人。

(5) 相信代表們的報告。

(6) 相信自己的感覺。

4. 需停止排列的幾種情況

(1) 代表不太嚴肅。

(2) 當事人不能夠集中精神，不能和每一個代表很好地接觸。

(3) 代表沒有尋找系統排列的「感覺」。

(4) 缺少重要的訊息。

(5) 代表們出現興趣分散的現象。

(6) 看不到解決方案。

三、其他常用的家庭治療技

(一) 提問技術

從初次接觸開始，治療師就需運用良好的提問技術去發掘所需的臨床訊息。有四種提問類型：線型提問、環型提問、策略提問和內省提問。線型提問的特點是具有調查性、推導性，含有豐富的訊息量，使用「這就是事實」的觀點。透過此類提問獲得的訊息可以用來解釋問題的原因。例如，關於孩子為何曠課的回答是「他不喜歡上學；他討厭老師；他討厭同學」。環型提問具有探索性，不再是將某個需要改變的人或事單獨拎出來，此類提問的答

案強調了家庭內部或與更大系統的互動過程。治療師問，「在你孩子逃學那天，有什麼不尋常的事發生嗎？」這樣有助於發現關係中的模式。策略提問或影響提問，其本質是挑戰來訪者。諮詢師在此類問句中植入新的可能性，通常是具有特定導向性的，如治療師可能問，「在這個問題上，如果你和前夫採取共同的養育方法，會怎樣？」在這些問題裡，治療師都試圖透過調整父母的行為以配合孩子的行為來打斷現在的互動過程。內心提問則是不帶任何導向性的促進家庭的改變。治療師透過他們的提問試著動員家庭自發產生新的可能反應，比如「如果你的兒子有一些強烈的感受但是不願意告訴你，你怎樣才能讓他知道你希望聽到他的感受？」內省性提問能夠促進改變卻不對其進行指導。

（二）家庭作業

佈置作業是為了促使家庭在生活中也能繼續產生某些變化，具體包括悖論干預和症狀處方（例如治療師要求來訪者故意保持或「加重」症狀性行為或故意不讓做那些合意的行為）、單雙日作業（建議來訪者在單日和雙日做出截然相反的行為）、記秘密紅帳（治療師要求家庭成員對來訪者的進步和良好表現進行秘密記錄）、角色互換（如請喜歡挑剔的丈夫親自下廚做飯）、水槍射擊或彈橡皮筋（讓家庭成員以善意、戲謔的方式，直接對不合意的行為或關係進行干預）。

複習鞏固

1. 家庭系統排列時要遵循哪些規則？

2. 簡述家庭治療中的家庭作業技術。

第四節 治療過程

家庭治療跟婚姻治療或個人治療一樣，都需要經歷一個大致的程序。但是因每個家庭的治療所需，其程序會有很多變化，本節主要講述薩提亞家庭治療模式的治療過程和海靈格家庭系統排列的治療過程。

一、薩提亞家庭治療過程

(一) 早期階段

1. 對家庭治療原則的解釋，合約的建立：因一般人對家庭治療尚無認識，在治療開始時，宜儘早找機會簡單說明家庭治療的原則，使參與的家人有個初步的瞭解；並且說明治療上宜遵守的條件及規則，以便能按規則進行。

2. 治療者的參與及被接受：治療者要與家人熟悉，並彼此容納接受，能夠跟家人談心，但也要保持治療者宜有的威信，以便發揮治療者的功效。

3. 問題的尋找及改正方向的建立：經由家人描述的家庭生活情況，過去的背景與經歷，目前所面對的困難，並參考治療者觀察家人行為反應所得印象，建立家庭問題的診斷，並與家人研討治療改正的方向。

(二) 中期階段

1. 具體練習行為與關係的改善：不但繼續增加家人對自己家庭問題的認識及改正的方向，更宜著重於心理與行為的更改。在家人相互反應過程中，練習新的適應模式，建立合適的處理方式。

2. 處理阻力，調整全體「系統」的平衡變化：時時處理因更改新行為模式而產生的阻力。

3. 處理及適應一層一層所發覺的問題：因家庭的生活及其問題是很複雜的，一樣問題發覺且解決之後，隨後又會發覺出現了新的問題，又得去處理。因此，治療工作也得一層一層地繼續下去，直到大致的問題都解決之後，才能獲得整體的改善效果。

(三) 終期階段

1. 建立自行審查、改進家庭行為的能力與習慣：成功的治療，在治療結束之後，家人能運用治療的經驗，繼續改善自己家庭的情況。因此，在治療的終期，治療者宜協助家人能建立自己審查自己家庭情況的習慣，並養成能自行改進自己家庭問題的能力。

2. 保持家人建立長久的解決自己家庭問題的能力，就是把一家的領導權，由治療者手中逐漸歸還給其家庭領導者，讓他們自己去執行其功能，恢復原秩序，發揮家庭的功能，能自主處理，並且能自救。

3. 結尾與分離：對治療過程做摘要，提示一家人的本身潛在力量，預祝他們自己繼續發揮其功能，並與家人做分別的交代，讓治療者退出家庭，結束工作。

二、海靈格家庭系統排序的治療過程

家庭系統排列可以分成三個階段。在此過程中展示出家庭系統中的兩種不同畫面：一個是破壞性的畫面，一個是解決的畫面。系統排列的第一個階段，呈現當事人的記憶和內在的畫面，那個畫面展示出運作在家庭中的隱藏動力，是非常主觀的個人描繪。

1. 呈現出當事人的記憶和內在的畫面（破壞性的畫面）。

此時諮詢師可以對運作在系統裡的系統動力做一些設想。代表們的反應提供了一些訊息，作為對當事人敘述的補充。結合代表們的反應、系統排列的直觀畫面和當事人的資料，就可以為我們找尋解決的辦法提供比較可靠的證據。

2. 開始一步一步地不斷試驗，找尋新的畫面。

這個畫面要符合愛的系統平衡，能引出解決辦法。這是一個新的排列，可以讓當事人看到並感覺到希望的曙光，並存在著某些有治療作用的選擇。

3. 在系統排列的最後一個階段，讓排列的畫面確定下來，在愛的隱藏和諧的狀態下，大家庭裡的每一位成員都有了適當的位置和功能（解決的畫面）。

如果當事人真正能夠讓這新的畫面在自己心裡起作用，那麼排列的畫面就能造成治療作用，逐漸改變他們原有的狀況。有些時候，解決問題的排列畫面對家庭裡的其他成員和治療團體中的其他人都會有影響。在一個群體中，即使是一個很大的群體，能夠很快地營造一種尊敬、輕鬆和歡笑的氣氛，給

旁觀者留下很深的印象。反過來，治療團體的氣氛也會影響代表們，讓人們更多地投入到別人的際遇中，從而保證每一次系統排列治療的解決辦法都是量身定做的。因此，解決問題的排列畫面有非常強大的力量，可以在以後數年間持續地引起變化。

三、評價

家庭治療是心理治療的一種形式，治療對象不只是病人本身，而是透過在家庭成員內部促進諒解、增進情感交流和相互關心的做法，使每個家庭成員瞭解家庭中病態的情感結構，以糾正其共有的心理病態，改善家庭功能，產生治療性的影響，達到和睦相處、向正常發展的目的。國外研究表明家庭治療針對各種精神疾病來訪者均有較好的療效，有助於協助家庭適應其發展歷程中的各種困難，恢復正常的家庭結構，提高各種精神疾患的生活質量（Basahi，2002）。另外有研究發現家庭治療聯合抗精神病藥物治療精神分裂症優於單純用抗精神病藥物，並能矯正病人的某些病態人格。

在以下一些情況下，可以考慮使用家庭治療。

(1) 青少年的行為問題，如學習問題、交友問題和神經症性的問題，進食障礙和心身疾病，青年夫妻的衝突等。

(2) 當家庭成員間有衝突，經過其他治療（個體治療）無效的，或是在個別治療中不能處理的個人衝突，或是家庭對個別治療起了阻礙作用，可以尋求家庭治療。

(3) 症狀雖反應在某人身上，反映的卻是家庭系統有問題、家庭過於忽視或過分焦慮患病成員的治療、家庭成員要求參與某個病人的治療、家庭中有一個反覆復發的精神或心理疾病患者、家庭中某人與他人交往有問題的時候，有必要考慮家庭治療。

(4) 精神病發作期、偏執性人格障礙、性虐待等患病者，不考慮首選家庭治療；如果有其他肯定的精神病理問題，如心理障礙、精神分裂症等，家庭治療可作為輔助手段。

心理諮詢技術

第十一章 家庭治療

家庭治療存在的不足：一是有些治療者在輔導家庭時，很少去關心到個體，只要求「整個」家庭可以運作得更好。二是在多元文化諮詢中的限制，有些家庭系統取向染有濃厚的價值觀色彩，因而往往跟來自某些種族與文化背景的當事人的價值體系格格不入。

生活中的心理學

裴裴，15歲，總是不回家，不願上學，有一年多的性經歷。目前有個男朋友，沒讀書，在社會上混。因父母擔心而被送進青少年感化院，有差不多兩個月時間了。剛來一個多禮拜，在我的團體諮詢課上，唯有裴裴的表現跟其他女孩不一樣，每一句的表達都是帶著傷心的眼淚，給人的感覺是內心極度的脆弱和不堪一擊，其他的行為輔導員也都是這樣的評價和反應。似乎跟她母親口中所說的喜歡跟其他不好的人混在一起，如何不聽話、不回家等不良行為極不相符。

通常孩子學習一個半月後，家長會過來配合學校和孩子接受家庭治療，要求全家人一起過來，跟孩子一起共同參與，真實呈現家庭的日常互動模式，因為孩子的性格特徵跟長期以來與家人，尤其是與父母的互動模式有很大關係。要解決孩子的問題，關鍵要看孩子背後成長的家庭背景，以及跟父母的互動模式，並且讓每一個家庭成員親眼見證。

我進諮詢室之前，裴裴的父母還有姐姐已經在諮詢室等候了。進去之後，整個諮詢室給我的感覺顯得異常的安靜。

諮詢師：你們好！

媽媽：老師好！

諮詢師：上完親子課程，見了孩子之後，覺得她這段時間怎麼樣？

媽媽：感覺她改變了好多，她以前在家裡不跟我溝通，在外面跟其他人混在一起，不好好上學，讓我們好擔心……（以前跟媽媽交流，覺察媽媽習慣的表達方式就是：顧著自己表達，至於對方是否有接收到，很少注意到，同時也觀察爸爸跟姐姐的表情，顯得很平靜，感覺不到他們對裴裴的關注）

諮詢師：姐姐，你跟妹妹年紀差不多，你會不會跟她走得更近些，媽媽所說的妹妹過去的行為表現，你是怎麼看的？

姐姐：我平時跟她有交流，她也不怎麼聽我的，太過分的時候，我也會罵她。

諮詢師：像她這麼大的時候，是否也有過妹妹同樣的經歷和感受（姐姐現在21歲）？

媽媽：她聽話多了（媽媽搶答女兒的問題）。

諮詢師：姐姐，你覺得呢？

姐姐：那時也感受不到媽媽有多擔心，現在長大了，才覺得自己很任性。

諮詢師：那是不是說妹妹現在沒有能力去體會到父母的擔心，所以有些行為讓父母很不接受，你能感受到嗎？

姐姐：其實以前我也有這種感覺，不想待在家裡面，因為父母總是吵架（低著頭，流著眼淚），好煩……（諮詢師開始覺察在一旁一直不出聲的父親）

諮詢師：裴裴爸爸，我發現您一直都沒有怎麼說話，平時在家是不是也是這樣？比如大家存在分歧的時候，您都是怎麼處理呢？

爸爸：我說她們又不聽，後來就不說了，都是她媽媽在管……

媽媽：他什麼都不管的，家裡什麼都是我在操心……（她的語氣似乎在抱怨她丈夫的迴避和不理睬）。

諮詢師：爸爸是這樣的嗎？

爸爸：我平時跟她講道理，她什麼都不聽。跟孩子交流要跟交朋友一樣，不要老是這麼嚴肅，她又不聽，所以我懶得理，也不想跟她吵，寧願在外面不回家……

裴裴：所以每次你們吵架，媽媽就把脾氣發在我們身上……

心理諮詢技術

第十一章 家庭治療

媽媽：是啊，你們都怪我，我有多麼的不容易，你們理解嗎？在單位工作不好，領導要批評；在家要照顧你們姐妹的生活學習，你爸爸什麼都不怎麼管……

（說著眼淚嘩嘩往下流，似乎這麼多年的委屈和壓抑頓時傾瀉而出，怎麼也止不住……）

諮詢師：媽媽，感覺你很不容易，有好多的委屈，平時怎麼去宣洩呢，會跟孩子和丈夫表達嗎？

媽媽：這麼多年，我從來沒有跟任何人講過，都是自己一個人去默默承受。

（擦乾眼淚）劉老師，其實我們以前家裡是一無所有，我們姐妹多，只能靠自己奮鬥，建立家庭、買房子、買車子，所以工作中特別拚命，在單位也是個領導，有時在單位工作不順心，可能會把情緒帶到家庭中來……

諮詢師：所以你工作上的不順心也好，跟你先生不經意的一次爭吵也好，也許你們父母自身覺察不到，事實上也可能是造成孩子離家出走的原因之一，因為她們不理解你的難處，原來你身上背負著很大的壓力，你覺得是這樣的嗎？（轉向孩子）你們以前有理解過媽媽其實是有很大的壓力和委屈嗎？

姐妹：沒有，她從來沒有跟我們聊過。

諮詢師：我們剛才可以看到，其實每個家庭成員在他扮演的角色中都會面臨著來自不同方面和不同程度的壓力和委屈。孩子有覺得父母之間的不合，為什麼讓我們去承擔。父母也有，為什麼我這麼辛苦你們還是不聽話，讓我們擔心。如果我們之間不去溝通和表達，讓對方去瞭解你自己，那麼就會產生誤會和不理解，當這種誤會和不理解越來越深的時候，就容易引發不同程度的問題。例如孩子離家出走，夫妻關係不合等。所以一個家庭的和諧，是需要每一位成員去付出和承擔的，大家明白嗎？來，裴裴跟姐姐過來，坐到父母的中間，如果願意的話，去給父母一個擁抱。

裴裴跟姐姐過來給媽媽一個深情的擁抱，這時，媽媽和爸爸臉上同時露出了會心的微笑。

複習鞏固

1. 簡述薩提亞家庭治療過程。
2. 簡述海靈格家庭系統排列過程。

擴展閱讀讀

一個俄狄浦斯再世案例

有一種很奇怪的病情轉移 (shifting disturbance) 的現象，那就是病人常常在醫院有所好轉，但是一回家病情就會惡化。有這樣一個俄狄浦斯再世的奇怪個案：薩爾瓦多 (Salvador) 治療一個住院的年輕人，他因為試圖抓瞎自己的眼睛而多次入院。這個年輕人在醫院表現正常，可是每次回家就會有自殘行為。似乎他只能在精神失常的世界，才能變得精神正常。

後來得知這個年輕人和母親非常親密，在父親神秘消失的七年中，他們的關係變得越緊密。父親是個病態賭徒，他在被宣布失去法律的行為能力之後很快就消失了。有謠言說他曾被黑手黨綁架。當父親非常神秘地歸來時，兒子卻開始有了奇怪的自殘行為。或許他是想將自己弄瞎，這樣他就不能看到自己對母親的迷戀和對父親的憎恨。

但是這個家庭不在古代，也不在希臘，薩爾瓦多也比詩人要更加實用主義。

所以，他首先透過和妻子直接對話，挑戰父親去保護兒子，接著挑戰父親蓄意貶低妻子的態度，這使得她覺得更需要兒子的親近和保護。治療對於家庭的結構是個挑戰，當時精神科的同事認為，將這樣的年輕人送回家庭是很危險的做法。

薩爾瓦多質問父親：「作為父親，兒子在危險中，你所做的是不夠的。」

「那我該做什麼？」父親問道。

「我不知道」薩爾瓦多回答說，「問你的兒子。」接著，若干年來第一次，父親和兒子開始對話。正當他們沒什麼話好說時，薩爾瓦多對這對父母做出

這樣的評論：「用一種很奇怪的方式，他在告訴你們他願意被看成是一個孩子，當在醫院的時候，他 23 歲；可是一回到家，他就變成了 6 歲。」

這一個案最戲劇性的地方在於彰顯了父母有時候怎樣運用他們的孩子作為緩衝器去保護他們自己不能處理的親密關係，而孩子又是怎樣接受了這個角色。

對於那個可能成為俄狄浦斯的年輕人，薩爾瓦多說，「你為了母親要抓傷自己的眼睛，於是她就有些事情可以擔心。你是個好孩子，好到要為父母犧牲自己的孩子。」

這一個案以及其他類似的個案說明家庭是由非常奇怪的聯合組成的，他們互相傷害但卻不輕易放手。很少有人用徹底的惡意來攻擊家庭，雖然這些觀察背後存在著令人厭惡的潛流。家庭治療的官方故事是尊敬家庭體系的，但或許我們沒有人能忘卻青春期的那個想法：家庭是自由的敵人。

小結

1. 家庭治療是以家庭為對象實施的團體心理治療模式，其目標是協助家庭消除異常病態情況，以執行健康的家庭功能。

2. 家庭治療認為個體的問題行為源於：

(1) 可能存在某種和其家庭相關的目的；

(2) 家庭生活可能在無意識間維持了個體的問題行為；

(3) 可能是家庭系統——尤其在發展的過渡期無法正常運轉的體現；

(4) 是家庭一代一代流傳下來的機能不良的模式。

3. 家庭的生命週期也被稱為家庭的發展階段，指核心家庭所經歷的從產生、發展到消亡的過程。

4. 家庭成員之間結成的同盟關係稱為結盟，它包括穩定的同盟、三角關係和迂迴關係。

5. 家庭規則在家庭角色的互動中形成，規則的形成又進一步塑造了家庭成員的角色。

6. 薩提亞的家庭治療技術有：互動成分、個性部分舞會、家庭重塑、其他技術。

7. 薩提亞家庭治療過程是：早期階段，確立家庭治療原則，尋找問題並找到解決方向；中期階段，具體練習行為與關係的改善並處理阻力；終期階段，建立自行審查、改進家庭行為的能力與習慣，歸還領導權以及恢復家庭秩序。

關鍵術語表

家庭治療 家庭 家庭生命週期家庭重塑 家譜圖 影響力車輪 家庭生活編年史

本章複習題

1. 由父母及未婚子女組成的家庭被稱為（ ）

A. 配偶家庭 B. 核心家庭

C. 擴展家庭 D. 隔代家庭

2. 家庭成員之間結成的同盟關係稱為結盟，它包括（ ）

A. 穩定的同盟 B. 三角關係

C. 迂迴關係 D. 變化關係

E. 共變關係

3. 薩提亞家庭治療技術中的影響力車輪是（ ）

A. 畫出個體的家庭及父親和母親的家庭，列出其出生、死亡、結婚、離婚的日期同時在每一個人旁邊寫出對他們的看法。

第十一章 家庭治療

B. 在一張紙中間畫一個圓圈，寫上自己的名字，由圓圈畫出輻射狀的線條，並在線條的每一個尾端上寫上一些自出生到 18 歲期間對自己有重大影響的人，並以簡單的形容詞句子描述他們對個體的影響。

C. 列出由祖父母出生的那一年開始到現在，家中發生的事件、史實及發生日期，這些年表同時也要分成個體自己的家庭及父親和母親的家庭年表。

D. 用雕塑的方法，將語言文字轉化為行動，擺出家庭成員的典型姿態，使家庭成員歷經其生活中某一特定的過程。

4. 下列哪些是家庭治療技術中的家庭作業（　）

A. 悖論干預和症狀處方 B. 單雙日作業

C. 記秘密紅帳 D. 水槍射擊或彈橡皮筋

E. 合理情緒自助表

5. 家庭治療認為個體的問題行為來自於（　）

A. 可能存在某種和其家庭相關的目的

B. 家庭生活可能在無意識間維持了個體的問題行為

C. 可能是家庭系統——尤其在發展的過渡期無法正常運轉的體現

D. 是家庭一代一代流傳下來的機能不良的模式

E. 童年的不良經歷

6.「具有調查性、推導性，含有豐富的訊息量，使用『這就是事實』的觀點，透過此類提問獲得的訊息可以用來解釋問題的原因」的提問技術指的是（　）

A. 線型提問 B. 環型提問

C. 策略提問 D. 內省提問

7. 在海靈格的家庭系統排列中，需停止排列的情況有（　）

A. 代表不太嚴肅

B. 代表沒有尋找系統排列的「感覺」

C. 缺少重要的訊息

D. 當事人情緒激動

E. 當事人不能夠集中精神,不能和每一個代表很好地接觸

第十二章 藝術療法

第十二章 藝術療法

人類有許多藝術形式，實際上，幾乎每一種藝術形式都具有心理治療的功效，因此也形成了許多藝術心理治療方法，例如音樂治療、繪畫治療、遊戲療法、心理劇等。那麼是不是隨便地欣賞一些藝術作品，或者隨便地進行一些藝術創作，都能夠實現心理治療的功效呢？藝術治療究竟如何操作才能成為科學有效的心理治療方法？本章主要介紹幾種藝術療法的基本理論和實際操作的技術，以及在生活中的應用和體現。

第一節 概 述

藝術療法 (Art Therapy) 是以藝術活動為中介的一種非語言性心理治療，透過藝術讓來訪者產生自由聯想來穩定和調節情緒，消除負性情緒，治癒精神疾病 (德田良仁，1998)。從宏觀意義上理解，藝術治療不僅包括繪畫、雕塑、拼貼等視覺形式媒介，也包括以音樂、詩歌等聽覺形式以及視聽結合的心理劇、戲劇甚至包括遊戲等更為廣泛的藝術作品為媒介的心理治療方法。

一、理論背景

（一）社會背景

自古以來，藝術療法被廣泛應用於人類的精神與心理健康的各個領域。追根溯源，藝術與康復的關係可以在不同歷史時期和地域、不同的族群文化中尋找到痕跡。例如，史前洞穴岩壁上刻下的動物形象和人物形象；繪製在古埃及木乃伊上防禦性的象徵符號、藏傳佛教徒繪製的曼陀羅（孟沛欣，2009）。這些痕跡都是現代的藝術療法可以追尋的淵源，同時也表明，藝術對於健康的作用一直以來就沒有從人類的意識領域中消失。然而，自工業文明開始，直至我們現代高度發達的物質文明，人與人、人與自然之間的關係變得日益疏遠，而文化的導向同時又在過度地強調知識的建構與智力潛能的開發，對個體的人性化關註明顯不夠，由對情感表述不足和對自我內在世界關注不夠而引起的心理問題也就隨之增加。這使得心理諮詢師不得不更多地傾

向於使用非言語方法如音樂、繪畫、遊戲、心理劇等方式進行心理調整和康復。

（二）科學背景

在藝術療法中，心理諮詢師需要處理的是以視覺形式呈現的心理意象，所以就需要瞭解大腦功能對於人類心理的影響。因此，後來醫學上對大腦功能側化的研究，為藝術療法提供了一定的科學依據。除了醫學科學研究對藝術療法與心理關係的支持以外，還有一些學科的研究也支持藝術療法，如神經學和精神學，表明大腦連著身體，這意味著大腦功能與心理不可分割。藝術療法中的「指導性意象」這一技術就是運用了這一原理，由心理諮詢工作者指導來訪者想像出某種心理意象，在這個意象的基礎上進行想像，從而帶來身體與心理的整合性改變（孟沛欣，2009）。

（三）心理學背景

認知專家唐納德·霍夫曼 (Donald D.Hoffman) 相信，人類大腦功能中，視知覺應為最重要的功能之一。他在《視覺智力》(Visual Intelligence，1998) 一書中基於對現今神經科學和心理學的思考，總結出人類擁有三種基本智力：視覺的、理性的和情緒的。他對智力類型的劃分，在於解釋對視知覺必要的複雜心理構成。從霍夫曼的理論中，可以看到人們透過思辨訓練理性智力，透過戲劇和小說的參與改善情緒智力，透過藝術創作練習視覺智力的複雜機制。隨後，心理學研究者發現藝術創作在康復過程中扮演著十分重要的角色，並把藝術治療用作降低引發生理應激水準的一種介質，即當我們治癒情緒的傷痛時，也治癒了身體的傷痛（孟沛欣，2009）。

二、代表人物及其主要思想

音樂療法中的代表人物有，魯道夫—羅賓斯音樂治療，它是由保羅·魯道夫 (Paul Nordoff) 和克萊·羅賓斯 (Clay Robbins) 兩個人共同創建的，是一種主動式的治療方法，透過即興演奏的創造性過程來達到治療的目的。還有由美國著名音樂治療家邦妮 (Bonny) 創立的音樂引導式的想像，是一種以音

樂為中心、對意識進行探索、用特定排列組合的古典音樂來持續地刺激和保持內心體驗的動力的一種方法。

繪畫療法主要有由瑞士的 C.Koch 於 1949 年所創的畫樹法，常被用在兒童繪畫或臨床研究的投射心理測驗中。另外美國的 F.L.Goodenough 所創的畫人法等都屬於繪畫治療的部分。

遊戲療法有很多種，其中包括：象徵性遊戲，是根據皮亞杰 (Piaget，1962) 的觀點得來的，他認為遊戲搭建起了具體經驗和抽象概念之間的橋樑，並且正是因為具有像徵性的功能，遊戲才變得如此之重要。另外在 20 世紀 30 年代，大衛·利維 (David Levy，1938) 針對那些經歷過情境的孩子，發展了一種新的療法，叫釋放療法，這是一種具有完整結構的遊戲療法，主要建立在遊戲的宣洩效果上。

雅克布·李維·莫雷諾 (J.L.Moreno) 於 1921 年在奧地利維也納創立了心理劇。心理劇 (Psychodrama) 是用來幫助個體「演繹」本身問題的方法，是一種治療方式，透過戲劇行動，進入到個體的內在世界，讓他們描述，並以他們看到的情形加以操作。

三、特徵

1. 能透露潛意識的內容。藝術療法的表達，常常運用心像做思考，屬於直覺式的思考方式，往往能透露潛意識的內容。

2. 治療對象適用範圍廣泛。藝術療法因為具有非言語溝通的特徵，治療的對象比較廣，例如，幼兒、喪失言語功能的來訪者。

3. 可以降低防禦心理。在進行藝術創作的時候，來訪者可以更加全身心地投入到事件中，從而降低防衛心理，而讓潛意識的內容自然地浮現，是建立良好關係的有效方法。

4. 可以合理宣洩情緒。藝術治療是一種合理發洩不良情緒 (憤怒、敵意) 的方式，易被社會所接受。

複習鞏固

1. 簡述藝術療法的主要形式。
2. 闡述藝術療法的特徵。

第二節 基本理論與概念

一、音樂療法

世界音樂治療聯盟（WFMT）對音樂治療的定義是「音樂治療（Music Therapy）是指具有資格的音樂治療師使用音樂和音樂元素（聲音、節奏、旋律與和弦），透過一個有計劃的過程推動和促進交流、聯繫、學習、遷移、表達、組織及其他相關的治療目標，從而滿足來訪者或團體在軀體、情緒、心理、社會和認知方面的需要。音樂治療的目的是發展個體潛能和復原功能，從而使他達到更好的自我整合與人際關係整合，並經由預防、康復、治療獲得更好的生活質量」（Rachel Darnley-Smith Helen，2010）。

音樂治療與其他各種治療形式不一樣，主要依靠音樂的體驗來作為引發治療性改變的催化劑。它運用一切與音樂相關的形式作為治療的手段，而不是有些人認為的那樣，只是聽聽音樂，放鬆放鬆（高天，2007）。音樂最大的特點就是它具有非語言的交流功能，美國音樂治療之父格斯頓說：「音樂的力量和價值在於它的非語言的內涵。」（高天，2006）根據音樂在治療中扮演的角色可以分為「治療中的音樂」和「作為治療的音樂」兩大類，也被稱為「主輔」角色。「治療中的音樂」，音樂對治療起輔助作用，它對來訪者來說不是最重要的，只是和其他治療手段一起促進和加強治療效果，達到治療目的。雖然它只是輔助手段，但是我們也不能忽視它的作用，它在一定情況下是不能被替代的，比如，在治療過程中，為了使來訪者放鬆身體和精神，可以用音樂來調節病人的情緒、鎮痛。「作為治療的音樂」起主要作用，心理諮詢師以音樂作為治療干預中的唯一手段，基本不借助或者很少借助語言來完成治療，透過來訪者對音樂活動的體驗來完成治療。在這一過程中，工作者充當的是媒介，而音樂卻變成了真正的治療師。比如對於自閉症兒童可以用音

樂進行交流和干預，來訪者可以透過音樂與自己潛意識活動交流、調節自己的情緒，達到心理治療的目的。

二、繪畫療法

繪畫療法是藝術療法之一，是讓繪畫者透過繪畫的創作過程，利用非言語工具，將潛意識內壓抑的感情與衝突呈現出來，並且在繪畫的過程中獲得疏解與滿足，從而達到診斷與治療的良好效果。無論是成年和兒童都可在方寸之間呈現完整的表現，又可以在「欣賞自己」的過程中滿足心理需求。繪畫療法的基本理論如下：

(一) 投射理論

繪畫治療是在心理諮詢師的陪同下，讓來訪者運用繪畫材料進行自我表達，主要是以心理學中的心理投射理論為基礎。

投射被認為是無意識的表現自身的活動，是一種類似自由意志在意識中的反映。對於來訪者來說，此時的投射就是將自己的一些負面情緒、過失或者不被認可的理念施加於其他人身上，又被稱為否認投射。儘管人類的交流形式中，語言占據了主導地位，但是人們的感覺和體驗並不能完全用語言表達出來，因為有些經驗和情感狀態是超越語言的。而繪畫療法卻提供了一種克服這些經歷和負面情緒的方式，來訪者可以透過這一媒介來表達自己內心的感受和體驗。

(二) 大腦偏側化理論

人的大腦分左右兩半球，左腦負責對問題的分析及想像；右腦則負責知覺和空間的定位，能對圖像性的東西有極為敏感的反應，比如對音樂、繪畫、遊戲等的習得，可見右腦能對心理機能有很好的掌控。自 1968 年以來，以美國生理心理學家羅杰W斯佩裡 (Roger W.Sperry) 為代表的科學家們發現，患有精神分裂症的病人大腦右半球比較活躍，腦電波變化大，情感活動異常，而且主要是負面情緒的活動，這樣一來右腦的活動可能影響來訪者的情緒機能（孟沛欣，2009）。因此，繪畫療法認為以言語為中介的療法在矯治由不合理認知或信念所引起的心理疾病時有療效，但在處理以情緒困擾為主要症狀

的心理問題時就顯得無能為力了，而同屬右半球控制的繪畫藝術活動可以影響和治療來訪者的情緒機能障礙。

三、遊戲療法

遊戲療法是指利用兒童的遊戲活動來對兒童進行心理治療的方法，是一種利用非語言媒介手段來實現心理健康教育的心理治療技術。年幼的孩子語言發展還不成熟，他們難以正確表達自我的情感，因此在對 12 歲以下的兒童進行心理治療時，不能以語言作為心理治療的主要手段。

遊戲療法對於改善和促進兒童心理健康的積極意義體現在以下幾個方面：

第一，在遊戲放鬆的情況下，兒童可以慢慢學會自由地表達自我，在情商的層面上更容易接受自己。在遊戲中兒童能學會尊重別人，同時也尊重自己，透過遊戲能提高自我表達的能力，增強互相接納。

第二，能學會自我選擇，培養起他們自己做抉擇的能力。在遊戲中，多鼓勵兒童自己做選擇，培養起他們的責任感。

第三，遊戲療法能幫助開發兒童的創造力，因為在遊戲中，我們可以引導孩子自己找出解決問題的辦法，從而完成自己的任務，這樣一來孩子就會有成就感，在後來面臨問題時，能獨立地處理。

透過遊戲，兒童還可以發展他們的動作技能，在享受樂趣的同時，使自己的心理發展更為健康。

目前公認的遊戲理論主要有：

第一，弗洛伊德的精神動力學理論，認為兒童在遊戲中可以享受快樂，這樣可以幫助兒童控制一些創傷性事件所引起的焦慮。

第二，釋放療法是一種具有完整結構的遊戲療法，主要針對的是那些經歷過壓力情景的孩子。這一療法主要是透過玩具重現讓兒童產生焦慮的場景，而心理諮詢師在治療過程中擔任「場景轉換者」。在孩子熟悉了遊戲室和心理諮詢師之後，心理諮詢師可以將孩子引入產生壓力的環境，重現讓孩子產生創傷的事件，同時引導孩子釋放由這些事件產生的痛苦和焦慮。

第三，關係遊戲療法，沒有對過去經驗的解讀，當前的感受和反應才是關注的重點。

四、心理劇

心理劇是由雅克布·李維·莫雷諾於 1921 年在奧地利維也納創立的。心理劇是一種可以使來訪者的感情得以發洩從而達到治療效果的戲劇。透過扮演某一角色，來訪者可以體會角色的情感與思想，從而改變自己以前的行為習慣。在心理劇中，來訪者可以扮演自己家中的一位成員、一個老相識、一個陌生人或者治療專家。劇情可以是一般的內容（離婚、母子衝突、家庭糾紛等），也可以是與來訪者的實際情況相近似的內容。在舞臺上，來訪者所扮演的角色，他可以體驗角色內心的酸甜苦辣，可以成為來訪者理想或幻覺的化身。專家可以在一旁指導，也可與來訪者一道表演。觀眾則為來訪者鼓掌助興。

心理劇的基本要素包括五個，即主角、導演、舞臺、輔角和觀眾。導演 (director) 也就是心理諮詢師，身兼三種功能，製作人、諮詢師和分析師。導演在心理劇中，引導主角探究其問題，協助心理劇的演出者將事先未知的劇情變成真實的事情，因此導演必須具備良好的專業素質，受過心理劇的專業訓練。作為導演在心理劇中必鬚髮揮一定的作用，要觀察、評估、擬定目標、保護主角，這樣才能使演出順利進行並達到治療效果。主角 (subject) 即心理劇演出的主要人物，是劇中的重要角色，作為一個代表，其他所有的元素都是隨著主角的指示或者要求，跟著主角進入他所想要的心理劇當中的。主角的地位是很有特權的，任何進入這個角色的人都不應該被強迫，一旦導演與主角關係建立，那麼治療的聯盟也就成立了。在治療中，主角必須自發主動，能承受一切的苦難，同時他有能力面對一切的困難，雖然承受痛苦但是依然重視生命的價值，最後內心得到釋放。舞臺 (stage) 就是演出的地方，在心理劇中，可以將過去、現在、將來的現實感受融合在一起，提供一個多面向又極為彈性的空間。當主角站在舞臺上時，就將踏入自己的心靈世界，它能幫助在場的所有人清晰地分析出想像和現實的差別。在舞臺上，可以有些道具造成輔助作用，效果會更好。輔角 (auxiliary egos) 就是導演的延伸、

探索跟引導，同時也是主角的延伸，雕塑出主角真實和想像的角色，它既指來參加演出的所有成員，也指除了主角和替身以外的都是輔角。在每一次的演出中都必須有輔角，一方面他是協助者，另一方面也能夠體會到另外一個心靈和人生，有擴大角色經驗的效果。觀眾 (audience) 是指參加心理劇的所有人，可以是心理治療團體、學校裡的專題研究小組、同班同學或者主角家裡的其他成員。觀眾通常在心理劇進行時默默地看演出，但是他們並非像一般的觀眾那樣，他們常常可以主動參與和探討主角對活動的感受。在心理劇中，觀眾代表了客觀的眼睛，如果主角陳述出來的主題和感受能被觀眾接受，那麼也像徵著他能被外界接受，因此觀眾的力量是非常重要的。當一個心理劇裡的基本元素都具備時，心理劇就可以開始了。

複習鞏固

1. 簡述遊戲療法的基本理論。

2. 簡述心理劇的基本要素。

第三節 治療技術

一、音樂療法

（一）音樂引導式想像

音樂引導式想像 (GIM) 是由美國著名音樂治療家邦妮創立的，其基本方法是根植於人本主義和超個體心理學理論基礎之上的，主要目的是加強個體對自我的體驗和瞭解。音樂引導式想像是一種以音樂為中心，對意識進行探索，用特定排列組合的古典音樂來持續地刺激和保持內心體驗動力的一種方法。在這一療法中，主要是使用西方古典音樂組合來幫助來訪者進入自我內部體驗，不斷強化關注內部體驗，達到治癒的效果。由於音樂本身的特殊性，它能帶給來訪者更多的安全感和信任感，能幫助來訪者勇敢地面對自己潛意識中的困擾和不良情緒，並促進這些不良情緒的釋放，最終可以改變自己的行為，從而恢復到正常的生活中去。

(二)魯道夫—羅賓斯音樂治療

魯道夫—羅賓斯音樂治療 (Rudolph Robbins music therapy) 是一種主動式的治療方法，透過即興演奏的創造性過程來達到治療的目的。它認為每個人都先天具有音樂能力，而這種能力可以透過一定的方式激發出來，而即興演奏音樂是最有效的方式，透過即興創作、演奏或者歌唱音樂來發洩內心的情緒，可以是一對一的，也可以是集體進行的。在魯道夫—羅賓斯音樂治療中，心理諮詢師通常都是即興演奏鋼琴或者吉他來促使來訪者參與到治療性的音樂體驗中，並控制整個治療的方向。這一療法的優點在於在治療過程中，來訪者對各種樂器的使用都不需要經過專門的訓練，而且可以讓來訪者自由發揮，它沒有事先設計好的程序和模式。在與來訪者的互動過程中，作為心理諮詢師要不斷地對來訪者的需求進行評估，而且要幫助來訪者拓展自己的極限，給來訪者提供挑戰和支持。來訪者透過不斷地擴展自己的表達能力，建立起自信心，同時對心理諮詢師的信任度加強。在治療過程中，心理諮詢師該仔細觀察來訪者情緒和情感的細微變化，並在這時有意識地引導來訪者參與音樂活動，幫助來訪者透過音樂活動來面對生活的問題，甚至去解決這些問題。

(三)心理動力學音樂療法

心理動力學音樂療法 (The psychological dynamics of music therapy) 出現在瑪麗·普里斯特利的《行動中的音樂治療》一書中，被當時音樂治療界的大師廣泛應用。其中最有影響的兩個模式是精神分析音樂治療和自由即興演奏治療。而瑪麗·普里斯特利將該模式以一種即興演奏的方式切入，並透過音樂和語言的表達來探索求助者的潛意識。心理諮詢師與來訪者之間形成的關係是以移情和反移情的反應形式表現出來的，而這種關係也正是治療的焦點。當心理諮詢師和來訪者共同進行音樂演奏的時候，是一種真正的共享體驗，讓來訪者產生一種很親切的感覺。而且強調了語言與音樂之間的不同：「在音樂中，我們更加的親近，對於病人的情感更加的敞開。我們共同地創造一個從來沒有存在過的事物，又共同來聆聽它」(高天，

2006)。瑪麗·普里斯特利相信音樂治療中心理諮詢師的即興演奏必須反映出自己的人格才能在治療中有效。

繪畫療法的主要形式包括以下幾種：房樹人測驗、畫樹法、風景構成法等。

二、繪畫療法

房樹人測驗 (H-T-P) 最初是讓來訪者繪四張圖（家、樹、人、男女），有時候要求在一張畫紙上畫家、樹、人三種東西。目前已經發展出「多元 HTP 法」，即一張畫紙分割成三個部分，每一欄都畫 HTP 的方法，也有在未分割的畫紙上同時畫 HTP 的方法。它不僅僅是一種人格測驗，同時也是一種智力測驗。這一技術主要適用於那些精力不足、感情淡然、注意力不能集中的精神病來訪者。該技術將房屋、樹、人畫在一張紙上，不但能簡單有效地測試出來訪者的人格特徵，還能擴大適用對象，減輕來訪者的心理壓力及負擔。對於來訪者所畫的房、樹、人沒有具體要求。

畫樹法 (Painting tree method) 原來是瑞士的 C.Koch 於 1949 年所創的心理測驗，是常被用在兒童繪畫或臨床研究的一種投射測驗，也被稱為樹木人格測驗。樹木人格測驗是透過對畫面分析來判斷來訪者的病症，主要從以下方面進行分析：

風景構成法 (Landscape Montage Technique，LMT) 是由中井九夫 (Nacka nine Cardiff) 所創。心理諮詢師在來訪者面前，把一張畫紙加上框，對他說：「現在請你把我說的東西逐一畫在紙上，整個湊成一幅風景。」順序依次為 1. 河流、2. 山、3. 稻田、4. 路、5. 房屋、6. 樹木、7. 人、8. 花、9. 動物、10. 石頭，湊成一幅風景。心理諮詢師根據整體的統整性、豐富性、分化性、空間深度等加以分析，瞭解個別意義。可以從三個層面來解釋風景構成法，第一個是大景群，它主要包括河流、道路、山和土地。第二個是從中景群來解釋，它包括房、樹、人。而第三個是從小的景群解釋，包括周圍的花草、動物、石頭等。其中花草象徵著情感，而動物是借力。

繪畫反映出來的訊息是豐富、具體、具有開放性的，這是它的優勢地方，同時對操作者的要求還相對比較高，是其他治療技術不能夠達到的。心理諮詢師與圖畫的作者熟悉、相互間信任關係的建立，對圖畫作品的理解、對訊息的充分利用有非常重要的作用。並且，此療法要求心理諮詢師在對來訪者作品的解釋時要嚴謹。不僅需要專業人員來進行解釋，而且來訪者本人的解讀也極其的重要，因為在來訪者創作的時候是憑自己的主觀臆想隨意畫的，帶有很大的隨意性。因此，最好能接受這方面專業的訓練。

三、遊戲療法

（一）阿德勒式遊戲治療

阿德勒學派認為，人生的目標是體現自身的價值感或者優越性，人不是命運的犧牲品，而是有創造性、有決策能力的，能夠主動努力去補償自己的缺陷，克服自卑感。心理諮詢與治療實質上是引導人們更好地應對生活挑戰、協助改變自我的錯誤看法、為沮喪的人提供激勵等。阿德勒遊戲治療法認為，幼童也是一個優秀的觀察者，但容易對觀察到的現象形成錯誤的解釋而融入其生活模式，表現出自我破壞行為。這些錯誤的信念是沮喪和適應不良的主要原因。因此，治療師要觀察遊戲中兒童之間的互動方式，結合詢問特定問題，對兒童的動作、感受、反應進行測試、評價、干預。例如，對於某些尋求權利的兒童和在家中有太多控制慾的兒童，心理諮詢工作者會致力於和兒童分享權力；對於適應不良的兒童，心理諮詢師應該專注於兒童獨有的技能，鼓勵兒童在遊戲中成長起來。

（二）關係遊戲療法

關係遊戲療法強調的是來訪者和孩子之間的情感關係，不注重對過去經驗的解讀，認為當前的感受和反應才是關注的重點，而且認為只有建立了良好的關係，諮詢才能達到理想的效果。該法強調把孩子看作是內心力量強大到足以積極地改變自己行為的個人。所以孩子有決定是否參加遊戲的自由，並且可以主導自己的活動。關係療法先假設孩子們都能漸漸意識到自己是需要自我奮鬥的獨立個人，同時他們還能意識到自己可以帶著獨有的特點與他

人一起並存於一種關係之中。在這個療法中，孩子必須承擔自己在成長過程中的責任。

(三) 以兒童為中心的遊戲療法

以兒童為中心的遊戲療法是以羅杰斯的理論為依據建立的，相信兒童有能力去進行建設性的自我引導。強調心理諮詢師要十分相信兒童的內在潛力，在營造一個充滿溫暖、安全和積極關注的遊戲環境的同時，要對兒童真正的興趣進行關注以及無條件地接納兒童，其主要目標就是把孩子內心中能夠自我發展的、自我完善的、積極向上的、富有創作力以及能夠自我治癒的能量充分釋放出來。意識到變化的過程有漸進性，所以不要試圖去加速治療過程；兒童在遊戲過程中逐步學習識別有效或者無效的處理問題的技巧和方法，以恰當的方式在遊戲室和遊戲室之外與他人建立和諧關係，促進他們自身情感的成長，最終構建一個完整成熟的自我。

(四) 精神分析遊戲療法

精神分析療法主要是根據弗洛伊德的理論發展出來的，透過遊戲讓兒童說出過去童年事件，使過去的心情和情緒重現，以便重新建立自我。用遊戲和玩具鼓勵兒童表達幻想、焦慮，然後根據兒童的表現加以解釋，透過解釋將兒童的一些無意識的體驗變成有意識的體驗，從而幫助兒童解決心理問題。

四、心理劇

心理劇的主要技術是透過角色扮演的方式將主角的遭遇跟困惑展現在舞臺上，以立體的方式讓主角、導演以及所有的觀眾能親身體會。在治療中，一般心理劇裡用到的技術有：替身技術、角色交換、空椅技術、鏡子技術、獨白等 (石紅，2006)。

(一) 替身技術

替身技術 (Stand-in Technique)，在心理劇中，讓一個輔角站在主角的旁邊或身後同臺演出，協助主角把沒有體會到的感受表達出來，以擴大主角

的覺察範圍，可以催化主角的心理經驗，加強主角和輔角之間的影響，從而使主角表露出深層的情緒。替身技術是帶出主角情緒最有效的技巧。

(二) 角色交換

角色交換技術 (Role Switching Technology) 是心理劇中最基本的技巧，即導演讓主角和另一個角色互相交換，來體驗對方的經驗並代其發言。在這一技術中，主角透過扮演與他有衝突的其他人的角色，能更加深刻地瞭解真實情況，從而增加人際關係的敏感度。與此同時，對主角的人際關係的不正確的理念也能得到解釋和探究，並開展行為矯正。透過互換角色，主角可以重新整合、消化和超越束縛他們的情景，並且能夠充分表達他們對現實的理解，從團體中的其他人那裡獲得關於他們的主觀態度的建議。基本上每次心理劇都會用到這一技術，因為導演採用這一技術能讓主角體會到輔角的心理過程及心境，即引導主角以他人的觀點闡述問題。

(三) 空椅技術

空椅技術 (Empty Chair Technique)，在主角對某些事或者人產生牴觸、不敢面對的時候，導演可以利用一張空椅子，象徵主角內心的期望或者恐懼，讓成員對其空椅子展開對話，述說心理的困擾。空椅技術主要是導演讓主角想像這張椅子上坐著一個人或者自己的一部分，鼓勵主角與之對話，這樣做可以激發主角的想像力，沒有壓力，幫助主角解除內心的恐懼和不安。

(四) 鏡子技術

鏡子技術 (Mirror Technology) 是讓輔角模仿主角，讓主角有機會如同照鏡子一樣，看到自己的行為舉止和內在心態。輔角要儘可能模仿主角的一切，重複他的動作，試著用動作話語表達主角的感受。在模仿過程中，主角觀察由他人反映出來的自己的行為，就像別人一樣看待自己，有助於主角形成更加準確、客觀的自我形象。在一些情景中，主角可能會感到困擾、難受、情感掙扎，這時導演讓主角在一旁觀看，讓輔角重複這些情景，甚至可以故意誇大和歪曲這些情節，以便激勵主角上臺更正或繼續演出，從而給主角一個新的啟示，產生新的頓悟。

(五) 對話與獨白

對話與獨白 (Dialogue and Monologue)，導演鼓勵主角與輔角和其他成員進行交流，這就是心理劇中常用到的對話技術。在使用對話技術時，導演需要讓主角和劇中其他的角色溝通，這樣演出才能進行。獨白是指主角直接面對觀眾說話，也是心理劇中常用的一種技術，一般導演會讓主角在劇場中漫步走動，自言自語地說自己的心理感受和體驗。獨白技術讓主角有機會表達自己正在思考和體驗卻未直接表達的感受。這讓主角可以總結概括他的思想，表達他的情緒以及更密切地體驗其情感。

複習鞏固

1. 簡述繪畫療法的主要技術。
2. 簡述心理劇的主要技術。

第四節 治療過程

一、音樂療法

音樂療法通常操作方便，來訪者容易接受，治療效果明顯，尤其是對於那些以精神減壓為目的的來訪者，效果將會更加明顯，每次治療之後，來訪者都會有明顯的放鬆作用。以音樂引導式想像 (GIM) 的治療過程做介紹，治療過程包括四個部分，即預備性會談、誘導、音樂聆聽和後期總結。

(一) 預備性會談

在預備性會談步驟中，心理諮詢師首先要瞭解來訪者的需求是什麼，要解決什麼樣的問題，對來訪者的過去和問題進行評估，以便有針對性地確定治療計劃。在進行會談前，要跟來訪者大概講述一下什麼是 GIM 療法，並告訴他在治療過程中可能出現的聯想體驗。

(二) 誘導

在對來訪者的過往史和問題有所瞭解，並確立了治療方案之後，可以開始對來訪者進行誘導，也就是第二步，主要是對來訪者進行放鬆和注意力的集中。主要用到的是肌肉漸進放鬆。如果來訪者在進入治療室的時候表現出高度的緊張和焦慮，工作者就應該進行肌肉漸進放鬆訓練，先讓來訪者放鬆腳，然後是小腿、大腿、臀部再到上半身，最後到脖子和面部。在放鬆訓練之後，來訪者會進入一定的狀態，這時候，心理諮詢師應該為來訪者描繪出一個開放式的想像情景，相當於為來訪者提供了一道「橋樑」。

（三）音樂聆聽

在這之後，就要開始播放預先準備好的音樂了，一般聆聽的時間為 30～40 分鐘，在聆聽的過程中，來訪者給心理諮詢師報告自己所聯想到的內容。在這個過程中來訪者可能彷彿自己在參與一個奇妙的音樂之旅，感覺自己身臨其境，如在現實生活中一般，不斷把潛意識中的內容伴隨自己的內心情緒迸發出來。此時心理諮詢師應該給予一定的支持和促進，並透過不斷的提問來引導來訪者體驗自己產生的聯想。這時心理諮詢師不對聯想的內容多做分析和解釋，但是必須透過對聯想內容的澄清、語言鼓勵和共同情感來保持與來訪者的溝通，促使來訪者改變自身行為。隨後，核心聯想可能顯現出來。

（四）後期總結

在放鬆聆聽音樂之後，心理諮詢師應該和來訪者一起花一部分時間來回顧之前的一些體驗，並探討這些聯想體驗與來訪者的需要和治療目的有什麼關聯。在回顧過程中，心理諮詢師不要直接給出自己的建議和詮釋，要多鼓勵來訪者自己找出聯想材料中的問題和矛盾，體會其中包含的意義，深刻瞭解內部矛盾，這樣來訪者才能建立信心，培養起獨立性，才能面對以後的生活。

GIM 並不是對所有人都適用，如果來訪者的自我非常脆弱，那麼我們就要注意控制並且要特別的嚴謹，而且患有精神病的人群是不合適做 GIM 治療的。作為心理諮詢師，在 GIM 治療中扮演的角色主要是支持和促進，並為來訪者提供治療所需要的框架結構。

二、繪畫療法

（一）房樹人測驗 (HTP)

房樹人測驗的測試過程主要包括：

1. 測試前準備：一張 A4 的白紙、一支 2B 鉛筆。

2. 具體要求：

(1) 在畫畫前可以構思，但是時間最好不要超過 5 分鐘；

(2) 一旦畫好的線條不能擦掉，但允許重畫。需要注意的是，在整幅畫完成後，不得重畫；

(3) 可以隨意發揮想像，怎麼畫都可以，但是畫中必須有房、樹、人；

(4) 規定畫圖時，不能有直尺，畫的人不能是火柴人。

3. 指導語：讓來訪者填寫好個人資料，並告訴他們：「請拿起鉛筆，在給你的這張白紙上畫下你想要畫的，可以修改，但是必須有人、房、樹，不管你學過畫畫沒有，不管你畫得是否好與壞，只要你認真畫就行了。」

4. 在畫完後，針對圖畫對來訪者提問。

5. 當然在集體測驗中，進行房樹人測驗也是十分有效的。給每人一張測試紙、一支鉛筆和一塊橡皮，再給出指導語。在半小時內完成，最後進行結果評定。

（二）畫樹法

在樹木人格測試中可以採用鉛筆在畫紙上繪畫，也可以用彩色的筆進行繪畫。跟其他的繪畫測試一樣，樹木人格測試能夠對各種年齡和不善於用語言表達的來訪者的智慧和身心發展情況給予比較準確的診斷。可以先從畫紙的空間來理解，將畫紙從下到上分為三部分，有三個領域：最上端領域是被開發的意識和屬於精神生活的所有內容；中間部分表示了情緒、感情和感覺；最下邊部分跟本能、無意識的經驗有關（吉沅洪，2011）。

（三）風景構成法

第四節 治療過程

在風景構成法的治療過程中，首先需要準備 A4 畫紙、一支黑色簽字筆、24 色蠟筆這三樣。有的來訪者會把兩張紙連在一起畫，有的來訪者會用水彩筆畫，各不相同。而選擇使用簽字筆的原因是為了便於上色後從反面觀察塗上彩色後被遮蓋的線條。

然後心理諮詢師給出指導語：「現在請你畫一幅風景畫。但是，請按照我說的順序進行繪畫。等你畫好一個風景項目後，我會接著提示下一個風景項目。一共 10 個風景項目。請儘量將畫出的 10 個風景項目整合成一幅風景。那麼，下面請按照我的提示順序描繪風景。」

根據當時的情形和來訪者的不同，指導語多少會有些差異。但是在指導語中，必須包括兩個關鍵點：一是要讓來訪者明確知道，必須按照諮詢師的提示順序進行描繪；二是讓來訪者明確，儘可能要將各個風景項目整合成一幅風景。在治療過程中，心理諮詢師要同來訪者一起參與到繪畫活動中去。並且要注意以下幾點：

1. 在來訪者畫完畫之後，心理諮詢師要當著繪畫者的面給畫加上畫框。

2. 透過指導語告訴來訪者畫得好不好沒關係，以便讓來訪者可以安心作畫。

3. 對於來訪者的問題，心理諮詢師可以讓來訪者自己決定。

4. 來訪者畫好風景的素描後，上色前心理諮詢師最好花一點時間跟來訪者一起觀賞；在欣賞的過程中，一邊看畫，一邊針對作品提一些問題。心理諮詢師提問時可以發揮自由聯想，但要注意不問那些侵入性很強的問題。

5. 風景構成法測試，一般沒有時間限制。通常測試時間為 15～25 分鐘，有時也許會花更長時間。

最後，當來訪者將全部風景都描繪好後，讓他們在畫紙背面寫上日期和自己的姓名。這樣做可以讓來訪者得到自我認同感，證明自己的存在（皆藤章，2011）。

生活中的心理學

小熊維尼——抑鬱症

莉莉是一位 10 歲的小學生,被家人送入醫院後診斷為抑鬱症,而且在家裡經常少言寡語。莉莉在被轉入繪畫治療之前,發現自己很難談起關於自己的一些問題。在繪畫治療初期,莉莉很內向,並且很難投入到繪畫治療的材料使用中去。在初期發現她的畫不是完整的圖形,混亂、支離破碎、沒有連貫性。可以看出莉莉畫出這樣的畫只是為了打發無聊的時間,但是值得注意的是,莉莉畫出來的零零碎碎的是一位卡通人物的形象。直到繪畫治療的後期,才在她的畫中發現,原來她要畫的是可愛的小熊維尼。這時,小熊維尼的重要意義才開始漸漸明顯起來。莉莉把自己比作小熊維尼,事實上,她對小熊維尼的執著,說明了她自己也開始發生轉變。再回顧她早期的作品,那時的畫看起來是缺乏情感或個人意義的,但是現在可以用一種新的眼光去審視了。也表明,她試圖將自己放在這些圖形中去。在不同的時間所創作出來的小熊維尼也不同,這就表明,從開始的內向(支離破碎的圖片)到可以完整的表達內心的想法(一幅完整的小熊維尼圖畫),莉莉在發生變化。上面的案例只是簡單說明了繪畫療法的功效,但是這只是一個個案。繪畫治療的目的會隨著個體或者來訪者的需求改變,從而幫助來訪者完成治療過程。

三、遊戲治療

遊戲療法的過程,主要有以下三個步驟。

第一步初步評估:根據與來訪兒童的家長談話瞭解的基本情況,結合觀察兒童在初診中的行為,做出評估。包括兒童與同學、朋友的關係、控制和衝動的能力、參與遊戲的能力、容易出現的問題行為的時間等。根據評估的結果來選擇適宜的遊戲療法以及治療時間。

第二步選擇遊戲空間:根據初步的評估,進行遊戲治療空間的選擇。這裡所指的遊戲空間不僅是指物理的空間大小,還包括心理的空間,即兒童的心理和腦裡的主觀世界。選擇時要求還是非常的嚴,要求界限明確、有安全感。選擇可以是房間的一小部分區域,也可以是整個房間,在選擇把小部分

區域來作為遊戲區時，心理諮詢師就可以引導兒童創造力的發揮，讓他充分發揮自己的想像力，構建自己的想像平臺。

第三步是正式地開展遊戲，進行治療：每一次開展什麼遊戲進行治療、需要花多長時間，心理諮詢師都應該要大致地掌控，根據不同的遊戲類型和理論開展實施。

在遊戲過程中，應該注意以下幾點：

(1) 如果在剛開始實施的過程中，發現孩子對親子分離有負面情緒，產生哭鬧現象，可以讓來訪兒童的家長進入治療室一起接受治療。在家長陪同孩子一段時間之後，如果發現兒童已經適應周圍環境，可以讓家長暫時離開。在開始遊戲之前，也可以讓家長對孩子進行安撫，等孩子平靜之後家長離開，這時才進入遊戲治療的導入階段。

(2) 在兒童開始遊戲時，心理諮詢師要跟隨兒童，當他的跟隨者，期間心理諮詢師要採取包容、接納、有耐心的態度去精心設計每一個遊戲，營造溫馨、舒適的治療氣氛。在治療過程中，心理諮詢師首先要跟兒童建立友好親密的關係，讓兒童有足夠的信任，從而感覺到開心安全。這樣才能讓孩子在遊戲中充分展現自我，發揮創造力，表達出自己的情感、想法、意願和問題，體現他內心最真實的世界。這樣遊戲才能打破他們的心理防禦機制，才能幫助他們把潛意識裡的東西統統反映出來，進而緩解他們的焦慮。

(3) 在治療的過程中，可以運用多種方法展開，可以透過對其講故事、唱歌、舞蹈等來實施。一般在治療中都運用故事敘述法，可以讓孩子對一個玩具、布偶編述一個完整的故事，心理諮詢師要一邊傾聽，一邊從孩子所講述的故事中發現是否有與他相同問題的地方，判斷孩子的心理病症。心理諮詢師可以根據剛才孩子講述的故事給出不一樣的結局，並適當地滲透一些社交技巧，漸漸改變孩子的認知，幫助孩子學會怎樣面對自我挫敗感，控制負面情緒，加強兒童對正面積極內容的體驗，幫助孩子在認知層面得到改善。

(4) 在治療的結束階段,心理諮詢師協助孩子在遊戲中體驗如何更好地與自我、他人以及外界建立關係,隨著兒童正面情感反應的增多,心理問題也會得到相應的解決。

四、心理劇

心理劇的治療過程一般包括四個階段,分別是:暖身、主角產生、演出、分享與審視。

(一) 暖身

暖身是透過逐漸增加身心活動,使得內在的焦慮得以降低,從而產生安全和信任,調動個體的自發性,以便個體自由地發揮,產生無法預想的創造力。暖身主要作用就是催化創造性的潛能。暖身就是把緊繃的神經透過有意義的活動舒展開來,給心靈一個空間,讓思緒不斷地聯想,迸發出無限的創造力,提高人與環境互動下的智慧和解決問題的能力。暖身首先要營造一個安全的氛圍,建立一種信任感和安全感,幫助參與者放下在其他情境中的角色和面具,能夠自由地表露真我。

(二) 主角的產生

在心理劇中,一般主角的產生有三形式:一是個人意願的,想自己擔當主角的。實施心理劇時個人意願是最重要的,凡是參加心理劇的人都有不同的心情,有些想透過心理劇來解決心理的困擾,在進入劇場時就做好準備擔當主角了;但是有些人卻需要透過暖身活動來調動他們擔當主角的意願。二是透過導演來選主角的。在一個幾百人的團體中,大多數情況下都是由導演來選擇主角的。導演為了讓出演主角的人更有情緒,導演常常使用個人暖身技巧,比如輔椅。一般的心理劇治療中,導演有時會自己擔當主角。三是團體選擇主角,這是在團體聚在一起的時候,在大家自然的交談中產生的,當不止一位成員有意願擔當主角時,導演可以根據團體投票選取。

(三) 演出

在暖身後，導演和被選出來的主角就要準備開始演出了，這一階段是為了讓問題從表面帶入核心。此時，導演繼續讓主角不斷地暖身，並告訴主角在演出中要注意的事項、明確的目的等。同時慢慢鼓勵主角往舞臺上移動。幫助主角演出各種行為的同時，導演還利用團體成員作為輔角來表演這個劇中重要的人物。主角把內容陳述之後，透過情境的描述，把問題很具體地展現在團體面前，這樣導演可以根據主角的每一個細節發現問題的主要癥結。

（四）分享與審視

分享作為心理劇結束部分，是一個讓團體宣洩並整合的時間。當演出結束後，參加的成員都聚集在一起，開始討論，分享他們剛剛所體驗到的感受、想法。主角完成演出後，就開始對自己的過去進行反省，這時觀眾也可以對主角提出一些反饋和建議；參加者都能發現自己跟主角哪裡像，哪裡不像，可以得到一部分的啟示，進一步冷靜下來，重新塑造自己；每個成員和導演都要檢查訊息理論和方法是否運用得當，審視自身及此次演出是否還有什麼地方需要改進。

總而言之，心理劇的過程就是從問題表面進入核心，即演出主角內心的真實世界。在行為完成中明確表達內在態度和感受，透過宣洩內心的不滿來釋放困擾，最後透過角色互換來探索主角現實生活的真實世界。

五、評價

（一）音樂療法

1. 貢獻

音樂療法是從生理和心理方面來幫助來訪者治療心理疾病的。近年來，科學證明雖然音樂療法不能治癒疾病，但是對病人的康復有很大益處。它能減少疾病的症狀，幫助病人康復和提高生活質量。具體表現在：

一是能減輕疼痛和消除心理不適，音樂頻率可刺激腦垂體釋放內啡肽而造成緩解病情的作用，幫助來訪者分散對疼痛的關注。

二是可用於腦功能的改善，如用於改善腦癱來訪者與肌肉萎縮來訪者運動的協調，對於嚴重顱腦損傷，音樂可透過特殊訊息進入大腦，提高皮質神經的興奮性，以促進神經系統的修復能力。

三是音樂療法可以培養孤獨症患兒與人交往的能力，有利於改善孤獨症患兒的社會交往障礙（牛雪瑩，張慧光，2011）。

2. 侷限

一是在自身學科體繫上，理論基礎相對來說比較薄弱。二是需要心理諮詢工作者有豐富的經驗，才能在治療中遊刃有餘。因此，要求從事音樂治療的心理諮詢工作者提高自身的專業素質，不但要精通醫學和心理學，還要培養自身對音樂的愛好，進而瞭解音樂治療的實質。

(二) 繪畫療法

1. 貢獻

繪畫療法運用非言語的方式表達出潛意識中的內容，來訪者不會感覺自己被看穿、被攻擊了，因此產生的阻抗就比較小，來訪者比較容易接受，從而有利於收集真實的訊息。繪畫療法不受來訪者年齡、智力以及繪畫技巧的限制；實施地點和環境也沒有特殊要求，可以進行單獨的個體治療，也可以進行集體治療，因此，實施方便、容易。繪畫療法可以讓來訪者透過正當的方式安全地釋放毀滅性的能量，進而使來訪者的焦慮得到緩解，心靈得到昇華。此外，繪畫本身有助於個體認識自己無意識中的內容，從而有利於提升治療效果。

2. 侷限

雖然繪畫療法有很多優點，但同時我們也應當看到它的侷限性。能繪畫是一定文化下的產物，然而繪畫療法是在西方和北美發展起來的，缺乏本土特色，更缺少實證研究的數據。其次，繪畫治療對心理諮詢師的要求過高，不僅要有豐富的實踐經驗和心理學的理論知識，還要求對繪畫有一定的認識，並且要求必須經過專業的繪畫心理分析訓練。這樣就使得繪畫治療技術難以得到廣泛的推廣。此外，繪畫療法還要求心理諮詢師在進行分析時，一定要

客觀。因此，心理諮詢師在治療時，必須小心謹慎，必要時要採用其他心理治療的方法輔助進行 (劉雲艷，2006)。

(三) 遊戲療法

1. 貢獻

遊戲療法作為兒童心理治療的手段，有著廣泛的發展前景。它不僅有助於治療心理障礙的兒童，而且對正常兒童的心理健康指導也有借鑑作用。它的理念可以給老師、家長、醫生提供借鑑。隨著現代生活節奏的加快，要求心理治療縮短治療時間，遊戲療法和短程治療的結合，不但縮短了治療時間，而且治療的效果也比較理想。

2. 侷限

遊戲療法雖然在一定程度上對兒童心理治療是十分有效的，但是它要求心理諮詢師有比較豐富的經驗和專業的心理學知識，因為心理問題的診斷比較複雜，不像生理疾病那樣容易判斷，這就需要心理諮詢師具備比較強的專業知識。在整個治療過程中，兒童處於一個不斷變化的過程，要不斷蒐集和分析資料，並檢驗自己的方法是否有效，而這將加大遊戲治療實施的難度。

(四) 心理劇

1. 貢獻

心理劇應用範圍廣泛，它不僅用於治療層面，也被有效地用於其他領域。比如教育界、企業、工商領域、醫院等。在醫學方面，心理劇作為一種治療方法，幫助來訪者減輕痛苦，排解壓力，例如對酒精依賴症的治療，同時還被用於藥物戒毒中心等。在家庭治療和婚姻諮詢方面，心理劇也能幫助來訪者在互動過程中，對問題有更深入的瞭解和探討。心理劇在對兒童與青少年輔導中的貢獻是，當發現兒童為一些小事爭吵不休時，讓他們把各自的想法表露出來，或許還有爭執，但這種建設性的吵架，比批評更有效，可以幫助兒童認識到彼此的需要和感受。

2. 侷限

心理諮詢技術
第十二章 藝術療法

　　心理劇是一種強有力的療法，要求心理諮詢師有專業的技能，必須受過專門的技術訓練，如果一些未受過訓練的人使用這一方法，可能會對團體成員產生巨大的潛在傷害。再者，心理劇治療過程一般都是以一個團體為單位進行，所以每個參與者的情緒都有可能照顧不周，這就要求心理諮詢工作者要有敏銳的洞察力。

複習鞏固

　　1. 簡述心理劇的治療過程。

　　2. 簡述遊戲治療的實施步驟。

擴展閱讀讀

遊戲治療——釋放治療

　　有一個兩歲的小女孩，之所以提到她是因為她有黑夜恐懼症，她在被推薦接受治療前的兩天開始發作。她尖叫著從夢中驚醒，並認為有一條魚在她的床上……產生這個恐懼的原因是，就在發作的那天她去過海鮮市場，那個魚店的老闆把她抱起來讓她看魚。她還有一個症狀就是口吃，發作於被推薦治療前五個月，儘管在那之前她的語言能力一直髮育正常……總共有 10 次治療課程。在第二次治療時，一條黏土做成的魚被引入到遊戲當中。當面對問題「為什麼這個洋娃娃會害怕魚？」的時候，小女孩回答道「因為魚會咬人，它還會鑽進去……」，同時用手指向了娃娃的眼睛、耳朵。在黑夜恐懼發生的前幾天，患兒看到了他父親的裸體，之後她還詢問了有關性別差異的問題。除去遊戲治療中治療「魚」的大部分時間外，釋放治療還允許患兒有時間玩自己喜歡的遊戲。例如，她看見了手指顏料畫就也想嘗試一下，我給她示範了方法，但她不願意觸碰畫紙，也不允許我把一丁點顏料塗在她手上。於是我就在一邊自己玩，同時慢慢地教她，她很快就愛上了這個遊戲。在與女孩的第一次約見以後，她的行為並沒有發生變化……在第三次或第四次治療以後她對魚的恐懼消失了，而在第六次治療以後她的口吃開始有所改善，在治療結束前兩週口吃徹底消失了。七個月之後我進行了跟進調查，女孩仍然在進步。上面這個案例是由大衛·利維描述的，透過對這個案例的借鑑，可以更

好地表現釋放療法的本質及其意義。透過非言語的方式來分析孩子所要表達的內心體驗和感受，以更好更有效地進行治療。

小結

1. 藝術療法主要包括音樂療法、繪畫療法、遊戲和心理劇療法。

2. 音樂療法又被叫做音樂治療，最大的特點就是它具有非語言的交流功能，在不同的治療領域中，音樂充當的角色也不一樣，它主要的角色分為兩大類：「治療中的音樂」和「作為治療的音樂」，也被稱為「主輔」角色。

3. 繪畫療法的理論基礎主要包括：投射和大腦偏側化理論。

4. 遊戲療法技術的基本類型：阿德勒式遊戲治療、關係遊戲療法、以兒童為中心的遊戲療法。

5. 心理劇的主要技術包括：替身、角色交換技術、空椅技術、鏡子技術、束繩技術、角色扮演、轉身說話、對話與獨白、雕塑技術、盲目走路技術。

6. 音樂引導式想像療法的操作步驟包括：預備性會談、誘導、音樂聆聽和後期總結。

7. 遊戲療法的過程包括：初步評估、選擇遊戲空間、進行治療、問題解決。

8. 心理劇的治療過程一般包括四個階段，分別是：暖身、主角產生、演出、分享與審視。

關鍵術語表

藝術療法 心理劇 音樂治療 導演 主角 舞臺 輔角 觀眾 音樂引導式想像魯道夫—羅賓斯音樂治療 心理動力學 音樂療法 替身技術 角色交換技術 空椅技術 鏡子技術對話與獨白

本章複習題

1. 藝術療法主要包括（ ）

心理諮詢技術

第十二章 藝術療法

A. 音樂療法、繪畫療法 B. 森田療法、內觀療法

C. 行為主義療法、精神分析 D. 意象療法、正念療法

2. 繪畫療法的理論基礎主要包括（ ）

A. 人們內心的一種感受 B. 意象的主要表現形式

C. 投射和大腦偏側化理論 D. 一種美術創作

3. 音樂治療法的主要流派有（ ）

A. 移情和反移情療法 B. 行為音樂療法

C. 魯道夫─羅賓斯音樂治療 D. 激髮式音樂療法

4. 繪畫心理治療中的技術有（ ）

A. 風景構成法、房樹人、畫樹法 B. 心理投射法

C. 自由即興創作法 D. 模仿式畫法

5. 遊戲療法的基本技術（ ）

A. 自由遊戲治療法 B. 限制遊戲療法

C. 關係遊戲療法、阿德勒式遊戲治療 D. 杰西．塔夫脫遊戲療法

6. 心理劇的主要技術（ ）

A. 空椅技術、角色扮演 B. 盲目模仿技術

C. 雕塑獨白技術 D. 團體對話技術

7. 通常音樂引導式想像療法操作步驟有（ ）

A. 3 個 B. 4 個 C. 7 個 D. 5 個

8. 心理劇的治療過程一般包括四個階段，分別是（ ）

A. 情境測驗、引導式幻想、音樂和舞蹈等

B. 暖身、主角產生、演出、分享與審視

C. 導演常常使用個人暖身技巧,如輔椅、動作社會圖等

D. 參加的成員都聚集在一起,開始討論分享他們剛剛所體驗到的感受、想法

第十三章 東方心理療法

第十三章 東方心理療法

　　雖然心理諮詢與治療作為一門系統的學科產生於西方，但是在東方文化中卻早已存在許多有價值的心理諮詢與治療思想。例如儒家的「中庸之道」，道家的「順其自然」，佛家的「虛無忘我」，都是有價值的心理治療思想。根據這些思想，也發展出了許多有東方文化特色的心理諮詢與治療的方法。本章的主要內容，就是介紹東方心理治療的基本概念及主要治療方法，如認知領悟療法、中國道家認知療法、森田療法、內觀療法、正念療法等。

第一節 概 述

　　儘管心理諮詢起源於西方，但在東方卻也有著深厚的心理學文化思想底蘊。在西方心理學的傳播中，東方國家借助西方心理學的主體框架，結合東方人的思維方式、接受方式和理念，形成了一系列具有本土特色的東方心理療法 (Oriental psychological reatment)。經典的東方心理療法包括：認知領悟療法、道家認知療法、森田療法、內觀療法、正念療法。

一、理論背景

(一) 社會背景

　　1879 年，馮特在德國萊比錫大學建立了世界上第一個心理學實驗室，標誌著科學心理學的誕生。在隨後 100 多年的發展過程中，為人類社會發展做出了巨大的貢獻。但是，它起源於純粹的西方文化，是從西方發達國家尤其是歐洲和美國的社會、文化、歷史和種族直接演進而來的，是西方國家的心理學，並不是全人類的心理學，其理論學說也不是普遍適用的真理，用此解釋東方國家國民的心理和行為是有侷限性的。尤其是進入 20 世紀以來，世界格局發生了重大變化，民主、平等、發展成為人類的共識，許多殖民地國家相繼獨立，民族意識日益覺醒，由於社會現實和經濟發展的需要，許多非歐美國家的心理學工作者開始注重本土心理學的研究。東方國家也不例外，儘管透過翻譯引進大量的西方心理學理論，為其心理學的發展奠定了理論基

礎。但是隨著研究的不斷深入，應用範圍的不斷擴大，許多東方學者發現西方心理學理論不能準確地說明和預測東方人的心理和行為，甚至在解決東方實際問題時束手無策。心理諮詢和治療的理論，也面臨同樣的困境。東方心理諮詢與治療的相關理論是以心理學本土化的理論為基礎，以本土的社會文化歷史為依託，對西方心理諮詢和治療中合理的成分進行吸納，使其融入東方社會文化並成為東方心理諮詢的一部分。

（二）科學背景

心理學從誕生之日起，一方面為了追求心理學的科學化，緊跟自然科學並效仿自然科學的法則，將心理學建構成為「自然科學的一個純客觀的實驗分支」，採納了傳統自然科學安身立命的法寶，即物理主義與實證主義。堅持研究對象的可觀察性和研究任務的可描述性，恪守以方法為中心的原則，採取元素分析和物理還原的立場，注重客觀方法和量化研究，完全放棄了心理學的文化傳統 (Adair J G，1999)。另一方面心理學認為自己的研究成果是客觀的，是超越文化和歷史的主力，可以推廣到世界其他國家和地區。事實上，儘管西方主流心理學刻意模仿自然科學，摒棄心理學的文化性，但是，人類社會生活的現實決定了人的心理與行為除了受人的生物特徵的影響外，必然也會受到其所處的特定的文化傳統、生態環境和個人經歷等因素的影響。文化與行為、文化與思維具有不可分割的特性，很難真正地保持價值中立，所以，其推廣應用必然受限。心理諮詢的理論也是如此。

（三）心理學背景

從心理學的背景來看，在心理學思想形成的初期，馮特就開創了行為和文化的心理學 (behavioral and cultural psychology)。然而，他將它們整合為一種客觀的、普遍的且具有文化敏感性的 (culturally sensitive) 科學的目標尚未完成。在嚴格的行為主義研究取向中，生物性心理學的力量日益增長，這加強了無視具體環境的客觀觀察的傾向，強化了內部效度，並將其一味地推廣到外部效度方面，以至於從較小的、文化同質性的樣本中所產生的結果，被認為具有廣泛性和普遍性，而忽視了心理和行為的生態性。因此，心理學的發展所面臨的基本問題是缺乏生態信度以及未將多元的方法作為常

用的研究策略。換言之，所引進的美國心理學的理論、方法不能適用於不同文化背景中的本原現實 (the crude reality)。

還有一個不可忽視的原因在於心理學研究者方面。作為人類中的一員，當他對某一問題進行研究時，必須對內部和外部的訊息加以理解並做出相應的行為反應，這是以一定的傳統、規範、期望以及理論為基礎的。就是說，儘管研究者掌握了「科學的」複雜的理論和精密的方法，但他仍如海德所說的，是某一真實世界的一部分，無法完全脫離他的生存和文化底蘊。心理諮詢中諮詢師在對人們的行為進行解釋時，更容易受到其自身文化因素的影響，如在中國儒家文化中提倡的人們以一種積極的心態去處理社會的人際關係的「己欲勿施，勿施於人」；道家思想強調「無為而治，為所當為，順其自然，接近純樸的內在，就能夠快樂地生活」。這對東方的心理諮詢和治療的思想都有很大的指導作用。在心理諮詢的實踐方面，西方心理諮詢更多地關注應該解決的問題，這必然導致與自身的文化有關，這也是促使東方心理諮詢與技術產生的原因。

二、代表人物及其主要思想

隨著經濟發展、時代變遷，人們的工作壓力越來越大，所面臨的心理疾病也越來越多。在尊重人類共同心理特點的基礎上，東方心理治療理論在借鑑西方治療理論的同時也有所創新，如國內鐘友彬的「認識領悟療法」，是精神分析在中國本土化一個比較有效的典範。鐘友彬認為，病症的根源在於兒童時期受過的精神創傷。這些創傷引起的恐懼在大腦留下痕跡，在成年期遇到挫折時就會再現出來影響人的人格，以致用兒童的態度去對待在成年人看來不值得恐懼和焦慮的事物（鄭日昌，2007)。然而，運用中國獨特的思想文化、結合中國人的心理治療，進行設計創新則成了另一種新的嘗試。比如張亞林、楊德森等提出的「中國道家認知療法」，他們將老莊哲學中的一些養生處世思想融合在裡面，認為道家認知療法是一種治療手段，透過治療使來訪者降低行為的投入程度，降低內心的慾望和要求，同時調節來訪者的價值取向，提升精神境界，以更好地適應社會（鄭日昌，2007)。

第十三章 東方心理療法

在日本,心理治療的發展比較早,到目前已經有許多不同的心理治療學派。而早期的心理治療深受佛教的影響,比如「森田療法」就是將東方的佛教思想運用於心理治療中,它吸收了東方「道法自然」、「無為而治」的思想,並且至今都被廣泛地運用,為國際心理治療做出了貢獻。與「森田療法」在日本同樣很有聲望的另一療法,則是內觀療法,它是由日本的吉本伊信創立的,是東方文化重視人際關係特徵的體現,目的是透過對人際關係的反省來解決心理問題,開闢了運用東方文化特質的一種方式。

系統的正念療法產生於 1979 年。美國麻省理工學院分子生物學博士、馬薩諸塞州醫學院的榮譽醫學博士卡巴金,在 1979 年為麻州大學醫學院開設減壓診所,並設計了「正念減壓療法」,也即 MBSR,協助病人以正念禪修處理壓力、疼痛和疾病。至此,正念療法正式誕生。 1995 年,麻州大學再邀請卡巴金博士設立「正念醫療健康中心」。他開始進行關於身心互動療愈效能的研究與相關臨床應用,希望能借此有效緩解慢性疼痛與壓力引起的種種失調症狀。至此,正念療法獲得進一步發展,越來越被人們所熟知,並被廣泛地應用。從誕生之日起,「正念減壓療法」便一直處於不斷的發展之中。這種發展不僅表現為「正念減壓療法」本身的改進,如萊恩 (J.D.Lane) 等人對「正念減壓療法」的簡化,改進了「正念減壓療法」本身過程較為複雜,需要花費大量的時間與金錢的缺點 (Lane J D,Seskevich J E,2007); 還包括在其基礎上產生的其他療法,如「正念思想」與「辯證行為療法」(熊韋銳,2011)。

三、特徵

雖然東方心理療法的大體框架是從西方借鑑過來的,但它具有東方特色,是對人的精神生活更深刻的體悟、解釋和修養。特別是東方傳統文化中的禪宗心理、道家心理、儒家心理等等,在對人格塑造、情感表達、人際關係的處理方面都有很好的促進作用。儘管其中的儒家、道家、佛家思想占有了非常重要的地位,並且他們都認為只有人才能把握普遍的統一性,獲得人生的真、善、美,但其側重點還是有所不同:儒家強調的是人與社會的關係,道

家強調的是人與自然的關係,而佛家強調的則是人與心靈的關係。可見,堅持以人為本,宣揚「人性、養性、修身養性」的精神是東方心理學的主要特色。

複習鞏固

1. 試闡述東方心理學中比較典型的療法有哪些。
2. 試闡述東方心理療法的特點。

第二節 基本理論與概念

一、人性觀

(一) 認知領悟療法

認知領悟療法從人的情緒和行為兩個角度,將人性分為兒童模式和成人模式。在幼年期,兒童分不清現實與想像的東西,不能認識到事物的本質以及它們之間的相互關係。這時的他們情感是極為單一和純真的,並且不能控制自己情緒的穩定;而在行為上,是不成熟的,他們並不知道什麼是該做、什麼是不該做的,什麼又是被社會允許的、什麼是被禁止的。這些思想、情感、行為是幼稚的,被稱作兒童模式。成人模式則是個體可以比較客觀地看待事情的發展,能對事物進行分析,能辨別什麼是現實的,什麼是虛幻的,而且能夠很好地控制自己的情緒,讓自己的情緒處於一個穩定的狀態;在行為上,他會自覺遵守社會道德規範,做自己應該做的事。

例如,兒童在對待性慾的態度和成人是不一樣的,兒童不是以生育為目的的,他們以取得性敏感區的快感為目的。在幼年期,如果兒童的性心理受到過分的刺激或者挫折,則可能影響到他後來的正常發展,造成成年之後的性變態行為和心理疾病。與之相反,如果在幼年期兒童的性心理得到正常發展,隨著年齡的增長,自我的理性以及社會道德的影響則會促使其情感的成熟,向健康的成人模式發展。

(二) 道家認知療法

道家認知療法重視個人的生命，強調人的精神解脫，透過降低內心的慾望來改變認知的扭曲，提升精神境界，追求個人價值，實現人性的更高層次的回歸。道家哲學認為，不同個體具有不同的特點，不應該抹殺或者扭曲其特性。如《莊子‧至樂》中說道：「魚處水而生，人處水而死。彼必相與異，其好惡故異也。」因此，所有事物都有其長短之處，應該充分尊重和發揮個體的特性。這些思想都強調「歸真」，倡導個性自由，而這些思想也是作為一個健康人格的必要前提。

（三）森田療法

森田認為，人是不斷變化流動的存在，意識只不過是一種狀態，一種自然現象而已。人應該絕對無條件地承受自然現象，在不斷變動中服從自然，只有這樣才是人類自我保存的最好辦法。森田療法主張順其自然，忍受痛苦，認為人的一些不良情緒是不為意識所操縱的，是自然的東西，想要徹底消除是不可能的，而應該順其自然地承認它們的存在。例如失眠，不能入睡，那麼就不要強迫入睡，應順應自然。一般患有神經症的人，通常在生活中都採取逃避的態度，而森田認為這樣不但使來訪者病情加重，更不利於日常生活。因此森田療法主張來訪者在生活中應該堅持外表端正，這樣內心自然就順暢了，也為外向化行為打好基礎。森田療法還強調事實唯真，指導人們正確認識事實，而有時候僅透過訊息交流就可以達到消除焦慮、減輕症狀的目的。

（四）內觀療法

內觀療法強調人性暗淡的一面，認為人生來就是受苦的，是軟弱的，是需要慢慢去適應周圍的環境的。這就是人的成長過程，在這一過程中，當人遇到困難時，是需要幫助的，需要人指引的。內觀療法認為，狹隘的自我觀會導致神經症和精神痛苦，如果來訪者能夠關注外部世界，即將自己置於一定的背景關係中，那麼將會受益匪淺；如果在內觀的過程中，發現別人對自己有獻身的、犧牲自身利益的愛，而自己卻沒為對方做過什麼甚至為難過對方，但是對方依然寬恕自己，那麼將會產生強烈的體驗的愛。在內觀療法看來，自我犧牲的寬恕是人類最高的愛。內觀療法目的是在於幫助來訪者從狹隘的自我中心轉向重要的自我意識和人際交往，幫助來訪者認識到生命中他

人的重要性以及適應與他人合作的生存方式。內觀療法可以「促使他本人和他人之間發生共鳴，在感情上取得協調，增強自己的社會責任感，從而改變其心理活動的不良狀態和形象，人格也因此得以糾正。將他以自我為中心的、利己的、對他人仇恨的心理轉變成誠懇的、謙虛的心理狀態，使他從焦慮、不滿、對抗的情緒狀態轉變到愉快的、善意的、對他人有發自內心感謝的心態中去」(王祖承，1988)。

(五) 正念療法

從特殊意義上講，正唸作為一種特殊的生存狀態，它更多地吸收了禪宗思想。從人性的角度出發，它對參與者沒有什麼嚴格的要求，提倡注意當下、不做評判、感受身體、感受一切、舒緩壓力和不良情緒。其特點之一是不以人之所異於禽獸的本質特徵為人性，也不以生而具有的本來屬性為人性，而是以生命的本然狀態為人性。正念人性論與中國其他傳統人性論一樣，不僅不強調人與他物的不同，反而強調人與他物的相同；不僅不強調將人從自然獨立出來，反而強調將人向自然中融入。其特點之二是在於它的時間屬性，是強調在當下談人性，不是在過去，也不是在將來談人性；並且，人性並不是靜止不變的，而是當下生成的。其特點之三是從實質上來說其人性論是超越善惡的，但是從形式上來說其人性論又採取了性善論的描述方式。其特點之四就是對「人性差異」的觀點，正念人性論對人性的劃分並不是元素主義的、橫向的，而是整體主義的、縱向的，強調人與人之間的整個生命狀態的差異，或者生命境界的差異 (熊韋銳，2011)。

二、心理病理觀

(一) 認知領悟療法

認知領悟療法屬於心理分析系統，認為過去早年即幼年的經歷或者獲得的經驗是導致病症出現的重要條件。在早年獲得的一些不愉快的經驗可能在心裡形成癥結，因為人的潛意識和自我保護的作用，可能暫時將這些經歷遺忘，而這正是產生心理障礙的內部原因。在受到同樣的經歷之後，來訪者會

第十三章 東方心理療法

出現早期的精神焦慮，喚起童年不開心的回憶，癥結又開始出現，導致病症出現。一般認為以下幾個方面是引起焦慮的原因：

1. 可能與父母在幼時給予的關愛有關，時常覺得自己是沒有人疼愛、孤獨寂寞的；
2. 因疾病引起的身體不適甚至威脅到生命；
3. 失去過最重要的人，使其極度沒有安全感，對任何人都不信任；
4. 其他可引起恐懼或情緒困擾的事件，如斷奶、入學、小弟妹降生等。

既然病因在幼年時期，那麼心理諮詢師就應該引導來訪者用成人的眼光看問題，用成人的思維去解決問題，這也是認知領悟療法的目的。領悟，就是透過心理諮詢師與來訪者交談討論，讓來訪者明白病因是自己在不自覺地用幼時的想法和行為在處理成年人的問題，用幼稚的行為在對待一件成年人能輕鬆對待的事情，從而產生恐懼及焦慮。如果心理諮詢工作者能成功地使來訪者認識到自己的思維和行為是極為不成熟、幼稚的，那麼症狀就會慢慢消失，最後治癒。

（二）道家認知療法

道家認知療法認為，人的內心明淨與否或者健康與否，跟個人的價值取向是有很大關係的。當一個人的名望、地位、利益等得不到滿足的時候，如果不能保持「不爭」、「少私寡慾」，不能控制好不良情緒跟慾望的衝突，那麼就會產生心理健康問題。因此其主要是透過改變個體的認知觀念和應對方式達到調節負性情緒、矯正不適行為和防病治病的目的。

道家認知療法認為，要想心理健康，其途徑之一就是「道法自然」、「清靜無為」。自然之道是無意志、無目的，但是卻無所不在的，並到處起作用。道家哲學認為，人要「虛靜」、「無為」，不要做違背客觀規律的事。人只要遵循客觀規律辦事，一切事情都能辦好，即「無為而無不為」。人若能按規律，做到虛靜無為，就能使身心與自然和諧共同發展。

（三）森田療法

森田療法病理觀包括以下一些內容：

1. 疑病素質

森田認為引起神經症有共同的基礎因素，他將其命名為疑病素質，而帶有疑病素質的人常常在精神上具有一種傾向——他們害怕自己會患病。表現為：精神活動內向、自我內省力強，一般都愛以自我為中心，習慣在日常生活中偏重自身的心身活動，對自己身體和精神上的異常變化極其敏感，給予過分的注意，同時為此產生焦慮跟擔心。

2. 生死問題

森田認為人來到世界上必須承受兩件事，一是生、二是死，也就是對生的渴望和對死的恐懼。因為人活著就會有慾望，所以他認為每個人都有追求美好事物的權利，並希望自己能過上更好的生活。在對慾望追求的同時，對挫敗、死亡的極其恐懼，兩者並存。如果兩者在一定條件下可以相互轉化，則身心平衡，又達到健康。但如果兩者一旦失衡，就會引起神經質症狀，而帶有神經質素質的人恰恰對得到這些慾望的滿足表現得更為明顯。

3. 精神拮抗

森田認為，人活在世界上就如一個矛盾體，好與壞相互調節，產生拮抗作用，即他所謂的精神拮抗，而在強迫症中表現得尤為明顯。精神拮抗是指在某些情況下個體產生了一些情緒、想法，這些想法對自己是不利的，個體企圖加以阻止不再去想並去否定這些，但是又沒辦法做到的一種身心表現。這種抗拒作用可以幫助人們保證精神與身心的恆定，因此任何正常人都會有這種一瞬即逝的念頭。而抗拒作用過強並且有疑病症素質的人，一旦觀念產生便很難控制，想打消那些念頭也很困難，對此便會更加的苦惱心煩，最終導致惡性循環。

4. 精神交互作用

在森田療法中，疑病素質是引發神經質症狀的重要因素，而對這一症狀的發展起決定作用的則是精神交互作用。精神交互作用幾乎都是因來訪者對某些不愉快的感覺的過度注意、高度敏感，從而使這一感覺進一步固著。因

心理諮詢技術
第十三章 東方心理療法

為來訪者大多被這種感覺所控制，透過精神交互作用，使其這種體驗逐步加深，最終導致病理性症狀長期存在。

生活中的心理學

無病呻吟——疑病症

趙曉慧是一位典型的家庭主婦，喜愛看養生節目，平時對身體健康就比較關注，一旦覺得身體上有什麼不對勁，不舒服，就馬上找到相應的醫書對應研究一番。突然有一天，她在養生節目中聽到關於早期乳腺癌的症狀的描述，正好那幾天她覺得胸口這一塊時常覺得疼痛，跟所講的症狀很相似，心裡十分緊張。第二天就跑到醫院去做了全面檢查，醫生說只是一點點小葉增生，很多婦女都會有，沒什麼大礙。吃了幾天的藥，趙曉慧覺得症狀消失，這才放心。可是時隔不久，她發現肚子上長了一團黑色的類似疱疹的東西，於是又非常的緊張，開始胡亂猜想是不是增生轉移，發生癌變了。馬上去醫院檢查，醫生說這是蚊蟲叮咬的，用一點外敷的藥就好了。可是這樣的診斷讓她很不放心，於是便奔跑於各個醫院，翻閱各種醫書，最後找到幾句這樣的話：「痣，若發生色素沉著、皮損迅速增殖、疼痛等現象時，說明有癌變的可能，應提高警惕。」她看到後很憂心、焦慮，越想越覺得自己的黑色疱疹是不是已經癌變了，便繼續地到處求醫。她去過的所有的皮膚科醫院，醫生都診斷為蚊蟲叮咬所至的皮炎，沒什麼大的問題。起初她還與醫生爭辯幾句，後來就漸漸地改變了策略，為了得到更多的檢查，她表面上認同，但是卻以另外一種方式，請求醫生給她做個小手術，把皮膚組織取出來做病理化驗，以解除其疑慮。沒辦法，醫生只好按其要求做了，結果當然不是癌變，但是她心裡還是懷疑是不是醫生誤診，雖然疱疹慢慢變小快消失了，她又開始想是不是自己的癌已經擴散了。這樣她整天疑神疑鬼的，覺得自己已經到世界末日了，快活不下去了。後來，趙曉慧在心理醫生的幫助下，講述了自己的生活，平日沒什麼興趣愛好，就是特別關注自己的身體，因為她的母親是因為癌症去世，所以她總擔心自己也發生這樣的不幸，老是自己嚇自己，結果造成了心理危機。明白了疑病的癥結後，她終於從苦海中解脫了出來，恢復了正常的生活。疑病症來訪者對自己的健康狀況過分關注，對一切不正

常的信號過於敏感，深信自己已經患有某種疾病，經常覺得身體不適。因此來訪者到處求醫，迫切要求治療，漸漸形成一種心理危機。

心理學家認為以下幾種人比較容易患疑病症：

1. 對自己身體過度關注和敏感的人；

2. 過度自愛自憐的人；

3. 以自我為中心的人；

4. 偏執性、強迫性人格特徵的人。

為了預防患上疑病症，我們應該摒棄錯誤的理念，多培養自己的興趣愛好，給自己找到適當的排解方法，減除精神因素的影響，對自己的身體狀況和健康有一個正確的認識和評估。

(四) 內觀療法

內觀療法認為，每個人所擁有的東西都是別人的，快樂的人多是捨己為人的，而那些痛苦的人則大多只是關注自己。內觀療法認為，「無明」是神經症的根源，不「光明」的人都是來訪者。「無明」是佛教用語，指的是慾望太大，過於執迷於慾望。只要「無明」消失，慾望將轉為欲生，神經症就能得到治癒。內觀療法特別重視洞察自己與他人的關係。內觀療法中的罪惡感和一般意義的罪惡感並不相同。內觀療法認為罪惡感來自「自私」，即吉本伊信所說的「我執」。而罪惡感的根源就是自我本位、放任、傲慢、缺乏體貼心，不僅沒有覺察到自己得到別人的恩惠太多，並加以感恩，反而給別人帶來更多的麻煩。

(五) 正念療法

正念療法認為人們的煩惱、困惑、心理疾病都屬於執著迷失的現實狀態。因此，對正念療法來說，所有的心理疾病都有著共同的本質，那就是對於本然狀態的背離。佛教哲學是將迷執作為一切苦難與煩惱產生的根源，而正念療法無疑也繼承了這一看法，認為人本性是清淨的，甚至當下的自性也是清

淨的。只不過由於當前自心的無明與執著，不能識見自身的本性，從而產生種種思慮、欲求，思慮不清、欲求不得從而產生種種煩惱 (熊韋銳，2011)。

三、基本理論與概念

（一）認知領悟療法

認知領悟療法 (Cognitive therapy insight)，又被稱為鐘氏領悟療法，是鐘友彬根據心理動力學理論，並結合中國具體情況和多年實踐創設的一種精神分析方法。認知領悟療法，是透過解釋使當事人改變認識，得到領悟，使症狀得以減輕或者消失，從而達到治療目的的一種心理治療方法。認知領悟療法歸屬於精神分析學派，不但秉承了精神分析的基本理念，而且還保留了關於潛意識和心理防衛機制的理論。

認知領悟療法認為潛意識心理活動是症狀形成的必要前提，它承認幼年期的生活經歷，尤其是幼年創傷體驗對個性形成的影響。認為早期的精神創傷是成年後心理疾病的根源，而這個病因和發病的過程都是在潛意識中進行的。鐘友彬認為，在幼年期受過的創傷會引起恐懼，並且這些恐懼在大腦中留下痕跡。在成年之後，如果遇到挫折或者類似的經歷，先前的恐懼就會跑出來影響人格。甚至用兒童的思維和態度去對待成人期所遇到的事，而他恐懼的這些事對於成人來說根本就是不值得焦慮的。

人們可以從成年人的思維方式、處事態度看出他幼年期受到的影響。在人的發展過程中，隨著年齡的增長，心智都會不斷地成熟，但是情緒和行為卻往往比實際年齡落後，而對成年人治療最為實用的手段就是來自心理衝突體驗的改造。

（二）道家認知療法

中國的道家認知療法 (Taoist cognitive therapy) 是在道家哲學的處世養生之道和中國古代樸素辯證法的基礎上，吸收其精華，並參考國內外的成功經驗，結合臨床實踐創立的。

1. 道家的人生哲學

人生哲學是道家哲學的核心。道家高度肯定人的個體價值，又注重人與自然的和諧一致，表現出對自然和自由的崇尚。道家追求「既入世又出世」的超脫自由人格。道家還主張超越善惡與名利，超越生死，跳出生死悲喜的七情六慾，力圖超越生命的有限與短暫，追求生命的無限與永恆。老莊提倡一種「無待」的精神超越論，主張擺脫現實物質條件和環境的限制，超脫現實生活。在個人與社會關係上，道家沒有把個人與社會、個體價值與社會價值對立起來，儘管它更強調個人價值。

2. 道家的養生哲學

道家的養生哲學是建立在自然主義人性論的基礎上，老莊提出順其自然，任性而動，保真、不外泄原質。認為氣是人生命存在的物質基礎，以靜為養生之道，充分體現了自愛自尊、博大、柔和的精神，其中以柔克剛、順應自然的思想對修養身心、調節心理情緒非常有效。

道家還提出了以惜氣、保精、調氣為內容的養氣說，認為氣是人生命存在的物質基礎。在動靜關係上，老子主張絕對的主靜說，認為虛靜既是天地自然之道，也是人事和養生之道。在慾與養生的關係上，老子主張相對的無慾說，「見素抱樸，少私寡慾」。老子認為做到寡慾、少欲就是無慾了。莊子則主張絕對的無慾說，「同乎無慾，是謂素樸。素樸而民性得矣」。總之道家哲學體現了抱樸守真、物各有宜、禍福相倚等思想，這些理念對於調節心理障礙是非常有益的。

3. 道家認知療法的治療目標

道家認知療法則是透過糾正扭曲的認知及相應的情感與行為反應對其進行治療。其近期目標是消除症狀，治癒心理疾病；長遠目標是預防心理疾病，促進心理健康。通過運用道家認知療法對來訪者進行治療，可以減低來訪者行為的投入程度，減低內心的慾望和要求，與此同時還能幫助來訪者端正自己的價值取向，更好地實現個人價值，適應周圍環境和社會。

(三) 森田療法

心理諮詢技術

第十三章 東方心理療法

森田療法 (Morita therapy) 是由日本慈惠醫科大學著名精神醫學專家森田正馬教授根據自身成長經歷與個性特點在 1920 年創立的，是適用於神經質症狀並具有東方文化色彩的一種心理療法。又被稱為「臥床療法」、「順其自然療法」、「為所當為療法」等，但最後以森田正馬命名，稱為「森田療法」。

森田療法是將東方文化與歐洲的新理念相結合而產生的，它不但包含了日本傳統的思想文化，而且還運用了佛教中的禪宗思想，與此同時還將它同醫學和精神分析理論聯繫起來。

森田療法的主要目的是想改變影響來訪者發病的疑病性素質，阻撓由精神交互作用引起的惡性循環，讓來訪者明白焦慮、擔心、抑鬱是每個人都有的，是自然而然的，並不屬於病理性的，我們應該去承認接受它。對來訪者進行干預，從而達到減輕症狀的目的。這便是森田療法的一大特點，即順其自然。順其自然 (Go with the flow) 就是承認和尊重事物的客觀存在，按其規律辦事，那麼精神交互作用對來訪者的影響就會變小。

在以「順其自然」為原則的指導下，將「為所當為」這一特點引入療法中，不但可以幫助來訪者改善神經質症狀，建立自身信心，塑造好的性格，還能將內心的正能量透過行為表現出來，將關注自身情緒轉為關注自身行為，克服自卑、膽怯、恐懼的心理。所謂「為所當為」(Asbyas) 就是要求來訪者立刻行動起來，去做自己該做的事情，即使痛苦也不能停止工作、學習，以打破過去那種精神束縛行動的模式。不要去注重情緒如何，也不要為情緒好轉而行動，而是按照事情本身、依照計劃去行動。

(四) 內觀療法

1. 基本理論

內觀療法是日本的吉本伊信首創的，它主要受禪學思想的影響，並將它與日本本土傳統文化結合，與森田療法並列為兩種獨特的東方療法。內觀 (Vespasian) 一詞來源於佛教，意指觀察事物本來的面目，是一種如實覺察自己的方法，從而達到淨化心靈的一個過程。「內觀療法 (Vespasiantherapy)

是透過內省或反省自己從哪裡得到的恩惠以及給別人帶來的麻煩,去認識自己內心的不足和欠缺,獲得對別人價值的肯定,進而達到發現自我、洞察自我,再抱有對他人的感謝回報之情,從而激發內心的深情,提升自己心靈的純潔」(王祖承,2005)。

2. 自我分析

內觀療法的理論基礎是強調來訪者回顧與其他人相處時,自己行為中存在的問題,透過自我思考,進行自我分析。「認識自己的過錯和不足,感謝他人的幫助和支持,使自己重新擁有一種新型的人際關係」(徐光興,2004)。

其理論一般是圍繞三個方面展開:

第一,別人為自己做了什麼;

第二,我為別人做過什麼;

第三,我給周圍的人帶來了什麼麻煩。

按照時間順序回憶自己在交往中的言行舉止,逐一分析具體的細節,換位思考自己是不是做錯了,應該站在他人的角度想問題,徹底頓悟,改善自己的處事作風和人格特徵。如果來訪者適用於這一療法,到後來自我反省越深,就越會發現過去自己的過錯,就越能站在對方的立場想問題;而同時將注意力轉向對外界事物的關註上,效果將會更佳。一旦認識到是因為自己給對方造成的不愉快、不開心,他之前的不滿、怨氣就會慢慢消失,轉而對別人施以感激,最終心態平和地與他人相處,症狀漸漸被克服,與他人產生共鳴。

內觀療法的特點就是一種對往事回憶的方法,在回憶過程中,使來訪者重新體驗被關愛的感受,喚起他們的感恩意識,不要再為一點小事或者自己的一點小情緒就憤憤不平。使來訪者自己學會獨立,重新瞭解自己,建立自信心,多為他人設身處地地著想。

(五)正念療法

第十三章 東方心理療法

1. 何為正念

什麼是「正念」？從字面上理解，「正」即端正、修正、正定，「念」即念頭、想法、觀念，合起來，「正念」即端正念頭、全神貫注、專注精神等。在英語中，正念被翻譯為「Mind-fulness」，有心靈豐滿、充實的含義。卡巴金 (J.Kabat-Zim) 認為：正念 (Mindfulness) 就是有意識地覺察、活在當下、不做判斷，是一種覺知力，是透過有目的地將注意力集中於當下，不加評判地覺知一個又一個瞬間所呈現的體驗，而湧現出的一種覺知力 (Kabat-ZimJ，2003)。如果對當下不具正念，人們所從事的便是那些不自覺的和慣性反射的行為，如果沒有正念，人們的生活便是被過去的經驗所驅使的慣性的生活。而正念，則「能幫助我們從這種慣性又無知無覺的睡眠狀態中醒過來，從而能觸及生活裡自覺與不自覺的所有可能性」(熊韋銳，2011；喬·卡巴金，2009)。

從本體論的意義上來說，正念是一種特殊的生存狀態。在這種狀態中，個體保持高度的注意力，將注意力集中於當下身心的每一秒體驗；同時，在這種高度的覺知中，放棄價值判斷與理性分析，即不干預、不評判任何一種體驗，而只是單純地注意它們。因此，正念是一種讓自己只是單單存在著的狀態，而達到這種狀態的方法就是正念訓練。常用的正念訓練方法如靜坐、冥想、身體掃描等。而正念療法就是透過正念訓練以達到正念狀態，從而治癒疾病的方法。總之，正念的關鍵在於以審慎和明察，持續不斷地專注、欣賞當下，對當下培養一種親密感。

2. 正念與禪定

正念是來自於禪宗的一個概念。而西方學者常常將正念與禪定結合起來，稱為「正念禪定」。什麼是禪定？正念與禪定的關係如何？禪定 (meditation)，也稱沉思、靜坐、打坐、冥想等。禪定是印度對於自修方式的一種描述用語，最早來源於印度教、婆羅門教、佛教以及印度其他教派，至今印度以及世界上流行的瑜伽術，仍然以「禪定」作為自修的專門稱謂。因此，禪定是各種自修方式的通行用語，它也包括瑜伽、氣功、太極、推拿等多種方式，而不僅僅是一種佛教用語，更不僅僅是一種禪宗用語。當然，

在佛教與禪宗中，也存在著系統的、成熟的禪定方法，這也是西方學者之所以總是以佛教徒作為研究被試的重要原因。

正念與禪定有什麼關係呢？卡巴金認為，正念是禪定的一部分，也是最為重要的一部分。在禪定中，最重要的並不是盤腿而坐等這樣的行為規定，而是全神貫注、集中精神等這樣的注意力訓練，也就是正念。事實上，只要達到了精神上的正念，也就達到了禪定的所有效果。因此，有的時候禪定也可以指那些沒有行為規定的精神集中行為，如在走路的時候將注意力集中於自己的步伐、抬腿、落腳等，這也是一種禪定，被稱為「行禪」（熊韋銳，2011）。

複習鞏固

1. 簡述道家認知療法的治療目標。
2. 闡述正念和禪定的關係。

第三節 治療技術

一、認識領悟療法

認知領悟療法的關鍵在於讓來訪者明白自己的思維模式、行為模式是不成熟、幼稚的，甚至是非常可笑的。透過解釋，讓來訪者自己從理性思維的角度出發分析自己的所作所為，並認識到自己的行為的幼稚性，進而深入領悟，從而改掉以前那些錯誤的做法，用成人的行為模式去代替兒童行為模式。

認知領悟療法採用直接面談的方式，每次談話時間控制在一個小時到兩個小時之間，來訪者可以在家人的陪同下參與，也可以獨自前往。但是在結束談話之後，心理諮詢工作者應該要求來訪者結合自己的實際情況記錄下體會，同時有什麼疑問可以隨時向心理諮詢工作者提出。

二、道家認知療法

　　道家認知療法包括五個基本步驟：測查來訪者當前的精神應激因素 (actual stress factors)；調查來訪者的價值系統及人生信仰 (belief system)；分析來訪者心理衝突及應對方式 (conflict & coping styles)；道家哲學思想的導入與實踐 (doctrine direction)；評估與強化療效 (effect evaluation)。每一步按照關鍵詞的第一個字母簡稱，所以此治療程序又被稱為 ABCDE 技術。

（一）測查來訪者當前的精神應激因素

　　幫助來訪者找出精神壓力的應激因素，在緩解和治療應激性疾病的治療過程中是首當其衝的。應激有兩種性質，一種叫良性應激，它可以激發潛能、振奮情緒、增進健康。另一種叫不良應激，或者稱為苦惱。而不良刺激可以影響神經系統、內分泌系統以及免疫系統的功能，從而導致疾病。但是，並非所有的來訪者都能清楚地知道他們患病的精神因素，或者不願意承認這些精神刺激與他們的心理障礙有關。所以，要對來訪者進行耐心細緻地解釋，消除其顧慮，使其認真地回憶並如實地報告。

（二）調查價值系統

　　個體對事物的認知評價，在應激過程中有重要的中介作用。當某件事情發生時，不同的個體會根據其自身的內部需要，分辨其性質，做出是大利、小利、大害、小害，或者是無利無害的評估，然後產生大喜、小喜、大悲、小悲或無動於衷的情感反應及相應的行為。由此可見，個體內部需要是決定情緒和行為的關鍵。內部需要一旦改變，情緒和行為也會隨之改變。

　　個體根據自己的需要形成了對各種事物的不同評價。最需要的是最有價值的，最不需要的是最無價值的，這就是個體的價值觀。人生在世，通常都有許多的需要，比如溫飽、健康、愛情、金錢、名譽、事業、地位等。何者為第一需要，何者次之，何者再次之，以序排列，便構成一個人的價值系統。有的人金錢至上，有的人愛情至上，有的人仁義為重，有的人名譽關天。價值系統直接反映了個體的內部需要，而內部需要又與個體的生理狀態、文化

背景、以往經歷及現實處境有關。價值系統決定了人們對事物的態度，並制約其情緒反應和行為方式。理清來訪者的價值系統，可以更深刻地瞭解來訪者應激的主觀原因，以便在運用道家思想幫助來訪者重建認知時做到有的放矢。有時候，來訪者在明了自己的價值系統後可產生「頓悟」，更有利於下一步的進行。

(三) 分析心理衝突和應對方式

透過對應激源和價值系統的調查，可以比較清楚地發現來訪者內部需要些什麼，而客觀環境又給他提供了些什麼。兩者之間的不一致，就是心理衝突之所在。內部需要是個體生存和種族延續的必備條件，內部需要形成了動機，是推動人們從事各種活動的原動力。可以說，人的一切活動都是為了滿足需要。但是，客觀現實並不總是能夠滿足個體的需要。此時，個體便面臨著一種選擇，或是付出更大的努力來改變客觀現實以滿足需要，或是改變自己的需求以適應環境。如果改變客觀現實與改變主觀需求同樣困難，心理衝突便形成了，這屬於性質相反而強度相近的心理衝突。如果若干種需要不可同時滿足，它們性質相同，強度相近，使人難以取捨，也會形成心理衝突。有時候，即使需要已經滿足，如果個體滿足需要的方式有悖於社會規範和道德良知，也會產生心理衝突。

(四) 道家哲學思想的導入和實踐

這一步是治療的關鍵和核心，包括四個基本原則：利而不害，為而不爭；少私寡慾，知足知止；知和處下，以柔勝剛；清靜無為，順其自然。這四項原則合計32字，又稱「32字保健訣」。

1. 利而不害，為而不爭：意思是說只做利己利人利天下之事，不為害己害人害社會之舉。「為而不爭」是指做事要盡力而為，且不爭名利，不與人攀比，不妒賢嫉能。前句是起碼要求，應從現時做起；後句為崇高境界，需長期修養。

2. 少私寡慾，知足知止：是指人要生存、要發展，總是有慾望的，但是老莊認為慾海難填。要減少私心、降低過高的物質慾望和對名譽地位的追求，只有知足，才會常樂；只有知止，才能避險。

3. 知和處下，以柔勝剛：知和處下，是由「上德若谷」的思想演化而來，和諧是天地萬物的根本規律，謙恭是中華民族的傳統美德。知和處下，能減少人際衝突，維持安定團結。以柔勝剛，老子以水為例，天下柔弱莫過於水，隨圓而圓，隨方而方，大家都知道水滴石穿和水容萬物的道理，強調的是人生態度的選擇取向。

4. 清靜無為，順其自然：此句話也是老莊哲學的核心思想之一，是指要瞭解和掌握事物發展的客觀規律，因勢利導，循序漸進，才能事半功倍，遊刃有餘。否則的話，就是拔苗助長，疲於奔命，而且費力不討好。

（五）評估與強化療效

道家認知療法是一種治療手段，其近期目標是消除症狀、治癒疾病，其遠期目標是促進健康、預防疾病。可以透過來訪者自我感受的陳述、症狀量表的評估、生理生化指標的測定等進行綜合評估。

三、森田療法

森田療法主要是針對那些患有神經質症狀的人，而這些人往往有潛在的自省力和自癒力，因此心理諮詢師要高度注意觀察來訪者的情緒、心理變化，在治療操作中能及時給予引導和調整。森田療法實施的主要形式有：住院治療 (Hospitalization) 和門診治療 (Outpatient Treatment)。

（一）住院治療對

於來院諮詢的來訪者，心理治療師應先根據來訪者症狀的輕重來判斷是否適合住院治療。透過與來訪者的交談，一方面說明該疾病的性質、治療步驟，瞭解來訪者是否有意願或者有經濟實力進行住院治療。另一方面瞭解來訪者是否有意志堅持治療下去，是否做好心理準備，因為該治療方法第一步就是「絕對臥床期」，要讓來訪者與外界隔離大概一星期，因此不是所有來

訪者都能接受。隨後還有三個階段的治療,所以住院治療比較適合神經症嚴重的來訪者。在徵得來訪者意見並同意後,開始進行治療。絕對臥床治療是森田療法最大的特色,主要目的是調整身心疲勞,體會到「煩悶即解脫」的心境。臥床是森田療法的基礎,對於接受住院治療的來訪者來說是絕對不可缺少的,甚至可以說,沒有經過絕對臥床治療就不能被稱之為森田療法。

(二) 門診治療

對於那些輕度的、經濟條件不容許的來訪者來說,可以採用另一種療法,即門診治療。這是一種心理諮詢師與來訪者面對面的交談方式,認為一週 2 次較為理想。諮詢師應從第一次面談中瞭解到來訪者的大概病情、主要的困擾,並跟來訪者耐心講解該病症的性質和起因,提前做好來訪者的心理疏導,與他建立良好的關係,得到來訪者的信任。在門診治療中,仍然需要來訪者寫日記,諮詢師以日記內容為中心指導來訪者,觀察發現來訪者在生活中的態度及出現的錯誤,並給予及時的糾正和疏導。一般門診治療時間較住院治療的時間長,大概為 2～6 個月。在此期間,不論是患者親人或者諮詢師都不能跟患者提及與症狀相關的話題,不要戴有色眼鏡來對待病人,要求病人按時回來複診,利用日記裡記載的活動、感受,鼓勵病人面對生活,轉移對症狀的過度關注。諮詢師在跟病人進行面談時,儘量讓 k 患者自己對所提問題有所理解和領悟,擺脫自卑感,努力勇敢承擔生活的責任甚至於一些壓力。在順其自然的基本原則下,引導患者接受症狀,不再抗拒,逐步克服恐懼心理,轉移注意力,慢慢淡化困擾的感受。

(三) 其他方法

目前除住院治療和門診治療,還有集體治療,和以生活發現會為主的心理健康互助會等自助治療形式。後者的主要形式是集體討論會,每月組織一次,患有神經症的會員們透過閱讀森田療法相關書籍共同學習和討論森田理論,相互交流、互相支持,老會員還會根據自身戰勝神經症的體驗給予新會員指導和幫助。在這樣的環境下,來訪者會發現自己並不是最苦惱的、唯一苦惱的人,並且互相獲得理解、接納,而且可以獲得大量訊息供自己使用,大家一起體驗順其自然和為所當為,達到自癒。

四、內觀療法

內觀療法具體來說，主要有三種形式，包括集中內觀、分散內觀、漸進內觀。

（一）集中內觀

集中內觀 (Vespasian concentration) 與森田療法的住院治療有類似的地方，讓患者隔離在一個環境相對較好，但是比較安靜的房間，同樣不能有娛樂活動，要與外界隔離一段時間，患者在裡面可以坐著或躺著，只要覺得舒服就行。在房間裡唯一要做的事就是面壁思過，心理諮詢師應先給出指導語：按時間順序來反思自己對別人的行為，從母親開始，圍繞三個方面展開：

(1) 別人為自己做的；

(2) 自己為別人做的；

(3) 自己給周圍的人帶來的麻煩，

即：母親為自己做過哪些事情？自己回報過母親哪些事情？自己帶給母親的困擾有哪些？然後再依次對父親、兄弟姐妹、朋友同學等周圍的人進行反思，最後再回到母親身上來。每天要與諮詢師進行多次面談，但每次面談的時間不能過長，只能是短短的幾分鐘。來訪者反思的內容必須與自己以往生活息息相關，每一個提及的內容都要換位思考，審查自己是不是有不對的地方。

（二）分散內觀

分散內觀 (Vespasian dispersed) 即日常內觀，就是讓來訪者可以帶著病回到正常的生活中去，但是並不是就不再治療了，而是在實際生活中繼續接受治療，而此時治療的時間也相對縮短了，每週一到兩次，每次時間最好控制在 2 小時內。此期間來訪者要以日記的形式記錄最近發生的事，特別是在人際關係的處理方面進行反省思考，報告自己的內心感受，以便得到及時的診斷和指導，直至痊癒。

（三）漸進內觀

漸進內觀 (Progressive Vespasian) 是隨著內觀的過程逐漸進行,增加每天的內觀時間,增強整體的拘束性。因為集中內觀拘束性太強,實施起來比較困難,因此在很多情況下,心理諮詢師都將集中內觀改為漸進內觀。並且漸進內觀的治療效果與集中內觀差不多,導入也比集中內觀容易得多。

五、正念療法

正念療法 (Mindfulness Therapy),就是透過各種正念訓練方法(如靜坐、冥想、身體掃描等)達到一種高度覺知的、平衡、放鬆的正念狀態,從而達到緩解壓力、消除極端情緒等而治癒疾病的目的。正念療法並不是一種心理療法的特稱,而是一系列心理療法的合稱,這一系列心理療法都具有一個共同的特徵,那就是以正念思想為理論基礎,以正念訓練為方法基礎(熊韋銳,2011)。

目前較成熟的正念療法包括:「正念減壓療法」(Mindfulness-based Stress Reduc-tion),簡稱 MBSR;正念認知療法 (Mindfulness-based Cognitive Therapy),簡稱 MBCT;辯證行為療法 (Dialectical Behavior Therapy),簡稱 DBT。MBSR,是由卡巴金創立的用來緩解壓力的一套嚴格、標準的團體訓練課程,課程的核心步驟是正念冥想 (mindfulnessmeditation) 練習;MBCT,是由泰斯德 (J.Teasdale) 等人融合了認知療法 (CT) 與 MBSR 而發展起來的一種用以主要解決長期抑鬱症復發問題的一種心理療法;DBT,是由萊茵漢 (M.Linehan) 創立的用來治療邊緣性人格障礙的治療方法,其核心思想是「接受」並「改變」。而這三種療法的一個共同點就是,都以正念訓練(冥想練習)為基本方法與技術(熊韋銳,2011)。

正念訓練的核心包括兩點:

一是將注意力集中於現在,強調活在當下;

二是對當下的觀念想法不作任何評判,強調非評判性與接受性。

任何一種形式的「正念」療法均是以「注意當下」與「不作評判」作為思想核心與基本技術。換句話說,均主張以一種開放的、接受的、順其自然

的態度來接受當前的想法、情緒、病症。因此，正念療法的實質就是標準化、形式化了的正念訓練。如果每天都堅持一段時間的正念訓練，無論是什麼形式的正念訓練，只要持續一段時間之後，某些心理疾病如緊張、壓力等病症就會減輕或消除，這就是正念療法的基本原理（熊韋銳，2011）。

複習鞏固

1. 簡要概述道家認知療法的治療步驟。
2. 內觀療法主要有哪幾種治療方法？

第四節 治療過程

一、認知領悟療法

認知領悟療法的治療過程如下：

(1) 在初次會談中，首要目的是要確定來訪者是不是適合這一療法，然後再瞭解來訪者的症狀表現、症狀產生以及發展的全過程。同時心理諮詢師對待來訪者要熱忱，並鼓勵他們，講明他們的病是可以治癒的，但是需要他們的積極配合。在會談中，心理諮詢師要告訴來訪者積極配合的程度和意義，希望來訪者根據自己的實際情況，認真思考，並身體力行地去實施。

一般在初次會談結束後，心理諮詢師就直接告訴來訪者，誘發的病因在於幼年期的一些不良體驗重現並影響到現在成人的行為，或者說是來訪者當前是在用兒童的行為處理成人的心理困擾。這樣既可以堅定來訪者的治癒信心，而且還能為後面的治療工作確定核心主題。

(2) 在後面的會談中，心理諮詢師繼續詢問來訪者的生活經歷和印象比較深刻的體驗。為了避免來訪者產生抗拒，對於那些已經過去的體驗不要深挖細想，因為精神創傷已成為歷史。同時要建立來訪者與心理諮詢師之間相互信任的良好關係，並使來訪者真誠地相信醫生的解釋。

(3) 心理諮詢師與來訪者一起對病狀性質進行分析，在此階段，可能要花較多的時間跟來訪者一起分析症狀的性質和原因，借此過程，告訴來訪者這

些症狀跟成人的身份和行為是不相符的，是極為幼稚的。逐步引導來訪者意識到自己的認知的錯誤，幫助他區分哪些是成年人的行為，哪些是兒童行為，透過不斷解釋和引導，鼓勵來訪者放棄兒童的行為模式。

(4) 在來訪者對自己的症狀有了初步認識，並對心理諮詢師的解釋有了體會之後，之前的病態心理就會開始有所改變。這時進一步強化對來訪者的解釋，告訴來訪者一切病因源於過去，應該摒棄過去，這樣才容易被來訪者接受。

(5) 在每次治療後，都應該給來訪者留作業。要求來訪者寫出自己對心理諮詢師的解釋的理解，還有在治療中的體會以及意見，促使其不斷思考，真正領悟到其病態的、幼稚的思維和行為。

在認知領悟療法中，心理諮詢師要花很多的時間引導來訪者分析討論症狀的性質，說明其幼稚性和不成熟性。透過解釋、分析、互相討論，幫助來訪者領悟到行為的幼稚性，從而產生頓悟的感覺，那麼症狀也就消失了。

二、道家認知療法

道家認知療法主要是透過改變個體的認知觀念和應對方式來達到調節負面情緒、矯正不適行為和防病治病的目的。在楊德森、張亞林等學者的不斷探索研究下，創建了一套可以實施操作的治療過程。

(一) 測查當前的精神壓力

時間：60～90分鐘。

目標：幫助來訪者找出主要的精神刺激因素，並對精神壓力進行定性和定量分析。

前面我們提到誘發的病因是精神刺激因素，在治療過程中，要向來訪者說明：精神刺激不僅指重大的突發事件，還包括反覆遭遇的日常瑣事；不僅指令人悲痛的災難，還包括令人興奮的喜事；不僅指客觀存在的生活事件，還包括並非事實的錯誤感知與推測。應激源雖有其固有的性質和強度，但是唯有來訪者實際受到的精神壓力才對自己健康構成真正的威脅。要消除來訪

第十三章 東方心理療法

者的精神緊張就要弄清來訪者的真實感受。為此，在與來訪者完成上述交談後，心理諮詢師可以使用張亞林、楊德森合編的生活事件量表，評估來訪者的精神壓力。透過評估，心理諮詢師可以比較全面地瞭解來訪者精神刺激的來源、性質及嚴重程度。然後經過綜合分析，判定應激源是屬於外在性的（即客觀產生，如天災人禍）或者是內在性的（即主觀產生，如杞人憂天），以便在治療時採取相應對策。在完成該步驟的同時，輔以一般性的社會支持。

（二）調查價值系統

時間：30～40分鐘。

目標：幫助來訪者完成價值系統序列表。

評價價值系統時，要提醒來訪者，應完全按照他自身的想法評分，不要考慮別人的看法和社會的看法，更不要考慮孰是孰非。價值評定方式通常列舉人們通常的一些需要（表13.1），讓來訪者從中選擇並做出評估。如果認為最重要的一項，評為10分；再選認為最不重要的一項，評1分。然後按彼此標準衡量其他各項並予以評分。如果來訪者認為還有此處未列出的項目，可補寫在後續的空白處，並給出評分。

表13.1 日常需要的價值評分表(1-10分)

項目-分值	項目-分值	項目-分值	項目-分值
(1)金錢　　分	(2)自由　　分	(3)安全　　分	(4)愛情　　分
(5)地位　　分	(6)健康　　分	(7)事業　　分	(8)享樂　　分
(9)權利　　分	(10)和睦　　分	(11)名譽　　分	(12)情義　　分
(13)　　分	(14)　　分	(15)　　分	(16)　　分

（三）分析心理衝突和應對方式

時間：30～40分鐘。

目標：分析確定來訪者的心理衝突，並瞭解來訪者的應對方式。

人的一生始終處於不斷的選擇之中，因而常常感到焦慮和痛苦。於是，在成長之中，人們會自覺或不自覺地運用一些方法，試圖減輕這種焦慮和痛

苦。這些方式被稱為應對方式。通常的應對方式有以下 8 種：壓抑或否認、傾訴、昇華、物質濫用、發洩、自我懲罰、超脫和自慰、消遣和娛樂。每種應對方式分為「不用、很少用、常用、總是用」四種情況，讓來訪者根據自己的實際情況填寫。經過心理衝突的分析，明了衝突雙方的性質和強度，然後根據合理性和可行性的原則，強化一方、弱化另一方，以減輕或化解衝突。透過應對方式的瞭解，可以針對其不當或不足之處予以調整或加強。

(四) 道家哲學思想的導入和實踐

時間：100～120 分鐘。

目標：讓來訪者熟記 32 字保健訣，並理解吸收。

此步驟是道家認知療法的核心和關鍵。首先向來訪者簡單介紹老莊哲學的來龍去脈，也可說明，老莊的道家人生哲學與中國另一大哲學派系即孔孟的儒家人生哲學是人生不同側面的反映，前者適合於身處逆境者，後者更宜於一帆風順者，二者互補，構成完整的人生。然後逐字逐句講解道家認知療法的四條原則，即 32 字保健訣。

讓來訪者領悟道家思想的真諦。當然，由於這一步內容較多，可以分兩次完成。

可以透過個別交談的形式，也可以進行集體宣講。要求來訪者透徹理解 32 字保健訣，並反覆識記乃至背誦。來訪者應備「道家認知療法實踐日記本」一冊，首頁抄錄 32 字保健訣，並列出自己原有的價值系統和應對方式與之對照，找出自己原來價值系統和應對方式中的不當或不適之處。按照 32 字保健訣，制定矯正計劃並佈置家庭作業，強調反覆練習運用新的價值系統和應對方式解決實際問題，並逐日記錄心得體會。

(五) 評估與強化療效

時間：45～60 分鐘。

目標：評估治療效果、總結實踐經驗、強化和鞏固療效。

在評估療效的過程中，對已有的進步要給予明確的肯定和鼓勵，同時要瞭解原有的不適觀念是否完全改變，32 字保健訣是否字字落實，同時佈置家庭作業，日記可改為周記。每次複診，不僅要評估療效，更要強化道家認知觀點，同時制訂進一步的治療目標。

以上為道家認知療法的五個基本步驟，標準的 ABCDE 技術分五次完成，每次 60～90 分鐘，每週可安排一至二次。A、B、C 三步在前兩次治療中完成。D 是關鍵步驟 (即導入 32 字保健訣)，需要安排兩次。第五次用於評估療效和強化療效。D、E 兩步驟可反覆多次使用。

三、森田療法

森田療法的住院治療過程分為四個時期，即絕對臥床期、輕體力期、重體力期、生活實踐期。

(一) 絕對臥床期

讓來訪者待在一個獨立的房間，沒有任何人的陪同，除了洗漱、吃飯、如廁等日常生活活動，其餘時間都獨自一個人在床上靜臥思考。禁止一切親人、朋友的探訪。不能看書讀報、看電視、抽煙，手機也不能使用，一切和娛樂消遣相關的活動都不能有，工作者還要按期巡房。第一天來訪者也許還能適應，覺得沒什麼大不了，但是在第二天來訪者就會開始有所體驗了，來訪者的痛苦就會明顯增強，開始想除了症狀以外的問題，比如產生一些不切實際的聯想，變得煩躁不安、鬱悶。但是當這些鬱悶煩躁達到一定峰點時，會在很短的時間裡消失，此時來訪者不要覺得這種現象的出現是不正常的，心理諮詢師在巡房時，應及時跟來訪者溝通，引導來訪者這是自然現象，應順其自然，不要產生過多的焦慮，幫助來訪者解除煩悶。到 4～7 天，來訪者就會感到無聊至極，會燃起對生活的追求，產生一些積極正面的想法，也就是森田正馬所說的對生的慾望，就是在此時能使來訪者這種正面的慾望不斷加強，擺脫煩悶。臥床期能有效地解除來訪者的煩躁鬱悶，對治療失眠、煩悶即焦慮非常有效。

(二) 輕體力期

在這一階段，要求來訪者還是不能跟外界有過多的接觸，不能有過多的娛樂活動，並且每天臥床時間必須保證在 7 到 8 小時，白天可以適當地參加一些清掃活動，還有一些陶冶情操的繪畫及書法的活動。以輕體力為主，並且要求來訪者在這一階段開始寫日記，主要內容要與當天做過的事和體驗有關，但其中不能提到與自己症狀有關的內容，在次日將昨天的日記給心理諮詢工作者看。引導來訪者的注意力從對自身感覺轉移到對外界事物的關注，在不斷轉移他們注意力的過程中，增強他們的自信心，使來訪者能對成功有所體驗，最終讓注意力從內部轉向外部。

(三) 重工作期

以上一階段的治療為基礎，仍然讓來訪者與外界保持一定的距離，不容許探訪，不能有娛樂消遣活動，反而在佈置作業時加重他們的體力勞動，故稱這一階段為重工作期。參加院內的大掃除、修剪樹木、各類運動，並在多餘時間裡適量閱讀科普、傳記類書籍，以此來調節來訪者的情緒。但是在這一階段，來訪者仍然要繼續寫日記，同樣不能提到與症狀有關的內容，主要是讓他們養成凡事都要做到最好的習慣，鍛鍊他們的意志，能建立足夠的自信，體驗愉悅。當然在與其他來訪者一起參加勞動時，不能談起症狀，儘量轉移注意，將注意力放在對外界事物的關註上。但在治療過程中，作為心理諮詢師應根據來訪者症狀的輕重、興趣愛好、人格特徵來安排作業，及時觀察來訪者的感受，以便做出調整。這期治療主要是鞏固上期治療，繼續將注意力轉向外部，培養來訪者新的認知，即「凡事沒有做不到的」。

(四) 生活實踐期

在這期治療中，主要是為來訪者出院做準備或者打基礎。在這一階段，可以容許來訪者與人交談、電話聊天，甚至可以像正常人一樣出去上班，可以進行娛樂活動，嘗試回歸到以前的生活軌道，恢復原本的人際交往。即使這樣還是要求來訪者每天晚上必須回到病房，繼續寫日記，然後交給諮詢師批閱，從而做出指導。其目的在於讓來訪者認識到應該順其自然，不論是在工作中還是在人際交往中都要從實際出發，恢復到自己本來的社會角色。因

心理諮詢技術
第十三章 東方心理療法

為治療效果因人而異，心理諮詢師要根據來訪者的日記和行為認真觀察，以便準確地判斷來訪者的進展，再考慮是否準予出院。

四、內觀療法

內觀療法的應用必須遵從一定的條件，首先要求來訪者自己有很強的自救意識，不然就難以進行下去，因為沒有來訪者的配合，其療效也無法作用於他。內觀療法主要是透過來訪者自己對以前生活經歷的回顧，糾正自己過往問題，得到新的認知，擺脫內心的困擾。這一療法的實施過程一般有四個階段：導入期—初期—中期—結束期。

（一）導入期

心理諮詢師向來訪者介紹內觀的目的、覺察自我的意義、內觀的過程與方法以及可能出現的抗拒。可以採取錄音播放。

（二）初期

也就是內觀的摸索過程。內觀開始階段，來訪者往往因為痛苦、雜念或出現抗拒而無法集中，心神不定，整日亂想過去的事。來訪者一時還無法明白反省幼年的自己和母親的關係與目前的煩惱、症狀有什麼聯繫。來訪者還不習慣從他人的角度來審查自己的行為，因為內觀的內容大多是過去的事，有些來訪者無法對過去做系統而具體的回憶。另外由於自我防禦太強，一些來訪者不肯也無法把自己對別人做過的錯誤行為暴露出來。因此，初期的主要任務就是讓來訪者學會系統的內觀方法，初步掌握內觀的路徑及其分析方式，體會初期內觀的內在感受，初步領悟內觀的目的和意義。

（三）中期

進展、洞察、轉換。第3～6天屬於中期，這個階段是治療的關鍵，也是療效產生的時期。來訪者開展正規的內觀活動，具體地、鮮明地回憶起來，且以一個中心為主題逐漸擴散出來，並出現豐富的情感體驗。隨著內觀的進行，痛苦也隨之增加。能夠忍受這個痛苦，繼續進行內觀，就能感受到自己被尊重、受恩惠的事實，從而覺得自己被完全接納。這個階段，來訪者回憶

起來的事件會慢慢增多,事件的時間間隔也隨之變短。在這個階段,來訪者通常會出現以下的一些情況,例如:

1. 伴隨自我厭惡、自我否定,來訪者情緒可能會過於激動,或哭泣不已,或悵然若失。

2. 生理上出現疲勞。

3. 心理上呈現一片空白狀態。

4. 精神上非常苦悶。

5. 後來,伴隨著安樂的心境,出現非常肯定的經驗。

6. 開始擺脫懷疑、否定、困惑等負面心理,感激自己生存的事實,想回報社會和他人。

7. 突然虛脫或落魄的狀態消失,充滿活力,在別人看來,整個人都變了。

(四)結束期

如果是集中內觀,結束時通常會有 1 個小時左右的座談會,相互交流內觀體驗。心理諮詢師也會鼓勵來訪者在日常生活上繼續進行內觀。

五、正念療法

正念療法的具體方法是注意當下、不作評判以及覺知。什麼是注意當下? 注意當下 (Note the moment),就是將注意力集中於現在,集中於現在所從事的工作與活動,集中於現在身體的感覺與姿勢,集中於現在頭腦中的想法與觀念,集中於現在的情緒狀態與感受。如何注意當下?最簡單的方法是出入息訓練。出入息訓練既不費時也不費力,只不過是轉移一下注意,將注意力轉移到自己的呼吸上來:感覺每一次呼氣,每一次吸氣,並知道自己在呼氣與吸氣,感覺氣流進入與離開身體的感覺 (熊韋銳,2011)。

什麼是不做評判?不做評判 (Without judge) 有廣義和狹義。狹義的不做評判是指在正念訓練中,不要評價自己的正念體驗,不要與其他經驗相比較或與設定的期望與標準相比較。廣義的不做評判是指針對個體所從事的一

切活動。因為正念訓練不僅可以在規定的時間與地點進行，而且可以在任何時間任何地點進行，所以廣義的不做評判應該在任何時間任何地點都予以遵守（熊韋銳，2011）。

什麼是覺知？覺知（Awareness）實際上是正念的目的。高度的覺知力，就是指時時刻刻都知道自己當前存在以及如何存在。正念療法認為，只要保持高度的覺知力，便能使個體打破那種自動化、習慣化的行為模式、思維模式；使個體能夠時刻感到一種好奇心、新鮮感，時時刻刻都是全新的，而不是一直沉浸在過去的情緒、經驗之中（熊韋銳，2011）。

那麼如何進行正念訓練呢？ 正念療法怎樣進行？可以透過「正念減壓療法」來說明正念訓練的具體方法。它採取的是團體訓練課程的形式。每個進入減壓診所的來訪者，都需要參加一個為期 8 周的團體訓練班，每週一次，每次 2.5 至 3 小時。練習的內容是禪定等正念訓練，具體方法為：首先需要做的是被試為自己選擇一個可以注意的對象，可以是一個聲音，或者單詞，或者一個短語，或者自己的呼吸、身體感覺、運動感覺；在選擇完注意的對象之後，需要做的是舒服地坐著，閉上眼睛，進行一個簡單的腹部呼吸放鬆練習（不超過一分鐘）；然後，調整呼吸，將注意力集中於所選擇的注意對象。當被試在訓練的過程中，頭腦中出現了其他的一些想法、感受或者感情從而使被試的注意力出現轉移，也不要緊，只需要隨時回到原來的注意力上就可以。無論頭腦中出現什麼想法，都不用擔心，只需要將注意力簡單地返回到呼吸上來就可以，不用害怕，不用後悔，也不用做任何評判。再像這樣訓練 10 到 15 分鐘之後，靜靜地休息 1 至 2 分鐘，然後再從事其他正常的工作活動（熊韋銳，2011）。

當然，除了在正規的診所中進行標準的正念訓練之外，患者在日常生活、工作中也被要求有不同形式的正念練習。例如身體掃描，練習者閉上眼睛，按照一定的順序（從頭到腳或從腳到頭）逐個掃描並覺知不同身體部位的感受，旨在精細覺知身體的每一個部位。身體覺知能力的增強可以幫助人們處理情緒，同時把注意力從思維狀態中轉移到對身體的覺知上來；再如行禪，行禪是在行走之中進行的正念訓練。練習時，將注意力集中在腳部，注意腳

底與地面接觸的感覺，注意行走中腳的抬起、移動、放下，注意腳部、小腿等部位的各種感覺。整個過程自然地呼吸，不加控制。

六、評價

(一) 認知領悟療法

1. 貢獻

鐘友彬的認知領悟療法是對古典精神分析的繼續和發展，豐富和發展了現代心理諮詢與治療方法。認知領悟療法符合中國人的日常生活經驗，初步構築了中國精神分析體系的框架，並且使患者容易相信，在治療時間上有所縮短，治療效果上也明顯有所提高。

2. 侷限

認知領悟療法是臨床實踐中建立起來的，所以理論基礎相對較少，而一些理論觀點還缺乏實驗驗證。將幼年的癥結侷限於幼兒的性心理，讓患者常常難以接受和理解。當患者領悟症狀性質後，其症狀也就慢慢消失和減少了，這一推論如果有臨床上的實證研究，那麼就更具有說服力了。而在治療效果上，也沒有足夠的相關研究證明，所以，認知領悟療法的理論和方法還需要進一步驗證。同時操作過程過於簡單化，有待進一步完善和發展。

(二) 道家認知療法

1. 貢獻

道家認知療法是一種本土創新的療法，它是對道家學說身心修養模式的揚棄和發展。它是中國獨特的文化思想和西方心理治療的成功結合，對促進心理治療本土化有著現實意義。它包含了道家哲學中的按規律辦事、以社會為本位、主張以和為貴的積極思想，同時根據中國人的心理特點，對心理治療理論進行了再創造，因此具有一定的科學性、可操作性，具有中國文化特色。從中國古代哲學思維角度出發對患者的認知進行引導，具有一定的積極意義，並且讓患者更容易接受，因為道家思想是幾千年來一直影響中國人的哲學思想，與中國人的思想觀念、價值觀更接近，更容易得到患者的認同，

達到事半功倍的效果。而且，道家認知療法與其他心理療法相比較，方法更加簡單、療效更加明顯，便於在中國進行培訓和臨床實踐。

2. 侷限

道家認知療法對患者有一定的侷限，如果患者的文化程度、社會地位和經濟收入較低，都可能導致治療中斷。在治療過程中，患者對道家思想的牴觸也有可能影響療效。還有一些患者有自己的宗教信仰，要先進行面談，瞭解患者是否願意接受這一療法。有些人還認為在心理治療中直接干預患者的人生觀、價值觀是不對的，因為這些事屬於個人範疇，雖然與認知因素有密切聯繫，但是不能等同於認知及其過程。

(三) 森田療法

1. 貢獻

森田療法企圖透過轉移患者注意力來打破精神交互作用，改善患者對症狀焦慮的認知，將順其自然的原則從頭到尾都貫穿於他的療法中，極富有東方色彩，具有創新性和本土性。森田療法主要是將注意力由內向外轉，注重行動，並透過和患者交談、批閱患者日記等方法，讓患者切切實實地與外界聯繫起來，使患者不自覺地慢慢淡忘自己的症狀。森田療法的核心思想吸收了中國的佛教思想，比較適合中國人，在中國推廣這一療法也比較方便，易於被人接受。而且森田療法簡單易懂，便於理解，其治療步驟也明確詳盡，並且每一步的規定要求都很具體，操作方便。

2. 侷限

森田療法早期的理論基礎還是顯得不那麼完整，缺乏系統性。森田正馬認為順其自然，症狀最終會隨著注意力的轉移而得到改善甚至消失，但是他卻忽略了患者與常人的界定，讓患者對自己的苦悶、焦慮和不安，採取不以理會的方式對待，這對於患者來說是極其困難的，實施起來也有一定的難度，不但要求心理諮詢師有較高的經驗水準，還要能隨機處理好在治療期間出現的突發情況。

(四) 內觀療法

1. 貢獻

內觀療法極富東方文化色彩，而且是在日本本土發展起來的，適合東方人的背景文化，便於亞洲國家的人們接受。而它主要側重於臨床應用，隨著發展，西方的很多國家也開始運用這一療法治療病人。內觀療法經常用來治療患有神經質症、抑鬱症、藥物和酒精依賴、人格分裂等多種疾病，並且效果很好，有時還會利用它其中的禪宗思想來幫助患者陶冶情操、修養身心。

2. 侷限

因為內觀療法要求患者有很強的意志堅持下去並且還要有一定的自救意識，可能對患病嚴重的人來說不怎麼合適。而且內觀療法注重的是臨床實踐，在理論上就相對欠缺，邏輯關聯性不強，理論框架也不夠健全，沒有更多的理論依據為臨床實踐做指導。大多數患者能在內觀中找到自己的問題所在，並且有所頓悟和改善，但與此同時，過多過重的負罪感會讓患者產生心理負擔，需要工作者把握好度進行適時調整。

（五）正念療法

1. 貢獻

正念療法以一種科學的姿態出現在心理治療領域。一方面，它作為近年來新興的治療方式，被越來越多的國家認可，得到了更多治療師的青睞。它的治療方式簡單、靈活，使患者實施起來比較容易。另一方面，科學心理學會越來越完善正念的方法，以使之成為一種更標準、更科學的精神訓練方法。它是一種與傳統心理治療方式不同的新的治療，更注重達到一種健康平衡的心理。正念減壓療法對於減輕壓力、緊張是十分有效的；而正念認知療法對於長期的抑鬱的治療效果是非常明顯的；在對邊緣性人格障礙的治療中，正念辯證行為療法造成了它獨特的作用。

2. 侷限

正念療法現在被用於很多心理問題的治療，但是它的理論基礎是不夠完善的，也不夠成熟。正念療法並沒有對人、人性進行理論解釋，提出一整套完整的看法和觀點。它有的只是在一定的禪修思想上延伸出來的訓練技術，

如此，把它定義為一種心理治療的方法，還不如把它當成一種特有的修養身心的技術。可以看出，正念療法還是存在一定的缺陷的，一方面是自身的理論系統不夠完善，另一方面是對認知的模糊認識（熊韋銳，2011）。

複習鞏固

1. 簡述森田療法住院治療的過程。
2. 簡述正念療法的方法。

擴展閱讀

森田療法——恐人症

某女為一大學在校學生，進入大學後與同性室友、同學交往都很正常，但是一看見男同學就開始紅臉，低頭繞道而行。甚至在情況嚴重的時候，出現焦慮、失眠等，經診斷為恐人症，進行住院治療。在住院治療前，讓患者瞭解自己的情況和森田療法的一些規定，在前七天的絕對臥床期中。第一天，該女生一切平靜，情緒穩定，但是在二三天的時候就表現出不安、懷疑。到第四天開始，她就不願意在床上躺下去，焦慮出現。而在第五天的時候，之前的焦慮和煩躁開始減輕，隨後兩天也安然度過。

輕工作期階段讓該女生接觸外面的世界，安排了一些拔草、澆花的輕體力工作給她。但是不能隨意跟其他人交談，晚飯後，記錄一天的活動和心得體會，按規定作息。

重工作期讓女生閱讀書報、聽音樂、參加醫院的衛生清潔活動等，並同時自己學習森田理論，同樣繼續寫下一天的活動及情緒體驗，並由醫生根據該女生的日記進行指導。一個月後該女生基本克服症狀。為了強化治療效果，該女生被要求加強生活訓練，反覆參加生活實踐，增加自信。3個月後，該女生已無任何症狀，經3年隨訪，能正常生活交往。

森田療法之所以有效，一是在於患者自身的內省力和自癒力，二是在於理論的健全和心理諮詢工作者的細心治療。

小結

  1. 東方心理療法包括：森田療法、內觀療法、正念療法、道家的認知療法等。

  2. 鐘氏領悟療法又名認識領悟療法，其基本原理是病理心理觀，重點是幫助患者建立現實認識問題的思維，消除那些不切實際、不合邏輯、非理性的思維。

  3. 中國道家認知療法的理論觀點基本概括為：道家的基本論點、道家的哲學思想、道家的養生哲學。主要適用於焦慮性神經症和與應激有關的心身疾病。

  4. 森田療法實施的主要形式有：住院治療和門診治療。其中住院治療包括：絕對臥床期、輕體力期、重工作期、生活實踐期。

  5. 森田療法的主要目的是想改變影響患者發病的疑病性素質，阻撓由精神交互作用引起的惡性循環。特點是順其自然和為所當為。

  6. 內觀療法是日本的吉本伊信首創的，它的主要理念是透過自我反省，自我檢討來改變自己，糾正自己之前生活交往中存在的問題。

  7. 內觀療法的特點就是一種對往事回憶的方法，在回憶過程中，使患者重新體驗被關愛的感受，喚起他們的感恩意識，不要再為一點小事或者自己的一點小情緒就憤憤不平。具體操作方法有三種：集中、分散、漸進。

  8. 正念療法就是透過各種正念訓練方法（如靜坐、冥想、身體掃描等）達到一種高度覺知、平衡、放鬆的正念狀態，從而達到緩解壓力、消除極端情緒等而治癒疾病的目的。

  9. 正念訓練的核心包括兩點：一是將注意力集中於現在，強調活在當下；二是對當下的觀念想法不做任何評判，強調非評判性與接受性。

第十三章 東方心理療法

關鍵術語表

認知領悟療法 道家認知療法 森田療法 內觀療法 正念 禪定 集中內觀 分散內觀 漸進內觀 正念療法

本章複習題

1. 東方心理治療的主要方法（　）

A. 臥床療法、順其自然療法、為所當為療法

B. 森田療法、內觀療法、瑜伽療法和中國道家療法

C. 音樂療法、繪畫療法、舞蹈、遊戲和心理劇療法

D. 認知療法、精神分析法、行為療法

2. 森田療法的特點（　）

A. 尊重和承認客觀事實的存在，使主觀與客觀相符合

B. 採取不予關注，不在乎的做法

C. 順其自然、為所當為

D. 事實唯真、不安常住、不安心即安心、不問症狀

3. 森田療法的實施的主要形式有（　）

A. 絕對臥床期和輕體力期 B. 住院治療和門診治療

C. 重工作期和生活實踐期 D. 自我反省和自我自癒

4. 森田療法雖然有他的獨到之處，但是他早期的理論基礎還是顯得不那麼完整，主要表現在（　）

A. 森田療法的核心思想吸收了中國的佛教思想，比較適合中國人，在中國推廣這一療法也比較方便，易於被人們接受。

B. 森田療法簡單易懂，便於人們理解，其治療步驟也明確詳盡，並且每一步的規定要求都很具體，操作方便。

C. 它卻忽略了患者與常人的界定，讓患對自己苦悶、焦慮和不安，採取不以理會的方式對待，這對於患者來說是極其困難的。

D. 森田療法主要是將注意力由內向外轉，注重行動，讓患者切切實實地與外界聯繫起來，使患者不自覺地慢慢淡忘自己的症狀。

5. 內觀療法主要是透過患者自己對以前生活經歷的回顧，糾正自己過往問題，得到新的認知，擺脫內心的困擾，這一療法的實施過程一般有四個階段（　）

A. 導入期—回歸期—反省期—結束期

B. 評估期—治療期—實踐期—結束期

C. 導入期—初期—中期—結束期

D. 診斷期—初診期—中期—結束期

6. 正念是一種古代佛教徒的修習方式，卻跟我們現在生活關係緊密，其中的核心思想與禪修思想聯繫很大，它專注於（　）

A. 主要是以自我療愈的方法和原則，幫助患者治癒身體的疾病。

B. 刻意、當下、不加判斷，這種專注可滋養出更多正知、清明智慧，並更能接受當下的實相。

C. 探究我們對世界的觀點和自己在其中的角色，並懂得長存一顆感恩之心，明白自己是誰，更重要的是，我們與自己產生聯繫。

D. 為我們提供了一種簡單有效的方法，讓我們從中解脫，用自己的智慧和理性重新面對生活。

7. 正念療法是由誰創立的？（　）

A. 羅杰斯　B. 榮格

C. 卡巴金　D. 弗洛伊德

8. 正念療法的方法有（　）

第十三章 東方心理療法

A. 體位法 B. 冥想法

C. 正念減壓 D. 自審法

第十四章 後現代主義取向的心理諮詢與治療

後現代文化早已經影響到當代人們的方方面面。實際上，根據後現代文化也出現了適合當代人的心理諮詢與治療方法。那麼依據後現代的文化，出現了哪些有價值的心理諮詢與治療方法呢？這些方法怎樣操作，怎樣使用？透過對本章內容的學習，可以瞭解後現代主義的治療理論、短期焦點解決、敘事療法等治療方法與技術。

第一節 概述

在後現代主義思潮的影響和衝擊下，心理學家在對心理學專業知識、研究方法等的認識上發生著巨大的變化：重視具體實用的知識，重視知識的實踐；專業實踐被看作知識的重要來源；拒絕將所謂的客觀的實證研究視為唯一正確的方法，提倡多元化的研究；研究過程不再是對研究對象客觀的描述，而是在真實的情境中與研究對象以對話和互動的方式來共同建構對象的過程。後現代主義思潮指導下的心理諮詢理論主要有短期焦點解決、敘事療法等。

一、理論背景

(一) 社會背景

科學技術突飛猛進的發展，使當代資本主義的生產力獲得了空前的進步，人類也開始步入了後工業時代和訊息社會。為了適應新技術革命的需要，資本主義生產關係也有了很大程度的調整。但是資本主義所固有的弊端並不能消除，即對利潤的無止境追求，對經濟增長的利慾膨脹。尤其是在當代資本主義的經營管理中，工作被分解成按成本核算的最小單位，在這之中人成了「物」，成了謀求利潤的工具，個人消失在其功能之中。資本主義無情地破壞了一切神聖的東西，冷酷地將一切都變成商品。進入後現代主義或資本主義的後期，這種商品化的程度更為徹底。但是物質文明與精神文明的反差使

人感到商品正在吞食人格。這就導致了在有些人眼裡，時代已背離了總體的發展模式而趨向於多樣化。有的人在激烈競爭中感受到了強大的社會壓力，希望能在非理性的、神秘的領域裡得到解脫和慰藉。後現代主義療法正是在這種社會背景下產生的。

（二）科學背景

後現代主義取向的心理諮詢產生的科學背景有三個方面。

第一，非線性的問題。20 世紀最初 30 年，量子理論和微觀物理學的發展已經打破可預測、連測、拋跡這些物理學的傳統觀念，對穩定系統的研究又使「確定性」這個概念站不住腳。非線性科學強調事物運動過程的非連續性和宏觀過程的不確定性。後現代主義者便認為科學的特性在於它的不可預測性。

第二，資訊科學和資訊技術。維納認為，現象世界必將取代現實世界。現在科學的發展也的確出現了這種現象：虛擬實在已經成為可能。虛擬實在是指人的感官很難將其與現實區分開來的世界。從感覺上說，虛擬實在與真實的實在不存在差距，所以沒有理由認為客觀實在才是唯一的實在，這是一個涉及認識能力的問題而非認識論的問題。

第三，後現代主義者把生態學作為基礎學科。傳統理論認為認知主體與觀察是分離的；後現代理論則認為觀察涉及主體的參與，科學是由可變的可塑的客體與同樣可塑的主體構成，認知主體並不是一塊白板。

（三）心理學背景

從心理學發展本身的情況來看，以實驗心理學為主體的科學心理學，在解決深層次的社會、文化、藝術等問題方面，一直顯得力不從心。科學心理學或學院心理學在理論探討和實際應用方面始終存在著一條難以踰越的鴻溝。為了防止心理學又退回到前科學的思辨水準，防止在零星瑣碎的日常生活事實中改變心理學的學科形象，訓練有素的學院型的專業心理學家堅持科學的理性主義和研究的客觀性，無意或有意地迴避目前尚無法用客觀的方法來驗證的心理學課題。但是，這種迴避是無濟於事的。正是這些目前尚難以

克服的弱點導致了 70 年代人本主義心理學的傳播和近 10 年來後現代主義心理學的興起。在心理諮詢領域強調著重解決現實問題，也促進了後現代主義取向的心理諮詢的發展。

二、代表人物及其主要思想

史蒂夫德夏德 (Stevede Shazer)，焦點解決短期心理諮詢的創始人之一。他認為，來訪者對於他們的問題是透過他們自己的努力來進行改變，而不是透過治療來改變。諮詢師需要和來訪者一起交談，並把注意力放在現在和未來，而不是過去。來訪者構想好自己的未來目標之後，採取一些小的步驟，然後就能實現這個目標。

茵素·金·伯格 (Insoo Kim Berg)，焦點解決短期心理諮詢的創始人之一。她把人比作是一個「太極圖」，整個系統是由黑色和白色的兩部分組成。黑色的是消極的有問題的部分，白色的是積極的沒有問題的部分，由於整個系統是固定的，當白色部分更多被髮現的同時，就意味著黑色的部分在減少，說明問題也在逐漸減少。

麥克·懷特 (Michael White)，敘事療法創始人之一。他認為，個人問題的形成與主流故事有關，對於自己或他人經驗故事的敘述，不足以代表他們的生活經驗，個人重要的生活部分與主流敘事相矛盾，因而無法實現自己的故事是問題的關鍵。

大衛·愛普斯頓 (David Epston)，敘事療法創始人之一。他最初學的是人類學，研究兒童與青少年問題，家庭治療對愛普斯頓產生了較大的影響。之後他轉到私人機構中工作，人類學的背景使愛普斯頓對個體所處的社會關係較為敏感。同時，他還關注文化對個人信仰的影響。

三、特徵

後現代取向的心理諮詢與治療具有以下特徵：

第一，強調心理諮詢的價值觀與所處社會的價值觀相一致。心理治療和諮詢的發生和發展並不是一個累積「真理」的過程。實際上，它只不過是為

心理諮詢技術

第十四章 後現代主義取向的心理諮詢與治療

社會服務的勸說性「敘事」。心理治療和諮詢作為一種勸說性的敘事必須同社會的價值規範保持一致，否則就很難達到說服的效果。傳統上，心理治療和諮詢在實證主義科學觀的影響下，強調治療和諮詢的「中立」性質，試圖保持一種「價值中立」的態度。但實際上各種治療和諮詢的理論模型都與特定社會的文化風俗和價值規範是一致的，反映了特定社會的特徵和要求。如果不能與社會的價值規範保持一致，則治療和諮詢的效果就難以體現。我們不能設想與社會價值規範相矛盾的勸說能為來訪者所接受。

第二，心理治療和諮詢的效果依賴於它的說服力。心理治療和諮詢作為一種敘事，它所依賴的不是客觀真理，而是依賴於它的修辭和說服力。

第三，心理治療和諮詢的敘事則在於勸說和說服人們自信、自立、自主。心理治療和諮詢作為一種敘事依賴於它的勸說和說服的力量。但是，許多其他的敘事也具有同樣的說服力，如宗教等等。

在一些情況下，宗教的勸說和說服力量如此之大，以致人們可以為之獻出自己的生命。那麼，心理治療和諮詢的敘事同宗教的敘事有什麼區別呢？明顯的區別在於，宗教敘事說服和勸說人們皈依教門，產生對宗教的終身依賴；而心理治療和諮詢的敘事則在於勸說和說服人們自信、自立、自主，最終的目標是結束治療和諮詢，並不讓來訪者產生對心理諮詢師的任何依賴。

複習鞏固

1. 簡述後現代主義心理諮詢產生的科學背景。
2. 簡述後現代主義取向的心理諮詢和治療的特徵。

第二節 基本理論與概念

一、人性觀

在後現代主義思潮的衝擊下，人們開始重新思考人與人、人與社會、人與自然以及整個宇宙的關係。一些後現代心理學家認為，沒有統一的認識，

沒有統一的人性觀，人就沒有普遍的本質或者本性，同時他們還反對抽象的人性和神聖的人性這一說法。具體來說有以下幾個方面：

(一) 強調人的去中心化

後現代心理學認為沒有「抽象的人」、「聖人」或者「完人」，否定權威和霸權。人與萬物、自然和社會都是平等的、和諧統一的。主張人的具體化，提出人與人之間是平等的，人作用於環境、自然、社會的同時也必將會受到它們的反作用。

(二) 強調人的多元性

人們由於所處的時代背景、社會背景和生活環境的不同，所呈現出來的人性是多樣化的，複雜化的。不能只關注人的自然性、客觀性的一面，同時也要注意人們社會性和主觀性的一面。

(三) 強調人的獨特性和差異性

後現代心理學強烈反對現代心理學所追求的科學理性，認為它是以犧牲人的個別差異為代價的；還強烈反對絕對的普遍性及將少數或單個人的研究結果推廣至大部分人的做法。他們認為，人是獨立存在的個體，並且每個獨特的、存在差異的人之間都是平等的。不論是偉人還是平民，都是真實的存在。要求摒棄一切歧視，接受一切差異。影響人心理或行為的因素各不相同導致了人與人之間不可避免的差異性，因而每個人都是獨特的，絕對普遍、整齊劃一的追求只能使人喪失自己，成為無血無肉、抽象的人。

(四) 強調人的主體性和創造性

後現代心理學主張推崇人的主體性和創造性，人是自由的，每個人都有創造的能力。而現代心理學把人當作機器和動物的做法，強調人心理行為的規律性、預測性和控制性，從而使人喪失了創造性和自主性，而人的創造性和自主性是人性的價值所在 (申艷娥，2006)。

二、心理病理觀

在傳統的心理治療和諮詢中，病理心理被看作是客觀存在的實體。例如，在精神分析的框架內，病理心理是「壓抑的情結」；在理性—情緒療法那裡，是非理性的信念等等。儘管這些理論觀點對病理心理的表述不同，但是有一點是共同的，即都把病理心理看作是某種客觀的範疇，實實在在地存在於患者的內部或外部的某個地方。但是後現代心理治療和諮詢不是把臨床問題看作是客觀的缺陷，而是理解為在臨床專家與患者的對話中形成的主體間新的語言構造物。從後現代的角度來看，病理心理客觀存在的假定是基礎主義和本質主義的表現，包括病理心理在內的一切「實在」都是社會文化的語言建構。後現代學者認為，沒有什麼方法能確保我們達到對客觀實在的理解，也沒有哪一種臨床方法能使臨床專家接近患者的「真實病態」。因為根本就不存在這樣一些獨立於語言的客觀實在，一切都是語言的建構。因此，所謂的病理心理並沒有客觀的意義，僅僅是一種語言的建構，是「敘事」而不是「實在」（葉浩生，2003）。

三、基本理論與概念

（一）社會建構論

在建構主義者看來，心理障礙是伴隨著人際關係的障礙產生的。以抑鬱為例，建構主義認為，對於抑鬱的症狀，應該是從人際關係之間、社會過程以及心理動力學的方面尋找原因，而不是從個體內部及生物學的方面尋找原因。由於建構主義把疾病和問題都看作是一種文化的建構而不是獨立的現實，所以以往所謂的「功能障礙」、「焦慮」、「壓抑」、「痛苦」等都被看作是社會的觀念。

由於心理問題的定位發生了變化，所以必然導致治療任務的相應變化。心理治療的任務就是對固有的社會觀念進行重構。諮詢師透過與來訪者的對話，建立和發展新的意義。諮詢師與來訪者並不是主體與客體的關係，而是共同的參與者，他們共同建立目標與步驟。他們進行的思考、感受以及想像並不是個體的內心事件，而是透過語言建立起來的過程。心理諮詢師要幫助

來訪者把症狀或者問題看作是生活中的社會形態,而不是個體的內部問題或者是一種疾病。這種「生活中的衝突」並不是發生在思想與情感之中,而是發生在不同的衝突性的社會情境之中。諮詢師要做的就是透過各種互動,幫助來訪者建立和發展新的意義。

後現代主義心理治療要求諮詢師放棄對任何心理問題無所不知的權威態度,而是要採取一種不知者的立場,不對問題做預先假設、期望以及回答,這樣可以排除他們以往的知識和偏見。諮詢師的角色可以稱之為「話語藝術家」、「對話過程的建築師」、「助長者」、「促進者」。

(二) 短期焦點解決療法的基本理論與概念

短期焦點解決療法是以尋找解決問題的方法為核心的短程心理治療技術。短期諮詢的研究者採取改變諮詢策略的方法來增加諮詢的經濟性和有效性。

一是關注來訪者現在的問題而不去探索來訪者深層的歷史和原因;

二是認為來訪者擁有解決自身問題的必要資源,在諮詢師的指導下可以自己建構解決歷程;

三是認為小改變不可以忽視,因為這很可能引起來訪者現有思維、情感和行為方式的改變。

短期焦點解決療法是一種正向目標解決導向的治療模式,具有兩個特點。

第一,從心理健康的觀點去看待來訪者的問題,與來訪者會談中的焦點是「解決」而不是「問題」;

第二,注重能力取向,並且相信來訪者有意願、有能力發生改變,然後建立一個健康與功能性的生活。

短期焦點解決心理諮詢的主要理論如下:

1. 出現問題並不是都有原因

第十四章 後現代主義取向的心理諮詢與治療

一些流派的諮詢師經常會問來訪者,「問題發生的原因是什麼?」這個問句的內在假設是「出現問題都有原因」,找出真正原因然後加以控制似乎就能解決這個問題。但是,諮詢師在執著於探究問題的原因時,經常會使得問題陷入僵局而無法解決。而短期焦點解決療法主要是用「可以做什麼讓問題不再繼續下去」的問句來取代之前的問句。將焦點專注於朝向問題解決的過程而不是探索原因的過程。因此在短期焦點解決心理諮詢技術中,重要的是「解決」的歷程,而不是「問題」。

2.「問題症狀」有時也具有正向功能

短期焦點解決療法認為一個問題的存在,不僅是呈現出病態或者弱點,有時也有正向功能。比如,一個小孩在學校裡打架滋事、問題不斷,看起來是個問題學生。但是,探究其家庭背景時才發現,孩子的父母早已經離異,互不往來,只有孩子出事時,父母雙方才會一同來學校。孩子希望父母能重歸於好,於是透過打架滋事來完成這個願望。在這個例子中,打架滋事是問題症狀,但是隱藏在背後的卻是一個正向的期待。短期焦點解決心理諮詢認為這個時候協助學生尋找更好的方法取代打架滋事,而又能保有其正向的期待,才是解決問題的關鍵。

3. 二人同心,其利斷金

短期焦點解決心理諮詢認為,在諮詢過程中,諮詢師和來訪者一直處於合作的互動關係,「沒有抗拒的來訪者,只有不知變通的諮詢師」。諮詢師是解決問題「過程」的專家,來訪者則是最瞭解問題的專家,兩個專家合作,就有機會使問題順利解決。

4. 不恰當的解決方法才是問題所在

短期焦點解決療法認為問題本身不是問題,而是解決問題的方法不恰當導致了問題的出現。因此短期焦點解決療法的諮詢策略是解決發展導向,而不是問題解決導向。比如,一個中學生不喜歡家長對自己的管束,因此採取和家長「對著幹」的態度反抗家長的管束,但結果卻是使父母和孩子的關係越發地緊張。這個例子中,問題的產生是由於孩子用無效的解決方式,循環

地產生自我挫敗的結果。所以，短期焦點解決心理諮詢認為在面對每個問題時，應考慮問題的多樣性以及特殊性，發展彈性的問題解決辦法。

5. 來訪者是自己的問題的專家

在短期焦點解決療法的基本精神中，不能以精神病理學的觀點來看待人們的行為，不能將來訪者視為沒有思考能力的個人。短期焦點解決療法強調相信來訪者具有所有改變現狀的資源，強調利用來訪者本身的資源來達到改變的目標，而諮詢師只是「引導」來訪者運用自己的能力及經驗去改變，而不是「製造」改變。

6. 從正向的意義出發

短期焦點解決療法強調人們的正向能力，而不是去看他們的缺陷；強調人們的成功經驗，而不是他們的失敗；強調的是人的可能性，而不是他們的限制。例如，一個學生認為自己很笨，每天都用功讀書但仍讀不好，考試也考不好，因此老是被父母罵。他覺得自己腦子肯定很笨，將來沒什麼希望了。在這種案例中，可以引導來訪者去看到自己可以獲得好的成績而用功讀書的正向能力，或是來訪者能夠來心理諮詢室尋求改變的力量和勇氣，或者讓來訪者去回顧以前讀書的經驗中比較有成就感的事件。這種從正向意義出發的做法比較能讓來訪者從失敗的經驗和情景中走出來，讓來訪者發現自己身上的正向力量。

7. 滾雪球效應

短期焦點解決療法看重小的改變，認為好比「滾雪球效應」，原來只是山上的一顆小石頭，開始往下滾，而後來越來越大，慢慢地就會變成大雪球，具有足以造成山崩的氣勢。因此，短期焦點解決療法認為諮詢師要引導來訪者看到小改變的存在和價值，並願意促使小改變的發生和持續。

8. 找到例外，解決就在其中

當來訪者進入到諮詢室的時候，他可能完全籠罩在他自己的問題中，表現為抑鬱無法自拔。在面對來訪者時，短期焦點解決療法的精神在於經過來訪者的敘述，找到例外的可能，比如諮詢師問：「何時會不那麼抑鬱？」「曾

經做過什麼讓你的心情好一些？」來訪者可能會說「插話的時候」，這時諮詢師就可能針對來訪者在從事插話活動時的情況，找到例外情景，深入探討例外情景為什麼會發生，可能就在其間發現了改變的途徑。透過研究來訪者做了什麼而使例外的情景發生，同時加強、增加例外情景的發生，使這些小小的例外情景變成改變的開始，逐步發展成更多的改變，這是短期焦點解決心理諮詢的基本精神之一。

9. 重新建構來訪者的問題，創造改變

如一名來訪者說：「我不喜歡現在的處境，生活一團混亂，找不到可以談心的朋友，學習也很糟糕，和室友相處又不好，家裡人也不關心我。」面對這樣的來訪者，短期焦點解決心理諮詢的理念是澄清來訪者的目標，協助來訪者重新建構問題。比如諮詢師可以這麼問來訪者：「你在生活中想要些什麼？」而非談論什麼是來訪者不要的，這樣可以幫助來訪者停止抱怨，正視問題的解決。

10. 時間和空間的轉變有助於問題解決

一對夫婦前來尋求幫助，妻子渴望能夠擁有自己的空間並外出就業，不再完全以先生的意見為意見，先生卻無法接受她的改變，兩個人開始在生活中有了爭吵。太太覺得先生太霸道，完全不考慮她的需要；先生覺得太太很自私，有時晚上還要工作，孩子沒人照顧。經過討論，諮詢師發現他們在臥室吵得最厲害，常常一討論就會以吵架收場，但在客廳討論則不會怎麼失控，因為有孩子在場。由此可見空間上的不同會形成改變的可能。所以，諮詢師以改變時間和空間為契機，協助這對夫婦為他們的問題尋求解決的方向。

（三）敘事療法的基本理論與概念

敘事療法的創始人懷特和愛普斯頓在長期的家庭治療實踐中發現來訪者症狀背後的原因是複雜的，而且往往是由來訪者自己主觀建構的，由於來訪者所站的角度不同而導致看問題的態度也不一致。個人的經驗從根本上來說是模糊的，也就是說它的意義不是天生的或是顯在的，而是要透過多重解釋

才能夠顯現出來。因此，他們認為問題是被保持在語言中的，所以問題也可以透過敘事在談話中溶解（雷秀雅，2010）。

敘事療法中的敘事，也就是說故事，是按照一定的時間順序組織已經發生事件的過程。敘事療法就是指諮詢師透過傾聽來訪者的故事，運用適當的語言，幫助來訪者找出遺漏的片段，把問題外化，從而引導來訪者重構積極故事，以喚起來訪者發生改變的內在力量的過程。來訪者在選擇和述說其生命故事的時候，會維持故事主要的訊息，以符合故事的主題，但往往也會遺漏一些片段。為了找出這些遺漏的片段，諮詢師會幫助來訪者發展出雙重故事。在諮詢過程中，諮詢師聚焦於喚起來訪者生命中曾經活動過的、積極的東西，以增加其改變的內在能量，從而引導他走出自己的困境。

敘事療法的基本理論如下：

1. 語言建構了現實

敘事心理療法認為語言不是客觀現實的圖畫，並非真實客觀地描述和反映了世界的本來面目，而是建構現實。因為來訪者不可能把他全部的生活經歷都存進記憶中，同時在有限的時間裡用語言敘述出來，每個人的記憶都是有選擇性的。來訪者在敘述自己的經歷的時候也是有選擇性的，所以我們不可能透過對語言的分析發現其所代表的那個真實的世界，只能去認識用語言表達出來的意義和世界。而且事實一經個體透過語言表達出來必然帶有個體的情緒和傾向性，語言的內容和方式也是由個體選擇的。所以語言並不是一個中性的工具，不能如鏡子般原封不動地反射出生活的全部。語言建構了現實，而來訪者的現實中必然包括了困擾的自己、需要得到幫助解決的問題，所以問題也是被語言建構起來的。既然問題由語言建構，自然也可能透過改變語言而使問題消解，所以敘事心理治療非常重視語言的作用，最具有特色的「問題外化」技術就是透過語言的巧妙運用，使來訪者在諮詢中擺脫問題的困擾，重建積極的生活。

2.「問題」是一種敘事

敘事心理治療認為「問題」只是人們在特定歷史文化條件下，在人際互動中共同建構起來的一種敘事，並非一種存在於個體身上的客觀實在。既然是一種敘事，當然就允許不同時間、不同的人有不同的表述方式和內容，這就可以很好地解釋產生於不同社會歷史背景下的各種治療流派，處於不同的立場和角度，建構出了不同的關於心理問題的敘事。不同的敘事，透過不同的話語賦予了同一行為以不同的意義。所以敘事治療師不去尋找問題的根源性事件，而是把來訪者的敘事看成關鍵，透過改變來訪者的敘事來幫助他們重新建構生活的意義和生活態度。

3. 個體敘事與主流敘事之間的衝突是心理問題產生的原因

敘事心理治療認為，之所以會產生心理問題，就是因為個人敘事與主流敘事的關係出了問題。在很多情況下，人們意識到的意義並不是自己真正想要實現的意義，而是由社會的主流敘事代表的「真理」所決定的，這些真理的論述透過權力運作，使人接受其「指定的人格與關係的規範」。人們在「指定規範」的約束下，形成某種固定僵化的敘事結構，並以這個結構為藍本，選擇和闡釋自己的生活故事。當個體敘事或個體實踐與社會的主流敘事之間發生衝突或者矛盾的時候，問題就產生了。敘事心理治療的目的就是幫助來訪者解構受主流故事控制的舊故事，重新建構一個來訪者真正希求的、具有個人力量的新故事。當來訪者發現不受問題困擾的特例事件的時候，新故事的建構便開始了。治療師要做的就是幫助來訪者不斷擴大對特例事件的注意和體驗，讓新故事的力量逐漸強大，能夠與舊故事相抗衡，並最終取代舊故事的地位。

4. 治療師與來訪者是相互主體關係

與傳統的心理治療不同，敘事心理治療中的治療師不再享有專家的地位，而是認為來訪者才是解決自己的問題的專家。治療師與來訪者的主客體關係被打破，取而代之的是二者之間的互主體關係。治療師與來訪者的關係是平等的，二者透過協商合作共同解構舊故事、建構新故事。同時故事也是主觀建構的，那麼就不會有任何一個人比來訪者更瞭解他的生活故事，更清楚他的問題敘事的產生和影響，治療師也不例外，所以治療師與來訪者必須透過

共享和互動來達到諮詢和治療的目的。治療師所能做的就是憑藉自己的專業知識和技術從來訪者已經說出的或者沒有說出的話語中瞭解更多,透過對話協商與來訪者共同建構對生活意義的詮釋。對於來訪者的生活本身敘事治療師一無所知,當然也沒有權利給予評論和指導。每一個來訪者的故事都是獨一無二、與眾不同的,以無知者的姿態傾聽他們的故事,必定會給治療師自己帶來很多的啟示,引發新的思考。所以,在敘事治療中,不僅來訪者的心理得以成長,同時治療師對自我角色也會有重新的統整與反思。

複習鞏固

1. 簡述短期焦點諮詢的基本理論。
2. 簡述敘事療法的基本理論。

第三節 諮詢與治療技術

一、短期焦點解決療法的常用技術

短期焦點解決療法認為整個諮詢的完整過程就是一種專業的介入。諮詢過程中,諮詢師以焦點解決導向的介入技術,使來訪者對自己的問題情景的看法、思考、感覺以及知覺都能有所改變,然後由經驗已經發生的小改變,維持、擴大並且積累成大的改變。短期焦點解決療法常用的技術如下:

(一)一般化技術

一般化技術是指諮詢師根據來訪者的描述,提供相關的專業訊息給來訪者,讓來訪者覺得自己的遭遇具有普遍性,以此來減少和疏解來訪者的焦慮情緒。諮詢師常常會告訴來訪者很多人都是這個樣的,都可以走過來,這僅僅是一種發展階段常見的暫時性的困難,而不是病態的、無法控制的災難,用這種方法使來訪者減少恐懼感,然後接納自己的問題。

一般化技術的功能主要是諮詢師為來訪者提供一般化的訊息,這個訊息可以協助來訪者進行知覺的改變,減少焦慮情緒,釋放來訪者被恐懼或者焦慮所占據的心理能量和心理空間,用信心、勇氣、決心和行動來代替。當遇

到以下情景時可以使用一般化技術：來訪者所提到的問題是一般人也會遇到的；來訪者所提問題是屬於發展性的問題；來訪者擴大問題的嚴重性或者情緒激動的時候。當使用一般化技術的時候一般要以來訪者的參考架構為主，然後再加入其他可能的看法、解釋或者觀點，而不是直接去駁斥來訪者的觀點。

示範一：

來訪者：我畢業到現在一直沒有工作，並且一直找不到工作，我想我一定找不到工作了。

諮詢師：目前你還沒有找到你想要的工作，讓你覺得很失望，但是許多剛畢業的人都要經歷這個找工作不太順利的階段，尤其是對一些不是那麼熱門的工作領域。

示範二：

來訪者：我的兒子剛上高中一年級，最近每天放學後就往外面跑，並且要到晚上 10 點左右才會回家，我問他去了哪裡，他就說到同學家，我也不知道他怎麼會變成這個樣子了。到底哪裡出了問題？

諮詢師：高中是青少年發展的一個重要階段，通常會比較想和同齡人、夥伴在一起，這是一種很正常的需求，許多青少年到了這個階段不是往外面跑就是在家裡一直打電話。

（二）諮詢前改變的詢問

短期焦點解決療法的基本假設之中，有一個假設認為：「改變持續存在而且無可避免。」實際情況中，通常可以看到來訪者來第一次會談之前，就存在一些改變的事實。諮詢前的改變是有幫助的，可以提供作為達到諮詢目標的基礎。

諮詢前改變可以看作為「例外」的一種形式，諮詢前改變是來訪者自身的力量與資源，等待被發現、提醒與開發。焦點解決的會談傾向於建立屬於來訪者自己的解決方法，這就暗示著來訪者是自己的問題的主要資源，許多

方法來源於來訪者本身。諮詢前改變的詢問一般是在諮詢的開始時提出的。但是要注意的是，要使諮詢前改變的詢問儘量在自然、順暢的情境中產生，不必著急在諮詢一開始就詢問關於諮詢前改變的訊息，應當等待適當的時機。諮詢前改變的詢問重點在於發生的時候有什麼不一樣的地方，怎麼發生的，效果怎麼樣，是不是對自己有所幫助等。同時可以配合關係詢問，邀請來訪者從別人的角度看自己的改變情形，並且增加互動的改變契機。諮詢師協助來訪者從諮詢前改變的訊息中找出其中比較詳細、明確的做法，然後鼓勵來訪者持續地做下去。

諮詢前改變的詢問技術主要有這幾個功能。首先是來訪者諮詢前已經做過的解決方法，對來訪者來說是他們自己做過的，而且是在自然的狀態下發生的，因此比較容易鼓勵他們採用並且執行。其次，諮詢前改變的詢問有利於提高來訪者的自尊。來訪者發現解決自己的問題的方法，有助於諮詢師提高來訪者的信心，促進來訪者的自我知覺。

示範一：

諮詢師：這是我們的經驗，很多人注意到從他們預約諮詢到他們來第一次會談的這段時間裡，事情會比較好一點。你注意到你的情況有這種比較好一些的改變嗎？

(三) 預設性的詢問

預設性的詢問是指引導來訪者從不同參照架構來思考問題，諮詢師使用一些積極性的語言以產生暗示性，企圖影響、改變來訪者的知覺。預設性的詢問技術主要的功能是：強調正向、建設性的思考，暗示來訪者向可能改變的方向思考，比如目標、例外、解決方法等，而不是深陷在問題的思考當中。預設性詢問在諮詢會談一開始就可以使用，然後在會談陷入困境的時候或者在諮詢過程中也都可以經常使用。需要注意的是預設性的詢問的使用目的在於引導來訪者將焦點關注於想要改變的目標而不是問題，並且讓來訪者在潛移默化中意識到自己是改變的主體，只要達到這個目標，形式可以多種多樣。但是如果在諮詢一開始的時候使用，就要注意語氣，避免讓來訪者覺得唐突。

心理諮詢技術

第十四章 後現代主義取向的心理諮詢與治療

示範一：

諮詢師：你來這裡的目的是？

示範二：

諮詢師：你今天來進行諮詢，想要改變的是什麼？

示範三：

諮詢師：你想我可以幫助你什麼？

（四）評量性詢問

評量性詢問是利用數值的評量，協助來訪者將他的觀察、印象和預測以比較具體的方式描述出來。評量性詢問使描述具體化、行動化，並且可以用來作為諮詢進展的指標，從中比較出不一樣的變化。透過評量性詢問，諮詢師可以協助來訪者以直覺表達出他們過去經驗的觀察，然後評量未來的可能性。另一個方面，評量性詢問可以用來接近來訪者對任何事的知覺，包括自尊、諮詢前改變、自信、願意為改變付出的努力程度以及諮詢的進展等。

評量性詢問主要使用在：當來訪者評量諮詢前的改變情況時；需要請來訪者對抱怨的時間的嚴重程度提供數字的評量時；評量來訪者對於改變保持的信心；在持續會談中，諮詢師希望得到諮詢進展反饋的時候。評量性詢問的問句經常會限定來訪者評價的時間範圍，比如今天、明天、下個星期的某一天等。另外，評量性詢問的過程通常會和鼓勵、讚美、簡述語等技術結合使用，這樣才不會使得來訪者感到對話太生硬。

示範一：

諮詢師：在一個從 0 到 10 的量表上，如果 0 表示非常的不好，10 表示非常的好，你對現在的評量是多少？（這是對諮詢前的改變進行評量）

示範二：

諮詢師：在一個從 0 到 10 的量表上，如果 0 表示你不想做任何事以發現解決問題的方法，只想坐著等一些事件發生改變，而 10 表示你願意做任何事以發現解決問題的方法，你對你的評量是多少？（對動機的評量）

示範三：

諮詢師：在一個從 0 到 10 的量表上，如果 0 表示你剛剛才和我一起開始工作的時候，而 10 表示問題已經解決了的狀態，你覺得今天你的評量在哪個點上？

來訪者：我感覺在 5 左右吧。

諮詢師：我們就當在 5 的位置吧，在你生活中最近發生了什麼事情讓你覺得是在 5 的位置？

（五）振奮性的鼓舞

振奮性的鼓舞是諮詢師對來訪者表示肯定和支持的表現，有助於營造正向、積極、樂觀、期待改變的氛圍。在整個諮詢過程中，只要有機會就可以使用振奮性鼓舞，特別是之前提過的在來訪者找到自身例外和解決方法的時候可以使用。但是，在諮詢的過程中，振奮性的鼓舞的使用要符合情境，不要過度地、虛假地鼓勵，並且在鼓勵的同時要注意語言和肢體動作的配合。

示範一：

諮詢師：真棒，你是怎麼做到的？

示範二：

諮詢師：你是怎麼想出來的？這個想法很有創意，是個好方法。

（六）奇蹟詢問

奇蹟詢問是指依照來訪者的參照構架想像問題已經解決了的時候的景象。奇蹟詢問專注未來導向，引導來訪者去想像當他們自己的問題不再是問題的時候，他們的生活是什麼樣的情景，重點在於找出適合來訪者自己的解決方法。奇蹟詢問具有能夠協助來訪者尋找諮詢目標、解決辦法、構想未來

第十四章 後現代主義取向的心理諮詢與治療

的情景並引出和問題解決有關的訊息的功能。當來訪者覺得自己的問題是不能夠解決的，並且對此不抱希望的時候或者來訪者不確定自己的諮詢目標的時候，應當使用奇蹟詢問。在使用奇蹟詢問時，有幾個要注意的地方，

第一是說話的時候要用柔和的聲音並且把說話的節奏放慢，這麼做的目的是讓來訪者有充足的時間從問題的焦點換到解決的焦點。

第二是諮詢師在引導來訪者的時候引導詞儘量使用未來導向的詞。

第三是奇蹟詢問是激活想像，來訪者經常給的答案不一定會符合良好形式的目標特徵，而諮詢師的任務就是持續地提出一系列相關詢問，以此來協助來訪者更清楚地表達出他們符合良好形式的目標特徵的未來景象。

示範一：

諮詢師：如果這是最後一次會談，當你離開這個諮詢室的時候，你希望你以後的生活變成什麼樣子？

示範二：

諮詢師：我們假設在你睡覺的時候，突然發生了奇蹟，奇蹟就是使你來這裡的問題全部解決了。當你第二天早上醒來的時候，你覺得有什麼事情的改變能告訴你奇蹟發生了，並且使你來這裡的問題都解決了？

（七）關係詢問

關係詢問是指諮詢師詢問來訪者一些對他們來說的重要的人對他們或者對某件事的可能的看法。透過關係詢問，可以協助來訪者以一種互動的關係形態來描述他期待的諮詢目標和改變。在一個完整的諮詢過程中，關係詢問能幫助諮詢師協助來訪者構架目標或者澄清目標，這是一種在來訪者目標不清楚、不符合良好目標形式的時候常使用的辦法。需要注意的是，在使用關係詢問的時候，問題的設計很重要，因為諮詢師的問題會牽引來訪者改變思考的方向。

示範一：

來訪者：我希望我對生活的態度能積極一些。

諮詢師：當你對生活的態度變得積極一些了的時候，你覺得你的父母或者朋友會看到你和現在比有什麼樣的改變？

(八) 例外詢問

之前，我們提到過短期焦點解決療法的基本精神，其中有一個是這麼說的「找到例外，解決就在其中」，世界上沒有絕對的事情，所以任何一件事都有例外，只不過例外還沒有發生或者是發生的次數不多而已。在來訪者抱怨的問題當中，也有例外發生，只不過由於問題的嚴重程度比較輕微，而被來訪者忽視了。這個時候，諮詢師的任務就是協助來訪者找出例外，從而找出解決來訪者所抱怨問題的辦法。使用例外詢問協助來訪者找到解決辦法有兩個好處，第一個是這種解決辦法是來訪者透過自己的力量找到的，因此執行起來的時候更容易被來訪者接受；另一個是透過這種詢問找到的解決辦法可以增強來訪者的自信與自尊，從而更加能激發來訪者自己解決問題的力量。使用例外詢問的時候要注意，諮詢師在引導來訪者講出例外的時候，需要認真地傾聽來訪者，並需要諮詢師敏銳地從來訪者的一些話語中找出線索，然後再和來訪者一起將線索具體化。

示範一：

來訪者：我上課的時候大多數時間都在想其他事情。

諮詢師：那除了大多數時間以外的一些時間你是在認真聽課嗎？

示範二：

來訪者：我幾乎總是不能完成我媽媽給我佈置的任務。

諮詢師：幾乎總是，代表的意思是還是有幾次能夠完成你媽媽給你佈置的任務嗎？

(九) 改變最先出現的跡象詢問

改變最先出現的跡象詢問就是要諮詢師引導來訪者把最先出現的改變跡象描述出來，然後再向解決問題靠近。改變最先出現的跡象詢問的好處在於，小的成功可以給來訪者帶來解決問題的信心與動機。在使用改變最先出現的

第十四章 後現代主義取向的心理諮詢與治療

跡象詢問的時機上，一般是選擇在來訪者提出想要改變的目標的時候，或者在來訪者假設問題解決的時候使用。

示範一：

來訪者：我感覺父母認為我不聽話。

諮詢師：如果你的父母認為你變得很聽話了，那你覺得他們首先會注意到你哪裡的變化呢？

1. 讚美

諮詢師在對來訪者任何有表現出正向力量的地方都隨時給予鼓勵和讚許，並且在諮詢暫停後，對來訪者做得好的部分也要給予正向的反饋和讚美。諮詢師的讚美，是對來訪者所作出的努力的肯定，以及鼓勵來訪者向正向積極的力量的轉變。諮詢師在使用讚美的時候，要有針對性地使用，每一個讚許都是對應來訪者明確的行為表現所給予的。在給予來訪者讚美的同時，諮詢師要注意來訪者的反應，以瞭解讚美技術使用的是否恰當。如果來訪者表示微笑、點頭等暗示性動作，則說明他可能同意或者接受這個讚美，如果沒有獲得來訪者的同意，則諮詢師要找恰當的機會修正，必要時在下次諮詢的時候再次使用。

示範一：

諮詢師：這些年你對你孩子和你家庭的無私奉獻，給我留下了深刻的印象。

示範二：

諮詢師：你今天的穿著很陽光，彷彿讓我看見了另一個活潑、可愛的你。

2. 家庭作業

短期焦點解決心理諮詢認為，真正的諮詢不是在諮詢室和諮詢師對話的時候，而是來訪者從諮詢室裡走出來，走向社會的時候，諮詢才真正地開始。因為人只有在社會的情境下才會發生真正的改變。所以在每次諮詢結束後，諮詢師會根據來訪者的不同情況給來訪者留一些家庭作業或者稱作任務。家

庭作業的好處在於協助來訪者尋找、建立或者維持良好的行為，同時可以讓來訪者尋找問題的例外情境和確認諮詢的目標。

示範一：

諮詢師：你今天回家以後，在你下次來這之前，你能想一想最近做了些什麼事，讓你覺得你的生活有一些改變？

示範二：

諮詢師：上次給你佈置的任務，你完成得很好，今天回去過後，你能多做一些你覺得對你生活有改變的事情嗎？

3.EARS 詢問

EARS 詢問技術，是由 E (eliciting) 引導、A (amplifying) 擴大、R (reinforcing) 強化、S (start again) 再次詢問這四個方面組成。EARS 四個方面合起來就是引導來訪者對發生的正向積極的事情進行探討，然後將來訪者找出的事例擴大範圍繼續深入探討，以此重複來清理目標，進行建構改變。這個技術的主要功能在於以來訪者的力量和資源來進行建構、探討話題，並從中尋找出來訪者問題中的一些例外事件。

示範一：

諮詢師：上次諮詢結束到現在，有沒有發生主動和別人交談的情況？

示範二：

諮詢師：上次和陌生人主動交談的時候你是怎麼做到的？當時有什麼感覺？

二、敘事療法的常用技術

敘事治療師針對不同的來訪者和問題採取的策略也不相同，這在一定程度上反映了後現代的立場。不過，敘事心理治療也有一些共同的、基本的程序和操作技術，具體技術如下：

(一) 問題外化

第十四章 後現代主義取向的心理諮詢與治療

問題外化是敘事心理療法最具有特色的技術之一。問題外化的使用假設是，相信人是思考自己的問題的專家，有力量處理任何問題。敘事心理治療理論認為人應該與問題分開，出現問題不是任何人的錯。將壓制來訪者的問題客觀化或者擬人化，把問題變成和人分開的實體的過程就是問題外化。也就是說，將問題和人分開，把貼上標籤的人還原，讓問題是問題，人是人。如果問題被看成是和人一體的，要想改變就比較困難，改變者與被改變者都會感到相當的棘手。問題外化之後，問題和人分開，人的內在的本質會被中心看見和認可，進而有能力去解決自己的問題，讓人們透過問題去看自己的力量和能力。

示範一：

來訪者：我就是覺得在教育孩子方面很失敗，不管我在事業還是其他方面做得多成功，我還是覺得非常遺憾。

諮詢師：你剛剛說一直覺得很失敗，不管你在工作各方面做得怎麼樣，在孩子這一塊都還是讓你有挫敗的感覺，那可不可以多說說，作為一個母親是什麼讓你感到很失敗？

（二）尋找特例事件

特例事件指的是人的生活經驗中那些未引起來訪者注意，但卻包含著來訪者為追求美好生活、反抗主流故事壓制的偶發事件，也就是偶爾解決問題或者突破困惑的意外事件。在和來訪者交流過程中，治療師通常會用「你是怎麼做到的？」、「你覺得這有什麼意義？」等語言作為引導詞，引導來訪者尋找那些被遺忘的，但往往有存在並且有重要意義的特例事件。

示範一：

諮詢師：你在什麼時候感覺到自己不是孤獨的？

示範二：

諮詢師：你第一次站上舞臺的感覺不錯，你是怎麼做到的？

（三）由薄到厚

來訪者的力量，是在敘事療法的對話之中逐步被髮現、挖掘出來的。一般來說，人的經驗分為兩種，一種是成功的經驗，是一種正向積極的自我認同。而另一種是失敗的經驗，形成負面消極的自我認同。敘事療法的輔導方法就是要在消極的自我認同中，尋找隱藏在其中的積極自我認同。敘事心理治療的策略，有點像中國古老的太極圖：在黑色的區域裡隱藏著一個白點，這個白點不仔細看還看不到。其實白點和黑面是共生的。如果在人的內心，當白點由點被擴大到一個面的程度，整個情形就會由量變到質變。找到白點之後，如何讓白點擴大呢？敘事心理輔導採用的是「由單薄到豐厚」的策略。

示範一：

來訪者：我覺得我很笨，每次考試分數都很低。

諮詢師：雖然總的分數很低，但是我發現你的應用題都能得到滿分，你是怎麼做到的？

示範二：

諮詢師：雖然你第一次創業失敗了，但是你和員工溝通的方式讓我很好奇，我覺得你在這一部分做得很好，你是怎麼做到的？

（四）重構故事

敘事心理治療的目標是透過尋找特例事件打開通往新故事的大門。敘事療法的心理諮詢師與來訪者一起在特例事件基礎上重新建構並用更多的特例事件豐富一個新故事。這個新故事與原來故事相比，壓迫性更少，解放性更多，可以為自己提出的選擇以及新的生命經驗鋪路。在諮詢師看來，故事不是描述生活而是建構一個生活，來訪者說的故事是什麼樣，他的生活就是什麼樣。所以，建構一個積極的新故事對來訪者來說，就意味著他的現實生活變得更積極。在實際的操作中，尋找特例事件經常是和建構新故事同時進行的。尤其是在尋找將來會有「獨特的結果」的時候，這時候治療的重點已經由呈現問題建構過程轉向建構個人成長的力量。

示範一：

諮詢師：如果你已經達到了你的目標，那你覺得那時候的你是怎麼樣的一種狀態。

示範二：

諮詢師：如果把你剛剛說的缺點都改掉，你覺得你的生活有什麼改變嗎？

（五）善用文本和儀式

敘事心理治療非常重視信件、證書等文本及儀式的作用，並且把它們作為有效的治療工具進行適時的使用。在傳統的心理治療理論中，諮詢師要與來訪者保持一定的距離，不能有諮詢師以外的接觸，要保持客觀中立的姿態，治療工具如量表、診斷手冊、測驗等都要有嚴格、科學的常模或者評估標準。與來訪者進行信件來往，無疑會打破治療師與來訪者之間的清晰的界限，讓諮詢師介入來訪者的生活；而使用證書、宣言等並舉行一定的儀式授予來訪者，還邀請「重要人物」來見證重要時刻，既沒有科學的評價標準做支撐，更摻雜進了許多難以控制的無關因素，這在傳統心理學治療看來是非常不科學、缺乏邏輯甚至是荒謬的。但在敘事療法心理諮詢師看來，這些都不重要，最重要的在於是否對來訪者的改變造成了效果。事實證明，這些文本工具及儀式非常有效。來訪者中許多對自己有負面看法的人會感到自己的存在很渺小，但在收到一封指名寄給他們的信後，就足以表示有人承認他們存在於這個世界上。透過這些方法來強化敘事心理療法中來訪者對於改變自己行為的信心，將問題外化，然後協助來訪者尋找其生命的意義。

擴展閱讀

敘事療法在突發事件精神救助中的運用

敘事療法看待突發事件中的精神創傷有以下幾個方面的理解：首先，突發事件通常是受害者所沒有經歷過的，由於那些未經過適當訊息處理（如編碼、概念化、分類、形成記憶網路等過程）的感官經驗持續不斷地出現，以尋求被處理的機會，因此會形成瞬間經驗重現或噩夢的情境；其次，在突發事件創傷者反覆沉思回想後，部分創傷記憶可能會對自我形成強烈的對立或

不相容，產生羞愧或罪惡感，甚至造成創傷者無法忍受的情形；再次，突發事件所造成的創傷會大大地挑戰甚至摧毀我們的生命前提假設或信念系統；最後，突發事件中的創傷將造成更深遠的傷害，可能是因為它造成受害者原本蘊涵的豐富意義的生命故事斷然破碎、原來連接在過去故事情節和各種生活行動上的諸多意義(如生命的意義、存在的意義、工作的意義、死亡的意義)驟然消失，而受害者必須在以後的故事中慢慢重建新的意義。根據敘事心理學的觀點，透過敘事可以將生命事件整合到一個一致性的、有意義的、整體性的主題之下，個人的存在是將一連串進行中的活動聯結起來放入一個統整的生命結局中。

　　敘事療法不像其他以暴露治療為基礎的方法那樣需要反覆體驗，它只需要當事人敘說創傷故事，詳盡到只需要說一次就好。對於當事人而言，這是一種受創傷者容易瞭解的治療方法，而且由於受創傷者本身即有強烈的敘說需求，這是個能自然地配合當事人需要的治療方法，並且在治療關係中可以在任何當事人需要的時候，運用敘事重建。一般治療方法多少都會有危險性，唯獨敘事療法的治療過程不用顧忌危險程度，並以保證當事人安全感為第一要務。敘事療法特別突顯出敘事重建在創傷諮詢上的價值，著力於復原、重建創傷事件對受創傷者的傷害性，包括部分創傷記憶的喪失、自我認同的破壞以及信念與意義系統的破壞以及生命故事的不完整性、不延續性等敘說訊息處理障礙，是其他治療方法所力所不及的。

複習鞏固

　　1. 短期焦點解決的技術有哪些？

　　2. 敘事療法的技術有哪些？

第四節　諮詢與治療過程

一、短期焦點解決療法的基本流程

　　短期焦點解決療法的基本流程一般分為三個階段：

第十四章 後現代主義取向的心理諮詢與治療

（一）建構解決對話階段

這個階段的任務主要是和來訪者建立良好的咨訪關係、構建目標和解決歷程。為了完成這些任務，將這個階段分為三個步驟：目標架構、例外架構和假設解決目標架構。

1. 目標架構

諮詢的意義在於協助來訪者實現目標，這個目標應該是來訪者自己想要的目標，而不是諮詢師認為來訪者應該要的目標。在協助來訪者建立目標的時候諮詢師應該從以下幾點出發。

一是用「正向」的語言描述，如在描述一個目標的時候，用「會去做什麼」、「會想怎麼做」來表達，而不是用「不會去做什麼」來描述。透過引導來訪者的正面描述，將促使來訪者思考他想要達到的目標，並且引發來訪者描繪他想擁有的或者想達成的景象，而非停留在負面的抱怨階段。

二是用過程式進行描述，短期焦點解決療法用一連串的行動、想法來動態地描述想要達到的目標，引導來訪者用動態的言行來描繪出自己想要達到的目標場景，會比靜止的畫面所形成的目標更容易發展出行動步驟，進而執行和完成。

三是解決方案是來訪者可以立刻或者可以繼續去做的行動。

四是將目標具體化。有的時候來訪者所想要達到的目標很朦朧，這個時候諮詢師應該耐心地協助來訪者將目標具體化。

五是由小步驟開始，改變應是在來訪者的控制範圍之內的、來訪者付出努力即可實現的目標。

六是用來訪者的語言，諮詢師要確定諮詢的目標是來訪者想要實現的目標，而不是諮詢師認為對來訪者好的目標。

2. 例外架構

例外架構是諮詢師引導來訪者發現自己的問題在什麼情況下曾經解決過，或者什麼情況下不會發生。使用例外架構的情形，一般是在來訪者已有

了清晰的目標，促使來訪者形成行動時；這種情況下諮詢師可以問來訪者：「你什麼時候做過一些想要它發生的事情？」其次，當來訪者沒有清晰目標的時候，要促使他形成目標；此時，諮詢師可以問：「什麼時候問題不會發生？」另外，引發來訪者利用已有的經驗面對現在的問題；這個時候諮詢師一般使用的語言是「以前有沒有遇到過相似的困難？那個時候你是怎麼處理的？」，「你認為需要做什麼，可以使你能再次成功地做到過去能做到的事情？」最後，當來訪者提到好轉，維持改變繼續發生的時候，諮詢師可以問來訪者：「事情是怎麼變好的，怎麼不一樣的？」

3. 假設解決目標架構

假設解決目標架構，是讓來訪者想像他的問題已經解決的時候，他會是什麼樣子，跟現在有什麼不同。當來訪者很難形成正向的目標或者目標不明確，同時來訪者也想不到例外情況的時候，就可以使用假設解決目標架構。這樣可以擴展來訪者的視野，使來訪者從「問題不可以解決」的認知中，找出問題解決的線索，也可以引發來訪者想像問題不再存在時的情景，進而創造出意想不到的解決方法。一般情況下諮詢師配合假設解決架構使用的諮詢技術是奇蹟詢問，「如果有一天，你睡覺的時候奇蹟發生了……」。

有的時候在運用假設解決架構詢問來訪者的時候，來訪者可能會說：「我不會有什麼不同」，這不是來訪者在抗拒諮詢師，而是正在進入一個需要掙扎的擔憂中，也是告訴諮詢師應該做點不一樣的事情，所以諮詢師要耐心地繼續引導來訪者。

(二) 休息階段

休息階段又稱為「治療中斷」，這是短期焦點解決諮詢技術最具有特色的一個環節。起初，治療師想要治療中斷是要與治療小組協商的，但在現在的應用中，治療小組已經不多見，治療師暫停一下，主要是回顧一下談話的過程，一般在最後階段為來訪者組合一些有用的訊息，同時也是給來訪者一個緩和的機會，降低他們的抵抗情緒，也使來訪者在等待中產生一種預期，提高他們對後面訊息的接受程度。並且休息階段也給來訪者提供了一個自己回顧和思索的空間。一般會在諮詢師回到諮詢室的時候告訴諮詢師，在休息

階段回想了剛剛的對話，並思考了諮詢師詢問的一些問題，同時也有了一些新的體驗與發現。因此，休息階段給諮詢師和來訪者都提供了一個思考的空間。

（三）正向回饋階段

休息階段結束後，諮詢師回到諮詢室，便可以進行正向的回饋。短期焦點解決療法認為：支持、鼓勵可以支持來訪者走更長、更遠的路。正向回饋包括兩種方法，一種是讚美，一種是振奮性引導。

二、敘事療法基本流程

（一）講述包含問題的故事

首先心理諮詢師會讓來訪者將自己的一些顧慮，包括困惑、沮喪、痛苦和焦慮的情緒表露出來。然後透過心理諮詢師的深度挖掘，讓來訪者將自己這些負面的實際體驗，透過一個比較完整的、充滿問題的故事描述出來。然後，心理諮詢師和來訪者一起探討來訪者的諮詢目標。

（二）探討問題敘事對生活的影響

根據前面來訪者描述的故事以及和心理諮詢師探討的目標，心理諮詢師和來訪者就與問題故事相關聯的主題和情節進行探討。其中可以包括對精神、健康、社會關係等方面的影響的探討。在來訪者自己意識到這些問題對自己生活產生了很大的負面影響的時候，心理諮詢師便可以開始引導來訪者創造一個替代故事。

（三）解構階段

在心理諮詢師引導來訪者創造一個積極故事的時候，心理諮詢師的主要任務就是和來訪者一起去解構來訪者的一些文化觀念，這些文化觀念可能是引起來訪者焦慮、沮喪、痛苦和緊張的主要原因。在來訪者和心理諮詢師達成共識的時候，這個階段就達到了一個較好的效果。

（四）創造積極的故事

心理諮詢師在解構了來訪者原有的觀念，並重建了新的觀念之後，來訪者將重新描述一個自己的全新的故事，這個故事可能是充滿挑戰的，但是對於來訪者來說可能意義非凡，心理諮詢師應注意傾聽來訪者的描述，讓來訪者感受到自己故事是能打動別人的一種力量，這種力量能支持來訪者繼續堅持下去。

(五) 發展替代故事

來訪者描述完這個充滿力量和能力的故事之後，心理諮詢師還要考慮這些行為怎樣影響發展和變化的個性，主要的方法就是對來訪者故事的深度挖掘，對這個故事的細節進行追問。讓來訪者自己把自己的故事修飾豐滿，這會使來訪者覺得自己才是自己的問題的專家的念頭越來越強烈，這樣就有利於來訪者提高自信心，也能提高諮詢的成功率。

複習鞏固

1. 簡述短期焦點解決的一般步驟。
2. 簡述敘事療法的一般流程。

擴展閱讀讀

表演療法

美國當代心理學家弗萊德·紐曼 (Fred Newman)、路易斯·赫茲曼 (Lois Holzman) 等人在 20 世紀 70 年代開創了以表演理論為基礎的社會治療，因為強調表演方法在治療中的使用，所以也被稱作表演療法。

表演理論認為，表演和一般的行為是不一樣的。表演是具有創造性的，是透過創造性地模仿他人、扮演他人角色去表達自己在歷史與社會中的獨特性。

表演理論強調，人是會表演的物種。嬰幼兒開始學習語言就是在表演講話。他們模仿成年人的時候，並不是鸚鵡學舌式的簡單模仿，而是一種創造性的模仿，是在社會情境中扮演他人角色。正是在這種創造性的模仿中，人

類實現了從牙牙學語到正式交談的既普通又神奇的飛躍。我們中的大多數人成年後就停止了發展，就是因為社會環境沒有為我們提供扮演他人角色的機會。而人類正是透過參與社會環境中的活動，透過扮演他人角色學會了各種活動，並在其中得到發展。

表演理論要闡明的觀點是，歷史是一部戲劇。不是在別的地方，也不是在另外的時間，而是在現在正在進行著的，並永遠繼續下去的社會生活當中。如果我們忽視了生活的歷史維度、表演維度，僅僅把自己看作是某一特定時期的社會的產物，那麼我們便無法欣賞生活這部戲劇。如果我們能夠看到生活中表演的維度，意識到我們每個人不僅僅是觀眾，同時也是表演者，我們不僅僅是確定的，同時也是自由的，那麼，便能使人生達到快樂的境界。

小結

1. 後現代主義療法的人性觀包括：強調人的去中心化、強調人的多元性、強調人的獨特性和差異性、強調人的主體性和創造性。

2. 振奮性的鼓舞是諮詢師對來訪者表示肯定和支持的表現，有助於營造正向、積極、樂觀、期待改變的氛圍。

3. 奇蹟詢問是指依照來訪者的參照構架想像問題已經解決了的時候的景象。

4. 特例事件指的是人的生活經驗中那些未引起來訪者注意，但卻包含著來訪者為追求美好生活、反抗主流故事壓制的偶發事件，也就是偶爾解決問題或者突破困惑的意外事件。

關鍵術語表

短期焦點解決心理諮詢 敘事療法 一般化技術 諮詢前改變詢問 預設性的詢問 評量性詢問 振奮性的鼓舞 奇蹟詢問 關係詢問 改變最先出現的跡象詢問 問題外化本章複習題

本章複習題

1. 後現代主義心理諮詢的理論基礎是（　）

A. 系統論 B. 場理論 C. 現象學 D. 社會建構論

2. 敘事療法的創始人是（　）

A. 麥克·懷特 B. 史蒂夫·德·夏德

C. 茵素·金·伯格 D. 薩提亞

3. 某一天，有一位自殺未遂的來訪者來到諮詢室，後現代主義療法的諮詢師會怎樣看待他（　）

A. 他曾想到死，但還是活了下來，一定做過很多努力，好不容易

B. 問題很嚴重了，錯過了最佳的治療時間，早點來會更好一些

C. 他曾想到自殺，一定有很多苦，好可憐的孩子

D. 和普通人一樣，沒什麼差別

4. 大學生小雨總是因為自己胖而自卑，害怕男朋友因為她胖而拋棄她，總是很焦慮，後現代主義療法的諮詢師對此的看法會是（　）

A. 小雨自己的認知有偏差，胖不代表沒有吸引力

B. 她的自卑可能源於童年的一些記憶，要看她童年有沒有什麼創傷

C. 「以瘦為美」是一種主流文化，小雨就是受到這種主流文化的影響而感到自卑的

D. 小雨沒有自己的主見，容易被別人牽著鼻子走

5. 後現代主義療法的諮詢師認為，下列的哪個開場比較好（　）

A. 你好！有什麼可以幫助你的嗎？

B. 你好！今天來到這裡想談些什麼？

C. 你好！你都有哪些問題需要談？

D. 你好！你哪兒不舒服嗎？

第十四章 後現代主義取向的心理諮詢與治療

6. 下列技術中，屬於敘事療法特有的是（　）

A. 空椅子技術　B. 提問技術

C. 行為矯正技術　D. 問題外化技術

7. 在諮詢過程中，後現代主義療法的諮詢師對自己和個案的看法是？（　）

A. 我是專家，我的責任是為個案分析診斷他的問題，並找到解決的辦法

B. 個案已經被問題纏繞很久，筋疲力盡，我要快刀斬亂麻，理性地告訴他問題的根源和出路

C. 相信個案是自己生命問題的專家，只有他最瞭解自己，相信個案有能力重新獲得生命的主權

D. 他是僱主，只要他開心，怎麼樣都行

8. 當來訪者走進諮詢室訴說他的問題的時候，後現代主義療法的諮詢師對待他和「問題」間關係的看法是？（　）

A. 來訪者這個人就是問題　B. 來訪者有問題

C. 來訪者在面對問題　D. 來訪者與問題沒有關係

# 附錄 參考答案

第 1 章 複習鞏固題

第 1 節：

1. 答案

第一，處理心理危機，進行心理危機干預。

第二，針對那些涉及隱秘性問題、不願意透露姓名，或者是由於其他原因不方便到諮詢室進行門診諮詢的來訪者，可以採取電話形式進行心理諮詢。

第三，針對那些不瞭解心理諮詢的來訪者。

2. 答案

優點：首先，諮詢成本低。其次，諮詢成效的遷移效果高。

缺點：首先，團體心理諮詢需要同時面向多個求助者，所以無法兼顧每個求助者的個人獨特性。其次，團體心理諮詢的保密性不高，可能會影響來訪者的自我表達，使得來訪者有顧慮，一般適合解決表層的心理問題。

第 2 節：

1. 答案

第一，從工作對象看，兩者都是針對那些在心理或者社會適應方面有一定障礙的來訪者，這些來訪者可能都會面臨一些相同的問題。

第二，從工作目的看，兩者的最終目的都是為了讓來訪者恢復健康，促使其在人格、情緒等方面實現改變與成長，提高生活的質量。

第三，從指導理論看，兩者都主要依據於基本的心理學理論與心理學方法。

第四，從工作方式看，兩者都非常注重建立幫助者與來訪者之間的良好的關係，認為這種良好的人際關係或者互動氛圍是影響最終效果的必要條件。

附錄 參考答案

2. 答案

第一，從工作對象看，心理諮詢所針對的主要是正常人，或者那些正在恢復或者已經復原的病人。而心理治療的對象所針對的主要是那些有各種心理障礙的人。

第二，從要解決的問題看，心理諮詢所要解決的主要是正常人所遇到的一些發展性問題。而心理治療所要解決的問題主要是一些較嚴重的心理疾病。

第三，從工作方法看，心理諮詢主要是以輔導和支持為主，所涉及的意識深度較淺，焦點在於促使來訪者獲得內在的發展；心理治療主要是以挖掘和改變為主，所涉及的意識深度較深，焦點在於挖掘病人的致病原因，改變病人的發病症狀，並最終改變病人的人格。

第四，從工作時間看，心理諮詢所需要的時間一般比較短；而心理治療則通常需要較長的時間。

第五，從工作場所看，心理諮詢的工作場所非常廣泛；而心理治療的工作場所通常較規範。

第六，從工作人員來看，心理諮詢的工作人員所接受的培訓時間一般較短，所接受的培訓內容也都較簡單；而心理治療的工作人員所接受的培訓時間一般較長，所接受的培訓內容也較複雜。

第3節：

1. 答案

第一次世界大戰期間，美國招募了大量的士兵。首先，要對這些士兵進行一定的篩選和排查。其次，士兵和兵種之間存在著匹配度的問題。第二次世界大戰結束後，大批的退伍軍人回到祖國。一方面，他們存在著日常生活適應上的問題；另一方面，面臨著工作上的適應和壓力問題。這兩個方面大大促進了美國心理測量和諮詢行業的發展。

2. 答案

第一階段，啟動階段，時間為1949年到1965年；

第二階段，空白階段，時間為 1966 年到 1977 年；

第三階段，準備階段，時間為 1978 年到 1986 年；

第四階段，初步發展階段，時間為 1987 年到現在。

選擇題答案：

1.C 2.A 3. B 4.B 5.C 6.D 7.A 8.C

第 2 章 複習鞏固題

第 1 節：

1. 答案

第一，觀察者的角度。

第二，時間次序或因果次序的角度。

第三，觀察事件單位的角度。

第四，治療與改變過程的角度。

2. 答案

　　心理諮詢過程包括準備階段、實施階段、結束與評估階段。在這 3 個階段中，準備階段又具體分為建立咨訪關係和收集來訪者資料兩個階段性任務；實施階段的任務包括諮詢對象的選擇與轉介、問題的分析與診斷、確定諮詢目標以及制定與實施諮詢方案；結束與評估階段則細分為結束心理諮詢和評估諮詢效果兩方面任務。

第 2 節：

1. 答案：

　　外部特徵主要有：目的性、特殊性、非強制性、主觀與客觀的統一性、限制性和動態性；內部特徵主要包括：信任與理解、情感聯繫和承諾感三個方面。

2. 答案

建立良好咨訪關係的技術包括：共同情感、積極關注、尊重、溫暖、真誠。

第 3 節：

1. 答案

(1) 問題屬於心理學性質；

(2) 正確、強烈的求助動機；

(3) 行動自覺；

(4) 匹配性好。

2. 答案

(1) 具體性；

(2) 可行性；

(3) 積極性；

(4) 可接受性；

(5) 可評估性；

(6) 心理學性質；

(7) 多層次性。

第 4 節：

1. 答案

來訪者提前要求結束諮詢的常見原因有外部原因和內部原因。諮詢師提前結束諮詢常見的原因有：諮詢師由於重病決定停止執業或人事的變動離開現在的工作場所；諮詢師由於無法承受來自於來訪者的情緒壓力，或認為自己的能力已無法為來訪者提供專業、有效的幫助，或認為來訪者已經取得足夠的進步等，出於職業道德而提出結束諮詢。

2. 答案

(1) 來訪者對諮詢效果的自我評估；

(2) 諮詢師對諮詢效果的評估；

(3) 其他人對咨詢效果的評估；

(4) 運用心理測驗對諮詢效果的評估；

(5) 隨訪調查。

選擇題答案：

1.A 2.C 3. B 4.B 5.A 6.B 7.C 8.B

第 3 章 複習鞏固題

第 1 節：

1. 答案

(1) 打斷來訪者，做價值判斷；

(2) 急於下結論；干擾、轉移來訪者的話題；

(3) 輕視來訪者的問題。

2. 答案

(1) 情感反應技術可以使來訪者覺察自己的情感；

(2) 情感反應技術可以協助來訪者重新擁有自己的感覺；

(3) 情感反應技術不僅可以讓諮詢師瞭解來訪者，也可以幫助來訪者自己瞭解自己；

(4) 情感反應技術還可以幫助諮詢師和來訪者建立良好的咨訪關係。

第 2 節：

1. 答案

在諮詢進行過程中，諮詢師總要在某個時刻超越來訪者的參照框架，從諮詢師自己的角度出發，依據所接受的諮詢專業訓練、所具有的洞察力、感

受力和人生經驗，主動影響來訪者，以使諮詢師的成長更快一些。我們將諮詢師的這種反應稱之為影響性技術。

2. 答案

自我開放有兩種形式，一種是諮詢師把自己對來訪者的體驗感受告訴來訪者。另外一種是諮詢師暴露與來訪者所談內容有關的個人經驗。

第 3 節：

1. 答案

(1) 思考型；

(2) 反抗型；

(3) 情緒型；

(4) 懷疑型；

(5) 茫然型。

2. 答案

宣洩型、傾吐型、尋求注意型、表現型、表白型、掩飾型、外向型等七種。

選擇題答案：

1.C 2.C 3.B 4.A 5.B 6.A 7.A 8.B

第 4 章 複習鞏固題

第 1 節：

1. 答案

(1) 理論知識；

(2) 諮詢技巧；

(3) 語言技巧；

(4) 良好的交流、溝通能力

2. 答案

(1) 完善的人格；

(2) 自我意識；

(3) 自省意識；

(4) 其他心理素質。

第 2 節：

1. 答案

水準一是指剛開始學習的學生，正在完成課程，並參與實踐培訓；

水準二是指更高年級的學生，通常參與更為高級的諮詢實踐和實習培訓；

水準三主要是指那些已經完成培訓，成為專業諮詢師的人群；

水準四是指諮詢師能夠將水準三中所掌握的諮詢技能進行綜合運用，並能更好地整合理論與實踐。

2. 答案

(1) 心理諮詢師的個人成長；

(2) 專業勝任力；

(3) 正確對待職業枯竭。

第 3 節：

1. 答案

(1) 用於教學科學研究；

(2) 為了來訪者的利益最大化；

(3) 諮詢師或來訪者的生命安全受到威脅；

(4) 來訪者受到虐待或者虐待他人；

(5) 來訪者患有傳染、致死等疾病。

附錄 參考答案

2. 答案

(1) 諮詢師在進行價值干預時要適時適度；

(2) 確立良好的咨訪關係；

(3) 做好事後告知工作。

選擇題答案：

1. B 2.B 3.A 4.C 5.ABCDE 6.ABCDE

第 5 章 複習鞏固題

第 1 節：

1. 答案

心理結構說、人格結構說以及心理動力說。

2. 答案

第一，在產生條件上，精神分析是在神經症治療實踐中產生的。

第二，在研究對象上，因為精神分析更多是治療情緒失常的人，主要是成人神經症，而不是研究正常人。

第三，在研究內容上，精神分析更側重對意識、動機、情慾、人格等更深一層內容進行探討，而不是像傳統心理學那樣對注意、思維等顯意識心理進行探討。

第四，在研究方法上看，精神分析學更多運用臨床觀察法，而不用實驗室實驗法。

第 2 節：

1. 答案

人格結構說是弗洛伊德人格理論的一個基本論述，他將人格分為本我、自我和超我三部分。人格的運作是三者的整合，其中本我是生物要素，自我是心理要素，超我是社會要素。人格結構中的這三部分不是一成不變的，它

們之間並沒有明確的界限，在整個生命過程中，它們都處於相互作用、相互融合的狀態，三者共同構成了一個完整的人格系統。

2. 答案

焦慮是由緊張、不安、憂慮、恐懼等感受交織而成的複雜情緒，由一連串自我無法控制的刺激引起。它源於本我、自我、超我三者為爭奪有限心理能量而引起的衝突，其作用是向自我發出危險信號，以便自我採取對應措施。

根據焦慮產生的不同原因，將之分為三類，分別是現實性焦慮、神經性焦慮和道德性焦慮，它們分別來自現實、本我及超我的威脅和壓力。

第 3 節：

1. 答案

規範專業的催眠必須有良好的催眠條件和環境，有標準的催眠室和特殊的佈置。

(1) 房間的大小要適宜。房間太大，容易分散被催眠者的注意力；太小，容易使被催眠者感到壓抑。

(2) 催眠室內應避免太強的光線射入，也不宜有太強的照明，以比較柔和的燈光間接照明為好。

(3) 室溫不宜過冷或過熱，過冷、過熱都不利於被催眠者的注意力集中，一般在 25 度為宜。室內佈置應簡單、典雅、暗淡，給人以沉靜和安全的感覺。

(4) 催眠室內應保持安靜，以避免噪音的干擾，還應保證空氣新鮮不要有異味，給人以寬鬆、舒適的感覺。

(5) 用具和設備。要有特製的催眠床或催眠椅，有專用的催眠燈和擺鐘等催眠用具。

2. 答案

(1) 個人邏輯；

(2) 反建議技術；

(3) 鼓勵；

(4) 彷彿技術；

(5) 按鈕技術。

第 4 節：

1. 答案

首先，精神分析學說不僅是一種人格理論，也是一種心理治療技術，它的一系列治療方法和技術，對精神病治療做出了巨大貢獻，推動了精神病學的發展。

其次，精神分析不僅是作為一種治療技術，更重要的是作為探索人類精神世界的一種理論和方法，它是一條通往瞭解人們日常精神功能、從嬰兒到老年各個不同階段人類精神現象發展狀況的道路。

最後，弗洛伊德在治療中發現夢是通向潛意識的一條道路，因此，他將夢的解釋發展成為了治療神經症的一種新方法，用以發現神經症來訪者被壓抑的慾望。

2. 答案

第一，傳統的精神分析療法完成一個治療目標，需要很長的一個過程，也就是說需要進行長期的心理諮詢，所花費的時間和費用相當巨大，可以說是一種奢侈的治療，對低收入的來訪者使用這種方法有一定困難，這不利於精神分析的廣泛推廣和使用。

第二，精神分析理論是一種解釋性很強的理論，這就對精神分析諮詢師的專業知識要求很高。

第三，在精神分析的研究方法上，也存在一些不足。

選擇題答案：

1. B 2. BCD 3.C 4.ABC 5.D 6.C 7.CDE 8.A

第 6 章 複習鞏固題

第 1 節：

1. 答案

(1) 傳統的意識心理學的危機；

(2) 動物心理學的發展；

(3) 機能主義心理學強調心理的適應功能，否定其認識作用，貶低意識，這為行為主義的產生做了理論準備。

2. 答案

(1) 應用實驗心理學的研究成果；

(2) 強調客觀系統的處理方法；

(3) 重視後天環境的學習歷程；

(4) 注重具體量化的特殊行為；

(5) 注意客觀環境的適當配合；

(6) 顯現明確的方法論和理論基礎。

第 2 節：

1. 答案

(1) 經典條件反射理論；

(2) 操作條件反射理論；

(3) 社會學習理論。

2. 答案

(1) 注意過程；

(2) 保持過程；

(3) 動作再現；

(4) 動力過程。

第 3 節：

1. 答案

(1) 放鬆訓練；

(2) 系統脫敏技術；

(3) 陽性強化技術；

(4) 代幣制；

(5) 衝擊法；

(6) 厭惡法；

(7) 模仿法；

(8) 生物反饋技術。

2. 答案

(1) 放鬆訓練；

(2) 構建焦慮等級；

(3) 實施系統脫敏。

第 4 節：

1. 答案

(1) 定義目標行為；

(2) 分析目標行為產生的根源；

(3) 分析目標行為導致的結果；

(4) 確定目標行為的基線。

2. 答案

(1) 確定目標行為；

(2) 選擇方法技術；

(3) 實施治療計劃。

選擇題答案：

1.ACD 2.ABD 3.BC 4.C 5.ACDE 6.ABCDE 7.C 8.ABCDE

第 7 章 複習鞏固題

第 1 節：

1. 答案

(1) 來訪者主導治療過程；

(2) 諮詢師與來訪者的關係——羅杰斯認為咨訪關係應為朋友或夥伴關係；

(3) 非指導性治療——以人為中心治療是一種非指導性治療，這可以幫助來訪者按照自己的需要去從容應對他或她認為重要的問題。

2. 答案

(1) 在選擇權力上——指導性治療認為，應該由諮詢師為來訪者確定心理治療的目標，來訪者沒有能力選擇治療目標；非指導性治療則認為，來訪者擁有自我選擇治療目標的權利和能力。

(2) 在諮詢師與來訪者的地位上——前者認為諮詢師是權威，具有控制和操縱治療過程的權利；而後者則認為諮詢師只是「配角」，來訪者掌握整個治療過程的主動權，諮詢師不會分析來訪者的談話，只是跟著來訪者的感覺走，讓來訪者充分表達。

(3) 在治療所重視的問題上——指導性治療重視社會規範。而非指導性治療則重視個體心理上的獨立性和保持完整心理的權利。

(4) 對於治療的結果——前者注重問題的解決，而後者則重視來訪者個人的改變和成長。

第 2 節：

1. 答案

(1) 人的本性是傾向於積極的、創造的、具有建設性的；

(2) 人性是值得信任的；

(3) 人是具有自我實現傾向的。

2. 答案

自我概念是指個人對自己總體的知覺、認識和感受，也就是個人如何看待自己。它包括對自己身份的界定、能力的認識、人際關係及其與環境的關係的認識，是自我知覺和自我評價的統一體，即個人獨特的知覺、看法、態度和價值觀的總和。

羅杰斯的自我概念並不等同於自我，而是一種客體自我，它是透過個體與環境，特別是與對他而言重要的人之間的交互作用而形成的，它可能被環境或重要的人所接受或否定，這些所有被接受或不被接受的個體內在的體驗就堆積成了自我概念，它不一定能反映真實的自我。

第 3 節：

1. 答案

在治療中要做到真誠一致，諮詢師必須做到以下五點：

(1) 不固定角色；

(2) 自發性；

(3) 無防禦反應；

(4) 一致性；

(5) 自我的交流。

2. 答案

諮詢師想做到設身處地的理解，需要依賴一些條件，它們包括：

(1) 諮詢師要設身處地從來訪者的參考標準去觀察和感受事物，而不能以自己的主觀參考標準為根據。

(2) 諮詢師需要站在與來訪者的體驗同步的情感旅程上，但又不能對其情感進行判斷或被其感染。

(3) 諮詢師要體會到來訪者難以察覺的意義，但又不能將這種處於潛意識的意義迅速提出來與來訪者對峙，因為這樣會使他感到威脅的存在。

(4) 諮詢師要善於用語言和非語言行為表現同感。同理感受能有利地幫助來訪者理清他的思想、感受。

第 4 節：

1. 答案

以人為中心療法的基本過程包括：

(1) 來訪者前來求助；

(2) 諮詢師向來訪者說明諮詢情況；

(3) 鼓勵來訪者情感的自由表達；

(4) 諮詢師要能夠認識、接受和澄清來訪者的負面情感；

(5) 來訪者成長的萌動；

(6) 接受和認識來訪者的積極情感；

(7) 來訪者開始接受真實的自我；

(8) 幫助來訪者澄清可能的決定及應採取的行動；

(9) 療效的產生；

(10) 療效的進一步擴大；

(11) 來訪者的全面成長；

(12) 治療結束。

2. 答案

(1) 它對治療關係的研究，它將治療焦點從治療技術和諮詢師的權威地位，引導到了治療關係上，並強調治療關係在心理治療中，作為一種有治療作用的要素的重要性。

(2) 以人為中心療法闡明了「人天生具有潛能，傾向自我實現」這一觀點。它對人的能力表現出積極信念，這種能力包括當事人的自我指導能力和自我負責的能力。

(3) 羅杰斯關於自我概念的發展透過價值條件化作用而內化的理論，證實無論在經驗研究方面還是常識方面，都是令人信服的。心理病理觀理論也是可以接受的。

(4) 羅杰斯對心理治療領域的貢獻還在於，開啟了用科學方法研究心理治療過程和結果的先河。他堅持將自己的觀念認定為需要不斷檢驗的一種假設，並且堅持用研究加以證實。

選擇題答案：

1.C 2.D 3.A 4.B 5.C 6. B 7. BCD

第 8 章 複習鞏固題

第 1 節：

1. 答案

認知過程及其導致的錯誤觀念是行為和情感的中介，適應不良行為和情感與適應不良認知有關。心理諮詢師的任務就是與來訪者共同找出這些適應不良性認知，並提供「學習」或訓練方法矯正這些認知，使來訪者的認知更加接近現實和實際，隨著不良認知的矯正，來訪者的心理障礙亦會逐步好轉。

2. 答案

第一，諮詢師和來訪者之間是協作的關係；

第二，治療的前提是：心理上的痛苦基本上是由認知過程紊亂造成的；

第三，治療都旨在透過改變認知來改變個體的情感和行為；

第四，治療基本上針對的都是明確的、結構化的目標問題，並且是一種有時限的、以教育為導向的治療過程。所有的認知行為療法都基於心理學的教育模型，強調佈置家庭作業的重要性、強調來訪者在治療內外的積極主動性並會為促發改變而採取一系列的認知及行為策略。

第 2 節：

1. 答案

(1) 絕對化要求；

(2) 過分概括化；

(3) 糟糕至極。

2. 答案

(1) 任意的推論；

(2) 過分概括化；

(3) 選擇性概括；

(4)「全」或「無」；

(5) 誇大或縮小。

第 3 節：

1. 答案

(1) 提問技術；

(2) 真實性檢驗；

(3) 去中心化；

附錄 參考答案

(4) 監控憂鬱或焦慮水準。

2. 答案

壓力接種訓練的步驟可分為三個階段。

第一階段為學習階段 (educational phase)，用來提供來訪者一個瞭解其感受壓力反應性質的概念架構；

第二階段為練習階段 (rehearsal phase)，由前一節架構中導出克服壓力所需的認知及行為的因應技術，並加以預演或練習；最後一個階段為應用階段 (application training)，讓來訪者在真實的壓力情境中應用所學到的因應技術，並評估其使用效果。

第四節：

1. 答案

(1) 心理診斷階段；

(2) 領悟階段；

(3) 修通階段；

(4) 再教育階段。

2. 答案

第一階段：自我觀察。

第二階段：開始一種新的內部對話。

第三階段：學習新的技能

選擇題答案：

1. B 2. B 3. C 4. A 5. A 6. D 7. C 8. ABC

第 9 章 複習鞏固題

第 1 節：

1. 答案

互補溝通、交叉溝通、隱藏溝通。

2. 答案

自我狀態階段、心理頓悟階段、腳本分析階段、豐富發展階段。

第 2 節：

1. 答案

人生態度表現為四種類型：

第一，我不好 - 你好；

第二，我不好 - 你也不好；

第三，我好 - 你不好；

第四，我好 - 你也好。

2. 答案

(1) P 汙染 A；(2) C 汙染 A；(3) P 汙染 A 而缺乏 C；(4) C 汙染 A 而缺乏 P；(5) A 不起作用。

第 3 節：

1. 答案

PP 對 PP，AA 對 AA，CC 對 CC，PC 對 CP，CA 對 AC，PA 對 AP。

2. 答案

PC 對 AA，CP 對 AA，PC 對 PC，CP 對 CP。

第 4 節：

1. 答案

附錄 參考答案

基本目標是形成一個健全而成熟的成人式自我狀態,並憑藉著 A 的洞察力及控制能力,清理內在世界,使 P 和 C 以合理及有控制的方式表現在行為中。

2. 答案

第一階段:來訪者講述他們的故事,而諮詢師透過聚焦式的傾聽、評論以及提問引導他們,讓重要的問題浮出水面。第二階段:來訪者發展了洞察和意識,他們開始瞭解和理解他們自己的問題性質和起源。第三階段:修通階段。第四階段:重新決策階段。第五階段:成功及結束諮詢。

3. 答案

(1) 交互作用分析是十分重視現實人際關係狀態對於人們情緒障礙的制約作用。

(2) 交互作用分析的結構清晰,具有可操作性,所以交互作用分析方法容易培訓、容易掌握,而不像精神分析那樣充滿神秘感。

(3) 在使用的治療技術方面種類繁多。

選擇題答案:

1. B 2. A 3. A 4. B 5. ABC 6. ABCD

第 10 章 複習鞏固題

第 1 節:

1. 答案

二十世紀初,由於種種原因,心理學的重心由歐洲開始移向美國,但格式塔心理學卻土生土長在歐洲的德國,這在很大程度上應歸功於當時德國的社會歷史背景條件。自 1871 年德國實現全國統一之後,德國的資本主義經濟發展迅速,到 20 世紀初,一躍成為歐洲乃至世界強國,在這種社會歷史條件下,德國整個社會的意識形態便是強調統一,強調積極的主觀能動。當

時的政治、經濟、文化、科學等領域也都受這種意識形態的影響,傾向於整體的研究。在這一過程中,心理學自然也不能例外。

2. 答案

一般認為,有效的格式塔治療必須具備以下四個特徵:

(1) 聚焦於此時此地的體驗;

(2) 提供一種對話式關係;

(3) 基於場理論 (field theory) 和整體論 (holism) 的觀點;

(4) 對生活和治療過程的創造性和試驗性態度。

第 2 節:

1. 答案

格式塔療法把心理障礙的主要原因歸為:

(1) 以假定的「必須如此」的思想對待生活。

(2) 以固執、僵化的思維代替行動。

(3) 拒絕現時的實際,回味過去,憧憬未來。

(4) 怨天尤人,認為自己和別人不應如此,而不承認自己和別人的現實情況。

(5) 對自己的決策缺乏責任感。

2. 答案。

基本假設是:個人能有效地處理生活上所發生的問題,特別是能夠完全察覺發生在自己週遭的事情。人們經常用種種不同的方式去逃避某些可能面臨的特定問題,因此,在其成長過程中往往會形成一些人格上的障礙。對此,諮詢與資料是提供必要的處理方式與面對挑戰的技巧,它幫助當事人朝著整合、坦誠,以及更富有生命力的存在邁進。

第 3 節:

附錄 參考答案

1. 答案

倒轉技術就是要求來訪者參與到那些會給他帶來焦慮的事件中，從而讓來訪者和那些自己曾經否認或拒絕的部分取得接觸，來訪者的症狀和行為時常是其潛在行動的倒轉表現，這項技術可以幫助來訪者結束那些之前被自己否定的個人特質。

2. 答案

空椅子技術是幫助來訪者將其內射機制具體化的方式之一。它是先擺放好兩張椅子，然後要求來訪者坐到其中一張椅子上扮演自己人格中的受支配者，接著，來訪者又換到另一張椅子上扮演自己人格中的支配者，也可以讓雙方「對話」。本質上講，這是一種角色扮演技術，只不過所有的角色都由來訪者一人扮演。透過角色扮演，來訪者的內在機制也就浮出水面，將更加充分地體驗自己的內在衝突。當來訪者能夠將這兩者加以整合和接納時，來訪者的衝突也就得到瞭解決。

第 4 節：

1. 答案

(1) 諮詢關係的建立；

(2) 評估與診斷；

(3) 諮詢階段；

(4) 結束諮詢。

2. 答案

(1) 理清來訪者的未完成事件；

(2) 提供支持；

(3) 調整接觸模式；

(4) 試驗新行為；

(5) 協助來訪者統整自我。

選擇題答案：

1.A 2.BCD 3.ABDE 4. B 5. B 6.ABCD 7.AB 8.D

第 11 章 複習鞏固題

第 1 節：

1. 答案

家庭治療的特點有：(1) 一切以「家庭」整體為重點

(2) 採用系統的觀點與看法

(3) 以「人際關係」分析成員間的相互行為；

(4) 以群體的觀念瞭解全體家庭成員的行為。

2. 答案

目前家庭治療領域內有代表性的五種學派分別為：結構式 (structural) 家庭治療、分析式 (analysis) 家庭治療、體驗式 (experiential) 家庭治療、策略式 (strategic) 家庭治療、敘事式 (narrative) 家庭治療。

第 2 節：

1. 答案

薩提亞對人的看法是：

第一，人本來就有能力活出豐富、喜悅的生活。人所面臨的挑戰是如何實現這種能力。

第二，人對事件的應對方式，是決定該事件有何結果的主要因素。

第三，應對方式是人在最脆弱的時期 (出生到五歲) 學會的方法，人在這個階段最缺乏訊息，無法判斷自己所學方法的效力和益處。由於這是最初的學習，而且是在非常脆弱的時期。所有人都會銘記在心。

第四，人有能力轉移、壓抑、潛抑、投射、否認或扭曲自己與生俱來的各種能力，以順應自己所感知的生存要求。

第五，不論在任何年齡，大部分人都能學習新的思考方法和行為方式。

第六，人會在生活中展現出自己的學習，把人的生命視為神聖的。

2. 答案

第一，配偶家庭指只有夫妻兩人組成的家庭，包括夫妻自願不育的丁克家庭、子女不在身邊的空巢家庭及尚未生育的夫妻組成的家庭。

第二，核心家庭由父母及未婚子女組成的家庭。

第三，擴展家庭對應於核心家庭的一個概念，指由核心家庭中的夫妻的姻親關係所延伸出來的，由兩對或多對夫妻及其未婚子女組成的家庭。擴展家庭包括主幹家庭和聯合家庭兩種。

第四，其他家庭類型包括單親家庭、隔代家庭、同居家庭、同性戀家庭等。

第3節：

1. 答案

排列時需要遵循的規則

(1) 先到的人優先，現在的家庭比早先的家庭優先；

(2) 在系統排列中優先權的順序是順時針排列，後來的人站在先來的人的左邊。

(3) 在同時進入家庭的男人和女人之間，通常是男人在前，然後才是女人。也可能有特殊情況，但總的原則是負責家庭外部安全的人擁有優先地位。

(4) 在解決問題的排列中，孩子們通常按出生順序，老大靠在母親的左邊。孩子們站在父母的對面時，系統排列通常會更寬鬆一些。

(5) 死亡的孩子通常按出生的順序站在兄弟姐妹當中。流產的孩子，如果他對這個系統很重要的話，坐在父母的前面、靠著他們通常會覺得好一些。

(6) 當一個男人和一個女人被排列成相互面對面的時候，提示他們之間性行為已經中斷了；

(7) 當所有的代表都面對一個方向時，表明正在尋找他們前面缺少的人；

(8) 當一個參與者有離開房間或者系統排列的衝動時，要懷疑有自殺傾向。

2. 答案

佈置作業是為了促使家庭在生活中也能繼續產生某些變化，具體包括悖論干預和症狀處方、單雙日作業、記秘密紅帳、角色互換、水槍射擊或彈橡皮筋。

第 4 節：

1. 答案

早期階段：確立家庭治療原則，尋找問題並找到解決方向；中期階段，具體練習行為與關係的改善並處理阻力；終期階段，建立自行審查、改進家庭行為的能力與習慣，歸還領導權及恢復家庭秩序。

2. 答案

(1) 呈現出當事人的記憶和內在的畫面（破壞性的畫面）。

(2) 開始一步一步地不斷試驗，找尋新的畫面。

(3) 讓排列的畫面確定下來，在愛的隱藏的和諧的狀態下，大家庭裡的每一位成員都有了適當的位置和功能（解決的畫面）。

選擇題答案：

1. B 2.ABC 3.B 4.ABCD 5.ABCD 6.A 7.ABCE

附錄 參考答案

第 12 章 複習鞏固題

第 1 節：

1. 答案

藝術療法的主要形式有音樂療法、繪畫療法、遊戲療法和心理劇等。

2. 答案

(1) 能透露潛意識的內容；

(2) 治療對象適用範圍廣泛；

(3) 可以降低防禦心理；

(4) 可以合理宣洩情緒。

第 2 節：

1. 答案

(1) 弗洛伊德的精神動力學理論

(2) 釋放療法

(3) 關係遊戲療法

2. 答案

心理劇的基本要素包括五個：主角、導演、舞臺、輔角和觀眾。

第 3 節：

1. 答案

臨床上繪畫技術主要包括房樹人測驗、畫樹法、風景構成法等多種技術。

2. 答案

在治療中，一般心理劇裡用到的技術有：替身技術、角色交換、空椅技術、鏡子技術、獨白等，除了這些常規的技術之外還有很多心理劇技術。

第 4 節：

1. 答案

心理劇的治療過程一般包括四個階段，分別是：暖身、主角產生、演出、分享與審視。

2. 答案

(1) 初步評估；

(2) 選擇遊戲空間；

(3) 正式實施遊戲，進行治療。

選擇題答案：

1.A 2.C 3.C 4.A 5.C 6.A 7.B 8.B

第 13 章 複習鞏固題

第 1 節：

1. 答案

認知領悟療法、道家認知療法、森田療法、內觀療法、正念療法。

2. 答案

雖然東方心理療法的大體框架是從西方借鑑過來的，但它具有東方特色，是對人的精神生活更深刻的體悟、解釋和修養的方式。堅持以人為本，宣揚「人性、養性、修身養性」的精神是東方心理學的主要特色。

第 2 節：

1. 答案

道家認知療法是透過糾正扭曲的認知及相應的情感與行為反應對其進行治療，近期目標是消除症狀，治癒心理疾病；長遠目標是預防心理疾病，促進心理健康。

附錄 參考答案

2. 答案

卡巴金認為：正念是禪宗禪修禪定的核心。正念是禪定的一部分，也是最為重要的一部分。在禪定中，最重要的並不是盤腿而坐等這樣的行為規定，而是全神貫注、集中精神等這樣的注意力訓練，也就是正念。事實上，只要達到了精神上的正念，也就達到了禪定的所有效果，因此，有的時候禪定也可以指那些沒有行為規定的精神集中行為，如在走路的時候將注意力集中於自己的步伐、抬腿、落腳等，這也是一種禪定，被稱為「行禪」。

第 3 節：

1. 答案

道家認知療法包括五個基本步驟：測查來訪者當前的精神刺激因素；調查來訪者的價值系統及人生信仰；分析來訪者心理衝突及應對方式；道家哲學思想的導入與實踐；評估與強化療效。

答案

內觀療法具體來說，主要有三種形式，包括集中內觀、分散內觀、漸進內觀。

第 4 節：

1. 答案

森田療法的住院治療過程分為四個期，即絕對臥床期、輕體力期、重體力期、生活實踐期。

2. 答案

正念療法的具體方法是注意當下、不作評判以及覺知。

選擇題答案：

1. B 2. C 3. B 4. C 5. C 6. B 7. C 8. C

第 14 章 複習鞏固題

第 1 節：

1. 答案

第一，非線性的問題。

第二，訊息科學和訊息技術。

第三，後現代主義者把生態學作為基礎學科的一種理論。

2. 答案

第一，強調心理諮詢的價值觀與所處社會的價值觀相一致。

第二，心理諮詢或治療的效果依賴於它的說服力。

第三，心理治療和諮詢的敘事則在於勸說和說服人們自信、自立、自主。

第 2 節：

1. 答案

(1) 出現問題並不是都有原因；

(2) 「問題症狀」有時也具有正向功能；

(3) 二人同心其利斷金；

(4) 不恰當的解決方法才是問題所在；

(5) 來訪者是自己的問題的專家；

(6) 從正向的意義出發；

(7) 滾雪球效應；

(8) 找到例外，解決就在其中；

(9) 重新建構來訪者的問題，創造改變；

(10) 時間和空間的轉變有助於問題解決。

2. 答案

(1) 語言建構了現實；

(2) 「問題」是一種敘事；

(3) 個體敘事與主流敘事之間的衝突是心理問題產生的原因；

(4) 諮詢師與來訪者是互主體關係。

第 3 節：

1. 答案

(1) 一般化技術；

(2) 諮詢前改變的詢問；

(3) 預設性的詢問；

(4) 評量性詢問；

(5) 振奮性的鼓舞；

(6) 奇蹟詢問；

(7) 關係詢問；

(8) 例外詢問；

(9) 改變最先出現的跡象詢問：讚美、家庭作業、EARS 詢問。

2. 答案

(1) 問題外化；

(2) 尋找特例事件；

(3) 由薄到厚；

(4) 重構故事；

(5) 善用文本和儀式。

第 4 節：

1. 答案

(1) 建構解決對話階段；

(2) 休息階段；

(3) 正向回饋階段。

2. 答案

(1) 講述包含問題的故事；

(2) 探討問題敘事對生活的影響；

(3) 解構階段；

(4) 創造積極的故事；

(5) 發展替代故事。

選擇題答案：

1.D 2.A 3.A 4.C 5. B 6.D 7.C 8.C

國家圖書館出版品預行編目（CIP）資料

心理諮詢技術 / 李祚山 主編 . -- 第一版 .
-- 臺北市：崧博出版：崧燁文化發行，2019.06
　　面；　公分
POD 版

ISBN 978-957-735-892-9(平裝)

1. 心理諮商

178.4　　　　　　　　　　　　　　　108008645

書　　　名：心理諮詢技術
作　　　者：李祚山 主編
發 行 人：黃振庭
出 版 者：崧博出版事業有限公司
發 行 者：崧燁文化事業有限公司
E - m a i l：sonbookservice@gmail.com
粉 絲 頁：　　　　　　網　址：
地　　　址：台北市中正區重慶南路一段六十一號八樓 815 室
8F.-815, No.61, Sec. 1, Chongqing S. Rd., Zhongzheng
Dist., Taipei City 100, Taiwan (R.O.C.)
電　　　話：(02)2370-3310　傳　真：(02) 2370-3210
總 經 銷：紅螞蟻圖書有限公司
地　　　址：台北市內湖區舊宗路二段 121 巷 19 號
電　　　話:02-2795-3656 傳真 :02-2795-4100　網址：
印　　　刷：京峯彩色印刷有限公司（京峰數位）
　　本書版權為西南師範大學出版社所有授權崧博出版事業股份有限公司獨家發行
　　電子書及繁體書繁體字版。若有其他相關權利及授權需求請與本公司聯繫。

定　　　價：680 元
發行日期：2019 年 06 月第一版
◎ 本書以 POD 印製發行